L'empire du matérialisme juridique sur le contrat

Logiques Juridiques

Fondée par Gérard Marcou
Dirigée par Jean-Claude Némery et Thomas Perroud

Le droit n'est pas seulement un savoir, il est d'abord un ensemble de rapports et pratiques que l'on rencontre dans presque toutes les formes de sociétés. C'est pourquoi il a toujours donné lieu à la fois à une littérature de juristes professionnels, produisant le savoir juridique, et à une littérature sur le droit, produite par des philosophes, des sociologues ou des économistes notamment.

Parce que le domaine du droit s'étend sans cesse et rend de plus en plus souvent nécessaire le recours au savoir juridique spécialisé, même dans des matières où il n'avait jadis qu'une importance secondaire, les ouvrages juridiques à caractère professionnel ou pédagogique dominent l'édition, et ils tendent à réduire la recherche en droit à sa seule dimension positive. À l'inverse de cette tendance, la collection « Logiques juridiques » des éditions L'Harmattan est ouverte à toutes les approches du droit. Tout en publiant aussi des ouvrages à vocation professionnelle ou pédagogique, elle se fixe avant tout pour but de contribuer à la publication et à la diffusion des recherches en droit, ainsi qu'au dialogue scientifique sur le droit. Comme son nom l'indique, elle se veut plurielle.

Dernières parutions

Ivanne-Mara KOUM DISSAKE, *Le financement des actifs de la propriété intellectuelle en Afrique (espace OAPI)*, 2022.
Léa MORTELETTE, *Les élections municipales de 2020 à l'épreuve de la crise sanitaire,* 2022.
Xavier CABANNES (dir.), *Livres et manuscrits anciens. Approche juridique, Volume 2*, 2022.
Athoumani YHOULAM, *Le contentieux administratif en droit de l'Union des Comores,* 2022.
Élise FRAYSSE, L'Etat dans la construction doctrinale du droit administratif, Tome 1, 2022.

Eric GILARDEAU

L'EMPIRE DU MATERIALISME JURIDIQUE SUR LE CONTRAT

La réforme du contrat dans les codes civils allemand et français

L'Harmattan

DU MEME AUTEUR

L'ordre public dans la jurisprudence civile d'après les arrêtistes, ANRT, 2004

Au crépuscule de la justice pénale, Questions Contemporaines, L'Harmattan, 2011

A l'aube du droit pénal utilitaire, Questions Contemporaines, L'Harmattan, 2011

Les grands procès politiques de l'Antiquité, L'Harmattan 2015

Les grands procès criminels de l'Antiquité grecque, L'Harmattan, 2016

Cicéron, père de la codification du droit civil, Logique juridique, L'Harmattan 2017

5-7, rue de l'École-Polytechnique ; 75005 Paris

http://www.editions-harmattan.fr

ISBN : 978-2-14-029499-0

EAN : 9782140294990

A la mémoire de ma mère Valérie Ginette Brosseau Gilardeau

Liste des abréviations

AGB	Allgemeine Geschäftsbedingungen
AJDA administratif	L'Actualité juridique. Droit
AcP	Archiv für die civilistische Praxis
BAG	Bundesarbeitsgericht
B-B Online	Betriebs-Berater Online
BGB	Bürgerliches Gesetzbuch
BGBI	Bundesgesetzblatt
BGH	Bundesgerichtshof
BGH-LM	Lindenmaier-Möhring – Kommentierte BGH-Rechtsprechung
BGHZ	Entscheidungen des Bundesgerichtshofs in Zivilsachen
BRDA	Bulletin rapide de droit des affaires
Bull. civ.	Bulletin des arrêts de la Cour de cassation
Bull. civ. ch. mixt.	Bulletin des arrêts des chambres civiles Chambre mixte
BVerfG	Bundesverfassungsgericht
BverfGE	Die Entscheidungen des Bundesverfassungsgericht

CA	Cour d'appel
CC	Conseil Constitutionnel
Cah. dr. europ.	Cahiers de droit européen
Cah. Just.	Les Cahiers de la justice
C.de D.	Les Cahiers de droit
CE	Conseil d'Etat
Ch. mixt.	Chambre mixte de la Cour de cassation
chron.	Chronique
Civ.	Cour de cassation, Chambre civile
Civ. 1ère	Première chambre civile de la Cour de cassation
Civ. 2e	Deuxième chambre civile de la Cour de cassation
Civ. 3e	Troisième chambre civile de la Cour de cassation
Com.	Chambre commerciale de la Cour de cassation
D.	Recueil Dalloz
D. affaires	Dalloz affaires
DB	Der Betrieb
DP	Dalloz périodique
EDCO	L'Essentiel Droit des contrats

ERCL	European review of contract law
Gaz. Pal.	Gazette du Palais
GG	Grundgesetz für die Bundesrepublik Deutschland
Int'L. Rev.	International Law Review
JCP	La semaine juridique
JCP E	La semaine juridique, édition entreprise
JCP G	La semaine juridique, édition générale
JORF	Journal officiel de la République Française
JOCE	Journal officiel des Communautés européennes
JOUE	Journal officiel de l'Union européenne
JZ	Juristenzeitung
KG	Kammergericht
KZR	Kartellsachen (BGH)
LG	Landgericht
LGDJ	Librairie générale de droit et de jurisprudence
LPA	Les petites affiches
MDR	Monatsschrift für Deutsches Recht
NJW	Neue Juristische Wochenschrift

NJW-RR	Neue Juristische Wochenschrift-Rechtsprechungs-Report
OLG	Oberlandesgericht
openJur	freie juristische Fachdatenbank
PUAM	Presses universitaires d'Aix-Marseille
PUF	Presses universitaires de France
RCA	Responsabilité civile d'assurances
RDA	Revue de droit d'Assas
RDC	Revue des contrats
Rép. droit civ.	Répertoire de droit civil
Req.	Chambre des requêtes de la Cour de cassation
R.G.	Rôle général
RG	Reichsgericht
RGBI	Reichsgesetzblatt
RGZ	Reichsgericht in Zivilsachen
RIDC	Revue internationale de droit comparée
RJ com.	Revue de jurisprudence commerciale
RJDA	Revue de jurisprudence de droit des Affaires

RRJ	Revue de la recherche juridique
RLDA	Revue Lamy Droit des Affaires
RTDC	Revue trimestrielle de droit civil
S.	Recueil Sirey
SLC	Société de législation comparée
Soc.	Cour de cassation Chambre sociale
Trib. com.	Tribunal de commerce
TGI	Tribunal de Grande Instance
WM	Zeitschrift für Wirtschafts- und Bankrecht
WPM	Zeitschrift für Wirtschafts- und Bankrecht
ZeuP	Zeitschrift für Europäisches Privatrecht
ZIP	Zeitschrift für Wirtschaftsrecht, bis 1982 Zeitschrift für Wirtschaftsrecht und Insolvenzpraxis
ZPO	Zivilprozessordnung

Introduction

« *Il semble donc qu'en définitive il faille revenir, purement et simplement, et toute construction juridique à part, à ce dont le droit paraît avoir le plus de méfiance à dire : "Cela est, parce que cela est juste". Les juristes veulent pouvoir dire : "Cela est juste, parce que cela a été voulu". Il faut désormais que l'on dise : "Cela doit être voulu, parce que cela est juste"* »[1]. Jamais, cette analyse de Raymond Saleilles, l'auteur « *De la déclaration de volonté* », dans son étude de l'acte juridique en droit allemand, n'a été aussi proche d'une réalité qui est celle aujourd'hui des systèmes juridiques allemand et français après les réformes du BGB de 2001 et du Code civil de 2016.

En effet, Saleilles, à un siècle de distance des réformes allemande et française, pose la problématique à laquelle l'Allemagne et la France ont dû répondre au XXIe siècle. Dans l'approche volontariste, qui caractérise la conception de la liberté contractuelle dans le Code civil de 1804 et le BGB de 1900, les parties sont libres et le droit n'a aucunement pour fonction de déterminer ce qui est ou devrait être juste. Dès lors, la liberté contractuelle se fonde, comme le rappelle Saleilles, sur le principe : « *Cela est juste, parce que cela a été voulu* ». Le droit n'a vocation à n'intervenir que si cette liberté contractuelle est atteinte.

Conformément à la conception traditionnelle qui prévalait à la naissance du BGB et du Code civil, chaque partie au contrat doit se conformer au postulat selon lequel « *le droit m'impose seulement de vérifier que l'action que je projette respecte le principe de la coexistence des libertés* »[2]. Dès lors, la notion fondamentale de contrat coïncide avec le principe de liberté individuelle. Le contrat est avant tout l'instrument qui

---

[1] Raymond Saleilles, *De la déclaration de volonté. Contribution à l'étude de l'acte juridique dans le Code civil allemand (Art. 116 à 144)*, F. Pichon, Paris, 1901, Art. 141, p.351, « Le droit est créé par un lien de concordance avec les exigences sociales, et en ce sens il est toujours objectif que l'on y voie un lien de solidarité ou une loi de moralité sociale, peu importe ; la volonté n'est un instrument de création juridique que dans la mesure où elle s'adapte à ces nécessités objectives supérieures, qui sont l'élément créateur du droit. Et, là où la volonté n'a pas entendu se plier à ces nécessités objectives, ce sont celles-ci qui la feront plier à leurs exigences. La loi a une conception du contrat qui domine la conception que s'en fait la volonté individuelle. Là où cette dernière entre en rapport de contrat, elle doit donc accepter les exigences objectives, imposées par la loi sociale ; et, parmi ces exigences, se trouve la nécessité de se porter garant de toute nullité dont on eût assumé le risque. Il semble donc qu'en définitive il faille revenir, purement et simplement, et toute construction juridique à part, à ce dont le droit paraît avoir le plus de méfiance, à dire : *"Cela est, parce que cela est juste". Les juristes veulent pouvoir dire : "Cela est juste parce que cela a été voulu"*. Il faut désormais que l'on dise : *"Cela doit être voulu, parce que cela est juste"* ».

[2] François Ewald, *L'Etat providence*, Grasset, Paris, 1986, note 31, p.62.

permet aux sujets de droit de régler leurs rapports juridiques sur la base de choix subjectifs, libres, motivés par leur intérêt personnel. Les individus ne rencontrent en général aucune limite au pouvoir de leur volonté à l'exception des impératifs supérieurs de l'ordre public. Le "contrat" remplit, en conséquence, une fonction essentielle au cœur des échanges fondée sur la liberté des cocontractants.

La liberté contractuelle est une notion qui se fonde sur une représentation abstraite des droits et des obligations, indépendamment de toute référence au contenu concret de l'acte ou de la situation particulière des parties. Cette liberté contractuelle formelle, à la fois générale et abstraite, conduit à limiter les interventions du pouvoir judiciaire afin de préserver l'autonomie des individus. Seul, dans le Code civil de 1804 et le BGB de 1900, un manquement au respect des exigences relatives à la capacité de contracter[3], à l'intégrité du consentement ou de la volonté, viciée par l'erreur[4], le dol[5] ou la violence[6] est à même de légitimer l'intervention du juge pour garantir le principe fondamental de la liberté contractuelle au moment de la formation de l'acte. Dans cette limite et celle que lui fixe l'ordre public ou les bonnes moeurs[7], le Code civil et le BGB ont consacré une liberté complète des parties caractérisée par la faculté de contracter ou de ne pas contracter[8], de choisir son partenaire[9] et de déterminer le contenu de son contrat[10].

Partant, l'idée que l'acte ait pour vocation d'assurer l'exercice et le respect des libertés des individus resta longtemps la pierre angulaire du droit des contrats depuis les promulgations du Code civil en 1804 et du BGB en 1900. Dans cette optique, le contrat était mû par l'opposition d'intérêts des parties. Les cocontractants étaient censés se trouver sur un pied d'égalité et négocier par conséquent au mieux de leurs intérêts respectifs. Dès lors, les contrats ne pouvaient qu'être justes. Il n'entrait pas, en effet, dans la mission du législateur ni dans l'office du juge de contraindre les parties à prendre en considération la situation de faiblesse de l'un des cocontractants. Une telle intervention aurait nui non seulement au principe même de la liberté

---

[3] Die Geschäftsfähigkeit.

[4] Der Irrtum.

[5] Die ärglistige Täuschung.

[6] Die widerrechtliche Drohung.

[7] Nous visons ici tout particulièrement l'Allemagne qui ne connaît pas à proprement parler la notion d'ordre public, à l'inverse du concept de bonnes mœurs, qui occupe une place centrale dans le système juridique allemand et qui, comme nous le verrons, sera appelé à dépasser le rôle traditionnel, qui était le sien, pour devenir un des instruments fondamentaux du matérialisme juridique dans le cadre du contrôle objectif de l'égalité structurelle des parties au contrat.

[8] Die Abschlussfreiheit.

[9] Die Freiheit der Partnerwahl.

[10] Die Gestaltungsfreiheit.

contractuelle, mais également à la stabilité et à la force obligatoire du contrat.

Cependant, l'intensification et la multiplication des échanges économiques ont fini par modifier, au fil des années, la figure juridique du contrat, qui se présente désormais sous un jour nouveau[11]. Le mouvement de standardisation des échanges à travers la généralisation de contrats types[12], dirigés[13] ou d'adhésion[14] passés entre professionnels et consommateurs, mais également entre professionnels, voire entre particuliers, a transformé en profondeur la nature du rapport d'obligation entre les parties.

Ces contrats s'étaient déployés dans un contexte juridique qui avait favorisé leur expansion. La conception formelle de la liberté contractuelle ne pouvait, par la logique juridique qui lui était propre, prendre véritablement en compte la protection du contractant le plus vulnérable. En effet, le volontarisme, dans sa conception libérale et individualiste, issue du Code civil et du BGB, ne reconnaissait pas un droit à la protection au profit de la partie la plus faible et éprouvait, dans le même temps, une véritable difficulté à imposer au cocontractant avantagé par le contenu de l'acte des charges et des obligations positives. Cependant, la vulnérabilité de l'une des parties se manifestait de plus en plus dans les contrats par un déséquilibre

---

[11] Christophe Jamin, *Quelle nouvelle crise du contrat ? Quelques mots en guise d'introduction*, in Christophe Jamin et Denis Mazeaud, *La nouvelle crise du contrat*, Paris, Dalloz, 2003, p.13.

[12] Il s'agit de contrats comportant des clauses préimprimées dont certaines parties doivent être complétées. Une fois la signature apposée par les parties, l'acte forme leur accord. Les baux, les contrats de partenariat de co-traitance ou de sous-traitance informatique ou de transport de marchandises et de commission relèvent pour nombre de ces actes de cette catégorie.

[13] Alain Supiot, *La contractualisation de la société, Courrier de l'environnement de l'INRA* n°43, mai 2001, p.58, « Le propre des contrats dirigés est de ne pas viser seulement l'arrangement des intérêts propres des parties au contrat, mais de servir aussi à la réalisation d'un intérêt collectif (...) Les produits les plus récents de la technologie contractuelle délèguent, au contraire, à ces contrats dirigés, non seulement le soin de mettre en œuvre, mais de participer à la définition des impératifs d'intérêt collectif. Et cette technique des contrats dirigés n'est plus le monopole de l'Etat ; elle s'est étendue à la sphère privée sous la forme d'accords-cadres qui définissent des règles d'intérêt collectif auxquelles devront se plier les contrats entrant dans leur champ d'application. Les contrats de plan, les conventions médicales, les conventions légiférantes, introduites en droit social communautaire, sont autant de manifestations de ce dirigisme contractuel d'un nouveau genre, qui associe un grand nombre de personnes publiques ou privées, à l'exercice du pouvoir ».

[14] Il s'agit de contrats, dont les clauses des conditions générales sont stipulées par une partie et que les cocontractants n'ont la possibilité ni de négocier ni de discuter, mais qui disposent seulement de la faculté d'adhérer à l'ensemble de celles-ci ; cf. Olivier Litty, *Inégalité des parties et durée du contrat : étude de quatre contrats d'adhésion usuels*, LGDJ, Paris, 1999 ; Karl Heinz Neumayer, *Les contrats d'adhésion dans les pays industrialisés*, Librairie Droz, Genève, 1999.

caractérisé des prestations auquel s'ajoutait souvent une situation de dépendance préoccupante[15].

Il n'est pas vrai de dire que le droit, issu du Code civil de 1804 et du BGB de 1900, n'a jamais tenu aucun compte de cette réalité pour essayer d'y remédier[16]. C'est à travers la sanction de la faute que les systèmes juridiques allemand et français ont cherché à garantir initialement, non pas la protection de la partie la plus faible au contrat, mais bien plutôt, la conservation des droits du partenaire lésé en cas d'inexécution fautive de ses obligations par le débiteur. En France, ce fut sur le fondement de l'article 1147 ancien du Code civil que la jurisprudence sanctionnait l'exécution fautive du contrat[17], puis, sous l'impulsion décisive de la doctrine, renforçait la preuve de l'inexécution à travers la distinction des obligations de moyens et de résultat afin de favoriser l'équilibre des prestations entre les parties[18] et, dans une dernière étape, créait des obligations implicites avec l'objectif avoué de protéger la partie la plus faible[19].

De la même manière, la bonne foi fut également, entre les mains des juges allemands et français, le moyen de s'assurer de l'exécution loyale du contrat[20]. Dans le cadre d'une conception formelle de la liberté contractuelle, les juges allemands et français ont appliqué la bonne foi en tenant compte, de manière ponctuelle, des éléments particuliers à chaque litige, pour moduler l'application de cette notion au comportement des cocontractants. Ainsi, la bonne foi permettait de neutraliser l'effet d'une nullité au titre de la croyance erronée d'une partie dans le cadre d'une situation juridique régulière ou de vérifier la conduite loyale des contractants. Jointe aux

---

[15] Il en va notamment ainsi pour nombre de contrats entre fournisseurs et distributeurs, mais également dans le domaine des activités professionnelles ; cf. Georges Virassamy, *Les contrats de dépendance : essai sur les activités professionnelles exercées dans une dépendance économique*, Thèse, LGDJ, Paris, 1986 ; Pascal Lokiec, *Contrat et pouvoir. Essai sur les transformations du droit privé des rapports contractuels*, LGDJ, Paris, 2004.

[16] René Demogue, *Traité des obligations en général : source des obligations*, t.I, Arthur Rousseau, Paris, 1925, p.84.

[17] Req., 4 juillet 1882, *DP,* 1882, I, pp.353-357.

[18] R. Demogue, *op. cit.*, n°1237, pp.536-537, « Une autre différence, et ce serait la plus importante, tiendrait à la charge de la preuve. Dans la responsabilité délictuelle, le demandeur devrait prouver la faute de son adversaire. En cas de contrat, la faute se présumerait. Plus exactement jusqu'à ce que le défendeur prouve le cas fortuit ou la force majeure, la responsabilité résulte de l'inexécution même de l'obligation. Saleilles l'a nettement exposé ».

[19] Geneviève Viney, *Traité de droit civil. Introduction à la responsabilité de droit civil*, LGDJ, 2e éd., 1995, n°39, note 5, p.64, « la fonction normative de la responsabilité civile s'est d'abord manifestée sous la forme d'une incitation à éviter les comportements socialement nuisibles, on s'aperçoit aujourd'hui qu'elle revêt également un aspect positif consistant à assurer le respect des droits bafoués d'autrui ».

[20] La bonne foi avait été codifiée, par les législateurs français et allemand, respectivement à l'article 1134 alinéa 3 ancien du Code civil et au paragraphe 242 du BGB et concernait l'exécution du contrat.

exceptions posées par l'ordre public et les bonnes mœurs, la bonne foi justifiait une intervention plus protectrice des juridictions.

Cependant, en présence de contrats d'adhésion et plus largement de rapports d'obligations déséquilibrés, les moyens déployés par les droits français et allemand se révélèrent inadaptés aux réalités économiques et sociales de plus en plus complexes qui interdisaient aux parties vulnérables de négocier le contenu de leur contrat. Cette difficulté majeure devait conduire les droits français et allemand à trouver une réponse qui passait par une modification des principes sur lesquels se fondait la conception traditionnelle du contrat.

Pour des raisons qui sont propres à son histoire[21], l'Allemagne fut conduite, très tôt, à poser cette problématique et à devoir la résoudre. Sous l'impulsion du Tribunal d'Empire (*Reichsgericht*), le droit allemand entreprit une longue marche qui le conduisit à renouveler les fondements de la conception libérale du contrat inscrits au cœur même du BGB et à déplacer par voie de conséquence, les limites de la liberté contractuelle.

La jurisprudence du *Reichsgericht*, prolongée après la Seconde Guerre mondiale, par les arrêts du *Bundesgerichtshof*[22], avec un contrôle étroit du *Bundesverfassungsgericht*[23], n'eut de cesse de placer les conventions sous l'égide de la justice contractuelle[24]. Dorénavant, l'appréciation de la faiblesse d'une partie était intégrée à l'interprétation même de l'acte. La conception de la justice contractuelle que développaient les hautes juridictions allemandes se fondait entièrement sur le contenu du contrat. La privation totale ou partielle de la liberté contractuelle d'une partie en situation d'infériorité se manifestait, en effet, par l'absence de toute faculté à pouvoir déterminer ou modifier le contenu même de son engagement.

Dès lors, les juridictions allemandes s'employaient, en premier lieu, à corriger les actes déséquilibrés du point de vue de leur contenu, c'est-à-dire des contrats qui présentaient un déficit majeur dans le rapport d'équivalence

---

21 Nous faisons référence ici aux bouleversements économiques et sociaux qu'a connus l'Allemagne au lendemain de la Première Guerre mondiale et de la Seconde Guerre mondiale.

22 Cour fédérale de justice.

23 Cour constitutionnelle fédérale.

24 Guido Smorto, *La justice contractuelle*, *RIDC*, 60-3, 2008, p.586, « Dans les écrits actuels, le terme "justice" présente une forte ambiguïté. Nous pouvons relever au moins quatre significations différentes de la notion de justice (contractuelle) : a) la justice en tant qu'égalité dans l'échange ; b) la justice comme sauvegarde de l'équivalence subjective des prestations en cas de changement de circonstances ; c) la justice comme vecteur de valeurs ; d) la justice distributive. Nous incluons les critères d'efficacité dans cette dernière catégorie ». Nous entendons la justice contractuelle au sens *mutatis mutandis* du b) comme nous serons appelés à le préciser.

entre la prestation et la contrepartie. La jurisprudence mettait en œuvre une justice contractuelle qui visait à rétablir une égalité effective entre les parties. Elle prenait ainsi la forme et les principes de la justice commutative. Cette *iustitia commutativa* visait à un « *rééquilibrage* » objectif, c'est-à-dire à un retour à l'équilibre entre la prestation convenue et la contrepartie[25]. C'est, en effet, au sens premier de *iustitia commutativa* que les juridictions allemandes tentaient de rétablir ce juste équilibre des intérêts face à une réglementation contractuelle qui était objectivement et manifestement déséquilibrée.

Dans cette perspective, les hautes juridictions allemandes ont suivi une méthode qualifiée de « matérialisation » de la liberté contractuelle. En présence d'une multiplication des contrats présentant de tels déséquilibres, les juridictions allemandes n'ont eu d'autre choix que de considérer qu'un acte sur le plan du contenu ne pouvait être jugé valablement formé que si la volonté des parties contractantes avait été librement établie, non seulement en termes juridiques, mais aussi en termes matériels, c'est-à-dire réels par référence à la matière même du contrat.

L'assurance d'une liberté contractuelle effective ne pouvait exister qu'à cette condition et non plus spontanément. Dès lors, l'acte, issu de l'accord des volontés, ne représentait plus qu'une présomption de justice contractuelle, qui pouvait et devait être renversée si l'équilibre venait à être rompu entre les droits et les obligations des parties. A vrai dire, la liberté contractuelle matérielle n'avait nullement pour but, ni même pour fonction, de remplacer la liberté formelle, mais, tout au contraire, de la renforcer afin de vérifier que la liberté formelle, en tant que présupposé, nécessaire à l'existence même du contrat, présentât un caractère effectif au regard de l'équilibre des droits et des obligations qui forment le contenu de l'acte. Dans cette hypothèse, la liberté formelle de conclure des contrats, précisait Felix Buff, « ... *est simplement étendue par un correctif qui s'applique en cas d'absence de prévision réelle pour permettre une conclusion équilibrée du contrat* »[26].

---

[25] G. Smorto, *op. cit.*, p.588, « Une deuxième définition de la notion de justice présente dans le débat actuel, renvoie au rééquilibrage, en cas de changement de circonstances après la conclusion du contrat, de la répartition initiale des intérêts voulue par les contractants. Ce type d'intervention vise à préserver les motifs initiaux de l'échange, en les mettant à l'abri des modifications injustifiées. Il s'agit d'un contrôle de l'équilibre contractuel que l'on peut rattacher à un principe de justice contractuelle et, plus précisément, à la justice commutative. Il s'agit d'une évaluation de la proportionnalité au sens large, mais pas d'un contrôle reposant sur des paramètres extérieurs au rapport contractuel. Ce contrôle consiste à préserver – et non à modifier – les motifs qui ont poussé les parties à contracter ».

[26] Felix Buff, *Vertragliche Anpassungsklauseln im schweizerischen Recht*, Dissertation, Zürich, Basel, Genf, 2016, S. 17, « ... lediglich um ein korrigierendes Element erweitert, welches einen Vorbehalt für die Fälle des Fehlens der realen Voraussetzungen für einen ausgewogenen Vertragsabschluss anbringt ».

Mais, si la liberté matérielle se situe en aval de la liberté contractuelle formelle, elle n'en est pas moins devenue sa prémisse, car elle commande l'efficacité du mécanisme contractuel. En son absence, la liberté contractuelle formelle échoue et l'intervention du juge s'impose pour corriger le déséquilibre des prestations.

Nous qualifions l'ensemble de ces éléments de « matérialisme juridique ». Le « matérialisme juridique » est, en effet, le fruit de ce long processus. A vrai dire, le terme n'est pas employé en Allemagne où l'on parle plus volontiers de « justice contractuelle matérielle » ou « de liberté contractuelle matérielle », voire de « matérialisation »[27] par rapport à la liberté contractuelle formelle, également qualifiée de procédure formelle[28]. Nous avons conscience que le recours à cette qualification peut prêter à confusion tant la notion est connotée non seulement au plan philosophique[29], mais également dans le domaine sociologique et politique[30].

Il nous apparaît néanmoins que le concept de « matérialisme juridique » renvoie parfaitement à l'évolution qu'a connue le droit allemand des contrats pendant près d'un siècle. La matière du contrat forme le point d'appui de cette transformation du droit. Nous ne nions pas que celle-ci constitue un changement de paradigme dans les rapports du droit objectif et de la liberté contractuelle et qu'à ce titre, une confusion pourrait exister avec l'acception sociologique et politique de la notion.

---

[27] Claus-Wilhelm Canaris, *Wandlungen des Schuldvertragsrechts – Tendenzen zu seiner Materialisierung*, Archiv für die civilistische Praxis, Band. 200, Mohr-Siebeck, 2000, Tübingen, S. 273, «Andererseits ist aber auch von grösster Bedeutung, dass es einen spezifischen, ja unlösbaren Zusammenhang zwischen *formaler*, d.h. prozeduraler Vertrags*gerichtigkeit* und *materialer* Vertrags*freiheit* gibt.

[28] C.-W. Canaris, *ibid.*, procédure formelle, car il s'agit d'une liberté qui s'en tient aux conditions de validité traditionnelles posées par le volontarisme contractuel pour permettre l'accord des parties et par voie de conséquence, la formation du contrat.

[29] Alain Rey, *Dictionnaire historique de la langue française*, Le Robert, Tome II, Paris, 2000, pp.2161-2162, « Matérialisme n.m. (1702, Leibniz), nom de la doctrine philosophique dont le principe est la matière, s'appuyant sur la théorie corpusculaire (Démocrite et Lucrèce), mais généralisant et systématisant des données scientifiques. L'opposition *matérialisme-idéalisme* est entrée au début du XVIIIe s. dans les mœurs et le langage de la littérature philosophique, le matérialisme se démarquant de tout souvenir des théologies et métaphysiques antérieures et élaborant un modèle épistémologique qui soumet à un déterminisme physique l'ordre moral politique, religieux (La Mettrie, Diderot, Helvétius, d'Holbach) ».

[30] A. Rey, *op. cit.*, p.2162, « matérialisme dialectique, association de termes qui apparaît probablement en allemand chez l'ouvrier J. Dietzgen avant d'être reprise en 1886 par Engels (titre de la IVe section de l'ouvrage sur L. Feuerbach) et de pénétrer en français (attesté v. 1930 certainement antérieur). Matérialisme historique est une autre désignation pour le marxisme. Dans le langage courant, *matérialiste* (1802) et *matérialisme* (1836) ont développé la valeur péjorative de "qui recherche les jouissances et les biens matériels" ».

En effet, si le « matérialisme juridique » est l'aboutissement d'un processus, il est aussi le fruit d'une véritable dialectique, puisqu'il s'agit de rendre compte d'une évolution en présence d'une antinomie et d'un dépassement de cette antinomie[31]. La liberté contractuelle, entendue dans un sens purement formel, a conduit à une injustice matérielle, le déséquilibre dans le contrat, contraignant la jurisprudence à devoir pallier cette antinomie par une liberté contractuelle au sens matériel, qui en constitue le dépassement.

Dans cette optique, il ne s'agissait plus seulement de faire coexister des libertés au sein du contrat, mais de pallier socialement un défaut de liberté. L'Etat a dû intervenir pour défendre l'intérêt du plus faible et empêcher, au nom de la justice contractuelle, que le contrat ne devienne un instrument d'exploitation. L'objectif de cette nouvelle intervention est clair : rétablir la liberté du contractant lésé. Par conséquent, dans la conception du « matérialisme juridique », qui est à la fois le fruit et la synthèse de cette évolution, la liberté contractuelle ne peut être respectée que si les parties font reposer leurs engagements respectifs non plus seulement sur une volonté enserrée dans un cadre juridique purement formel, mais également, sur le contenu d'un contrat équilibré, c'est-à-dire sur une liberté contractuelle matérielle.

Le « matérialisme juridique » ne se limitait pas à ce seul aspect dans sa lutte contre les déséquilibres contractuels. Il fut également au dénouement d'une action entamée par la jurisprudence pour fonder la protection du contractant vulnérable sur des règles morales. En effet, le « matérialisme juridique » comporte un autre volet, qui peut paraître paradoxal, si l'on s'en tient à la terminologie de sa qualification, mais qui l'est moins, si l'on se rapporte à sa finalité, la justice contractuelle. Le « matérialisme juridique » a pour effet d'élargir le périmètre du contrat à des règles de nature morale. Le déplacement de la limite entre la liberté contractuelle et la liberté matérielle conduit, en effet, à l'admission, au sein du contrat, de normes, qui, jusque-là, appartenaient au domaine de l'éthique.

---

[31] A. Rey, *op. cit.*,Tome I, p.1072, « Dialectique n. f. et adj. D'abord écrit *dyalectique* (v.1150) est emprunté au latin *dialectica* "art de raisonner avec méthode" (…) En français où il désigne l'art de raisonner en général, le mot a pris diverses acceptions en fonction des différents systèmes philosophiques qui ont employé, dans diverses langues, notamment le grec ancien et l'allemand, un équivalent du terme (Platon, Aristote, Kant, Hegel, Marx et Engels …). Alors que chez les Anciens (Platon notamment) ce que l'on nomme *dialectique* correspond à la rhétorique du dialogue et à ses effets, chez Kant et surtout chez Hegel, la notion concerne la genèse du réel par intégration (synthèse) d'une thèse et de son opposé (antithèse). Ce réel de nature spirituelle est "remis sur ses pieds", c'est-à-dire considéré comme matériel chez Marx et Engels, créateurs du *matérialisme dialectique*, l'adjectif s'opposant alors à *mécaniste*. Par référence au sens hégéliano-marxiste, dans les sciences humaines, le nom recouvre toute méthode d'investigation qui repose sur le principe d'antinomie et de dépassement de l'antinomie"».

Certes, le droit allemand avait intégré au paragraphe 138 du BGB la notion éminemment morale des bonnes mœurs. Celles-ci n'étaient pas, à proprement parler, un phénomène nouveau ni totalement étranger au droit des contrats. Mais le rôle des bonnes mœurs restait restreint. Tout changea, une nouvelle fois, sous l'impulsion du Tribunal d'Empire qui fit du paragraphe 138 l'instrument même d'une sanction des déséquilibres entre les parties au contrat.

Le changement fut de taille. Après la Seconde Guerre mondiale, la jurisprudence du *Reichsgericht* fut reprise par le *Bundesgerichtshof*. L'interventionnisme protecteur de la Cour fédérale de justice, sous le contrôle de la Cour constitutionnelle fédérale, qui découlait de l'élan imprimé par le *Reichsgericht*, prit corps dans une logique de moralisation des conduites et des comportements désormais intégrée au contenu du contrat. Le décloisonnement contractuel déjà opéré en droit commun par la jurisprudence, au profit du contenu de l'acte, se renforçait de l'apport moral des bonnes mœurs. Dans l'interprétation que lui donnait la jurisprudence allemande, le paragraphe 138 du BGB combinait dorénavant, la faiblesse structurelle du cocontractant et la disproportion des prestations au service d'une liberté matérielle effective.

Un siècle après la promulgation du Code civil allemand, le « matérialisme juridique », issu de ce droit prétorien particulièrement dense, fit l'objet d'une codification en 2001. Le BGB intégrait à ses dispositions, relatives au droit des obligations et des contrats, à la fois la finalité éminente d'une justice contractuelle entendue au sens de justice commutative et la matérialisation de la liberté contractuelle, désormais intégrée au contenu du contrat. Cette dernière étape achevait de donner, à ce principe et à cette méthode, la certitude, la cohérence et la clarté d'un droit codifié. L'empire du « matérialisme juridique » s'étendait sur le contrat dans ses deux aspects, matériel et moral[32].

Forte de ce travail jurisprudentiel et législatif, l'Allemagne fut en mesure d'appuyer la proposition de la Commission de Bruxelles en 2001 pour l'élaboration d'un Code européen des contrats qui se heurta immédiatement à une opposition ferme et définitive de la doctrine française. Celle-ci ne manquait pas d'opposer la belle facture classique du droit des contrats français à l'idée d'une codification européenne, pour laquelle les institutions communautaires n'avaient aucune compétence et qui ne serait, aux yeux de la doctrine française, qu'une déclinaison masquée du BGB.

---

[32] A. Rey, *op. cit.*,Tome I, p.1224, « Empire n.m. d'abord *empirie* (v. 1050) et *emperie* (v. 1220), sous la forme actuelle en 1135, est emprunté au latin *imperium* "pouvoir souverain" (du père sur ses enfants, du maître sur ses esclaves) et "pouvoir suprême, empire" dérivé de *imperare* "commander en maître (-> empereur)"».

Cependant, la France devait accomplir à son tour son chemin de Damas et se convertir au « matérialisme juridique » lors de la promulgation de l'ordonnance du 10 février 2016. L'opposition de la doctrine au projet européen de codification de 2001, dans sa défense ardente du Code civil de 1804, n'avait pas totalement envisagé l'évolution qui était à l'œuvre dans le droit français des contrats et qui devait s'accentuer singulièrement au cours des quinze années suivantes. Cependant, cette transformation avait été bien plus que pressentie en France. Elle avait fait l'objet d'une analyse approfondie à l'origine d'une nouvelle philosophie du contrat.

Nous pensons ici à Jacques Ghestin. Pour Monsieur Ghestin, il est vain de vouloir fonder sur la liberté contractuelle, au sens classique du terme, l'idée que tous les contrats sont des accords négociés dans l'intérêt des contractants. La négociation n'est pas un présupposé du contrat et quand bien même existerait-il un consentement éclairé, la contrainte, souvent éprouvée par l'une des parties, de devoir se plier aux conditions qui lui sont imposées par le stipulant, tout particulièrement dans le cadre des conditions générales des contrats d'adhésion, n'en reste pas moins une réalité incontournable du droit contemporain. Aussi, pour Jacques Gesthin, le juge et le législateur devaient intervenir afin de contrôler les abus que pouvait engendrer le contrat fondé sur une liberté contractuelle formelle et protéger ainsi la partie la plus faible[33]. Le droit des contrats devait en conséquence, pour Monsieur Ghestin, concilier la liberté contractuelle et la justice contractuelle[34].

Cette conception est exactement celle que développe le *Rapport au Président de la République* sur l'ordonnance du 10 février 2016 qui n'invoque pas moins de cinq fois la justice contractuelle en tant qu'objectif de la nouvelle réforme du droit des contrats[35]. Antérieurement à la réforme, le droit des contrats semblait se présenter sous un jour identique au paysage juridique qui avait prévalu jusqu'alors en France. Le principe de la liberté contractuelle constituait, conformément à la conception classique, la philosophie fondamentale du contrat. Cependant, depuis l'entrée en vigueur de l'ordonnance du 10 février 2016, la liberté contractuelle formelle n'occupe plus la même place dans le droit positif.

---

[33] Jacques Ghestin, *L'utile et le juste dans les contrats*, Archives de philosophie du droit, t. XXVI, Paris, *S*, 1981 ; J. Ghestin et Marcel Fontaine, *La protection de la partie faible dans les rapports contractuels, Comparaison Franco-Belge*, LGDJ, Paris, 1996.

[34] J. Ghestin, *L'utile et le juste*, *op. cit.*, p.47 et s.

[35] *Rapport au Président de la République relatif à l'ordonnance n°2016-131 du 10 février 2016 portant réforme du droit des contrats, du régime général et de la preuve des obligations*, Texte n°25.

De nouveaux principes directeurs gouvernent désormais le droit des contrats et modifient le sens et la portée du système juridique français. La liberté contractuelle ne peut plus servir d'explication exclusive à la force obligatoire du contrat. L'ordonnance a complété la liberté formelle par les principes de justice et de loyauté qui animent de nombreuses dispositions du Code civil. Les notions morales de protection de la partie la plus faible et de loyauté prennent une dimension qu'elles n'avaient jamais connue jusqu'alors. A l'instar du droit allemand, le droit français relie, dans le contrat, la morale à une conception effective de la liberté contractuelle.

Mais, l'ordonnance du 10 février 2016, comme ce fut le cas pour la loi allemande du 26 novembre 2001, n'a fait que constater une évolution de la jurisprudence, qui, depuis plusieurs décennies, avait profondément changé le paysage du droit des contrats. La transformation des relations contractuelles résulte d'une part, des nouvelles formes très étendues d'inégalité entre les parties et d'autre part, d'une standardisation de plus en plus fréquente, des conditions générales, qui constituent le contenu des contrats d'adhésion. Comme sa devancière d'outre-Rhin, l'ordonnance du 10 février 2016 est une codification du droit prétorien, mais, de la même manière que la loi allemande, elle dépasse, par sa portée, la simple intégration d'une jurisprudence dans les dispositions du Code civil. L'ordonnance est venue modifier la philosophie même du contrat.

Les rédacteurs de l'ordonnance ont, en effet, recherché les moyens de rétablir un juste équilibre entre les cocontractants. Dans cette perspective, ils ont été conduits à modérer le principe de la liberté contractuelle formelle. Le droit des contrats, issu de l'ordonnance, se caractérise par une place importante laissée à la liberté matérielle. Les nouvelles dispositions ont, en effet, pour but de protéger les intérêts de la partie la plus vulnérable en présence d'un déséquilibre contractuel caractérisé.

A cet effet, le législateur français confère aux juridictions le pouvoir de se fonder sur le contenu du contrat pour garantir une véritable justice commutative entre les parties, celle que définissait Jacques Ghestin lorsqu'il écrivait que la justice commutative impose « *que le contrat ne détruise pas l'équilibre qui existait antérieurement entre les patrimoines ; ce qui implique que chacune des parties reçoive l'équivalent de ce qu'elle donne* »[36]. Il ne s'agit pas pour le juge de mesurer la consistance précise de la prestation et de la contrepartie, mais d'apprécier celles-ci au regard de ce qui a été convenu par les cocontractants[37]. C'est en ce sens qu'il faut entendre l'équivalence, issue de l'ordonnance, qui ne revêt pas la forme

---

[36] J. Ghestin, *L'utile et le juste op. cit.*, p.47.

[37] Code civil, Dalloz, 2021, article 1168 dispose à ce titre que « Dans les contrats synallagmatiques, le défaut d'équivalence des prestations n'est pas une cause de nullité du contrat , à moins que la loi n'en dispose autrement ».

d'une égalité arithmétique au sens strict, mais d'une correction proportionnée dans la stricte limite du déséquilibre subi par la partie lésée.

C'est donc sur une très grande échelle que se trouvent modifiées les règles du droit des contrats ainsi que leur esprit, qui est avant tout d'assurer un renouveau de la justice contractuelle. C'est pourquoi l'on y retrouve en bonne place la protection de la partie au contrat qui aura été victime d'une exploitation économique importante par son cocontractant et la possibilité pour le juge d'apporter une correction au contenu du contrat dans la juste mesure requise par le déséquilibre subi.

Lorsque l'Allemagne utilise les bonnes mœurs pour constater cette exploitation, la France emploie une nouvelle qualification de la violence à l'encontre d'une partie qui « *abusant de l'état de dépendance dans lequel se trouve son cocontractant obtient de lui un engagement qu'il n'aurait pas souscrit en l'absence d'une telle contrainte et en tire un avantage manifestement excessif* »[38].

De la même manière qu'en Allemagne, la disposition retenue par la France se fonde sur un aspect moral, l'abus de dépendance et un critère objectif, l'avantage manifestement excessif, qui est à la fois, une limite par l'exigence d'un déséquilibre manifeste et un déplacement des frontières de l'appréciation de la violence, perçue non plus exclusivement sous un angle moral, mais sous celui du déséquilibre résultant du contenu du contrat. L'analyse du déséquilibre porte alors sur le contenu de l'acte et la position d'équilibre que ce dernier aurait dû établir pour évaluer le caractère excessif de l'avantage retiré par l'un des contractants. Le déséquilibre dans les prestations est déterminant pour l'appréciation de l'abus et fait du contenu du contrat l'instrument de la justice contractuelle. Sans référence à la notion, le droit français opère une première matérialisation de la liberté contractuelle dans les limites mêmes du contrat (Première partie).

L'imprévision est l'une des questions les plus débattues dans le droit des contrats français. Mais, en Allemagne, elle fut, tout au contraire, pleinement acceptée dès la fin de la Première Guerre mondiale et elle constitue aujourd'hui l'une des dispositions majeures du « matérialisme juridique ». Une nouvelle fois, les bouleversements économiques, financiers et sociaux, que connut l'Allemagne pendant l'entre-deux-guerres, expliquent la raison pour laquelle le Tribunal d'Empire se prononça en faveur de la théorie développée par Oertmann en 1921. En effet, l'hyperinflation, qui sévissait alors en Allemagne, pesait de tout son poids sur l'équivalence des obligations au stade de leur exécution et accélérait, chez les magistrats du

[38] Code civil,*op. cit.*, article 1143 du Code civil dans sa rédaction issue de l'ordonnance du 10 février 2016.

Reichsgericht, la prise de conscience de l'enjeu que représentait une adaptation proportionnée du contrat à la partie excessive du déséquilibre.

Cette jurisprudence du *Reichsgericht* privilégiait, en conséquence, le maintien du contrat par un rééquilibrage de l'acte en cas de changement de circonstances lié à la disparition du fondement du contrat, nom que l'on donne à l'imprévision en droit allemand. Cette règle fut reprise par la Cour fédérale de justice qui dut elle-même faire face à l'effondrement économique et financier du pays au lendemain de la Seconde Guerre mondiale. Ce corpus jurisprudentiel fit l'objet d'une codification au paragraphe 313 du BGB par la loi du 26 novembre 2001.

Contrairement à l'opinion largement répandue en France, selon laquelle l'imprévision porterait atteinte à la force obligatoire du contrat, le droit allemand juge que le principe de cette mesure est la garantie d'une pérennité des libertés contractuelles formelle et matérielle dans le temps. En Allemagne, le contenu du contrat et sa force obligatoire sont indissociablement liés et ont pour garantie l'imprévision.

Les règles applicables, dans l'éventualité d'une disparition du fondement contractuel, assurent l'effectivité des obligations convenues en permettant à la partie lésée de poursuivre l'exécution de l'acte. L'imprévision dote le contrat d'un contenu normatif au stade de son exécution. L'imprévision tranche, en effet, un dilemme entre une liberté contractuelle matérielle inhérente au contenu du contrat et aux circonstances qui en constituent le fondement, conformément au principe *rebus sic stantibus* et une conception formelle de la liberté contractuelle qui se réfère à l'intangibilité d'un contrat figé dans le temps de sa formation.

Cette expérience allemande, de près d'un siècle, démontrait que l'adaptation du contrat, voire l'intervention du juge dans le cadre juridique du paragraphe 313 du BGB, ne conduisait pas à une restriction de la liberté contractuelle dans sa conception classique. Bien au contraire, cette règle efficiente, qui a été adoptée par plusieurs instruments du droit européen[39], confère une pérennité indispensable au contrat tout particulièrement dans une période livrée aux bouleversements politiques, économiques et sanitaires comme nous les connaissons aujourd'hui. Sur le fondement du paragraphe 313 du BGB, les juridictions allemandes purent ainsi éviter le marasme qui menaçait nombre de contrats à l'occasion de la crise de la covid-19.

Pour la France, ce fut un éclair dans un ciel bleu lorsque l'ordonnance du 10 février 2016 introduisit la révision pour imprévision à

---

[39] *Principes Unidroit, Principes relatifs aux contrats du commerce international,* Institut international pour l'unification du droit privé, Rome, 1994, p.157, article 6.2.3.

l'article 1195 du Code civil. La Cour de cassation a toujours rejeté une telle mesure. Arc-boutée sur la conception classique de la liberté contractuelle et de la force obligatoire du contrat, la haute juridiction française n'a jamais cessé de considérer que le contrat était immuable dès sa formation. La Cour de cassation s'était, en effet, vigoureusement opposée à toute velléité d'une reconnaissance de l'imprévision par les juridictions du fond et cela, dès le début de la seconde moitié du XIXe siècle, c'est-à-dire bien antérieurement à l'arrêt Canal de Craponne.

C'est donc avec d'infinies précautions que les rédacteurs de l'ordonnance ont aménagé l'imprévision dans les prescriptions de l'article 1195 du Code civil. Par référence au principe d'imprévisibilité du risque, cette disposition fixe une délimitation essentielle entre l'imprévision légitime et celle qui ne l'est pas. Une circonstance imprévue, mais qui était prévisible, est exclue du mécanisme de protection de l'article 1195[40]. Partant, l'imprévisibilité est un dénominateur commun aux dispositions de l'article 1195 et à celles de l'article 1218 consacrées à la force majeure, elles-mêmes issues de la rédaction de l'ordonnance de 2016. La réforme opère parallèlement un rapprochement avec le régime juridique de l'imprévision en droit administratif[41].

Surtout, le processus d'une négociation entre les parties, qui est particulièrement privilégié par l'article 1195, confine le recours judiciaire à n'être qu'une exception, l'*ultima ratio* d'une disposition qui est avant tout supplétive et qui peut donc être écartée par les parties. Bien entendu, ce caractère supplétif est d'autant plus accentué que des clauses de révision ou de renégociation sont souvent stipulées au titre d'un encadrement conventionnel du risque. Ainsi, pour Olivier Deshayes, Thomas Genicon, Yves-Marie Laithier, « *le changement est plus marquant pour l'esprit nouveau qu'il insuffle en législation que pour les modifications pratiques qu'il pourrait entraîner ...* »[42].

Cependant, face aux répercussions économiques et financières de la crise de la covid-19 et plus encore de la guerre en Ukraine, l'article 1195 offre au droit français, par son socle beaucoup plus large que celui de la force majeure, une arme efficace pour pallier les effets économiques de la crise de la pandémie et tout particulièrement de l'agression russe qui pourrait s'accompagner d'une augmentation vertigineuse des prix et d'une dévaluation de l'euro tout aussi inquiétante. C'est à l'occasion d'évènements

---

[40] Pascal Ancel, *Imprévision, Rép. droit civ.*, Dalloz, mai 2017, n°81.

[41] C.E., 30 mars 1916, *Compagnie générale d'éclairage de Bordeaux*, *Lebon*, *D*, 1916, p.25, conclusions P. Chardenet.

[42] Olivier Deshayes, Thomas Genicon, Yves-Marie Laithier, *Réforme du droit des contrats, du régime général et de la preuve des obligations, Commentaire article par article*, 2e éd., LexisNexis, 2018, p.384.

similaires en Allemagne que la théorie de l'imprévision a été adoptée afin d'amortir le choc de l'hyperinflation et de la dépréciation monétaire.

Face à une telle situation, la matérialisation de la liberté contractuelle, à l'œuvre dans l'article 1195, conduira, à déployer tous ses effets. Car l'article 1195 du Code civil n'est pas une disposition isolée. La matérialisation du droit se déploie à la manière d'une trame, qui unit chaque article appelé, depuis son intégration dans le Code civil, à entretenir de subtiles correspondances avec les textes qui les complètent ou les renforcent. Il en va ainsi de l'article 1170 du Code civil dans sa rédaction issue de l'ordonnance de 2016, qui sanctionne « *Toute clause qui prive de sa substance l'obligation essentielle du débiteur* ... »[43]. Une clause qui interdirait à l'une des parties de recourir à l'article 1195 du Code civil pourrait être réputée non écrite sur le fondement de l'article 1170 face à des circonstances imprévisibles de l'ampleur de celles que nous connaissons aujourd'hui.

Le Doyen Hauriou écrivait que « *Le contrat est l'entreprise la plus hardie qui se puisse concevoir pour établir la domination de la volonté humaine sur les faits en les intégrant d'avance dans un acte de prévision* »[44]. Aussi, l'article 1195 est venu combler, en temps opportun, les lacunes de cet acte de prévision qu'est le contrat. L'imprévision permettra d'assurer la continuité de l'acte tout en préservant la liberté matérielle de la partie lésée aux confins de la force obligatoire et de la justice contractuelle (Deuxième partie).

La bonne foi est « l'âme du droit des contrats » remarquait Mustapha Mekki[45]. Ce constat est pour le droit allemand une vérité première. Elle en est la pierre angulaire depuis que le Tribunal d'Empire fit du modeste paragraphe 242 du BGB le centre des rapports d'obligation et le cœur du matérialisme juridique. En effet, il n'existe pas de disposition relative au droit des contrats qui ne se fonde sur son principe ou se réfère à ses exigences. Le paragraphe 242 est devenu, au fil des jurisprudences du *Reichsgericht* et du *Bundesgerichtshof,* l'axe du « matérialisme juridique » autour duquel chaque disposition du BGB vient s'ordonner.

Si le *Reichsgericht et* le *Bundesgerichtshof* firent du paragraphe 138 du BGB un instrument dans leur lutte contre les clauses abusives, le paragraphe 242 fut, bien plus encore, le fer de lance de ce combat sans merci. Il ne s'agissait plus seulement de protéger les particuliers, mais

---

[43] Code civil, article 1170 du Code civil « Toute clause qui prive de sa substance l'obligation essentielle du débiteur est réputée non écrite ».

[44] Maurice Hauriou, *Principes de droit public*, 2e éd., Larose et Tenin, Paris, 1911, p.199.

[45] Mustapha Mekki, *Les principes généraux du droit des contrats au sein du projet d'ordonnance portant sur la réforme du droit des obligations*, *D*, 2015, n°22, p.816.

également les entreprises qui entraient en relation avec les *konzern*[46]. En effet, au lendemain de la Première Guerre mondiale, le monopole des groupes industriels et de la grande distribution, en liaison avec une concentration accentuée du marché, menaçaient la situation économique des petites et moyennes entreprises. Celles-ci se voyaient imposer des conditions particulières et des conditions générales génératrices de profonds déséquilibres contractuels.

Or, les dispositions du paragraphe 138 du BGB n'étaient pas toujours suffisantes pour pallier les conséquences des clauses abusives et assurer la protection qui devait en découler. Il était nécessaire de trouver un moyen complémentaire pour corriger les disproportions manifestes entre les obligations respectives des parties. Le *Reichsgericht* constatait que l'agencement des clauses des conditions particulières ou générales conduisait au transfert de risques éventuels des stipulants vers leurs cocontractants, sans réduction de prix avec un pouvoir unilatéral de modification des clauses du contrat et une véritable asymétrie dans l'accès à l'information.

Le *Reichsgericht* érigea, en conséquence, le paragraphe 242 au rang d'un principe directeur d'interprétation du contenu des clauses des conditions générales. Il ne s'agissait pas ici de reprendre le standard d'une bonne foi limitée à l'appréciation du comportement du contractant. Le *Reichsgericht*, dont la jurisprudence sera reprise et enrichie par les arrêts de la Cour fédérale de justice, s'appuyait exclusivement sur le contrat. La preuve du déséquilibre résultait uniquement de l'analyse du contenu de chaque clause et de l'évaluation de leur portée au regard de l'ensemble des stipulations formant les conditions particulières et générales.

La bonne foi était alors considérée comme un mécanisme d'interprétation objective fondé non seulement sur les clauses, mais également sur la structure de l'acte, un outil permettant au droit de répondre au besoin de justice contractuelle. Au fur et à mesure que la jurisprudence se prononçait sur la notion de bonne foi, les obligations qui en découlaient,

---

[46] Gerhard Köbler unter Mitarbeit von Peter Winkler, Rechtsfranzösisch, *Deutsch-französisches und französisch-deutsches Rechtswörterbuch für jederman*, Verlag Franz Vahlen, München, 1998, S. 84, « Konzern (M.) consortium (M.), groupement (M.) de sociétés, groupe (M.) de sociétés, konzern (M.) ; cf. à titre d'exemple, Henri Truchy et Auguste Murat, *Précis d'économie politique,* Nouvelles Editions Latines, Paris, 1951, p.281, « L'I.G. Farben Industrie est de nos jours une sorte de prototype du Konzern. Son origine remonte à la convention du 9 décembre 1925 par laquelle 8 grandes sociétés allemandes de produits chimiques décidaient de coordonner leurs activités, la plus connue d'entre elles est sans doute la Badische anilin und soda fabrik de Ludwigshafen, fondée à Mannheim en 1865, qui, en 1920 occupait 24.000 salariés. Le capital de la nouvelle société dénommée I.G. Farben Industrie Aktiengesellschaft était de 646 millions de Rm ; il fut porté en 1926 à 1100 millions plaçant ainsi le konzern au tout premier rang de l'industrie chimique allemande ».

finissaient par se circonscrire à son principe. Les juridictions du fond tenaient compte de ce corpus jurisprudentiel pour donner à la liberté matérielle du contrat une place équivalente à celle qu'occupait la liberté formelle.

La primauté du « matérialisme juridique », en application du principe de bonne foi, rappelait que le droit ne pouvait plus se limiter à une procédure classique de formation du contrat fondée sur le seul respect des conditions inhérentes à la volition de l'acte. La matérialisation de la liberté contractuelle tendait, en vérité, à consacrer au sein du contrat, par le biais de la bonne foi, des principes d'équilibre, de proportion entre les prestations des parties que sous-tendait le paragraphe 242. Dès lors, le respect extérieurement formel du droit, par la stipulation de clauses, qui contrediraient les principes du paragraphe 242, serait désormais jugé contraire à la bonne foi.

Cet héritage jurisprudentiel, repris dans un premier temps par la loi, avant d'être intégré aux dispositions du BGB dans le cadre du paragraphe 307, permit d'étendre l'impératif de la bonne foi et son exigence d'équilibre non seulement aux clauses des conditions générales, mais également aux conditions particulières du contrat. En effet, pour les clauses qui avaient fait l'objet d'une négociation, la primauté de la matérialité conduisait à étendre l'interprétation du contenu du contrat en amont de sa conclusion à la période précontractuelle dans le cadre d'une conception élargie de cette période. Ces pourparlers, entendus *lato sensu*, permettaient d'éclairer la portée des clauses particulières à l'aune de la bonne foi. Le droit allemand donnait ainsi corps à une véritable justice contractuelle sur le fondement même des stipulations du contrat.

Mutatis mutandis, la France devait connaître une évolution similaire. Dans notre ouvrage « *Cicéron, père de la codification du droit civil* », nous rappelions, à propos de la réforme de 2016, que « *De la même manière que le codificateur allemand, le législateur français fait aujourd'hui de la bonne foi le principe général du droit des contrats. L'article 1104 transcrit, en effet, dans ses dispositions l'article 8 1°) de la loi d'habilitation du 16 février 2015 qui prescrit d'"affirmer les principes généraux du droit des contrats tels que la bonne foi et la liberté contractuelle"* »[47].

Nous ajoutions « *Dès lors, à la manière du paragraphe 242 du BGB qui fait de la bonne foi le principe directeur des dispositions du BGB pour tous les actes juridiques, l'article 1104 du Code civil rayonne également sur les nouvelles prescriptions du droit des contrats qui consacrent la bonne foi.*

[47] Eric Gilardeau, *Cicéron, père de la codification du droit civil*, coll. Logiques juridiques, L'Harmattan, Paris, 2017, p.211.

La bonne foi préside ainsi à la conduite des pourparlers (article 1112 du Code civil), à la mise en œuvre de l'obligation précontractuelle d'information (article 1112-1 du Code civil)[48]*, à la sanction de la réticence dolosive (article 1137 du Code civil) ou des clauses abusives (article 1171 du Code civil) et à la prise en considération de l'imprévision (article 1195 du Code civil*) »[49].

Plus encore, les rédacteurs de l'ordonnance du 10 février 2016, ont érigé la bonne foi au rang d'un principe d'ordre public[50]. La bonne foi est devenue une norme directrice du droit des contrats. De la même manière que pour le droit allemand, la bonne foi, en tant que principe immanent, commande le devoir d'information, l'interprétation du contenu des clauses du contrat et les modalités d'exécution des obligations.

Dès lors, la bonne foi est appelée à jouer un rôle fondamental dans l'équilibre des droits et des obligations des parties au contrat. Le droit français opère une véritable matérialisation de ce principe qui est désormais intimement lié au concept même de contrat. C'est la raison pour laquelle les rédacteurs de l'ordonnance ont précisé que les dispositions, qui tendent à faire valoir le principe de la bonne foi, ne peuvent plus faire l'objet d'une interprétation restrictive. La bonne foi n'est plus une exception à la liberté contractuelle ; elle est un des fondements du contrat.

Il est vrai que la bonne foi a été présentée comme une limite au principe de la liberté contractuelle[51]. Mais, cette analyse relevait d'une conception purement formelle de cette liberté. Désormais, la bonne foi ne peut plus être conçue en termes d'opposition, mais de continuité et de prolongement avec une liberté qui n'est plus seulement formelle, mais matérielle. La bonne foi et la liberté contractuelle s'interpénètrent pour garantir l'équilibre de l'acte. Si la bonne foi déplace la limite de la liberté, elle ne la remet pas en cause et, tout au contraire, la renforce dans sa lutte contre les clauses abusives.

---

[48] Si le *Rapport au Président de la République* présente cette disposition comme une obligation précontractuelle d'information « autonome, indépendamment du devoir de bonne foi, ce principe essentiel à l'équilibre des relations contractuelles », nous ne partageons pas cette analyse comme nous serons appelés à le démontrer. La bonne foi sous-tend en effet les dispositions de l'article 1112-1 du Code civil dans sa rédaction issue de l'ordonnance du 10 février 2016.

[49] E. Gilardeau, *ibid.*

[50] E. Gilardeau, *ibid.*, « Le caractère intangible du principe de bonne foi est affirmé à l'alinéa 2 de l'article 1104 qui donne à l'alinéa 1er la valeur d'une prescription d'ordre public ».

[51] Sandrine Tisseyre, *Le rôle de la bonne foi en droit des contrats, essai d'analyse à la lumière du droit anglais et du droit européen*, Thèse, préface de Muriel Fabre Magnan, PUAM, 2012, n°18, « la bonne foi constitue une limite à la liberté contractuelle » ; Pascal Puig, *La phase précontractuelle*, *Droit et Patrimoine*, mai 2016, n°258, p.52, « La période des négociations est ainsi dominée par un principe de liberté que vient immédiatement tempérer l'exigence de bonne foi ».

Mais, les rédacteurs de l'ordonnance du 10 février 2016 ont été conduits à compléter les moyens d'action contre les clauses abusives avec deux dispositions fondamentales de la réforme, les articles 1170 et 1171 du Code civil qui sanctionnent respectivement les clauses ayant pour effet de priver l'obligation essentielle de sa substance et les stipulations à l'origine d'un déséquilibre significatif entre les droits et les obligations des parties dans le cadre des conditions générales des contrats d'adhésion.

Certes, l'article 1170 du Code civil est l'héritier du corpus jurisprudentiel issu des fameux arrêts *Chronopost* et *Faurecia*. Mais, ici encore, cette disposition dépasse le cadre d'une simple codification du droit prétorien. L'article 1170 a pour but de sanctionner les clauses incohérentes avec la contrepartie attendue du contrat. Si la notion de cause a disparu des textes du Code civil, sa fonction n'en perdure pas moins.

Or, l'article 1170 du Code civil, conformément au premier arrêt *Chronopost*, déplace la ligne de démarcation entre la conception classique de la cause objective et une conception matérielle de celle-ci. Contrairement à ce qu'ont pu soutenir les commentateurs de cette jurisprudence, nous ne sommes pas en présence d'une subjectivisation de la cause, mais bien d'une nouvelle conception objective de celle-ci fondée sur l'économie du contrat. Cependant, la Cour de cassation n'a, pour l'heure, pas tiré toutes les conséquences de la prémisse qu'elle avait posée. Il n'en reste pas moins qu'à l'occasion de la crise de la covid-19, les Tribunaux et les cours d'appel ont été conduits à faire une application des plus efficientes de l'article 1170 à l'encontre des exclusions de garantie des contrats d'assurance dans le cadre de la crise de la covid-19. En faisant prévaloir la liberté contractuelle matérielle sur la liberté formelle du stipulant, les juridictions du fond ont pu ainsi garantir la pérennité d'un secteur entier de l'économie.

L'article 1171 du Code civil ferme la marche de cette matérialisation de la liberté contractuelle dans le droit des contrats français. Comme nous l'avons indiqué, l'un des objectifs essentiels de la liberté matérielle est de préserver le cocontractant des déséquilibres structurels qui résultent des conditions générales des contrats d'adhésion. Il est vrai que les juridictions françaises ont exercé un contrôle du contenu des conditions générales contractuelles pour le moins tardif par rapport à leurs homologues allemandes[52]. Mais, la France s'est dotée avec l'article 1171 d'une règle qui vient compléter, au plan civil, le dispositif existant dans le droit de la consommation et le droit commercial.

---

[52] Civ. 1ère, 14 mai 1991, *D*, 1991, p.449, note J. Ghestin.

Certes, l'appréciation du déséquilibre significatif, sur le fondement de l'article 1171, permet de combattre l'existence manifeste d'un déséquilibre ou d'un défaut d'équivalence dans les obligations. Mais, cette disposition permet également de garantir la liberté matérielle de la partie lésée à l'égard de conventions qui présentent apparemment des obligations équilibrées, mais qui sont, en réalité, excessives au regard des moyens financiers, juridiques et économiques de l'adhérent.

Le régime de l'article 1171 du Code civil permet, par une appréciation globale du contrat tenant à l'économie de l'acte et à la situation particulière de l'adhérent, de rétablir le principe de proportionnalité des droits et des obligations. C'est donc à partir d'une appréciation objective du déséquilibre significatif et sur des critères d'interprétation des conditions générales similaires à ceux des paragraphes 157 et 307 du BGB, que le Code civil développe désormais la fonction normative du « matérialisme juridique » (Troisième partie).

Première partie

Une profonde novation du rapport d'obligation : la codification des fonctions correctives du « matérialisme juridique »

Le rôle et l'importance du droit des contrats n'ont cessé de grandir avec la constitution d'un espace européen qui s'inscrit lui-même dans la mondialisation de l'économie. Or, l'Acte unique européen, signé à Luxembourg en 1986 et entré en vigueur le 1er juillet 1987, qui prévoyait la création d'un « marché intérieur » formé d'un espace sans frontières pour la libre circulation des marchandises, des personnes, des services et des capitaux, fut la source d'une polémique à l'origine d'une interrogation fondamentale sur le droit des contrats au sein de l'Union européenne.

En effet, une question s'est immédiatement posée : l'adoption d'une réglementation unique en matière de contrat était-elle indispensable au bon fonctionnement de ce marché ? Cette première question appelait tout aussitôt une seconde interrogation : compte tenu de l'hétérogénéité des différents systèmes en vigueur dans la Communauté européenne, une telle unification était-elle envisageable ? *Brevitatis causa*, la question d'une codification du droit des contrats à l'échelle européenne était posée par la Commission en 2001.

La réponse à ces questions déclencha un débat des plus vifs entre la France et l'Allemagne. Il existait, en effet, un véritable décalage entre la position des deux plus grandes puissances de l'Union sur la possibilité d'une codification du droit des contrats à l'échelle européenne. Pour Ludovic Bernardeau, les points de convergence entre les systèmes juridiques européens ne faisaient aucun doute si l'on s'en tenait au grand nombre de directives relatives aux relations entre consommateurs et professionnels, qu'il s'agisse notamment de l'obligation d'information[53] ou du droit de rétractation[54].

La doctrine allemande avait adopté la vision européenne d'une codification du droit des contrats et avait entrepris très tôt un travail en ce

[53] Ludovic Bernardeau, *La directive communautaire 97/7 en matière de contrats à distance*, *Cah. dr europ.*, 2000, n°12 et s., p.127.
[54] L. Bernardeau, *Le droit de rétractation du consommateur, Un pas vers une doctrine d'ensemble*, *JCP* 2000, éd. G, I, 218.

sens. Christophe Ulrich Schmid n'hésitait pas à déclarer que le droit privé intégré dans le droit communautaire faisait partie d'une véritable « *Constitution européenne* »[55]. Mais, ce postulat se heurtait à une défiance de la doctrine française, qui, avec des accents tout savigniens, voyait dans ce projet une « *analyse négative* »[56], une entreprise dirigée contre le droit français des contrats et plus largement contre le Code civil lui-même[57]. La discussion autour de la codification européenne fit ressurgir, dès lors, de profondes différences qui divisèrent l'Allemagne et la France sur le principe même d'une codification du droit des contrats au plan européen. Ce projet débouchait dans une impasse.

C'est donc vers une recodification nationale du droit des obligations et des contrats que s'orientait définitivement l'Allemagne qui transcrivait dans le BGB les dernières avancées du droit européen et surtout les progrès accomplis depuis un siècle par le droit prétorien en ce domaine. La loi du 26 novembre 2001 dite « *loi de modernisation du droit des obligations* »[58] fut une œuvre considérable. Il ne s'agissait pas seulement de s'en tenir à une « *remise en ordre du droit existant à des fins pratiques* »[59]. Les travaux du législateur allemand étaient bien plus ambitieux. Les rédacteurs de la loi du 26 novembre 2001 souhaitaient accentuer dans les dispositions du BGB les impératifs de la justice contractuelle. C'est la raison pour laquelle l'œuvre entreprise peut être qualifiée de « *recodification* » du droit des obligations et des contrats. C'est, en effet, une conception matérielle de la liberté contractuelle, fondée sur les exigences de la bonne foi, qui était transcrite dans les nouveaux paragraphes du BGB.

---

[55] Christoph Ulrich Schmid, *Le projet d'un code civil européen et la Constitution européenne*, *C.de D.*, vol. 46, n°1-2, mars-juin 2005, p.120, « … le projet de code civil européen ne se poursuit pas sur un fond vide – en d'autres mots : un code ne serait nullement le premier pas de l'Europe dans le champ du droit privé ! Au contraire, pendant les dernières cinq décades, le droit privé a été, lui aussi, toujours plus intégré dans le système des traités communautaires qui peut être appelé, avec la Cour de justice de Luxembourg, la *Constitution européenne* » ; Christian von Bar, *le groupe d'études sur un Code civil européen, RIDC*, 2001, 1, pp.127-139.

[56] Philippe Malaurie, *Le Code civil européen des obligations et des contrats, Une question toujours ouverte*, *JCP*, 2002, éd. G, I, 110, n°17, « *L'analyse qui vient d'être faite est négative : les perspectives de la Commission européenne sur l'harmonisation et la codification du droit civil européen des obligations et des contrats sont incertaines, sans inspiration politique forte, reposent sur une compétence juridique douteuse, porteraient atteinte au pluralisme culturel de l'Europe et des nations qui la composent, n'apporteraient pas d'avantages économiques au développement des contrats – tout au contraire -, constitueraient un risque de pétrification du droit et causeraient une énorme et inutile secousse intellectuelle aux habitudes juridiques* ».

[57] Gérard Cornu, *Un code civil n'est pas un instrument communautaire*, *D*, 2002, chr. 351

[58] *Gesetz zur Modernisierung des Schuldrechts vom 26. November 2001*, *Bundesgesetzblatt*, I, Seite 3138.

[59] Denis Tallon, *La codification dans le système de common law*, *Droits*, 1998, p.41, « La codification n'est autre que la remise en ordre du droit existant à des fins pratiques ».

A quinze ans de distance, la France mettait ses pas dans ceux de l'Allemagne et entreprenait à son tour une recodification nationale de son droit des obligations et des contrats avec l'ordonnance du 10 février 2016 portant « *réforme du droit des contrats, du régime général et de la preuve des obligations* »[60]. A l'instar de la loi allemande de 2001, l'ordonnance française de 2016 n'est pas un simple facteur de modernisation du droit[61]. Elle dépasse l'horizon d'une simple technique de mise en ordre de la matière du droit des contrats.

Le *Rapport au président de la République* rappelle l'esprit des nouvelles dispositions, au-delà d'une simplification et d'une meilleure cohérence de cette branche du droit, quand il précise que « *La sécurité juridique est ainsi à la fois l'un des objectifs de l'ordonnance et le moyen d'atteindre les autres buts, dont celui de la justice contractuelle* »[62] (Chapitre I).

Dans cette perspective, les droits allemand et français établissaient respectivement dans le cadre des dispositions du BGB et du Code civil le fruit des jurisprudences du Tribunal d'Empire, de la Cour fédérale de justice, de la Cour constitutionnelle pour le premier et de la Cour de cassation pour le second.

Très tôt, en effet, l'Allemagne avait développé, avec le *Reichsgericht*, puis avec le *Bundesgerichtshof*, la volonté de s'appuyer sur la structure même du contrat pour évaluer les atteintes portées par l'une des parties aux droits de son partenaire. Cette approche prit un tournant décisif à la suite des déséquilibres contractuels qui s'étaient multipliés pendant les périodes troublées que connut l'Allemagne au lendemain des Première et Seconde Guerres mondiales.

Dès lors, si le BGB faisait à l'origine une place des plus larges à la liberté contractuelle formelle, le droit allemand fut conduit très rapidement à considérer que l'effet attribué à l'expression de la volonté n'existait qu'en vertu de la loi. Il ne s'agissait plus d'un pouvoir juridique initial des parties, mais d'un droit dérivé[63]. Ce droit devait, en conséquence, se conformer dans sa manifestation aux usages qui existaient en pratique. C'est le sens donné

---

[60] Ordonnance n°2016-131 du 10 février 2016 portant réforme du droit des contrats, du régime général et de la preuve des obligations, *JORF* n°0035 du 11 février 2016, préc.

[61] Elisabeth Catta, *Les techniques de codification : de la cire au silicium*, *AJDA*, 1997, p.648.

[62] *Rapport au Président de la République relatif à l'ordonnance n°2016-131 du 10 février 2016 portant réforme du droit des contrats, du régime général et de la preuve des obligations*, préc.

[63] Friedrich Endemann, *Über die civilrechtliche Wirkung der Verbotsgesetze nach gemeinem Rechte*, Fues's Verlag, 1887, S.73 ; Rudolf Stammler, *Das Recht der Schuldverhältnisse in seinem allgemeinen Lehren : Studien zum Bürgerlichen Gesetzbuche für das Deutsche Reich*, Guttentag, Berlin, 1897, dritter Abschnitt, XIV, S.55.

aux bonnes mœurs, c'est-à-dire d'une morale sociale qui s'impose aux parties. Eduard Hölder écrivait à ce titre qu'« *Il ne suffit pas d'une atteinte portée à la morale, mais il faut une atteinte à l'usage pratiqué* »[64]. Or, comme le rappelait Rudolf Leonhard les usages « *ne sont nullement identiques avec les préceptes de la morale* »[65]. Les juridictions allemandes développèrent dans l'application des bonnes mœurs une approche objective afin d'apprécier si la structure même du contrat ne révélait pas un abus de puissance caractérisée par une disproportion manifeste entre les prestations des parties.

Au lendemain de la Seconde Guerre mondiale, le *Bundesgerichtshof* poursuivit, sous le contrôle du *Bundesverfassungsgericht*, la jurisprudence du Tribunal d'Empire relative à cette conception objective des bonnes mœurs qui s'appréciait désormais à l'aune des exigences de la Loi fondamentale allemande. L'Allemagne apportait, en effet, une véritable garantie constitutionnelle à l'équilibre des droits entre les parties. La Cour constitutionnelle faisait des bonnes mœurs la grille de lecture des déséquilibres contractuels. Elle contribuait ainsi à développer des principes directeurs, à partir de l'article 20 de la Loi fondamentale sur « *l'Etat social* », en faveur de la partie la plus faible en donnant à la liberté matérielle contractuelle la primauté sur la liberté contractuelle formelle.

Sans atteindre le degré du matérialisme juridique du droit allemand, la France souhaita également assurer la protection de la partie la plus faible au contrat en assimilant à la violence l'abus de dépendance dans laquelle se trouvaient plongées de nombreuses parties. La jurisprudence, puis l'ordonnance du 10 février 2016 ont consacré un contrôle objectif de cet état de dépendance par le biais de l'avantage manifestement excessif. Sans pour autant négliger le caractère équitable de cette disposition en faveur de la protection de la partie la plus faible, le droit français abordait l'abus de dépendance sous un angle avant tout objectif. Cette limite objective de l'avantage manifestement excessif était combinée, comme en droit allemand, avec les impératifs de la justice contractuelle (Chapitre II).

---

64 Eduard Hölder, *Kommentar zum Allgemeinen Teil des Bürgerlichen Gesetzbuches*, C.H. Becksche Verlagsbuchhandlung, München, 1900, B. I, S.304.

65 Rudolf Leonhard, *Der Allgemeine Theil des Bürgerlichen Gesetzbuchs in seinem Einflusse auf die Fortentwicklung der Rechtswissenschaft*, Guttentag, Berlin, 1900, XVI, S.373.

Chapitre I

Deux codifications apparentées du matérialisme juridique

La question d'une codification du droit des contrats au niveau de l'Union européenne s'est posée à l'aube du XXIe siècle[66]. Si en Allemagne ce projet a été accueilli avec enthousiasme[67], il n'en fut pas de même pour la doctrine française qui se montra immédiatement hostile à une telle entreprise, dont la double inspiration européenne et allemande suscitait les plus vives inquiétudes[68]. L'opposition entre les tenants allemands de la réforme et les détracteurs français de ce projet, qui en rejetaient le principe, semblait révéler une ligne de fracture hautement, plus importante, qui séparait, selon la doctrine française, le *Bürgerliches Gesetzbuch* du Code civil.

En effet, pour la doctrine française, l'adoption d'une réglementation unique en matière de contrat, dans le cadre de l'espace européen, aurait pour effet de mettre en cause l'idée de codification nationale et par voie de conséquence, porterait atteinte au cœur même des systèmes juridiques nationaux constitués par le droit des obligations et des contrats. En France, droit et culture s'interpénètrent au point que Jean Carbonnier a pu écrire que le Code civil était "*la constitution civile de la France*"[69]. Dès lors, la doctrine française se refusait à abandonner le Code civil pour un droit uniforme européen. Sa contestation devait donc se développer sous une double opposition à l'égard de la Communauté européenne et à l'encontre de l'Allemagne. Or, cette double opposition masquait en réalité un antagonisme que la doctrine française jugeait beaucoup plus profond. Une opposition radicale entre d'un côté, le Code civil et les droits soumis à son influence et

---

[66] *Actes de la conférence de Scheveningen du 28 février 1997*, sous la direction du ministère de la justice néerlandais, *in* Revue Européenne de Droit Privé, vol. 5, 1997, p.465 et s.; *Towards a European Civil Code*, sous la direction de Arthur Severijn Hartkamp et *alii*, Martinus Nijhoff Publishers, Dordrecht, 2e éd., 1998 ; *New Perspectives on European Private Law*, sous la direction de Franz Werro, éditions universitaires Fribourg-Suisse, 1998.

[67] Hein Kötz, *Gemeineuropäisches Zivilrecht*, in : Herbert Bernstein/Ulrich Drobnig/Hein Kötz (Hrsg.), Festschrift für Konrad Zweigert, Tübingen, 1981, S.481-500.

[68] Pierre Legrand, *Sens et non-sens d'un Code civil européen*, *RIDC*, 1996, p.779 et s.

[69] Jean Carbonnier, *Le Code civil*, *in* Pierre Nora, *Les lieux de mémoire*, Paris, Gallimard, coll. Quatro, 1997, t.1, p.1345, « La véritable constitution de la France, c'est le Code civil. En lui sont récapitulées les idées autour desquelles la société française s'est constituée au sortir de la Révolution et continue de se constituer de nos jours encore, développant ces idées, les transformant peut-être, sans avoir jamais dit les renier ».

de l'autre côté, le *Bürgerliches Geseztbuch* et les droits d'obédience germanique (Section I).

Cependant, les systèmes juridiques allemand et français devaient se rejoindre sur la solution définitive à adopter. Ces deux pays se prononçaient en faveur d'une réforme des dispositions de leurs codes respectifs consacrées au droit des contrats. C'est à peu de distance dans l'échelle historique que le droit allemand en 2001 et le droit français en 2016 entreprenaient une telle démarche.

L'Allemagne avait été la première à inaugurer ce mouvement vers une recodification nationale du droit des contrats. Une nouvelle fois, la réforme allemande avait reçu son impulsion du droit communautaire. C'est, en effet, à l'occasion de la transposition de trois directives européennes[70] que l'Allemagne avait pris la décision de réunir la matière éparse de son droit des contrats dans le cadre du BGB. Mais, il ne s'agissait là que d'un point d'aboutissement dans le long processus qui avait conduit l'Allemagne à envisager le contenu du contrat comme le centre d'une équivalence objective des prestations.

A quelques années de distance, le droit français entreprenait une démarche similaire à celle du droit allemand. L'ordonnance du 10 février 2016 fut tout d'abord une remise en ordre du droit des contrats. En effet, le Code civil, dans sa mouture de 2015, restait fort proche de sa version originale et n'était plus adapté à l'état contemporain du droit.

Certes, des parties importantes du Code civil avaient fait l'objet d'une adaptation et d'une modernisation. Mais, le droit des contrats et le droit des obligations n'avaient eux-mêmes pas été modifiés. Seuls, quelques textes, issus eux-mêmes de la transposition de directives communautaires, avaient fait l'objet d'une rédaction actualisée[71]. Il est vrai que la jurisprudence avait été elle-même amenée à combler les lacunes que

---

[70] Directive n°1999/44/CE du Parlement européen et du Conseil du 25 mai 1999 sur certains aspects de la vente et des garanties des biens de consommation, *JOUE* L171 du 7 juillet 1999 ; Directive n°2000/31/CE du Parlement européen et du Conseil du 8 juin 2000 relative à certains aspects juridiques des services de la société de l'information, et notamment du commerce électronique, dans le marché intérieur (« directive sur le commerce électronique »), *JOUE* L178 du 17 juillet 2000 ; Directive n°2000/35/CE du Parlement européen et du Conseil concernant la lutte contre le retard de paiement dans les transactions commerciales, *JOUE* n°2000 du 8 août 2000.

[71] Directive n°85/374/CEE du Conseil du 25 juillet 1985 relative au rapprochement des dispositions législatives, réglementaires et administratives des Etats membres en matière de responsabilité du fait des produits défectueux, *JOCE* L210 du 7 août 1985, dont les dispositions furent transcrites dans les articles 1386-1 à 1386-18 du Code civil ; Directive n°99/93/CE du Parlement européen et du Conseil de 13 décembre 1999, sur un cadre communautaire pour les signatures électroniques, *JOUE* L13 du 19 janvier 2000, qui avait donné lieu à une transposition de ses prescriptions dans l'article 1316-4 du Code civil.

présentait le droit des contrats. Mais, le nombre des décisions, leur caractère incertain, pour ne pas dire fluctuant, ne présentait pas la clarté, la cohérence et la sécurité requises par les cocontractants.

Dès lors, comme ce fut le cas pour le droit allemand avant la réforme de 2001, le Code civil, en matière de droit des contrats, n'offrait plus une représentation réelle et précise de l'état du droit positif. Cette situation n'avait pas seulement une conséquence sur le plan strictement national, mais développait également des effets importants à l'échelle européenne. Le Code civil perdait de son influence. Nombre de pays, qui s'étaient inspirés du Code de 1804, tout particulièrement dans sa partie consacrée au droit des contrats, s'étaient affranchis du modèle français[72]. La réforme s'imposait d'autant plus que, dans une Europe où les droits eux-mêmes étaient en concurrence, la France ne pouvait se permettre de laisser le Code civil en l'état (Section II).

Le travail législatif, mis en œuvre en Allemagne, dépassait de très loin une simple transcription des dispositions européennes dans les textes du BGB ou une pure intégration des normes légales qui avaient régi la matière des contrats hors du Code civil ou plus encore, une réception systématique des solutions fondamentales consacrées par la jurisprudence. La réflexion allemande avait débuté bien en amont de la querelle de la codification franco-allemande ou des impulsions européennes en matière de droit des contrats.

L'Allemagne avait entrepris, en effet, depuis plusieurs années, une longue réflexion et une démarche ambitieuse pour dessiner le cadre d'une véritable justice commutative dans le contrat à travers les dispositions du BGB. La conception globale du rapport d'obligation, qui en en est le fruit, permet aujourd'hui au droit allemand de disposer d'un instrument adapté au contexte juridique, social et économique très incertain du XXIe siècle afin d'assurer une relation équilibrée entre la prestation convenue et sa contrepartie.

Le droit français a lui-même procédé en 2016, à une véritable novation de la définition du contrat. En effet, l'article 1101 du Code civil, dans sa rédaction issue de l'ordonnance, a mis en avant le concept de contrat et ne réduit plus celui-ci à la présentation diairétique[73] qui faisait du contrat une simple espèce de la convention. Le contrat n'est plus limité à la seule création des obligations, mais voit son champ d'application étendu à la modification, la transmission ou l'extinction des obligations. De plus, la définition donnée par l'article 1101 fait du contrat un accord de volontés. Le

---

72 Il en est notamment ainsi du Portugal, de l'Espagne et des Pays-Bas.

73 *Diairesis*, division, distribution.

contrat se présente avec le libellé de l'article 1101 comme l'acte juridique par excellence. Le droit français se rapproche ainsi de la conception allemande du contrat qui fait de ce dernier le cadre même de la manifestation des volontés et du contenu des engagements.

L'ordonnance du 10 février 2016 donnait, dès lors, au contrat un caractère véritablement objectif. La manifestation de volonté des parties, dans le cadre d'un acte juridique aux effets étendus à l'ensemble des formes d'accords afférentes aux obligations, permettait d'éclairer le contenu des engagements pris par les parties. Il s'agissait de définir un cadre propice à l'équilibre des prestations face aux évolutions économiques d'un marché peu favorable à l'égalité des droits entre cocontractants. Le mouvement vers la justice contractuelle, à travers une structure adaptée du contrat, rejoignait la conception qui avait prévalu en Allemagne dans le cadre de la réforme de 2001 (Section III).

Section I La genèse d'une codification nationale du matérialisme juridique : la querelle franco-allemande autour d'un Code européen des contrats

En 2001, dans une communication au Conseil et au Parlement européen, la Commission posa la question d'une législation européenne plus complète en matière de droit des contrats pouvant déboucher sur l'élaboration d'un Code européen en ce domaine. Aussi, la Commission européenne invitait les juristes spécialisés à se pencher sur ce projet, dont l'ambition cachée, au-delà d'une simple harmonisation des droits nationaux, était de parvenir à une véritable uniformisation du droit des contrats à l'échelle de la Communauté européenne[74].

Le 12 avril 2002, le professeur Christian von Bar, directeur de l'Institut pour le droit international privé et le droit comparé à l'université d'Osnabrück donna en anglais dans la Grand'Chambre de la Cour de cassation, une conférence sous l'intitulé « *Des principes à la codification : perspectives d'avenir pour le droit privé européen* »[75]. Christian von Bar inscrivait son action dans le sillage des travaux menés depuis 1982 par la commission pour le droit européen des contrats, dirigée par Ole Lando, qui avait été chargée d'établir, de commenter et d'annoter les Principes du droit européen des contrats[76]. La première partie de ces travaux avait fait l'objet d'une publication en 1995[77].

Cependant, Christian von Bar indiquait, dans le cadre de son intervention, que si le groupe Lando avait établi un lien entre ses travaux et le débat sur un Code civil européen, il n'avait jamais été question d'atteindre un tel objectif[78]. Aussi, Christian von Bar rappelait qu'il avait constitué, dans

---

[74] Communication de la Commission au Conseil et au Parlement européen concernant le droit européen des contrats, 11 juillet 2001, COM/2001/0398, « 1. Ces dernières années, les discussions concernant l'harmonisation éventuelle du droit privé matériel, en particulier du droit contractuel, se sont intensifiées (1). (1). Cf Ole Lando and Hugh Beale (eds), Les principes du droit européen des contrats Parties I et II, (Kluwer Law International, 2000) ; Académie des privatistes européens, Code européen des contrats – Avant-projet, (Université de Pavie, 2001) "Groupe de Pavie", 2001 ; groupe d'études pour un code civil européen. Pour une discussion complète, comportant notamment une bibliographie détaillée des questions concernant le droit civil en Europe, voir Hartkamp, Hesselink, Joustra, Perron (eds.), *Towards a European Civil Code* (Kluwer Law International, 1998) ».

[75] Christian von Bar, *Des principes à la codification : perspectives d'avenir pour le droit privé européen*, *Annonces de la Seine* du 3 juin 2002, n°33, p.2.

[76] C. von Bar, *ibid.*

[77] Ole Lando; Hugh Beale, *The principles of European contract law*, Dordrecht, Boston : M. Nijhoff, 1995.

[78] C. von Bar, *op. cit.*, p.2.

cette perspective, sa propre commission en 1996 alors qu'il était prévisible que la commission Lando allait arrêter ses travaux[79].

Le projet particulièrement directif de Christian von Bar devait cristalliser les peurs et les frustrations de la doctrine française contre l'idée d'un code européen des contrats. Mais, en dehors de cette circonstance, l'opposition des auteurs français se fondait, avant tout, sur la menace que représentait, à leurs yeux, un tel projet pour le Code civil français.

Yves Lequette, Gérard Cornu et Pierre Hillard traduisaient, à eux seuls, l'essentiel des critiques adressées au projet de Christian von Bar[80]. Tout en rappelant les faux pas de ce dernier, ils dénonçaient le caractère autoritaire, pour ne pas dire brutal, du projet de Christian von Bar. Il n'en avait pas toujours été ainsi chez ce dernier. En effet, en 2001, Christian von Bar s'était montré prudent et réservé puisqu'il se contentait d'affirmer que « *personne ne vise à abandonner les codes civils nationaux ; ils subsisteront longtemps encore. Il ne peut plutôt s'agir que de réduire au même dénominateur les codes civils nationaux et les droits des pays sans aucun code civil sur le plan des contenus des matières, qui, à l'heure actuelle, pourraient déjà faire l'objet d'un concept uniforme* »[81].

Cependant, Pierre Hillard et Yves Lequette constataient, un an plus tard, que Christian von Bar n'hésitait plus à déclarer que la mort des codes civils nationaux était clairement programmée en projetant d'ici 2004, sous la forme d'un récapitulatif, les règles à venir en matière de droit des obligations, de droit des contrats, étendues aux principes mêmes de la responsabilité délictuelle dans un cadre strictement européen : « *la théorie générale des obligations, le droit de la vente, le droit des contrats de service (y compris les services financiers et les contrats d'assurance), le droit des sûretés personnelles, le droit des obligations non contractuelles (responsabilité délictuelle et restitution), le droit relatif au transfert de propriété des biens meubles, le droit du crédit (sûretés sur des biens meubles) et le droit des trusts* »[82].

Puis, Christian von Bar affirmait qu'à partir de 2005, le texte, élaboré par son groupe de travail, serait enseigné dans les facultés de droit

---

[79] C. von Bar, *ibid.*

[80] Yves Lequette, *Quelques remarques à propos du projet de code civil européen de M. von Bar*, chron., *D*, n°28, 2002, pp.2202-2214 ; Gérard Cornu, *Un Code civil n'est pas un instrument communautaire*, *D* 2002, p.351 ; Pierre Hillard, *L'Europe régionalise la France*, in Libres, *Revue de la pensée française*, Edition l'Age d'Homme, p.68, Lausanne, 2003.

[81] C. von Bar, *Le groupe d'études sur un Code civil européen*, *RIDC*, Vol. 53, n°1, janvier-mars 2001, p.131.

[82] P.Hillard,*op. cit.*, , p.68; Y. Lequette, *op. cit.*, p.2202.

européennes[83]. Toujours en 2005, Christian von Bar ajoutait que toutes les institutions communautaires, chargées de l'élaboration des textes législatifs et de leur mise en oeuvre procédurale, devraient appliquer concrètement ces nouvelles notions, solutions et terminologies communes[84]. Puis, à partir de 2010, un corps de règles relatif au droit des contrats dans l'Union européenne devrait être adopté, qui prendrait en compte les notions, solutions et terminologies précédemment développées[85].

Cette initiative, à partir de laquelle le groupe de travail von Bar voulait élaborer son projet, reçut non seulement un accueil peu enthousiaste de la part de la doctrine civiliste française, mais, les rares partisans d'un « euro-code des obligations »[86] firent également montre d'une grande réserve vis-à-vis des propositions du groupe de travail von Bar en se contentant de soutenir une simple harmonisation des législations nationales plutôt qu'une véritable unification, jugée très prématurée[87]. Pour Claude Witz, qui appartenait à cette dernière catégorie d'auteurs, les discussions franco-allemandes à l'aube du XXe siècle, n'étaient pas sans rappeler la querelle sur la codification qui s'était ouverte au début du XIXe siècle entre Thibaut, favorable à une codification du droit civil en Allemagne et Savigny qui s'y était opposé[88]. Aussi, Claude Witz plaidait-il pour une troisième voie entre ceux qu'il qualifiait « *le clan de Thibaut et celui de Savigny* »[89].

La doctrine française considérait dans son ensemble – quelques voix discordantes s'étant fait entendre[90] - que la perspective d'un code civil

---

[83] P. Hillard, *ibid.*; Y. Lequette, *ibid.*

[84] P. Hillard, *ibid.*; Y. Lequette, *ibid.*

[85] P. Hillard, *ibid.*; Y. Lequette, *ibid.*

[86] P. Hillard, *ibid.*, Y. Lequette, *ibid.*

[87] C. Witz, *Plaidoyer pour un code européen des obligations*, *D* 2000, p.82, « ...une sorte de loi-modèle souple avec des versions nationales qui seraient traduites et diffusées grâce à un centre européen en charge du code de plusieurs Etats pouvant bien sûr adopter la même version ».

[88] C. Witz, *op. cit.*, p. 80, « La controverse qui se noue aujourd'hui en Europe rappelle celle fameuse, qui opposa Thibaut à Savigny en 1814 : fallait-il que l'Allemagne se dote d'un code civil ? Le manifeste de Thibaut en faveur d'une codification du droit civil suscita une riposte cinglante de Savigny : le temps n'est pas encore mûr pour un tel code. Se dessine aujourd'hui en Europe un débat comparable entre deux écoles, "le clan de Savigny" et le "clan de Thibaut" ».

[89] C. Witz, *op. cit.*, p.82, « Quel devra être le degré de convergence des droits nationaux des contrats ? Faut-il aller jusqu'à l'uniformisation ou plutôt adopter une sorte de code qui ressemblerait davantage à une directive ? (...) Il n'y aurait donc pas nécessairement quinze versions, plusieurs sous-ensembles pourraient être créés. Souvenons-nous à cet égard du projet de code franco-italien des obligations de l'Entre-deux-guerres. Une loi modèle, souple, et trois ou quatre versions, pour un marché de 350 millions d'habitants, quel progrès ! Ainsi entre le clan de Thibaut et celui de Savigny pourrait se former une école en faveur d'une troisième voie ».

[90] Nicolas Charbit, *L'espéranto du droit ? La rencontre du droit communautaire et du droit des contrats*, *JCP, éd. G*, 2002, n°1, p.10, exprime une opinion plus favorable à l'égard du

européen, même réduit à la seule matière des obligations, voire plus strictement encore à celle des contrats, soulèverait de sérieuses objections[91], sans compter les opposants plus radicaux, qui n'hésitaient pas à la qualifier de démarche « totalitaire »[92]. Claude Witz dut lui-même reconnaître qu'il mesurait la difficulté d'étendre la codification du droit des contrats à celui des obligations[93].

La première des objections formulées par la majorité de la doctrine civiliste française tenait à l'absence de compétence de la Communauté et de ses institutions pour adopter un tel code. En effet, aucune disposition du traité, qui les avait instituées, ne les habilitait à intervenir en matière civile[94], si ce n'est pour prendre des mesures de coopération judiciaire transfrontalière prévues à l'article 65 du traité instituant la Communauté européenne[95]. Cette opinion était partagée par Martin Bangemann qui rappelait à ce titre que les traités ne comportaient aucune disposition relative à la compétence européenne en matière d'unification du droit privé[96] tandis que pour Ivo Schwartz, les traités n'avaient même pas vocation à envisager une harmonisation du droit privé[97].

Pour autant, l'article 95[98] du traité, qui permettait au Conseil, en codécision avec le Parlement européen, d'arrêter les mesures relatives au

---

projet de la Commission. Il juge que celui-ci s'est limité « aux règles générales du droit des contrats, domaine dans lequel la plupart des régimes juridiques nationaux présentent l'avantage de bénéficier de concepts et de règles comparables ».

[91] Jérôme Huet, *Nous faut-il un « euro » droit civil ?*, *D* 2002, p.2611. ; Philippe Malaurie, *Le Code civil européen des obligations et des contrats, une question toujours ouverte*, *JCP*, 2002, I, p.283, « Il y a dans l'idée même de codification européenne une sorte de régression qui est le contraire du nouveau : la codification européenne des obligations entraînerait vraisemblablement comme toute codification une rigidité et une abstraction du droit … ».

[92] G. Cornu, *op. cit.*, p.352, « L'unitarisme communautaire serait une entreprise réductrice, récessive et pour tout dire totalitaire, l'obsession fusionniste une aberration culturelle » ; Y. Lequette, *op. cit.*, p.2212 cite ce passage de l'article de Gérard Cornu dans le cadre de sa propre critique contre une codification européenne.

[93] C. Witz, *La longue gestation d'un code européen des contrats – Rappel de quelques initiatives oubliées*, *RTDC*, 2003, n°3, p.733.

[94] Y. Lequette, *op. cit.*, p.2202, « Il n'est, en effet, nul besoin d'être un spécialiste du droit européen pour savoir que chaque intervention des autorités communautaires a besoin pour sa validité d'une base légale précise. Or même les partisans les plus convaincus de l'unification du droit sous l'égide de l'Union européenne peinent à découvrir le fondement textuel qui habiliterait celle-ci à entreprendre la rédaction d'un code civil européen, la législation civile relevant enseigne-t-on traditionnellement, de la compétence naturelle des Etats membres ».

[95] Bénédicte Fauvarque-Cosson, *Faut-il un Code civil européen ?*, *RTDC*, 2002, p.463.

[96] Martin Bangemann, *Privatrechtsangleichung in der europäischen Union*, *ZeuP*, 1994, S. 377 und S. 378.

[97] Ivo Schwarz, *Perspektiven der Angleichung des Privatrechts in der Europäischen Gemeinschaft*, *ZeuP*, 1994, S. 559 und S. 570.

[98] Traité instituant les Communautés européennes, article 95 § 1 du « Par dérogation à l'article 94 et sauf si le présent traité en dispose autrement, les dispositions suivantes s'appliquent pour la réalisation des objectifs énoncés à l'article 14. Le Conseil, statuant

rapprochement des législations nationales pour favoriser « *l'établissement et le fonctionnement du marché intérieur* » ne justifiait-il pas une compétence européenne en la matière ? Cette question fut envisagée par Yves Lequette afin de prévenir l'argumentation que pourraient développer les tenants d'une codification européenne[99].

La référence à ce texte, à l'appui de l'édiction d'un code européen des contrats ou, plus largement, des obligations dans le but d'uniformiser les législations nationales, supposerait d'admettre que leur diversité actuelle ralentirait les échanges, ce qui était pour Claude Witz une réalité « *moins à l'échelle des grandes entreprises qu'au niveau des petites et moyennes entreprises* »[100].

Cependant, s'appuyant sur les principes de proportionnalité et de subsidiarité, Yves Lequette réfutait l'idée que l'Europe put disposer en ce domaine de la moindre initiative[101]. Yves Lequette faisait observer que le présupposé d'une entrave des échanges en raison de la diversité des droits prêtait à discussion lorsque l'on se rapportait à l'expérience du marché nord-américain dont le dynamisme ne paraissait pas souffrir, bien au contraire, de la diversité des législations civiles d'un État fédéré ou d'une province à l'autre[102]. Jérôme Huet rejoignait cette analyse « *L'exemple américain*

---

conformément à la procédure visée à l'article 251 et après consultation du Comité économique et social, arrête les mesures relatives au rapprochement des dispositions législatives, réglementaires et administratives des Etats membres qui ont pour objet l'établissement et le fonctionnement du marché intérieur ».

[99] Y. Lequette, *Vers un code civil européen ?*, in *Pouvoirs*, 2003/4, n°107, p.100, « Autrement dit, le code commun européen de droit privé pourrait rentrer dans l'orbite communautaire par le biais de l'article 95 du Traité CE, à la condition que son adoption soit jugée nécessaire à l'achèvement du marché intérieur ».

[100] C. Witz, *Plaidoyer pour un code européen des obligations op. cit.*, p.81 « Partons tout d'abord d'un constat. La diversité des droits des contrats, et plus généralement, des droits des obligations entrave les échanges en Europe, moins à l'échelle des grandes entreprises qu'au niveau des petites et moyennes entreprises ».

[101] Y. Lequette, *op. cit.*, p.2203, « Ce fondement se dérobe, au reste, d'autant plus que depuis la révision des traités communautaires cette limitation des compétences de l'Union se renforce de l'énoncé des principes de subsidiarité et de proportionnalité par l'article 5 du Traité CE. En vertu de ces principes, les autorités communautaires ne peuvent intervenir, lorsqu'elles exercent une compétence partagée, qu'à une double condition. Il faut, d'une part, que les objectifs de l'action envisagée ne soient pas susceptibles d'être réalisés de manière suffisante par les Etats membres, d'autre part, que les inconvénients résultant des mesures envisagées ne soient pas démesurés par rapport aux buts visés. La consultation lancée par la Commission à propos du droit européen des contrats au motif que la diversité de ce droit ferait obstacle à l'achèvement du marché intérieur, témoigne, au reste, de l'embarras des instances communautaires à intervenir dans le domaine de la législation civile ».

[102] Y. Lequette, *op. cit.*, p.2204 ; cf. également, Y. Lequette, *Vers un code civil européen ?*, *op. cit*, p.101.

montre donc, à l'évidence, que l'uniformisation du droit des contrats n'est pas une nécessité dans une fédération, même fortement intégrée »[103].

Non contente de cette première réfutation, la doctrine française s'empressait d'indiquer que si cette objection n'était pas retenue, il resterait à déterminer dans quelle mesure la création d'un droit uniforme des contrats entre les États membres de l'Union européenne serait une bonne idée. En effet, Yves Lequette, s'appuyait sur l'analyse des milieux professionnels pour préciser que l'uniformisation des droits imposerait inévitablement l'adoption, de solutions de compromis, de transactions qui pourraient présenter toutes les qualités sauf celles de la clarté et de la cohérence[104]. Tous ces efforts n'auraient pour résultat que de préférer le maintien et la cohabitation des droits nationaux au travail de codification[105].

De plus, ajoutait ce dernier la diversité des droits européens offrait, tout au contraire, aux partenaires contractuels la possibilité de choisir, dans chaque cas, la loi du contrat la mieux adaptée aux circonstances et ce faisant, de faire en quelque sorte jouer entre les législations nationales la libre concurrence qui constituait, par ailleurs, le maître mot du droit communautaire et de la Commission européenne[106].

Pour le reste, précise Yves Lequette, les droits nationaux devraient continuer à cohabiter dans leur diversité ; les conflits de lois étant résolus par les règles communes établies par la Convention de Rome du 19 juin 1980 sur la loi applicable aux obligations contractuelles, qui était alors en vigueur. Yves Lequette ajoutait que ce dispositif législatif était appelé à être directement mis en œuvre entre les États membres puisqu'il devait être intégré, à terme, dans l'ordre juridique communautaire par voie de règlement[107].

---

[103] J. Huet, *op. cit.*, p.2613.

[104] Y. Lequette, *Vers un code civil européen ? op. cit.*, p.103, « … cette réserve s'explique aussi, comme on a pu le souligner, par la conscience qu'ils ont de la grave insécurité juridique que provoque inéluctablement, au moins dans un premier temps, l'adoption de solutions uniformes (…) Parce que celles-ci ne se conçoivent pas sans compromis entre des conceptions à l'origine différentes, sinon radicalement opposées, des questions traitées, leur signification exacte et leur portée réelle sont toujours la source d'incertitudes beaucoup plus vives que celles que provoque une réforme dans un système juridique déterminé ».

[105] Y. Lequette, *Quelques remarques op. cit.*, p.2205, « la diversité se réintroduit toujours au sein de l'uniformité à la faveur des interprétations nationales dont les instruments d'unification sont l'objet ».

[106] Y. Lequette, *Vers un Code civil européen ? op. cit.*, p.101 « bien loin de constituer un handicap, la diversité du droit est un facteur de dynamisme et de perfectionnement des systèmes juridiques, dès lors qu'elle s'accompagne d'une concurrence entre les droits ».

[107] Y. Lequette, *op. cit.*, p.102 note 21 « Et ceci d'autant plus que la règle de conflit de lois relative aux contrats est aujourd'hui unifiée par la Convention de Rome du 19 juin 1980. L'intégration dans l'ordre communautaire de cette convention, sous forme d'un règlement communautaire, annoncée par le livre vert publié le 14 janvier 2003, devrait au reste être le

Tout au plus, concédaient les juristes français, pourrait-il s'avérer utile d'élaborer, un rapprochement des droits en présence sur le mode des *restatements* américains ; une démarche ayant pour objet de recenser les solutions adoptées par la jurisprudence entre différents droits afin de faciliter leur comparaison et de faire apparaître plus aisément leurs convergences et leurs divergences[108]. Jérôme Huet s'en tenait clairement à l'expérience nord-américaine en ce domaine[109]. Philippe Malaurie précisait que cette démarche était la seule envisageable, face au projet de codification, car il « *échapperait à l'abstraction, à la rigidité et à la pétrification qui résultent souvent d'une codification* »[110].

Mais, les objections de la doctrine française dépassaient le cadre purement juridique pour revêtir une dimension culturelle. En effet, plus fondamentalement pour les auteurs français, l'adoption d'un code civil européen, dans la perspective soutenue par le projet de Christian von Bar, aurait un effet stérilisateur qui la priverait de toute légitimité. Elle serait tout d'abord pour Philippe Malaurie une régression insigne, car « *La codification est une idée traditionnelle et archaïque qui ne correspond plus aux besoins nouveaux de l'Europe* »[111].

Derrière cet argument de l'inadaptation d'un code européen des contrats aux nécessités d'un droit moderne se dissimulent des raisons d'ordre culturel, « *Or, l'Europe n'est pas une nation, elle n'a pas et peut avoir une constitution civile même limitée aux obligations. Les réalités culturelles l'empêcheraient* »[112]. Comme un retournement de l'histoire, la doctrine civiliste française développait une argumentation que les Allemands avaient élaborée au XIXe siècle, en la personne de Savigny, contre la codification française. Philippe Malaurie soutenait à ce titre la position qu'avait adoptée Savigny.

---

signe que l'ordre communautaire accepte la diversité des droits nationaux et affirme la nécessité de leur coordination ».

108. Philippe Pradal, *Le restatement : les Etats-Unis entre tradition civiliste et tradition de common law*, in *Cah. Just*., 2010/3, n°3, pp.81-95.

109 J. Huet, *op. cit.*, p.2613, « "Restatements" sortes de compilations de solutions communément mises en œuvre par les tribunaux dans certains secteurs et ne constituent qu'un instrument d'interprétation du droit commun par les juges ».

110 Ph. Malaurie, *op. cit.*, p.283.

111 Ph. Malaurie, *ibid.* « Il y a dans l'idée même de codification européenne une sorte de régression qui est le contraire du nouveau : la codification européenne des contrats entraînerait vraisemblablement comme toute codification, une rigidité et une abstraction du droit : l'Europe n'a pas besoin d'être pétrifiée et conceptuelle. La codification est une idée traditionnelle et archaïque qui ne correspond plus aux besoins nouveaux de l'Europe ».

112 Ph. Malaurie, *ibid.*

Friedrich, Karl von Savigny (1779-1861), professeur de droit à Berlin, avait exposé, en effet, une conception organique du droit, dont la source était exclusivement populaire, coutumière et historique. Savigny présentait le droit sous le jour d'un organisme vivant en évolution naturelle permanente et spontanée[113]. Ce dernier avait ainsi contribué à donner naissance à une nouvelle école de pensée européenne, l'Ecole historique, qui, à la faveur de cette conception organique du droit, avait dénoncé l'idée de codification mise en oeuvre par les Français et que le professeur de Berlin envisageait comme une entrave artificielle au développement naturel du droit, un symptôme de décadence, puisque le droit était appelé à être enfermé dans un cadre stérile, celui de la loi, qui marquait la fin d'un droit vivant et donc de l'esprit du peuple.

Laboulaye en 1842 dans son *Essai sur la vie de Savigny* faisait sienne cette analyse de la pensée de l'auteur du *Vom Beruf* : « *Aussi loin que nous remontons dans l'histoire, nous voyons que le droit civil de chaque peuple a toujours son caractère déterminé et particulier comme les habitudes, les moeurs, la constitution politique. Le droit n'est donc point une règle absolue, comme la Morale, ou une institution indifférente et qui ne tienne point au pays ; au contraire le droit est une fonction de l'esprit national. On ne saurait mieux comparer son développement qu'au progrès de la langue* »[114].

A plus d'un siècle de distance, Monsieur Yves Lequette, à l'instar de Laboulaye, développait une argumentation similaire contre la codification européenne en se référant à l'analyse de Gérard Cornu, qui, lui-même, se rapportait à Jean Carbonnier avec un accent tout aussi savignien : « *le droit civil donne au peuple français une organisation d'ensemble qui contribue à forger un type de société. L'ordre interne de cette société, cette organisation civile de l'Etat est la base de ce qu'on a pu nommer la "Constitution civile de la France"* »[115]. Pierre Legrand, lançait une critique à l'encontre de l'idée de Code civil européen qui rejoignait à son tour le rôle de la langue mis en exergue par Savigny dans le *Vom Beruf* « *le droit s'inscrit infailliblement dans une langue, participe inévitablement d'une culture et relève inévitablement d'une langue* »[116].

---

[113] Friedrich Carl von Savigny, *De la vocation de notre temps pour la législation et la science du droit*, traduction, introduction et notes par Alfred Dufour, coll. Léviathan, PUF, 2006, Chapitre II, p. 54 « Mais ce lien organique du droit avec l'essence et le caractère du peuple se vérifie aussi aux époques ultérieures et ici encore c'est à la langue qu'il faut le comparer ».

[114] Edouard Lefebvre de Laboulaye, *Essai sur la vie et les doctrines de Frédéric-Charles de Savigny*, A. Durand et Joubert, Paris,1842, pp.42-43.

[115] Y. Lequette, *op. cit.*, p.104.

[116] Pierre Legrand, *La leçon d'Apollinaire*, in P. Legrand, *Fragments on Law as Culture*, Deventer, W.E.J. Tjeenk Willink, 1999, p.118.

Ainsi, pour la majeure partie de la doctrine française, dont Gérard Cornu, Jean Carbonnier ou Yves Lequette se faisaient l'écho, le droit civil était le fruit d'une histoire propre à chaque nation européenne. Le droit civil révélait et constituait, dans le même temps, la personnalité sociologique et culturelle profonde d'un pays tout particulièrement par le régime qu'il réservait au droit des obligations et des contrats. Comme Savigny, qui identifiait le droit à la langue d'une nation, Yves Lequette à la suite du Doyen Carbonnier comparait le Code civil français à la grammaire de notre droit. Il en faisait le principe même de l'identité française.

Mais très vite, d'une conception nationale, la doctrine civiliste basculait vers une conception plus polémique. A l'occasion de son intervention du 12 avril 2002 Christian von Bar avait tenté de donner une légitimité à son projet en invoquant l'antériorité historique de l'Europe par rapport aux nations elles-mêmes : « *Charlemagne nous rappelle que l'Europe est plus ancienne que les Etats qui la composent. Avec notre communauté, nous redécouvrons l'Europe dans sa totalité* »[117]. Yves Lequette dénonçait ce passage du discours de Christian von Bar qui « *n'est pas à proprement parler une marque de respect* (...) *l'entité qui se construit est formée d'Etats-nations, et qu'elle doit s'édifier dans le respect de chaque peuple, de sa personnalité, de son histoire, de sa culture, de sa langue, de ses frontières et de son droit, particulièrement de son droit civil* »[118].

Puis, Yves Lequette soupçonnait Christian von Bar d'être le porte-parole d'une Europe fédérale des régions contre les Etats-nations d'Europe. Par-delà son aspect technique, le projet de codification de Christian von Bar aurait visé une fin hautement politique : promouvoir, par l'effacement des spécificités propres aux diverses sociétés nationales, l'émergence d'une société européenne, substratum humain d'un futur État fédéral européen appelé à prendre le pas sur les États-nations : « *L'Europe fédérale se construit comme une sorte de république fédérale élargie, de nouveau Saint-Empire romain germanique qui prend la forme d'une Europe fédérale des régions* »[119].

Yves Lequette retenait également la déclaration faite le 1er juin 2001 par l'historien social-démocrate, « *Rudolf von Thadden coordonnateur des relations franco-allemandes au ministère des Affaires étrangères, "il faudra défaire un peu la France, si l'on veut faire l'Europe"* »[120] et de conclure « *Replacé dans ce contexte, le projet d'un Code civil européen n'est pas neutre politiquement. Outre que, de manière générale, il oriente la*

---

117 C. von Bar, *op. cit.*, p.4, ; Y. Lequette, *Quelques remarques op. cit.*, p.2207.

118 Y. Lequette, *Vers un Code civil européen ? op. cit.*, p.121.

119 Y. Lequette, *op. cit.*, p.118.

120 Y. Lequette, *op. cit.*, p.118, qui se réfère aux propos de Rudolf von Thadden dans *Le Figaro* du 1er juin 2001.

construction européenne vers le modèle allemand, où "marché, monnaie et droit sont uniques", sa réalisation entraînerait la disparition des droits civils nationaux, et notamment du Code civil des Français, la "Constitution civile de la France", qui contribue à assurer la cohésion de la société française et rappelle aux Français qu'ils forment un peuple, tout en donnant consistance au nouvel empire en gestation »[121]. Monsieur Lequette reprenait alors à son compte l'analyse de « *Rémy Cabrillac dans son récent et beau livre sur Les Codifications, derrière l'entreprise d'unification et de rationalisation du droit que constitue une codification peut se dissimuler une "tentative d'hégémonie"*[122] »[123].

Dès lors, dans cette perspective d'approfondissement de la solidarité entre les peuples européens, envisagée par le préambule du traité sur l'Union européenne « *dans le respect de leur histoire, de leur culture et de leurs traditions* »[124], le parachèvement de cette union par une codification du droit civil ne pourrait raisonnablement, selon la doctrine civiliste française, qu'être l'aboutissement d'une lente évolution des nations européennes dont le terme ultime est, pour l'heure encore, fort lointain.

En d'autres termes, pour la plus grande partie des juristes français, dont Yves Lequette traduisait la pensée, la naissance d'un code civil européen ne pourrait légitimement constituer que le résultat et non l'instrument d'une telle évolution. La codification ne saurait être que la conséquence d'une histoire et non le nouveau vecteur d'un développement du droit européen. Il est vrai, selon le mot de Portalis dont Yves Lequette rapportait les termes, que « *les codes des peuples se font avec le temps* »[125].

Derrière la vivacité du propos, se cachait, en réalité, une inquiétude profonde, la crainte exprimée par la doctrine civiliste française de voir, à travers l'avènement d'un Code civil européen, le triomphe du *Bürgerliches Gesetzbuch* et tout particulièrement, des règles nouvelles que le législateur allemand avait intégrées à ses dispositions en matière de droit des contrats. Contre toute attente, l'antagonisme entre le droit civil allemand et le droit civil français, loin de s'exacerber, devait profondément s'atténuer au fil des années pour connaître un rapprochement spectaculaire, avec l'avènement du matérialisme juridique, dans le cadre des réformes du droit des contrats, qui avait respectivement eu lieu en 2001 pour l'Allemagne et en 2016 pour la France.

---

[121] Y. Lequette, *op. cit.*, p.121.

[122] Rémy Cabrillac, *Les Codifications*, PUF, Paris, 2002, p.138.

[123] Y. Lequette, *ibid.*

[124] Traité sur l'Union européenne, *JOUE*, 26 octobre 2012, Préambule, C 326/15.

[125] Jean-Etienne-Marie Portalis, *Discours préliminaire sur le projet de Code civil*, Fenet, *Recueil complet des travaux préparatoires du Code civil*, vol. I, 1836, p.476, « Les codes des peuples se font avec le temps. Mais, à proprement parler, on ne les fait pas ».

Section II Deux codifications nationales des règles prétoriennes du « matérialisme juridique »

La réaction de la doctrine française à l'égard du projet de Christian von Bar doit se comprendre avant tout par la mutation que venait de connaître le BGB après la réforme du droit des obligations. La loi de modernisation du droit des obligations du 26 novembre 2001[126] avait, en effet, opéré, ce qu'il est convenu d'appeler, une recodification du BGB. Au fil des décennies, le Code civil allemand n'incarnait plus le centre du droit des obligations et des contrats en raison de l'existence de dispositions éparses qui s'étaient développées hors du cadre légal du BGB.

Très tôt, en effet, le BGB avait laissé apparaître d'importantes lacunes qu'il était impératif de combler. Ce fut au Tribunal d'Empire, le *Reichsgericht*, que revint la tâche difficile d'élaborer les solutions qui n'avaient pas été prévues par la codification civile allemande. S'appuyant sur des sources doctrinales, le *Reichsgericht* s'attacha en premier lieu à sanctionner des inexécutions contractuelles qui ne faisaient pas l'objet des prescriptions du Code allemand. En effet, seules, deux catégories de manquements au titre de l'inexécution du contrat étaient envisagées par le BGB : le retard dans l'exécution et l'impossibilité d'exécuter le contrat.

A l'opposé du droit français, qui se fondait sur la notion d'inexécution du contrat, entendue *lato sensu*, afin de sanctionner différentes formes de violation des stipulations contractuelles, le BGB avait réduit son champ d'application à l'absence de conformité de la prestation. Cette stricte interprétation du rapport d'obligation avait conduit le législateur allemand à envisager isolément les droits du créancier et ceux de son débiteur. La responsabilité du débiteur était fondée sur une conception limitée, issue du droit romain et reprise au paragraphe 241 du BGB : "*En vertu du rapport d'obligation, le créancier a le droit d'exiger du débiteur une prestation. La prestation peut consister également en une abstention*"[127].

Il n'existait, en conséquence, pour le législateur allemand qu'une alternative, soit le débiteur était dans l'impossibilité d'exécuter la

---

[126] *Gesetz zur Modernisierung des Schuldrechts,* Bundesgesetzblatt, 2001, Teil I, Nr 61, ausgegeben am 29.11.2001.

[127] Code civil allemand promulgué le 18 août 1896, entré en vigueur le 1er janvier 1900, traduit et annoté par C. Bufnoir, J. Challamel, J. Drioux, F. Gény, P. Hamel, H. Lévy-Ullmann, R. Saleilles, imprimé par ordre du gouvernement à l'imprimerie nationale, Paris, 1904, Tome Premier, Livre Deuxième Droit des rapports d'obligation, Section Première du contenu des rapports d'obligation, Titre Premier de l'obligation de prester, p.355.

prestation[128], soit il se trouvait en retard dans l'accomplissement de celle-ci[129]. Ces dispositions ne permettaient pas de répondre aux différentes situations, qui, en pratique, conduisaient à une inexécution de leurs obligations par les débiteurs. Pour combler ces lacunes du BGB, Hermann Staub élabora une théorie dite de la "*positive Forderungsverletzung*" - l'infraction positive - constitutive d'un trouble apporté par le débiteur de la prestation dans la mise en œuvre de celle-ci à la suite d'une faute qui lui était imputable[130].

Dans un arrêt de principe de 1907, le *Reichsgericht* consacra la théorie juridique de la "violation positive du contrat" telle qu'elle avait été conçue par Staub en retenant désormais la responsabilité du débiteur de la prestation pour toutes sortes de dommages subis par le créancier portant atteinte à son intégrité physique ou à ses biens à la suite d'une exécution non conforme de l'obligation principale[131]. Mais, cette nouvelle forme de l'inexécution des obligations ne fut pas la seule partie du droit des contrats à se développer hors du cadre légal du BGB.

En effet, pendant l'entre-deux-guerres, l'Allemagne fut confrontée aux bouleversements économiques, sociaux et juridiques qui n'avaient cessé de s'accentuer après le premier conflit mondial. Marqué par l'effondrement du *Reichsmark*, par une crise économique endémique et par un accroissement considérable du chômage, le *Reichsgericht* dut pallier les effets délétères des déséquilibres contractuels entre des parties qui ne se trouvaient plus dans la situation d'égalité sur laquelle le droit des contrats du BGB avait fondé la définition des rapports entre cocontractants.

Face à cette situation, la démarche du *Reichsgericht* consista, dans un premier temps, à utiliser deux des dispositions fondamentales du BGB en matière contractuelle, le paragraphe 138 relatif aux bonnes mœurs et le paragraphe 242 qui imposait au débiteur d'« *exécuter la prestation comme l'exige la bonne foi* ». Le but poursuivi par le Tribunal d'empire était d'élaborer un mode de révision du contrat, dont Oertmann avait achevé la théorie et qui devait intervenir en cas de disparition ou de changement des

---

[128] BGB, *Bürgerliches Gesetzbuch*, Aktuelle Gesetze, 2021, traduit en français à partir de la version allemande, § 280 alinéa 1er "Dès que la prestation devient impossible par suite d'une circonstance dont le débiteur doit répondre, celui-ci est tenu vis-à-vis du créancier de réparer le dommage résultant de l'inexécution".

[129] BGB, *op. cit.*, § 286 alinéa 1er, "le débiteur est tenu vis-à-vis du créancier de réparer le dommage résultant du retard".

[130] Hermann Staub, *Die positiven Vertragsverletzungen und ihre Rechtsfolgen*, Festschrift für den 26. Deutschen Juristentag, Berlin 1902, S.15, S.46 ff.

[131] RG, 9.7.1907, *RGZ*, Band 66, 289, la mort de chevaux dans l'écurie de l'acheteur à la suite de la livraison de nourriture avariée entraîne la responsabilité du vendeur puisque le dommage est la conséquence directe et prévisible de l'inexécution de l'obligation.

circonstances[132]. Or, l'imprévision, construction purement prétorienne, n'avait à l'origine qu'un lien indirect avec les dispositions du BGB.

Parallèlement et toujours sur le fondement des paragraphes 138 et 242, le *Reichsgericht* diversifiait le panel des obligations mises à la charge des parties. Aux obligations du BGB caractérisées par l'exécution principale de la prestation (*Leistungspflichten*), le Tribunal d'empire ajoutait les obligations accessoires (*Nebenpflichten*), qui lui permettaient d'accroître en amont du contrat la portée de l'acte par le biais de nouveaux devoirs de protection, de préparation, d'information ou de confiance au titre d'une conception étendue de la phase précontractuelle[133].

Puis, avec une profonde continuité de vue, le *Reichsgericht* exerça un contrôle étroit des conditions générales des contrats dès 1920 afin de garantir l'équilibre des prestations entre les parties sur le fondement de l'atteinte aux bonnes mœurs[134]. Le Tribunal d'empire étendra en 1941 sa jurisprudence par une application aux "clauses standardisées" à travers la notion de bonne foi du paragraphe 242 du BGB[135]. Enfin, au lendemain de la Seconde Guerre mondiale et en raison une nouvelle fois des profonds déséquilibres sociaux et économiques que subissait alors l'Allemagne, la Cour fédérale de justice poursuivit et approfondit le contrôle initié par le *Reichsgericht* sur les conditions générales du contrat[136].

Cette œuvre prétorienne essentielle fut réunie par le législateur allemand dans les paragraphes 8 à 11 de la loi du 9 décembre 1976[137]. Kurt Weil et Fabienne Puis rappellent que « *Malgré sa trentaine de paragraphes, la loi du 9 décembre 1976, relative aux conditions générales d'affaires revêt une importance considérable dans la pratique allemande du droit des contrats, ce qui a pu conduire certains à la qualifier de "Code civil bis"* »[138]. Mais, cette partie essentielle du droit des contrats se trouvait inscrite, elle aussi, comme le précise la qualification de Kurt Weil et Fabienne Puis, hors des dispositions du BGB.

---

[132] RG, 3.21922, *RGZ*, Band 103, S. 328, 332, qui déclare caduque une demande d'exécution d'un contrat passé avant 1914 qui prévoyait la livraison de marchandises en provenance de l'étranger et qui n'avait pu être exécuté pendant la guerre en raison du blocus des ports allemands.

[133] RG, 31.1.1891, *RGZ* I, 254/90.

[134] RG, 15.5.1920, *RGZ*, Band 99, S. 107, 109.

[135] RG, 14.8.1941, *RGZ*, Band 168. S. 321, 329.

[136] BG, 9.10.1956, *BGZ*, Band 22, S.90, 100.

[137] *Gesetz zur Regelung des Rechts der Allgemeinen Geschäftsbedingungen* (*AGB-Gesetz*) 9 Dezember 1976, *Bundesgesetzblatt*, I, S. 3317 et s.

[138] Kurt G. Weil et Fabienne Puis, *Le droit allemand des conditions générales d'affaires revu et corrigé par la directive communautaire relative aux clauses abusives*, *RIDC*, 1994, 46-1, p.133.

Il faut également reconnaître que le législateur allemand avait lui-même contribué à cette dispersion du droit des contrats. Avant l'adoption du BGB, la loi du 16 mai 1894[139], relative à la vente à tempérament d'objets mobiliers, essentiellement des meubles ou des vêtements destinés à l'usage personnel, avait été promulguée dans le but de protéger l'acheteur contre les risques que lui faisaient courir ces actes qui étaient des opérations de crédit caractérisées par une majoration importante du prix du bien. Cette loi, qui concernait des personnes à faibles revenus, ne s'appliquait qu'aux particuliers et non aux commerçants. Les dispositions de la loi du 16 mai 1894 qui n'avaient pas été intégrées dans le BGB furent remplacées par la loi du 17 décembre 1990[140] relative au crédit aux consommateurs votée par le *Bundestag* pour la transposition de la directive européenne du 22 décembre 1986[141].

Face à cette dispersion de la matière du droit des contrats hors des limites du BGB, le ministre fédéral de la justice, Hans-Jochen Vogel prit la décision d'engager une réforme du droit des obligations lors d'une présentation de son projet au *Bundestag* en 1978. Il confia à plusieurs universitaires la tâche d'étudier les voies d'une incorporation de la jurisprudence et des textes législatifs dans le Code civil allemand en accompagnant celle-ci d'une modernisation des règles du droit des contrats afin d'assurer leur adaptation à l'évolution juridique, économique et sociale du pays. Les spécialistes consultés rendirent au ministre les résultats de leurs recherches entre 1981 et 1983. Le ministère de la Justice assura leur publication en trois volumes[142] avant de constituer en 1984 une commission sur le droit des obligations avec la mission d'unifier, à partir de ces trois volumes, les dispositions du BGB, de la jurisprudence et des textes de loi régissant la matière des contrats.

Après un travail de plusieurs années, cette commission rendit ses conclusions dans un rapport rendu en 1992[143]. La commission préconisait la mise en œuvre d'une révision des « troubles dans l'exécution des obligations » (*Leistungenstörungen*), de la prescription et de la garantie des

---

139 Cf. Recueil des Actes administratifs de la Préfecture du Bas-Rhin du 15 mai 2013, cette loi sur les ventes à tempéraments (*Abzahlungsgeschäfte*) est aujourd'hui encore une loi française applicable dans les départements du Bas-Rhin, du Haut-Rhin et de la Moselle.

140 *Verbraucherkreditgesetz*, *BGBI*, I, p.2840.

141 Directive 87/102/CEE du Conseil du 22 décembre 1986 relative au rapprochement des dispositions législatives, réglementaires et administratives des Etats membres en matière de crédit à la consommation qui sera modifiée à deux reprises par la directive 90/88/CEE du Conseil du 22 février 1990.

142 *Bundesminister der Justiz, Gutachten und Vorschläge zur Überarbeitung des Schuldrechts, drei Bände*, Köln, Bundsanzeiger-Verlag, 1981 bis 1983.

143 *Abschlussbericht der Kommission zur Überarbeitung des Schuldrechts*, Bundesministerium der Justiz, Köln, Bundsanzeiger-Verlag, 1992.

vices dans les contrats de vente et de contrat d'entreprise. Cependant, les propositions de la commission ne reçurent aucune suite.

Ce fut seulement avec le gouvernement de Gerhard Schröder que les travaux de modernisation du droit des obligations furent remis en chantier. Le 4 août 2000, le ministère de la Justice publia un projet de loi, qui, tout en s'appuyant sur les conclusions de la commission de 1992, remaniait profondément son rapport[144].

Claude Witz rappelle à ce titre que le « *déclencheur de la réforme* »[145] fut la transposition de la directive du 25 mai 1999, relative à certains aspects de la vente et des garanties des biens de consommation, qui devait intervenir avant le 1er janvier 2002[146]. Cette directive octroyait au consommateur un droit à la réparation du bien ou à son remplacement en l'absence de conformité apparue dans les six mois de sa délivrance et dans le cadre d'une action en garantie de deux ans[147].

Claude Witz précise qu'à ce stade, le gouvernement allemand se trouvait confronté à « *un redoutable dilemme : se contenter de transposer la directive ou en profiter pour réformer le droit de la vente dans son ensemble et au-delà le droit des troubles dans l'exécution des obligations. Le choix devait ainsi se faire entre une "kleine Lösung" (petite solution) ou une "grosse Lösung" (grande solution)* »[148]. Le gouvernement allemand se prononça en faveur de la seconde branche de l'alternative.

Mais, ce dernier disposait d'un projet élaboré depuis le 4 août 2000 et comme le fait justement remarquer Claude Witz, une petite réforme aurait conduit à poursuivre les errements du passé en dispersant un peu plus le droit relatif au contrat de vente entre la partie de ce droit réglementée par les dispositions du BGB, les normes afférentes aux ventes commerciales qui relevaient du Code de commerce et le droit applicable aux ventes internationales des marchandises issu de la Convention de Vienne[149].

En second lieu, le projet du 4 août 2000 avait ouvert de vifs débats parmi les universitaires et les praticiens du droit qui jugeaient le texte insuffisant. Colloques, journées d'étude, débats et articles de presse se

---

144 *Entwurf eines Gesetzes zur Modernisierung des Schuldrechts*, Deutscher Budenstag -14. Wahlperiode, Drucksache 14/6040.

145 Claude Witz, *Pourquoi la réforme et pourquoi s'y intéresser en France ?* in *RIDC*, 2002, 54, p.936.

146 Directive 1999/44/CE du Parlement européen et du Conseil du 25 mai 1999 sur certains aspects de la vente et des garanties des biens de consommation, article 11.

147 Directive 1999/44/CE préc., articles 3 et 5.

148 C. Witz, *op. cit.*, p.936.

149 C. Witz, *op. cit.*, p.937.

succédèrent avec l'objectif commun d'améliorer le texte. Le passage du projet devant plusieurs commissions composées de praticiens, d'universitaires et de hauts fonctionnaires donna naissance le 14 mai 2001 à un projet de loi gouvernemental définitif de facture plus technique que scientifique[150]. Le 26 novembre 2001, la loi de modernisation du droit des obligations était promulguée dans le *Bundesgesetzblatt* avec une entrée en vigueur fixée au 1er janvier 2002[151].

« *De cette réforme est né un BGB rajeuni. Cent cinquante normes environ ont été modifiées. Ont été intégrés dans le BGB des textes importants, telle la loi sur les conditions générales d'affaires et les différentes lois de protection des consommateurs – démarchage à domicile, contrats à distance, utilisation d'immeubles à temps partiel, crédit de consommation. On assiste donc par l'intégration de ces différents textes de loi dans le BGB à une recodification du droit civil* »[152]. Plus encore, serions-nous tentés d'ajouter, cette loi du 26 novembre 2001 est l'acte de naissance formel de l'empire du matérialisme juridique sur le droit des contrats dans le BGB. Les paragraphes 138, 157, 241, 242, 305, 306, 307, 308, 309, 310, 311, 312 et 313 dessinent désormais la trame étroite du contrat dans laquelle s'inscrit une justice commutative effective entre les parties.

Or, la réaction de la doctrine française, face au projet de Christian von Bar, tenait tout autant, sinon plus, à cette « *recodification du droit allemand* », qui faisait du BGB un code en phase avec les derniers développements du droit européen en matière d'obligations et répondait aux exigences sociales, juridiques et économiques du XXIe siècle fondées sur une nouvelle conception de la justice contractuelle qu'au rejet même d'un code européen en ce domaine. Les auteurs français redoutaient que, derrière le projet européen de codification, ne se dessine une volonté d'imposer les dispositions du BGB au Code civil. Ils voyaient dans le nouveau droit allemand un danger pour la liberté contractuelle et la conception traditionnelle du contrat. Une liberté contractuelle qu'ils croyaient menacer par le matérialisme juridique des nouvelles dispositions du BGB.

Mais, cette hostilité correspondait à une période où la doctrine française était encore persuadée de la supériorité du Code civil dans sa facture classique. Or, les circonstances, qui avaient présidé à l'avènement de la loi du 26 novembre 2001 en Allemagne, étaient également à l'œuvre en France. Celles-ci avaient déjà commencé à produire leurs effets lorsque la querelle de la codification franco-allemande avait éclaté. La réflexion sur une réforme du Code civil voyait le jour au moment même où les auteurs

---

[150] C. Witz, *op. cit.*, p.938.
[151] *Gesetz zur Modernisierung des Schuldrechts, op. cit.*, S. 3138.
[152] C. Witz, *ibid.*

français rejetaient le projet d'un code européen et la menace sous-jacente d'une extension des dispositions de la loi du 26 novembre 2001 en France.

En effet, peu de temps après le débat sur la codification européenne et son rejet par la doctrine française, plusieurs membres de l'Association Henri Capitant souhaitèrent ouvrir une réflexion en 2003, dans la perspective du bicentenaire du Code civil, dont avait la charge l'Association en collaboration avec la Cour de cassation, pour une modernisation du Code civil qui s'inscrirait directement dans le prolongement de l'invitation faite par la Commission européenne, non pour se conformer à l'objectif défini par cette dernière, mais afin de permettre une meilleure adaptation des dispositions du Code civil au niveau européen[153].

La même année, Pierre Catala forma un groupe de travail chargé d'élaborer un projet pour moderniser le droit des obligations. Le 11 mars 2004, lors des célébrations du bicentenaire du Code civil, le Président de la République, Jacques Chirac, investit officiellement Pierre Catala de cette mission. Celle-ci fut menée à bien et un peu plus d'un an après, le 22 septembre 2005, l'avant-projet de la commission Catala était remis au Garde des Sceaux[154].

L'avant-projet s'apparente beaucoup plus à une rénovation du Code civil sous la forme d'une assimilation des dernières avancées jurisprudentielles en matière de contrats, quasi-contrats, de responsabilité civile et de prescription pour adapter celles-ci aux dispositions des titres III, IV et XX du Livre III qu'à une recodification du droit des obligations et des contrats du Code civil. Pierre Catala précisait à ce titre dans le cadre d'une conférence donnée devant le tribunal de commerce de Paris en 2007 que les titres III et IV n'étaient plus adaptés. Ces dispositions ne permettaient « *plus de connaître le droit français des contrats et de la responsabilité, car la substance de ce droit réside dans quelques centaines d'arrêts de la Cour de cassation* »[155]. Pierre Catala ne manquait pas d'exprimer son rejet d'une

---

153 Philippe Brun, *Des vicissitudes de la transposition (réalisée ou à venir) de certaines directives communautaires et de leur impact sur le droit de la vente*, *RDC*, 2003, pp.108 et s., cf. en particulier p.114 ; conférence de Michel Grimaldi lors du colloque du bicentenaire (grand Amphithéâtre de la Sorbonne, les 11 et 12 mars 2004), Gaz. Pal., 28-30 mars 2004, pp.19 et s.

154 *Avant-projet de réforme du droit des obligations et de la prescription*, dit « Projet Catala », La Documentation française, septembre 2005.

155 Pierre Catala, *L'avant-projet de réforme des obligations et le droit des affaires*, Conférence Association droit et commerce tribunal de Commerce de Paris – 19 mars 2007, *RJ com.*, Mai/Juin 2007, N°3, p.2 « Il est indéniable aujourd'hui que la lecture des Titres III et IV du Livre troisième du Code civil, quasiment inchangés depuis 1804, ne permet plus de connaître le droit français des contrats et de la responsabilité, car la substance de ce droit réside dans quelques centaines d'arrêts de la Cour de cassation. Cette situation qui enchante les spécialistes, déroute ceux qui ne le sont pas et rend notre droit indéchiffrable au-delà des frontières ».

codification européenne[156] tout en reconnaissant la nécessité d'une réforme du Code civil afin de renforcer la position du droit français au niveau européen « *face à des voisins du nord qui se prévalent de la modernité de leurs lois* »[157]. C'est la raison pour laquelle Pierre Catala rappelait que « *L'esprit général de l'avant-projet est de préconiser une réforme d'adaptation et non de rupture* »[158].

Mais, de l'aveu même de Pierre Catala, l'avant-projet devait, avant tout, préserver la facture classique du Code civil pour que « *L'avant-projet demeure globalement fidèle au modèle libéral du Code civil, fondé sur le pouvoir des volontés dégagées du formalisme* (...) *le droit civil résiste à la tentation du formalisme qui hante le droit de la consommation et plombe nombre de contrats spéciaux* »[159]. L'avant-projet s'inscrivait dans une conception du contrat qui se détournait de la voie empruntée par la loi du 26 novembre 2001.

A la tête de son propre groupe de travail, François Terré, membre de l'Académie des sciences morales et politiques, livrait respectivement un avant-projet de réforme du droit des contrats en 2008, puis un avant-projet de réforme des obligations en 2013[160]. Le groupe de travail réuni par François Terré comprenait à la fois des universitaires, des praticiens, mais également des représentants des affaires civiles et du Sceau qui furent associés à ses travaux. Les propositions, issues de ces avant-projets, ne se limitaient pas à une simple adaptation de la jurisprudence, mais se

---

[156] P. Catala, *ibid.*, « Au demeurant, l'élargissement de l'Union européenne paraît avoir relégué au rang des utopies la confection d'un Code civil unique qui s'imposerait aux 27 Etats membres. Si un tel monument voyait le jour, à une échéance forcément lointaine, ce serait sans doute un vingt-huitième code à option, que les parties auraient la faculté, mais non l'obligation d'appliquer. Plus probablement, l'Europe s'orientera vers un *"cadre commun de référence"*, expression à la mode dans les institutions communautaires, qui pourrait jouer en droit civil un rôle analogue aux principes Unidroit en droit des affaires, et qui agirait en faveur d'une harmonisation des droits nationaux, mais non de leur unification ».

[157] P. Catala, *op. cit.*, p.3 « Cette perspective, loin de décourager la rénovation du Code civil, nous donne deux raisons d'y procéder. En effet, la survivance des droits nationaux les maintiendra dans une situation de concurrence qui mettra à l'épreuve leur compétitivité respective. Face à des voisins du nord qui se prévalent de la modernité de leurs lois, notre code bicentenaire n'est plus crédible. Mais il ne tient qu'à nous d'en faire à bref délai le plus moderne de tous ».

[158] P. Catala, *ibid.*

[159] P. Catala, « L'avant-projet demeure globalement fidèle au modèle libéral du Code civil, fondé sur le pouvoir des volontés dégagées du formalisme. Deux textes en affirment clairement le principe : articles 1101-1 *"Les actes juridiques sont des actes de volonté destinés à produire des effets de droit"* ; article 1127 *"En principe, les conventions sont parfaites par le seul consentement des parties, sous quelque forme qu'il se soit exprimé"*. Proclamant ainsi son attachement au consensualisme, le droit civil résiste à la tentation du formalisme qui hante le droit de la consommation et plombe nombre de contrats spéciaux ».

[160] François Terré, *Pour une réforme du droit des contrats*, *D* 2008 ; F. Terré, *Pour une réforme du régime général des obligations*, *D* 2013.

rapprochaient de la conception qui avait présidé à l'adoption de la loi du 26 novembre 2001 en Allemagne.

En effet, les avant-projets Terré empruntaient la voie d'une véritable recodification. Il s'agissait de rapprocher les dispositions du Code civil notamment des *Principes du droit européen du contrat* issus des travaux de la commission Lando. L'abandon de la notion de cause était l'une des manifestations de cette volonté de novation du droit civil. Mais, les avant-projets n'en conservaient pas moins les fonctions essentielles de la cause qui se trouvaient désormais réparties dans les subdivisions consacrées au contenu du contrat. La révision du contrat en raison d'un changement de circonstances constituait une autre des innovations majeures proposées par la commission Terré[161]. Ces derniers travaux devaient recevoir un accueil particulièrement favorable de la Chancellerie.

Le 27 novembre 2013, Madame Christiane Taubira, alors Garde des Sceaux, présenta un projet de loi relatif à la modernisation et à la simplification du droit et des procédures, qui, au terme de son article 3, sollicitait une habilitation à légiférer par voie d'ordonnance dans le domaine du droit des contrats, de la preuve et du régime général des obligations. Cependant, le Sénat s'opposa à une réforme par voie d'ordonnance, ce qui contraignit le gouvernement à solliciter de l'Assemblée Nationale, en application de l'article 45 de la Constitution, de statuer définitivement sur l'habilitation. L'Assemblée Nationale, qui s'était montrée favorable au choix du gouvernement, vota l'habilitation au titre de l'article 8 de la loi n°2015-177 du 16 février 2015[162]. Le Conseil constitutionnel jugea que la loi d'habilitation était conforme à la Constitution[163].

La voie choisie d'une réforme par ordonnance peut paraître critiquable dans la mesure où une matière aussi importante que le droit des obligations et des contrats n'a pu faire l'objet d'un débat parlementaire. Il semble cependant qu'en dépit de cette volonté gouvernementale d'esquiver une véritable discussion de son projet par le pouvoir législatif, le choix de la consultation n'ait pas été négligé. En effet, quelques jours seulement après le vote de la loi et pendant les douze mois de cette habilitation, le ministère de la justice publia le 25 février 2015 son projet d'ordonnance qui reprenait le contenu de l'avant-projet de son Bureau du droit des obligations en date du 23 octobre 2013, lui-même largement influencé par l'avant-projet Terré.

---

[161] F. Terré, *Pour une réforme du droit des contrats, op. cit.*, pp.203 et s.

[162] *Loi n°2015-177 du 16 février 2015 relative à la modernisation et à la simplification du droit et des procédures dans les domaines de la justice et des affaires intérieures*, texte n°1, *JORF* du 17 février 2015.

[163] C C, 12 février 2015, n°2015-710 DC.

La notion de cause, comme l'avait suggéré la commission Terré, était supprimée, mais sa fonction était maintenue et tout particulièrement « *celle de rééquilibrage du contrat que la jurisprudence lui avait assignée* »[164]. Nous verrons que le maintien implicite de la cause dans son rapport avec le contenu du contrat, à travers son obligation essentielle, dépasse et de très loin, cette simple réminiscence du droit antérieur[165]. Quoi qu'il en fût, cette suppression formelle de la cause trouvait son explication, pour les rédacteurs de l'ordonnance, dans le fait qu'elle était difficilement compréhensible par les juristes étrangers[166]. Le but poursuivi par la Chancellerie était de donner plus de lisibilité au droit des contrats français sur un plan international et tout particulièrement au niveau européen afin de renforcer le « *rayonnement* »[167] *et l'attractivité du droit français* »[168] dans le cadre concurrentiel de l'Union. L'avant-projet prévoyait également d'inscrire la bonne foi non plus seulement au stade de l'exécution du contrat, mais au niveau de sa formation. Nous verrons également la conséquence fondamentale de cette novation pour l'enracinement du « matérialisme juridique » dans le droit français. L'imprévision figurait également au nombre des nouvelles dispositions du Code et participait également de la matérialisation du droit des contrats.

Ce texte fut ouvert jusqu'au 30 avril 2015 à la consultation des membres des professions juridiques et judiciaires ainsi qu'aux universitaires et après plusieurs réunions interministérielles, le projet fut soumis pour avis au Conseil d'Etat. Après quelques remaniements, la dernière mouture du projet conduira à l'ordonnance n°2016-131 du 10 février 2016 portant « *réforme du droit des contrats, du régime général et de la preuve des obligations* ». Au terme de son article 9, l'ordonnance prévoyait l'entrée en vigueur des nouvelles dispositions à la date du 1er octobre 2016.

Ainsi, quinze ans après la réforme allemande, l'ordonnance de 2016 incorporait à son tour dans le Code civil les dernières avancées jurisprudentielles en matière contractuelle, plusieurs innovations essentielles relatives à la phase précontractuelle, à la bonne foi, appelée désormais à irriguer entièrement le contrat de sa formation à son exécution, à

---

164 *Rapport au Président de la République*, préc., « en consacrant dans la loi les différentes fonctions, dont celle de rééquilibrage du contrat, que la jurisprudence lui avait assignées ».

165 *Infra* p.234.

166 *Rapport au Président de la République*, préc., « A cet égard, l'abandon formel de la notion de cause, qui a suscité de nombreux débats, permettra à la France de se rapprocher de la législation de nombreux droits étrangers, tout en consacrant dans la loi les différentes fonctions, dont celle de rééquilibrage du contrat, que la jurisprudence lui avait assignées ».

167 *Rapport au Président de la République*, préc., « le rayonnement du code civil français passait par sa rénovation ».

168 *Rapport au Président de la République*, préc., « Le deuxième objectif poursuivi par l'ordonnance est de renforcer l'attractivité du droit français, au plan politique, culturel et économique ».

l'imprévision, à la violence économique, aux abus de puissance, au contenu du contrat, au déséquilibre significatif et aux clauses abusives des contrats d'adhésion.

L'ordonnance de 2016 instaurait le « matérialisme juridique » dans les titres III et IV du Livre III du Code civil que l'on retrouve également au cœur du dispositif de la réforme allemande du 26 novembre 2001. Ainsi, à l'issue d'un processus législatif beaucoup plus court que celui suivi par l'Allemagne, la France portait le « matérialisme juridique » sur les fonts baptismaux des articles 1104, 1112, 1112-1, 1128, 1143, 1170, 1171 et 1195. Ces dispositions enserrent désormais le contrat d'un réseau normatif performant qui confère à l'équilibre des droits et des obligations entre les parties un caractère non plus simplement formel, mais effectif.

Section III Un maillage étroit des clauses du contrat : la *Rechtsverhältnis* et l'acte juridique conventionnel

Le contrat en droit allemand se structure à partir de la notion d'acte juridique, comme le démontre le contrat de vente (*Kaufvertrag*), mais ce qui est également le cas pour tous les autres contrats de droit allemand. L'acte juridique est la transposition de la *stipulatio* romaine dans la déclaration de volonté. Dès le XVIIe siècle, en Allemagne, les jurisconsultes considéraient que le consensualisme, c'est-à-dire le simple échange de consentements, s'inscrivait en dehors de la forme romaine traditionnelle du contrat. L'ensemble des auteurs de Wolff à Savigny, dans une démarche rigoureusement inverse à celle suivie par Domat et Pothier, ont affirmé, à travers leur interprétation des engagements unilatéraux de la *stipulatio* romaine, le primat de la volonté déclarée sur la volonté interne[169].

L'architecture du contrat en droit allemand s'organise autour de la déclaration de volonté qui est à la fois la source et le fondement du contrat. A ce titre, la partie générale du B.G.B. (§104 à § 185) ne s'intéresse pas aux contrats mais aux actes juridiques. La notion d'acte juridique a été approfondie par Bernhard Windscheid (1817-1892). Comme le rappelle Daniel Mathias Klocke, Windscheid a développé une conception précise de l'*Erklärungstheorie*, c'est-à-dire de la théorie de la déclaration de volonté qui privilégie l'aspect extérieur, la teneur objective des déclarations de

---

[169] Andina Buciuman, *L'engagement unilatéral*, *Int'L. Rev.*, vol. 1, Issue 1, January-June 2016, pp.21-22 « la formation d'orientation jusnaturaliste des juristes français insistait sur les rapports entre l'obligation civile et la volonté interne, alors que de l'autre côté du Rhin, Friedrich Carl von Savigny élaborait la théorie de la déclaration de volonté, initiée au départ par Wolff, Siegel et Kunze à partir d'une image du contrat formé par l'échange de promesses ».

volonté et cela dans le but de mieux assurer la sécurité du commerce juridique. Il s'agissait, en effet, de protéger la confiance mise par le cocontractant dans la volonté déclarée du stipulant, c'est-à-dire en se référant exclusivement à l'énoncé que ce dernier avait fait de celle-ci[170].

L'acte juridique a une essence plus générale que le contrat parce qu'il est une notion plus étendue que celui-ci. En effet, si tous les contrats sont des actes juridiques (actes juridiques multilatéraux), à l'inverse, tous les actes juridiques ne sont pas des contrats (actes juridiques unilatéraux). L'acte juridique est donc un concept générique qui englobe toutes les formes d'expression de la volonté individuelle. Les contrats générateurs d'obligations et de disposition ne sont que les espèces d'un genre qui les englobe.

C'est la raison pour laquelle l'acte juridique est au fondement du droit des contrats en Allemagne. Il est défini comme la manifestation de volonté d'une ou plusieurs personnes destinée à créer des effets de droit. On n'insiste pas ici, comme c'est le cas en droit français sur l'échange des consentements ou comme en droit anglais sur l'exigence de la *consideration*, c'est-à-dire un échange de promesses caractérisé par la nécessité d'une contre-prestation pour former le contrat, mais sur des déclarations unilatérales de volonté destinées à produire un effet de droit qui leur est propre ; les contrats générateurs d'obligations et de disposition étant seulement destinés à les préciser.

Pour les Allemands, le caractère unilatéral d'un engagement suffit à obliger une partie envers l'autre sans passer par le caractère synallagmatique d'obligations interdépendantes. Par l'acte unilatéral de déclaration de volonté, une personne peut décider de créer un droit vis-à-vis d'un tiers.

En conséquence, les obligations naissent en premier lieu d'un acte juridique et cet acte juridique est normalement un contrat comme le précise le § 311 al. 1 « *La création ou la modification d'un rapport d'obligation en vertu d'un acte juridique suppose l'existence d'un contrat entre les parties, à moins que la loi n'en dispose autrement* »[171]. Nous verrons le rôle fondamental qu'est appelé à jouer le § 311 al. 2 dans le cadre des pourparlers

---

[170] Daniel Matthias Klocke, *Erklärungsbewusstein und Rechtsbindungswille – Willenserklärung und Rechtsgeschäft*, Universitätsverlag Halle-Wittenberg, Halle an der Saale 2014.

[171] *Bürgerliches Gesetzbuch*, 18. August 1896, Fundstelle *RGBl* 1896, 195, S. 107, § 311 *Rechtsgeschäftliche und rechtsgeschäftsähnliche Schuldverhältnisse (1) Zur Begründung eines Schuldverhältnisses durch Rechtsgeschäft sowie zur Änderung des Inhalts eines Schuldverhältnisses ist ein Vertrag zwischen den Beteiligten erforderlich, soweit nicht das Gesetz ein anderes vorschreibt.*

et partant, le rayonnement qu'il donne au matérialisme juridique en amont de la formation du contrat[172].

Dans ces conditions, une déclaration extérieure de volonté est appelée à fonder un rapport juridique (*Rechtsverhältnis*). Or, ce rapport d'obligation s'articule autour de deux axes majeurs. En premier lieu, le rapport d'obligation au sens large (*Schuldverhältnis im weiteren Sinne*) qui est le cadre général dans lequel s'inscrit la relation entre deux ou plusieurs personnes et auquel se rattache l'ensemble des droits de créance (*Forderungen*) ainsi que la totalité des dettes et devoirs (*Schulden*, *Pflichten*) respectivement du créancier (*Gläubiger*) et du débiteur (*Schuldner*). A ce titre, le § 241 al. 2[173] dispose que « *Le rapport d'obligation peut, selon son contenu, obliger chaque partie à prendre en considération les droits, les biens et les intérêts de l'autre partie* »[174]. Cette obligation constitue l'un des fondements du matérialisme juridique comme nous le verrons plus loin.

Il faut également incorporer dans cette catégorie les actes de disposition qui modifient (*Änderungsvertrag* : § 305)[175], éteignent par remise (*Erlassvertrag* : § 397 al. 1)[176] ou transfèrent (*Forderungsabtretung* : § 398)[177] des obligations. Ces contrats, désignés sous la qualification de *Schuldrechtliche Verfügungen*, relèvent non seulement des dispositions de *l'Allgemeiner Teil*, (Partie Générale) applicables aux actes juridiques et aux contrats, mais également des prescriptions du Livre II et du livre III du BGB puisqu'ils réalisent des actes de disposition (*Verfügungsgeschäften*).

Dans une seconde acception, la *Rechtsverhältnis* vise au sens strict (*Schuldverhältnis im engeren Sinne)* chacune des créances, chacun des droits ou chacune des obligations en tant que prestation déterminée consistant à faire ou à ne pas faire quelque chose. Dans un strict parallélisme des formes, le § 241 al.1 précise à ce titre « *En vertu de l'obligation, le créancier a le droit d'exiger du débiteur une prestation. La prestation peut également consister en une abstention* »[178]. Cette disposition constitue aussi l'un des fondements du matérialisme juridique à la fois par l'étendue et la précision de la définition que la jurisprudence a donnée à chaque obligation dans

---

[172] *Infra* p.198.

[173] Cette disposition relève de la Section 8 du Livre 2 du BGB.

[174] BGB, *op. cit.*, § 241 *Pflichten aus dem Schuldverhältnis* (2) *Das Schuldverhältnis kann nach seinem Inhalt jeden Teil zur Rücksicht auf die Rechte, Rechtsgüter und Interessen des anderen Teils verpflichten*, S.92.

[175] BGB, *op. cit.*, § 305, *Einbeziehung Allgemeiner Geschätfsbedingungen in den Vertrag*, S.101.

[176] BGB, *op. cit.*, § 397, *Erlassvertrag, negatives Schuldanerkenntnis*, S.124

[177] BGB, *op. cit.*, § 398, *Abtretung*, S.124.

[178] BGB, *op. cit.*, § 241 *Pflichten aus dem Schuldverhältnis (1) Kraft des Schuldverhältnisses ist der Gläubiger berechtigt, von dem Schuldner eine Leistung zu fordern. Die Leistung kann auch in einem Unterlassen bestehen.*

l'application de ce paragraphe du BGB. Le juge dispose ainsi d'un contrôle complet sur le contenu des obligations.

En effet, le § 241 al.1 du BGB se réfère à une notion unique, la prestation (*Leistung*), qui permet de balayer le spectre très large des différentes formes d'obligation tout en offrant le moyen de déterminer avec précision l'aspect essentiel du contenu de chacune d'elles. Non seulement l'ensemble des prestations de service entrent dans cette catégorie[179], mais les obligations qui présentent un caractère négatif consistant ici à ne pas mettre en œuvre les prestations au profit d'un concurrent (*Unterlassen*)[180] sont également prises en considération.

Dès lors, les obligations qu'elles soient relatives à un bien corporel (*Sachschulden*)[181], à une prestation de nature monétaire (*Geldschulden*)[182] ou à des cessions de droits (*Rechtsschulden*)[183] favorisent un contrôle étendu des dettes et des créances contractuelles que celles-ci soient prises dans leur singularité (*vetragliche Schulden, Forderungen*) ou dans le cadre d'un examen global du rapport contractuel d'obligation (*vertragliches Schuldverhältnis*).

Ainsi, le BGB dessine un vaste réseau d'obligations tant au niveau du rapport contractuel d'obligation envisagé dans son ensemble qu'au titre des obligations ou créances contractuelles prises isolément. Cependant, la première approche a pris une importance décisive en droit allemand. Wolfgang Wiegand constate à ce sujet une différence fondamentale entre la conception que l'on peut avoir de la « *Schuldverhältnis* » en Suisse où l'on s'attache à envisager les obligations au sens strict (*Schuldverhältnis im engeren Sinne)* et la doctrine allemande qui a développé une vision globale de la *Rechtsverhältnis*, conçue sous la forme d'une véritable entité juridique[184].

---

[179] Cette catégorie est très large, elle englobe aussi bien les contrats d'entreprise que les services financiers en passant par les prestations de soins.

[180] Il s'agit principalement des clauses de non-concurrence quel que soit leur domaine, droit commercial ou droit du travail.

[181] Elles concernent tout autant les prestations dont l'objet est de réaliser un transfert de la propriété, une mise en possession (prêt, location)

[182] Cette catégorie concerne les obligations qui doivent être exécutées par le paiement d'une somme d'argent.

[183] Les obligations sont également étendues, elles peuvent concerner aussi bien des droits en matière de propriété intellectuelle (licence de brevet) qu'une cession de créance, voire une cession du rapport contractuel d'obligation lui-même.

[184] Wolfgang Wiegand, *Von der Obligation zum Schuldverhältnis Zur Entwicklung des schweizerischen Schuldrechts*, Teil 1, Heft 3, recht 1997, Stämpfli Verlag, S.87« Während das OR den Begriff "Schuldverhältnis" nur vereinzelt verwendet, steht er im Mittelpunkt des deutschen Schuldrechts. Zwar waren die Verfasser des BGB noch davon ausgegangen, dass der Begriff sowohl die einzelne Obligation wie auch das zwischen Gläubiger und Schuldner begründete Rechtsverhältnis bezeichne. Die Doktrin hat jedoch – an den Begriff des

Wolfgang Wiegand rappelle, à ce titre, les travaux de Heinrich Siber[185] pour imposer la représentation de la *Rechtsverhältnis* non seulement en tant que « *système complexe de droits et d'obligations mutuels* »[186], mais, surtout, pour la décrire « *comme un "organisme" dont il a clairement écarté les différentes relations de prestation afin de le considérer comme une entité autonome* »[187]. Wolfgang Wiegand ajoute que Karl Larenz[188] invoquera pour sa part et tour à tour, une « *structure significative* » (*das Larenz später als "sinnhaftes Gefüge"*)[189] ou « *un processus se déroulant dans le temps* » (*"einen in der Zeit verlaufenden Prozess"*)[190].

Cette conception aux accents « savigniens » met en exergue la représentation allemande d'un rapport juridique global (*ein gesamtes Rechtsverhältnis*) qui se définit sous le jour d'un système dynamique de droits et d'obligations. Les prescriptions du BGB réglementent les effets, le contenu, l'équilibre du contrat en fonction de cette représentation globale du rapport d'obligation. Dans cette acception, la *Rechtsverhältnis* offre un cadre juridique adapté au contrôle du juge. Les stipulations mêmes des obligations et des droits dans le contrat forment la matière de ce contrôle pendant les différentes étapes de l'acte, de sa naissance à son exécution. Chaque clause du contrat s'insère dans le réseau des stipulations qui forme le tissu du contrat. Leur sens, leur portée sont évalués par rapport à cet ensemble cohérent. La structure du contrat en droit allemand permet dès lors un contrôle étendu du juge.

Schuldverhältnisses anknüpfend – die Vorstellung von der isolierten Obligation zunehmend überwunden und an ihre Stelle ein komplexes System von Recht-Pflicht-Beziehungen gesetzt ».

185 Heinrich Sieber (1870-1951), professeur de droit romain et du Code civil allemand à la faculté de droit de l'université de Leipzig.

186 W. Wiegand, *ibid.*

187 W. Wiegand, *op. cit.*, S.87 « Entscheidend für diese Entwicklungen waren die Arbeiten Heinrich Sibers, der das Schuldverhältnis, das er als "Organismus" versteht von den einzelnen Leistungsbeziehungen deutlich abgehoben und als selbständiges Gebilde betrachtet hat … » ; Heinrich Siber, in : *Planck's Kommentar zum Bürgerliche Gesetzbuch nebst Einführungsgesetz*, Band II, 3. Aufl. Berlin 1914, Vorb I 1 a, S. 3, «Folgerung aus dem vorausgesetzten, aber nicht definierten Begriff des Schuldverhältnisses verstehen. Dann ist Schuldverhältnis, aus dem schuldrechtltiche Einzelansprüche einer oder beider Parteien, aber auch andere Rechte, wie Gestaltungsrechte zum Rücktritt, zur Kündigung und dergl. entspringen können, also die Quelle eines oder mehrerer Einzelansprüche und sonstiger Rechte, ein zur Erzeugung von Einzelrechten geeigneter Organismus. Diesen Sinn hat Schuldverhältnis z. B. in §§ 273 Abs. 1, 292 Satz 1, 425 Abs. 1».

188 Karl Larenz (1903-1993), professeur à la faculté de droit de l'université de Munich.

189 W. Wiegand, *ibid.*; cf. Karl Larenz, *Lehrbuch des Schuldrechts*, Band I : *Allgemeiner Teil*, Beck, 1987, § 2V, S. 26 ff.

190 W. Wiegand, *ibid.* ; cf. Karl Larenz, *op.cit.*, § 24, I, S. 365.

La réforme entreprise par la France, quinze ans après l'Allemagne, emprunte *mutatis mutandis* une voie similaire. La promotion de la notion de contrat, par rapport au concept de convention, est loin d'être un aspect accessoire de la réforme non seulement pour des raisons historiques tenant au rôle essentiel de la convention en droit français depuis les travaux de Domat et de Pothier, mais également et surtout par sa portée juridique. La France a changé de paradigme en 2016.

En premier lieu, le nouveau libellé de l'article 1101 du Code civil « *Le contrat est un accord de volontés entre deux ou plusieurs personnes destiné à créer, modifier, transmettre ou éteindre des obligations* » opère une véritable révolution juridique dans la conception de la formation du contrat. En effet, le libellé de l'article 1101 révèle que désormais c'est bien l'accord de volontés qui constitue le fait générateur du contrat. L'article 1101 rattache clairement le contrat à la catégorie des actes juridiques.

De plus, l'article 1101 doit désormais se lire à la lumière de l'article 1100-1 qui dispose que « *Les actes juridiques sont des manifestations de volonté destinées à produire des effets de droit. Ils peuvent être conventionnels ou unilatéraux. Ils obéissent en tant que de raison, pour leur validité et leurs effets, aux règles qui gouvernent les contrats* ». Les articles 1100-1 et 1101 rapprochent de manière significative le Code civil du BGB.

Cette définition rejoint, en effet, la notion de *Rechtsgeschäft* (acte juridique) du droit allemand qui « *désigne tout acte privé ayant des conséquences juridiques fondées sur la volonté de celui qui l'a exprimé* »[191]. Mais, à la différence du droit allemand, c'est la première fois que l'acte juridique unilatéral fait l'objet d'une définition dans l'article 1100-1 du Code civil qui est celle que lui donne ordinairement la doctrine[192]. De plus, l'article 1100-1 est inséré sous le Titre III du Livre Troisième du Code civil relatif aux sources d'obligation. L'acte juridique est donc une source d'obligations dans laquelle s'inscrit désormais le contrat.

Cette innovation avait été envisagée très tôt. En effet, dès le mois de mai 2009, le projet de réforme de la Chancellerie avait prévu d'introduire dans le Code civil l'acte juridique sous un chapitre intitulé « *La source des obligations* » dans un libellé identique à celui de l'actuel article 1100-1 du Code civil. La Chancellerie avait donc précisé les deux formes que pouvait prendre l'acte juridique, conventionnel ou unilatéral. Or, cette référence à l'acte conventionnel est essentielle non seulement parce qu'elle maintenait la

---

[191] Bénédicte Fauvarque-Cosson et Denis Mazeaud, *Terminologie contractuelle commune, SLC*, coll. Droit privé comparé et européen, t.6, 2008, p.121.

[192] C. Grimaldi, *La distinction entre l'acte et le fait juridique*, *RDA* 2013 p. 47, n°5 et s. ; Philippe Jestaz, *Une révolution inaperçue. A propos de l'acte juridique*, *RTDC* 2014, p.67.

distinction traditionnelle entre la convention et le contrat, pris respectivement en tant que genre et espèce, mais également parce qu'elle établissait une liaison étroite entre les notions d'acte juridique, de convention et de contrat.

Jacques Ghestin avait dénoncé cette démarche comme un détour inutile, puisqu'il suffisait de s'attacher exclusivement à la définition du contrat. Monsieur Ghestin précisait à ce titre que « *Sur le plan formel, la définition complète du contrat exige de se référer, par le relai du mot convention, aux textes antérieurs qui définissent l'acte juridique, puis l'acte juridique conventionnel (...). La démarche est intellectuellement logique. Elle s'apparente toutefois au jeu des poupées russes (...). Elle ne met pas suffisamment en valeur la notion essentielle de contrat qui semble mériter mieux qu'une définition sous forme de renvoi à des notions définies auparavant* »[193].

Cependant, ce système de « *poupées russes* », pour reprendre les termes de Jacques Ghestin, n'est pas un détour inutile tout au contraire. Cette transitivité est nécessaire. Son objet est de relier le contenu des prescriptions relatives à l'acte juridique et les dispositions afférentes au contrat par le biais de la notion d'acte juridique conventionnel. En d'autres termes, il s'agit de relier le contenu de l'article 1100-1 à l'article 1101 pour introduire dans le contrat les éléments de définition de l'acte juridique.

De plus, si, la distinction de la convention et du contrat est maintenue, la notion de convention a elle-même disparu du texte de l'article 1101 au profit du contrat. Le but de la réforme était de conférer à l'accord de volontés l'objectivité requise d'une « *manifestation de volonté* ».

En effet, le droit français ne dispose pas d'une figure juridique équivalente à la déclaration de volonté sur laquelle se fonde l'acte juridique en Allemagne. Edouard Meynial avait déjà constaté la nature objective de la déclaration de volonté qui présentait l'avantage d'être un fait juridiquement et socialement constatable permettant de déterminer l'engagement pris par l'auteur de la déclaration conformément aux exigences de la bonne foi. C'est la raison pour laquelle Edouard Meynial mettait en exergue la nécessaire prééminence de la volonté déclarée sur la volonté interne : « *le fondement de l'acte juridique, c'est la déclaration de l'agent et non pas la volonté que cette déclaration doit traduire* »[194].

Le droit français a toujours été attaché au rôle et à la prééminence de la volonté interne. L'accord entre les parties ne présente une valeur

---

[193] J. Ghestin, *Observation préliminaire*, in *Observations sur le projet de réforme du droit des contrats*, *LPA* 12 février 2009, p.15.

[194] Edouard Meynial, *La déclaration de volonté*, *RTDC* 1902, p.550.

juridique que si la manifestation extérieure de volonté correspond aux représentations de la volonté interne de son auteur. Or, ce rôle imparti à la volonté interne n'est pas sans poser de difficulté lorsque celle-ci est manifestée de manière implicite et qu'il s'agit de déterminer, dans le cadre d'un contrat, quelle est l'obligation essentielle. Dans une telle hypothèse, l'obligation essentielle doit être déduite de la volonté des parties en se plaçant à la date de la conclusion du contrat, ce qui contraint le juge à faire une recherche de cette volonté implicite. Cette tâche est difficile et peut être source d'insécurité juridique.

A l'inverse, le droit allemand fait prévaloir l'*Erklärungstheorie*, c'est-à-dire la théorie de la déclaration de volonté, qui privilégie l'aspect extérieur, la teneur objective des déclarations de volonté et cela dans le but de mieux assurer la sécurité du commerce juridique. Il s'agit en effet de protéger la confiance mise par une personne qui participe de bonne foi aux échanges dans ce qui apparaît être la volonté du déclarant à travers l'énoncé qu'il en a fait.

Sans disposer de cette figure juridique, les auteurs de la réforme n'en ont pas moins voulu donner dans l'article 1100-1 une définition de l'acte juridique qui est similaire à la conception du droit allemand : une manifestation de volonté destinée à réaliser certains effets de droit, c'est-à-dire permettant de retenir la teneur objective de celle-ci. C'est la raison pour laquelle l'ordonnance du 10 février 2016 a choisi de resserrer la définition donnée par l'article 1101 du Code civil sur le contrat en tant qu'accord de volontés, et sur ses effets pour la création, mais également la modification et la transmission ou l'extinction d'obligations.

L'article 1101, dans sa nouvelle mouture, abandonne la référence au triptyque constitué par les obligations de donner, faire ou ne pas faire. Cette distinction entre les obligations de « donner, faire, ne pas faire » était un héritage du droit romain repris par Pothier, puis par les rédacteurs du Code civil[195]. Mais, l'un des volets de ce triptyque, l'obligation de donner,

---

[195] Robert-Joseph Pothier, *Traité des obligations,* t.I, Chez Debure l'aîné, Paris, Chez Rouzeau-Montaut, Orléans, 1761, pp.155-157 « De l'obligation de faire ou de ne pas faire », n. 146 « L'effet de l'obligation qu'une personne a contractée de faire quelque chose, est qu'elle doit faire ce qu'elle s'est engagée de faire, et que si elle ne le fait pas, après avoir été mise en demeure de le faire, elle doit être condamnée aux dommages et intérêts de celui envers qui elle s'est obligée (...) n.147 « L'effet de l'obligation qu'une personne a contractée de ne pas faire quelque chose, est que si elle le fait, elle est tenue des dommages et intérêts résultants du préjudice qu'elle a causé en faisant cela, à celui envers qui elle s'était obligée de ne pas le faire ».; R.-J. Pothier, *Œuvres de Pothier contenant Les traités du droit français*, nouvelle édition mise en meilleur ordre et publié par les soins de M. Dupin, t. IV, Béchet Aîné, Paris, 1824, *Traité du prêt à usage et du précaire*, p.43, n.89 « toute convention, par laquelle les parties, ou l'une d'elles, promet à l'autre de lui donner ou de faire ou ne pas faire quelque chose est selon la simplicité de notre droit, un vrai contrat... ».

ne correspondait plus, depuis Domat, à la réalité juridique du droit des obligations.

En effet, pour le droit romain, le seul accord des volontés ne pouvait permettre le transfert de propriété. Il était seulement créateur d'obligations comme c'est aujourd'hui le cas en Allemagne. Le cédant restait alors tenu envers le cessionnaire d'une obligation de lui transférer la propriété qui s'opérait par la « *traditio* » ou sa mise en possession au moyen d'une double opération de dessaisine et de saisine. Cette « *traditio* » prendra progressivement dans notre Ancien droit des formes symboliques (remise d'un titre ou de clés). Puis, le transfert finira par revêtir un caractère de moins en moins formel.

Le principe du transfert de la propriété *solo consensu* s'imposa en France sur le fondement des travaux de Domat. Par le seul échange des consentements, les conventions opéraient un transfert instantané du bien. Les rédacteurs du Code de 1804 transcrivirent ce principe dans le cadre des dispositions du Code civil[196].

Or, l'obligation de donner, donc l'obligation de transférer la propriété, était incompatible avec le principe *solo consensu*. La définition de l'obligation de donner proposée par l'avant-projet Catala, dans un article 1145 : « *L'obligation de donner a pour objet l'aliénation de la propriété ou d'un autre droit* ... »[197] était des plus discutables dans la mesure où elle contredisait le principe même du transfert *solo consensu*. Il ne pouvait exister une obligation de donner censée résulter de l'accord des volontés dès lors que l'échange des consentements avait déjà opéré le transfert du droit sur le bien.

A ce titre, François Terré, qui s'arrête, au seul contrat, prend une direction opposée à celle du projet Catala et se limite à préciser, dans son article 60, que « l'*obligation a pour objet une prestation consistant à faire ou à ne pas faire* »[198]. L'obligation de donner était purement et simplement abandonnée. L'article 1101 non seulement ne reprit pas l'obligation de donner, mais fit également disparaître du texte l'obligation de faire ou de ne pas faire qui ne permettait pas d'investir la totalité du champ des obligations.

---

[196] Code civil, article 1134 ancien article 1583.

[197] Rapport Catala, *Avant-projet de réforme du droit des obligations (Articles 1101 à 1386 du Code civil) et du droit de la prescription (Articles 2234 à 2281 du Code* civil, septembre 2005, Section III – *De diverses espèces d'obligations* (Articles 1144 à 1151), p.88, « Art. 1145 L'obligation de donner a pour objet l'aliénation de la propriété ou d'un autre droit, comme la vente, la donation, la cession de créance ou la constitution d'usufruit ».

[198] F. Terré, *op. cit.*, Article 60.

De plus, la distinction entre obligation de faire et de ne pas faire, conservée par le projet Terré, n'avait qu'une portée pratique limitée. Ces deux types d'obligation obéissaient au même régime juridique et les modalités de leur sanction, en cas d'inexécution, avaient perdu de leur intérêt avec la réforme. En effet, l'exécution forcée de l'obligation de faire ou de ne pas faire donnait lieu à l'octroi de dommages et intérêts au terme des anciens articles 1142 et 1145 du Code civil avec la possibilité supplémentaire pour le créancier, en cas de contravention à une obligation de ne pas faire, de solliciter, sur le fondement de l'ancien article 1143 du Code civil, la destruction de ce qui aurait été fait en violation de l'engagement.

Or, l'Ordonnance du 10 février 2016 a modifié les modalités de l'exécution forcée en faisant de l'exécution en nature le principe et non plus l'exception. L'exécution forcée en nature concerne toutes les obligations. Désormais, en vertu de l'article 1221 du Code civil, les dommages et intérêts ne pourraient être accordés par le juge que dans l'hypothèse où l'exécution se révélerait impossible[199].

Le *Rapport au Président de la République* précise clairement que « *L'article 1101 propose tout d'abord une définition modernisée du contrat inspirée de l'actuel article 1101 : abandonnant la référence aux notions classiques mais discutées d'obligations de donner, de faire ou de ne pas faire (ces catégories étant essentiellement descriptives), l'ordonnance recentre la définition sur la nature du contrat en qualité d'accord de volonté, et sur ses effets résidant en la création, mais également la modification, la transmission ou l'extinction d'obligations (contrairement à la convention, notion plus large incluant tout accord de volontés destiné simplement à produire des effets de droit*)[200].

Cependant, il pourrait être rétorqué que si le nouveau libellé de l'article 1101 permet d'inclure les différentes catégories d'obligations qu'il recense, ce dernier ne précise pas le type d'obligation qui pourrait être créé, modifié, transmis ou éteint par un contrat et qu'à ce titre, l'ordonnance ne fait pas œuvre d'exhaustivité à la différence de la loi allemande de 2001 qui ne s'en tenait pas seulement à délimiter le champ du contrat par les effets des obligations qu'il contribuait à faire naître, mais également par leur objet en se référant au concept de prestation (*Leistung*).

Cette objection ne résiste cependant pas au contenu de la réforme. En effet, si l'article 1101 définit le contrat, l'ordonnance de 2016 a introduit

---

199 Code civil, *op. cit.*, article 1221 dans sa rédaction issue de l'ordonnance du 10 février 2016, « Le créancier d'une obligation, peut, après mise en demeure, en poursuivre l'exécution en nature sauf si cette exécution est impossible ou s'il existe une disproportion manifeste entre son coût pour le débiteur de bonne foi et son intérêt pour le créancier ».
200 *Rapport au Président de la République* préc.

parallèlement la notion de prestation au sein de l'article 1163 alinéa 1 du Code civil pour définir l'objet de l'obligation : « *L'obligation a pour objet une prestation présente ou future* ». L'ordonnance du 10 février 2016 a choisi de consacrer la prestation par rapport à la notion de chose qui était utilisée depuis 1804 pour désigner l'objet de l'obligation. Les raisons qui ont conduit les auteurs de la réforme en France à adopter la notion de prestation, en tant qu'objet de l'obligation, sont identiques à celles du réformateur allemand. Il s'agit tout d'abord de disposer d'une figure juridique unique qui puisse servir de dénominateur commun aux différentes formes d'obligation. Ensuite, la notion de prestation offre, comme nous l'avons déjà vu pour le droit allemand, un critère précis afin de déterminer l'aspect essentiel du contenu de chaque obligation. Le cadre du contrat strictement défini par l'ordonnance donne à l'obligation essentielle un rôle fondamental dans la matérialisation de la liberté contractuelle, comme nous le verrons à travers la notion de « contrepartie attendue »[201].

Si la réforme, issue de l'Ordonnance du 10 février 2016, ne conduit pas à la conception structurée du rapport d'obligations du droit allemand, elle n'en a pas moins dessiné une véritable architecture du contrat qui se définit comme un acte juridique conventionnel dont la manifestation de volonté confère une teneur objective aux engagements des parties et dont les effets investissent le champ complet des obligations à l'aune de la notion de prestation qui définit, à la fois largement, mais avec précision, l'objet de chaque obligation. La France s'est ainsi dotée d'un cadre propice à l'épanouissement du matérialisme juridique.

---

[201] *Infra* p.234.

Chapitre II

Deux grilles d'évaluation matérielles du déséquilibre structurel : le § 138 du BGB et l'article 1143 du Code civil

Rien ne prédisposait le BGB, qui était « *l'enfant d'une époque individualiste, libérale et capitaliste* »[202], à ouvrir la voie au matérialisme juridique. Le fondement du matérialisme juridique en Allemagne fut, en premier lieu, le fruit de solutions élaborées par les arrêts du *Reichsgericht* et du *Bundesgerichtshof* afin de pallier les bouleversements rencontrés par le droit des contrats à l'occasion des crises économiques qui frappèrent le pays respectivement pendant l'Entre-deux-guerres et au lendemain de la Seconde Guerre mondiale.

Ce fut au *Reichsgericht* que revint la tâche de porter le droit des contrats sur les fonts baptismaux du matérialisme juridique. Le Tribunal d'Empire élabora sa jurisprudence à partir de deux dispositions du BGB, les paragraphes 138 et 242, qui répondaient, l'un et l'autre, à la qualification de « *Generalklausel* », clause générale, c'est-à-dire de normes fondamentales destinées à régir un grand nombre de situations juridiques et dont il reviendra à la jurisprudence de préciser le champ d'application. Nous nous intéresserons plus particulièrement ici au paragraphe 138 qui fit principalement l'objet de cette jurisprudence du *Reichsgericht*[203]. Le paragraphe 138 permit, en effet, au Tribunal d'Empire de mettre en oeuvre une interprétation objective du contenu du contrat qui découlait des bonnes mœurs. (Section I)

A compter de 1949, cette volonté de garantir un équilibre structurel entre les parties a trouvé un nouvel élan par la consécration, dans la Loi fondamentale allemande, du principe constitutionnel de « l'Etat social » édicté à l'article 20 alinéa 1er. Cette disposition commande à l'ensemble des institutions publiques et en premier lieu, à l'ordre judiciaire, de conduire ses décisions et ses actions en conformité avec les impératifs de la justice sociale. Aussi, la Cour constitutionnelle fédérale veille à ce que les juges accomplissent avec méthode un contrôle général et effectif du contenu des contrats sur le fondement de la clause générale du BGB édictée au paragraphe 138 du BGB afin de sanctionner le stipulant qui se servirait de sa

---

202 Pierre Arminjon, Boris Nolde, Martin Wolff, *Traité de droit comparé*, LGDJ., t. II, n°476 et s., 1950, « *Le BGB est l'enfant d'une époque individualiste, libérale et capitaliste* ».

203 Nous réservons l'étude du paragraphe 242 du BGB aux développements consacrés à l'imprévision et à la bonne foi, cf. *infra* p.121 et s. au titre de l'imprévision et p.178 et s. pour la bonne foi.

supériorité économique pour organiser une inégalité structurelle à l'égard de son cocontractant.

Partant, la liberté contractuelle, dont le principe constitutionnel se trouve consacré à l'article 2 de la Loi fondamentale, ne se limite plus à n'être qu'une liberté purement formelle, telle qu'elle avait été conçue par les rédacteurs du BGB, mais bien une liberté matérielle, qui garantit les droits des parties au contrat contre les abus de la puissance économique de leurs cocontractants et qui se fonde sur le contenu de l'acte pour remédier aux déséquilibres que ce dernier peut engendrer entre les parties. La liberté matérielle se caractérise dès lors par un lien infrangible qui unit en Allemagne le contrat au principe de justice contractuelle (Section II).

La France a suivi un chemin différent, mais qui mène à une position similaire. A l'origine, en effet, la France était très éloignée des conceptions qui avaient cours outre-Rhin. Certes, la Cour de cassation avait très tôt écarté la lésion en tant que vice du consentement, malgré les termes ambigus de l'article 1118 du Code civil et son emplacement dans le Code[204] pour ne retenir qu'une conception objective de celle-ci[205].

Cependant, la lésion avait toujours figuré dans le droit français sous la forme d'une exception ; le principe étant que la simple lésion ne suffisait pas à entraîner l'annulation du contrat. C'est donc à titre exceptionnel que la loi recevait la lésion pour certains contrats ou à l'égard de quelques personnes précisées par les textes ou la jurisprudence. Aussi, l'ordonnance du 10 février 2016 est venue confirmer cette conception objective et restrictive de la lésion dans l'article 1168 du Code civil qui dispose désormais que « *Dans les contrats synallagmatiques, le défaut d'équivalence des prestations n'est pas une cause de nullité du contrat, à moins que la loi n'en dispose autrement* ».

Cependant, face à des situations de plus en plus nombreuses, où l'une des parties se voyait imposer un contrat manifestement déséquilibré en raison d'une situation de dépendance qui ne permettait pas au partenaire lésé de refuser les conditions de l'acte, la jurisprudence fut conduite à le sanctionner. Pour ce faire, les juges se sont fondés sur le vice de violence prévu à l'article 1112 ancien du Code civil[206]. La jurisprudence se référait,

---

[204] Code civil, article 1118 ancien inséré à la section 1 « Du consentement » du Chapitre II « Des conditions essentielles pour la validité des conventions » au Titre III, Livre III du Code civil disposait en effet que « La lésion ne vicie les conventions que dans certains contrats ou à l'égard de certaines personnes, ainsi qu'il sera expliqué à la même section ».

[205] Req., 28 décembre 1932, *DP*, I, 87, rapp. Dumas, « la lésion légalement constatée est par elle-même et à elle seule une cause de rescision, indépendamment des circonstances qui ont pu l'accompagner ou lui donner naissance ».

[206] Code civil, article 1112 ancien « Il y a violence lorsqu'elle est de nature à faire impression sur une personne raisonnable, et qu'elle peut lui inspirer la crainte d'exposer sa personne ou

en effet, à l'état de nécessité d'une personne soumise à une situation de détresse qui privait celle-ci de la faculté de rejeter les conditions désavantageuses de l'engagement qui lui étaient imposées de souscrire.

Mais, la dépendance économique des parties les plus faibles à un contrat a conduit la Cour de cassation à prendre en considération le déséquilibre manifeste dans les obligations essentielles des parties. La Première Chambre civile de la Cour de cassation consacrait ainsi la violence économique qui se manifestait par l'abus que commettaient des stipulants, peu scrupuleux, pour imposer un accord particulièrement désavantageux à leur cocontractant. Malgré cette évolution de la jurisprudence, la Cour de cassation se tenait à une appréciation très restrictive du vice de violence économique (Section III).

L'article 1143 du Code civil, dans sa rédaction de l'ordonnance du 10 février 2016, franchit une étape supplémentaire[207]. Désormais, la violence pourra résulter d'une partie contrainte d'accepter des engagements désavantageux, non pas en raison des agissements de son cocontractant, mais d'une situation particulière qui la place dans un état de dépendance. La violence n'est plus ici appréciée directement, mais découle du déséquilibre contractuel lui-même qui tend ainsi à rapprocher l'engagement manifestement déséquilibré de la lésion.

La solution retenue, dans le cadre de l'article 1143 du Code civil, peut laisser perplexe. En effet, l'article 1143, comme ce fut le cas pour la jurisprudence de la Cour de cassation, adopte une position paradoxale, le consentement est suspecté sans être définitivement condamné. Les rédacteurs de l'ordonnance, comme les magistrats de la Cour de cassation, ont constaté, en effet, que la liberté contractuelle formelle et le consentement, qui en est la manifestation, ouvraient la voie du déséquilibre contractuel au détriment de parties placées dans une situation de faiblesse tout en refusant de consacrer la lésion qualifiée[208]. Pris entre ce constat et la volonté de préserver les catégories traditionnelles du droit en matière de

---

sa fortune à un mal considérable et présent. On a égard, en cette matière, à l'âge, au sexe et à la condition des personnes ».

[207] Code civil, article 1143 « Il y a également violence lorsqu'une partie abusant de l'état de dépendance dans lequel se trouve son cocontractant obtient de lui un engagement qu'il n'aurait pas souscrit en l'absence d'une telle contrainte et en tire un avantage manifestement excessif ».

[208] Denis Philippe, *La bonne foi dans la formation du contrat en droit belge*, *in La bonne foi*, travaux de l'Association Henri Capitant, Journées Louisianaises, tome XLIII, 1992, Paris, Litec, 1994, p.100, note 5, précise que la lésion qualifiée « … consiste à abuser des passions ou faiblesses de son partenaire pour obtenir des avantages anormaux » ; Nous définirions pour notre part la lésion qualifiée comme une disproportion des prestations entre les parties préjudiciable à l'un des cocontractants qui permet de caractériser le comportement déloyal de son partenaire.

lésion et de vices du consentement, les rédacteurs de l'ordonnance ont opté pour une version matinée de lésion et de violence. En dépit de sa qualification, le mécanisme mis en place à l'article 1143 du Code civil consacre une disposition qui est fort proche de la lésion qualifiée du paragraphe 138 du BGB.

Cette disposition répond à l'objectif poursuivi par l'ordonnance en faveur de la partie la plus faible au contrat. Certes, l'article 1143 est soumis à de strictes conditions d'application ; la partie lésée devant démontrer l'existence d'un état de dépendance, un abus de cet état et un avantage manifestement excessif. Mais, sans atteindre la vigueur de la lésion qualifiée du paragraphe 138 du BGB, le droit français se dote avec l'article 1143 d'un moyen tout aussi efficace pour garantir la liberté matérielle du contractant vulnérable (Section IV).

Section I Un mètre étalon du déséquilibre contractuel : les bonnes moeurs

Le paragraphe 138 du BGB dans son alinéa 1er prescrit qu' « *Un acte juridique qui porte atteinte aux bonnes mœurs est nul* ». Dès le 11 avril 1901, le Tribunal d'Empire définissait le concept de « *bonnes mœurs* » (*gute Sitten*) comme « *le sentiment de ce qui est convenable pour tous ceux qui pensent justement et équitablement* »[209]. Cette définition apparaît pour le moins très éloignée de toute objectivité. Elle l'est également de l'exigence que l'on attendrait d'un concept appelé à servir de guide aux juridictions pour une décision aussi grave que le prononcé de la nullité d'un acte juridique. En effet, à s'en tenir à la lettre de cette qualification, les bonnes mœurs correspondraient à l'opinion dominante dans une société déterminée et une époque donnée. Une définition de cette nature est par essence fluctuante.

Dès lors, comment une définition aussi imprécise a-t-elle pu prendre un tour objectif ? La réponse tient non pas à la qualification retenue par le *Reichsgericht*, mais à l'usage que cette juridiction devait faire de la notion. Ce ne fut pas cette qualification qui fut au fondement de la jurisprudence du *Reichsgericht* et partant, de l'avènement du matérialisme juridique dans le droit des contrats.

Il faut s'en tenir, en effet, à une autre interprétation que livra le Tribunal d'Empire dès 1903. Cette nouvelle définition des bonnes mœurs,

---

[209] RG, 11.4.1901, *RGZ*, *Az.* : V1 443100 = 48, 114, 124, « Anstandsgefühl aller billig und gerecht Denkenden ».

que le *Reichsgericht* fut appelé à préciser, tenait à l'état des relations contractuelles qui se caractérisait, dès les premières années du vingtième siècle, par un déséquilibre considérable entre les droits et obligations respectifs des parties dans un très grand nombre de conventions. En effet, avant même que l'Allemagne n'ait eu à subir les répercussions économiques de la Première Guerre mondiale, le Tribunal d'Empire constatait que les contrats comportaient des conditions générales d'affaires élaborées par l'une des parties et que le stipulant imposait à ses cocontractants[210].

Le *Reichsgericht* renversait dès lors la jurisprudence qu'il avait suivie jusqu'alors. Le Tribunal d'Empire abandonnait la conception d'une liberté contractuelle purement formelle en faveur d'une interprétation matérielle de cette liberté. Andreas Maurer rappelle à ce titre quelle avait été la position du Tribunal d'Empire avant le revirement de sa jurisprudence. Le *Reichsgericht* jugeait encore en 1883[211] qu'une clause de non-responsabilité devait conserver son caractère effectif malgré le désavantage manifeste subi par le cocontractant à qui elle était opposée et cela au motif qu'il n'existait pas de disposition légale contraire qui l'interdirait[212].

Quelques années plus tard, le *Reichsgericht* entamait une modification de sa position en ce domaine. En effet, dès 1888, le Tribunal d'Empire arrêtait une solution directement inverse à celle qu'il avait retenue en 1883. Il constatait un désavantage manifeste lorsque l'une des parties, qui se trouvait en situation de monopole, était en mesure de contraindre son partenaire à conclure le contrat et par voie de conséquence, à lui faire accepter la clause de non-responsabilité qu'il lui opposait[213].

---

[210] Mathias Schmoeckel, Joachim Rückert, Reinhard Zimmermann, *Historisch-kritischer Kommentar zum BGB*, Mohr Siebeck, Tübingen, 2003, S. 734, « Die von *Teubner* genannten Beispiele für einen Funktionswandel des § 138 finden sich fast durchweg bereits vor dem ersten Weltkrieg, so die Kontrolle allgemeiner Geschäftsbedingungen, der Monopol missbrauch oder die globale Sicherungsübereignung von Warenlagern ».

[211] RG, 16.6.1883, *RGZ* 11, 100. 110, « So wenig billig und gerecht nun auch diese Abwälzung einer im Wesen der Seetransportübernahme begründeten Haftung vom Rheder sein und so sehr sie das natürliche Verhältnis verschieben mag, so fehlt es doch, mangels einer gesetzlichen Einschränkung der Vertragsfreiheit, in dieser Beziehung und der Möglichkteit, der betreffenden Vereinbarung die Gültigkeit zu versagen ».

[212] Andreas Maurer, *Die Inhaltskontrolle transnationale 1903 in Rechts : Zur Inhaltskontrolle Allgemeiner Geschäftsbedingungen im grenzürberschreitenden (See)handel und deren Folgen*, TranStatte Working Papers, Nummer 122, Universität Bremen, Collaborative Center 597, Bremen, 2010, « Aus diesen Gründen hat die Rechtsprechung in Deutschland bereits früh begonnen, Allgemeine Geschäftsbedingungen einer Inhaltskontrolle zu unterziehen. Während das Reichsgericht im Jahr 1883 noch geurteilt hatte, das eine Haftungsauschlussklausel trotz offensichtlicher Benachteiligung des Vertragspartner wirksam sein sollte, weil es an einer anderslautenden gesetzlichen Vorscchrift fehlte, zeichnete sich bereits fünf Jahre später eine Änderung dieser Rechtsprechung ab ».

[213] RG, 11.2.1888, *RGZ*, 20, 115, 117.

La rupture avec la conception classique d'une liberté contractuelle purement formelle était consommée. En effet, les actes juridiques s'inscrivaient désormais dans un contexte économique, de plus en plus marqué par une production industrielle de masse et un réseau de grande distribution, de groupes constitués sous la forme de sociétés multinationales. Les clauses des contrats tendaient ainsi à s'uniformiser à travers des conditions générales imposées par les entreprises en position de domination par rapport à leurs cocontractants qu'ils fussent professionnels ou simples particuliers. Les déséquilibres qu'entraînaient ces clauses appelaient à un contrôle de leur contenu.

C'est dans ces conditions que le *Reichsgericht* jugea, sur le fondement du paragraphe 138 alinéa 1er, le 15 décembre 1903 que l'atteinte faite aux bonnes mœurs devait être appréciée en fonction de critères non plus seulement subjectifs, mais objectifs. A ce titre, le premier critère qui conditionnait les suivants dans l'ordre énoncé par le Tribunal d'Empire était le contenu même de la clause, puis venaient les motifs et le but du contrat[214].

Alfred Rieg faisait observer à ce titre que « *ce n'est pas exclusivement le motif ayant poussé les parties à conclure la vente qui importe. Comme le Reichsgericht l'a déjà exprimé dans son arrêt du 15 décembre 1903 (RGZ 56-231), le § 138 BGB ne dénie force de droit qu'à ceux des actes juridiques dont le caractère général, issu de la réunion du contenu, des motifs et du but, porte atteinte aux bonnes mœurs du point de vue objectif et subjectif* »[215]. Ces critères seront repris et appliqués par la Cour fédérale de justice au lendemain de la Seconde Guerre mondiale[216]. Ainsi, dès l'origine, le *Reichsgericht* put disposer d'une arme très efficace pour sanctionner les déséquilibres manifestes des prestations entre les parties qui s'étaient multipliés pendant l'Entre-deux-guerres en raison de la crise économique[217].

Le *Reichsgericht* fit parallèlement une application très large du paragraphe 138 alinéa 2 qui prévoyait un cas particulier d'atteinte aux bonnes mœurs à travers une lésion qualifiée qui était caractérisée par la réunion d'un élément objectif, une disproportion manifeste entre les

---

214 RG, 15.12.1903, *RGZ* Band. 56 S. 231.; *Entscheidungen des Reichsgerichts herausgeben von den Mitglierdern des Gerichtshofes und der Reichsanwaltschaft*, Entscheidungen in Zivilsachen. Neue Folge Dreizehnter Band., Leipzig, Verlag von Beit und Comp., 1906, S. 350, « Die nähmlich der erfennende Senat bereits in seinem Urteile vom 15. Dezember 1903 (Entsch. des RG's Bd. 56 S. 231) ausgesprochen hat, will § 138 BGB. solchen Rechtsgeschäften die Anerrennung und den Rechtszwang versagen, die nach ihrem aux der Zusammenfassung von Inhalt, Motiv und Zweg zu entnehmenden Gesamtcharakter, nach den objektiven und subjektiven Momenten gegen du guten Sitten vertossen ».

215 Alfred Rieg, *Le rôle de la volonté dans l'acte juridique*, Thèse LGDJ, coll. Bibliothèque de droit privé, 1961, n.340.

216 BGHZ, 27.1.1988, *NJW*, 1988. 1373.

217 Cf. *RGZ*, 62, 264 (266); 99, 107 (109 ff) ; cf. aussi *RGZ*, 79, 224 (229).

prestations respectives des parties au contrat et un élément subjectif, l'exploitation de la vulnérabilité d'un cocontractant par son partenaire : « *Est notamment nul tout acte juridique par lequel une personne se fait promettre ou accorder, soit à elle-même, soit à une autre personne, en contre-partie d'une prestation, des avantages patrimoniaux en disproportion flagrante avec sa propre prestation, et cela par exploitation de l'état de nécessité, de l'inexpérience, de la faiblesse de jugement ou de la grande faiblesse de caractère d'autrui* »[218]. Cette prescription, également qualifiée de *Wucher* (usure), dont le sens est beaucoup plus large que son acception française, permettait au *Reichsgericht* d'assurer un contrôle, de plus en plus étroit, des clauses qui avaient pour effet de placer l'un des cocontractants en état de vulnérabilité[219].

Après la Seconde Guerre mondiale, le *Bundesgerichtshof* reprit non seulement à son compte la jurisprudence du *Reichsgericht*, mais en accentua les traits. En effet, la Cour fédérale de justice entreprit de sanctionner sur le fondement du paragraphe 138 alinéa 1er des déséquilibres manifestes entre la prestation et la contre-prestation à partir exclusivement du contenu du contrat. S'il est vrai que pour son application, le paragraphe 138 alinéa 1er exigeait non seulement une disproportion flagrante, mais également une atteinte à la libre volonté de la partie qui subit le préjudice du déséquilibre des prestations, cette dernière condition était appréciée de manière beaucoup plus souple qu'elle ne pouvait l'être dans le cadre du paragraphe 138 alinéa 2[220]. C'est la raison pour laquelle la Cour fédérale de justice choisit de fonder sa jurisprudence sur le paragraphe 138 alinéa 1er bien plus que sur son alinéa 2.

Le *Bundesgerichtshof* pouvait sanctionner des actes juridiques dont le contenu apparaissait objectivement contraire aux bonnes mœurs. De cette manière, la Cour fédérale de justice ouvrait à sa jurisprudence un champ plus large d'application. Nous avons une parfaite illustration de la méthode suivie par cette juridiction avec un arrêt rendu à l'occasion d'un contrat de leasing. Ce litige opposait une société à responsabilité limitée dont l'activité consistait à louer du matériel de bureautique à des professionnels, en l'occurrence une société d'architecte. Ce matériel était acquis auprès d'un fournisseur. Le taux contractuel du leasing pour la société locataire dépassait

---

218 BGB, *op. cit.*, « § 138 (2) Nichtig ist insbesondere ein Rechtsgeschäft, durch das jemand unter Ausbeutung der Zwangslage, der Unerfahrenheit, des Mangels an Urteilsvermögen oder der erheblichen Willensschwäche eines anderen sich oder einem Dritten für eine Leistung Vermögensvorteile versprechen oder gewähren lässt, die in einem auffälligen Missverhältnis zur der Leistung stehen ».

219 Matthias Pohlkamp, *Die Entstehung des modernen Wucherrechts und die Wucherrechtsprechung des Reichsgerichts zwischen 1880 und 1933*, Lang, Frankfurt am Main, 2009.

220 BGB, *op. cit.*, « § 138 (1) Ein Rechtsgeschäft, das gegen die guten Sitten verstösst, ist nichtig ».

le taux moyen du marché de 12, 27% en valeur absolue, ce qui était suffisant pour constater un déséquilibre flagrant entre les prestations en présence ; le *Bundesgerichtshof* précisait que même si, en l'espèce, il n'existait aucune des conditions subjectives pour l'application du paragraphe 138 alinéa 2 du BGB, une prestation objectivement disproportionnée était suffisante pour la mise en œuvre du paragraphe 138 alinéa 1er[221].

Le *Bundesgerichtshof* est venu également préciser que le déséquilibre flagrant entre les prestations des parties faisait présumer un abus de position dominante du cocontractant qui en bénéficiait ; la Cour fédérale de justice privilégiait ici une démarche purement objective fondée sur le seul contrôle du contenu du contrat et lui permettant désormais d'inverser la charge de la preuve à l'encontre de la partie qui se trouvait favorisée par cette disproportion des prestations[222].

Le *Bundesgerichtshof* est allé jusqu'à établir un critère quantitatif pour évaluer le degré du déséquilibre manifeste. Il en va notamment ainsi lorsque la disproportion atteint le double de la valeur réelle de la contrepartie. Dans une telle hypothèse, la Cour fédérale de justice considère que les conditions d'application du paragraphe 138 du BGB sont objectivement réunies pour anéantir l'acte juridique[223].

---

221 BGH, 11.1.1995, VIII *ZR* 82/94 S.6-7, « Auch falls § 138 Abs. 2 BGB - wie hier – mangels Vorliegens der subjektiven Voraussetzungen nicht eingreift, können gegenseitige Verträge als wucherähnliche Rechtsgeschäfte nach § 138 Abs. 1 BGB sittenwidrig und daher nichtig sein, wenn zwischen Leistung und Gegenleistung objektiv ein auffälliges Missverhältnis besteht und eine verwerfliche Gesinnung des begünstigten Teils hervorgetreten ist, insbesondere wenn dieser die wirtschaftlich schwächere Lage des anderen Teils, dessen Unterlegenheit, bei der Festlegung der Vertragsbedingungen bewusst zu seinem Vorteil ausgenutzt oder sich zumindest leichtfertig der Erkenntnis verschlossen hat, dass sich der andere Teil nur aufgrund seiner schwächeren Lage auf die beschwerenden Bedingungen eingelassen hat. Das entspricht gefestiger Rechtsprechung des Bundesgerichtshofs, insbesondere auch des erkennenden Senats (Senatsurteile vom 21. Mai 1957 – VIII ZR 226/56 = LM BGB § 138 (Ba) Nr. 2, 14. Juli 1969 – VIII ZR 245/67 = WM 1969, 1255, 24 Januar 1979 – VIII ZR 16/78 = WM 1979, 491, 492 und 24. April 1985 – VIII ZR 31/84 = WM 1985, 636, 638) ».

222 BGH, 19.1.2001 – V *ZR* 437/99, NJW 2001, 1127, 1128, « BGB 138 Abs. 1 D Ist bei einem auf entgeltlichen Erweb eines Grundstücks gerichteten Rechtsgeschäft das Missverhältnis zwischen Leistung und Gegenleistung besonders grob, so ist der Schluss auf eine verwerfliche Gesinnung des Begünstigten auch dann zulässig, wenn er keine Kenntnis von dem Wertverhältnis hat. BGB § 138 Abs. 1 D ; ZPO § 286 B Die damit begründete tatsächliche Vermutung hat der Tatrichter bei der Beweiswürdigung zu berücksichtigen. Si kann nur dann nicht zur Anwendung kommen, wenn sie im Einzelfall durch besondere Umstände erschüttert ist »; BGH, 5.10.2001 – V ZR 237/00, NJW 2002, 429, 430, « BGB § 138 Bd Zur Sittenwidrigkeit bei einem auffälligen Missverhältnis zwischen Leistung und Gegenleistung im Falle eines entgeltlichen Geschäfts, durch das sich eine Partei zur Aufgabe einer Rechtsposition verpflichtet, die bei wirtschaftlicher Betrachtung einem Erbbaurecht an einem unbebauten Grundstück gleichsteht ».

223 BGH, 24.1.2014 – V *ZR* 249/12, NJW 2014, 1652, « Von einem besonders groben Missverhältnis zwischen Leistung und Gegenleistung kann bei Grundstücksgeschäften erst

Toujours à partir du seul contenu du contrat, la Cour fédérale de justice devait également s'attacher à constater le déséquilibre des prestations consistant pour l'une des parties à imposer à son cocontractant des clauses de non-concurrence d'une très longue durée privant ce dernier de sa liberté d'agir. Ainsi, la Cour fédérale de justice rappelle que « *Selon une jurisprudence constante du Bundesgerichtshof, une clause de non-concurrence ne peut restreindre indûment le débiteur dans l'exercice de sa profession et ne saurait donc aller au-delà des intérêts légitimes du bénéficiaire. En particulier, elle ne doit pas avoir pour effet de restreindre indûment la liberté de mouvement économique de l'assujetti, que ce soit d'un point de vue local, temporel ou matériel* »[224].

En l'occurrence, une clause de non-concurrence d'une durée de dix ans caractérise un déséquilibre manifeste entre les prestations respectives des parties au détriment de celui qui subit ainsi la limitation de sa liberté d'action, « *L'obligation de non-concurrence imposée au défendeur pour une période de dix ans s'il existe un déséquilibre entre la prestation et la contrepartie, au vu du paragraphe 138 alinéa 1 est considérée comme excessive et donc nulle* »[225].

La jurisprudence de la Cour fédérale de justice fut également amenée à sanctionner, par le biais du paragraphe 138 alinéa 1er, une catégorie très large de contrats qualifiés de « *Knebelungsverträge* » que l'on peut traduire en langue française par les termes « asservissement ou léonin »[226] Le *Bundesgerichtshof* se livrait à une interprétation objective du contenu du contrat, tour à tour, à l'égard des cessions globales de créance que se faisait accorder une banque privant de tout effet les réserves de propriété prolongées constituées par le débiteur au profit de ses fournisseurs[227], la

---

ausgegangen werden, wenn der Wert der Leistung knapp doppelt so hoch ist wie der Wert der Gegenleistung (Senat, Urteil vom 19. Januar 2001 – V ZR 437/99, BGZH 146, 298, 302) ».

224 BGH, 13.3.1979, *Az.*: *KZR* 23/77, « Nach ständiger Rechtsprechung des Bundesgerichtshofs darf ein Wettbewerbsverbot den Verpflichteten in der Berufsausübung nicht übermässig beschränken und damit nicht über die schützenswerten Interessen des Begünstigten hinausgehen. Es darf insbesondere in örtlicher, zeitlicher und gegenständlicher Hinsicht nicht zu einer unangemessenen Beschränkung der wirtschaftlichen Bewegungsfreiheit des Verpflichteten führen ».

225 BGH, précit., « Das für einen Zeitraum von zehn Jahren dem Beklagten auferlegte Wettbewerbsverbot muss sonach ohne Rücksicht darauf, ob ein Missverhältnis zwischen Leistung und Gegenleistung besteht, unter dem Gesichtspunkt des § 138 Abs. 1 BGB als übermässig und demgemäss als nichtig angesehen werden».

226 Gerhard Köbler, *Rechtsfranzösisch*, Deutsch-französisches und französisch-deutsches Rechtswörterbuch *op. cit.*, S. 80, « *Knebelungsvertrag* (M.) contrat (M.) d'asservissement, contrat (M.) léonin ».

227 BGH, 30.3.1959, *BGHZ*, 30, 149. ; BGH, 9.11.1978, *BGHZ*, 72. 308, 311, ces deux arrêts sont intervenus dans le domaine des cessions globales de créances, présentes et futures, qu'imposaient les banques en garantie des crédits qu'elles accordaient aux commerçants. Ce

soumission d'un cocontractant à une dépendance économique trop étroite pour son approvisionnement,[228] les entraves posées à la liberté commerciale de rompre le contrat[229], la concession excessive de sûretés par un débiteur qui dépassait très largement le montant des sommes à garantir[230].

Bien entendu, si le paragraphe 138 alinéa 1er permettait de sanctionner les actes juridiques par une interprétation purement objective du contenu du contrat en raison de conditions d'application plus souples que les prescriptions du paragraphe 138 alinéa 2, le *Bundesgerichtshof* faisait également un large usage de cet alinéa. Il en allait notamment ainsi lorsque la disproportion excédait cent pour cent du prix du marché[231]. La Cour fédérale de justice suivait à ce titre une démarche tout aussi objective que celle qu'elle mettait en œuvre pour le paragraphe 138 alinéa 1. En effet, le déséquilibre manifeste était alors appelé à jouer un rôle décisif dans l'appréciation de la lésion qualifiée.

Ajoutons à ce tour d'horizon rapide de la jurisprudence du *Bundesgerichtshof*, que la Cour pouvait appliquer le paragraphe 138 alinéa 2 en lieu et place du paragraphe 138 alinéa 1er lorsque le montant stipulé au contrat représentait simplement le double du prix du marché et cela aussi bien en matière immobilière que dans le cadre de ventes mobilières[232].

Cette jurisprudence, dont nous n'avons donné que quelques aspects qui sont loin d'être exhaustifs, mettait en exergue la liberté matérielle fondée sur le contenu du contrat par rapport à la liberté formelle du stipulant. Or, la liberté contractuelle matérielle devait se trouver renforcée par la Cour constitutionnelle fédérale. La haute juridiction allemande faisait, en effet,

---

type de cession avait pour conséquence de priver de tout effet la clause de réserve de propriété prolongée que le même commerçant stipulait postérieurement au profit d'un fournisseur de marchandises auprès de qui il n'avait pas immédiatement acquitté le prix. La créance des fournisseurs sur la vente future des marchandises n'avait aucune réalité. La Cour fédérale de justice a mis fin dans son arrêt du 30 mars 1959 à cette pratique en annulant l'acte de cession globale bien que celui-ci ait précédé la constitution de réserve de propriété. Toute tentative pour contourner cette jurisprudence par les banques resta vaine, puisque par son deuxième arrêt du 9 novembre 1978, la Cour fédérale de justice sanctionna une autre pratique suivie par les banques qui s'engageaient à reconnaître la mainlevée partielle pour les créances cédées postérieurement.

[228] BGH, 14.6.1972, *NJW*, 1972, 1459.

[229] BGH, 31.3.1982, *BGHZ*, 283. 313.

[230] BGH, 12.3.1998, *NJW* 1998, 2047 « Eine Sicherheit verstösst nach herrschender Meinung dann gegen die guten Sitten, wenn bereits bei Vertragsschluss gewiss ist, das im noch ungewissen Verwertungsfall ein auffäliges Missverhältnis zwischen dem realisierbaren Wert der Sicherheit und der gesicherten Forderung bestehen wird ».

[231] BGH, Urteil vom 19. Februar 2003 – XII ZR 142/00, *NJW* 2003, 1860.

[232] BGH, 8.5.1992 V *ZR* 95/91, *NJW* 1992, 899 en matière de vente immobilière ; BGH, 18.12.2002 – VIII *ZR* 123/02, *NJW-RR* 2003, 558, pour une vente mobilière, en l'occurrence, l'achat d'un cheval.

une interprétation matérielle de la liberté contractuelle à l'aune des exigences de « l'Etat social », garanties par l'article 20 de la loi Fondamentale.

Section II Une grille de lecture constitutionnelle du déséquilibre structurel : « l'État social »

Cette jurisprudence du *Reichsgericht*, prolongée et élargie par celle du *Bundesgerichtshof*, à partir d'un contrôle objectif du contenu du contrat, dessinait un cadre formel et contraignant dans lequel devait s'inscrire désormais l'équilibre des prestations. Cette *Rechtsprechung* (jurisprudence) constituait un nouveau maillage du matérialisme juridique dans le droit allemand des contrats. Il s'agissait pour les hautes juridictions allemandes de soumettre le contrat aux impératifs de la justice commutative. De plus, le *Bundesgerichtshof* se trouvait lui-même placé, dans un cadre constitutionnel strictement défini, qui lui interdisait d'ignorer les impératifs des bonnes mœurs face à toute forme de déséquilibre manifeste dont il s'abstiendrait de sanctionner l'existence.

En effet, le *Bundesgerichtshof* est directement soumis aux dispositions de la *Grundgesetz* (la Loi Fondamentale) du 23 mai 1949 qui dispose en son article 20 alinéa 1er que « *La République fédérale d'Allemagne est un Etat fédéral démocratique et social* »[233]. Aussi, les institutions publiques allemandes ont été amenées à conformer leur action au principe constitutionnel de « l'Etat social » afin de promouvoir une justice effective au niveau de leurs champs de compétence respectifs. A ce titre, les juridictions allemandes et au premier rang d'entre elles, la Cour fédérale de justice, se trouvent tenues d'appliquer les « *Generalen klausen* » (les clauses générales), c'est-à-dire les paragraphes 138 et 242 du BGB afin de sanctionner les clauses contractuelles dont l'objet ou l'effet serait d'établir un déséquilibre flagrant au profit de l'une des parties[234].

La Cour constitutionnelle fédérale (*Bundesverfassungsgericht*) veille au strict respect de l'article 20 alinéa 1er de la Loi fondamentale en ce domaine. Elle en fit la démonstration à l'occasion d'un litige qui concernait une clause de non-concurrence. Le *Bundesverfassungsgericht* avait rappelé, en effet, dans une décision du 7 février 1990 que « *Là où il n'y a pas*

---

233 *Grundgesetz für die Bundesrepublik Deutschland vom* 23. Mai 1949, *BGBI*, III, 1949 (...) « II. Der Bund und die Länder Artikel 20 Die Bundesrepublik Deutschland ist ein demokratischer und sozialer Bundesstaat ».

234 Palandt, *Bürgerliches Gesetzbuch* bearbeitet von Bassenge, Brudermüller, Diedrichsen, Edenhofer, Heinrichs, Heldrich, Putzo, Sprau, Thomas, Weidenkaff, 62. Auflage, Verlag C.H. Beck, München, 2003, § 145, nummer 13 ff.

d'équilibre approximatif des pouvoirs entre les parties concernées, les seuls moyens du droit des contrats ne peuvent garantir un équilibre approprié des intérêts »[235]. La Cour de Karlsruhe fixait ici à l'égard des juridictions de l'ordre judiciaire allemand la voie à suivre lorsqu'un tel déséquilibre existait entre les cocontractants. Trois ans après cette première décision, la Cour constitutionnelle allemande fut conduite à censurer un arrêt de la Cour fédérale de justice qui n'avait pas appliqué le principe défini dans son arrêt du 7 février 1990.

Avant d'aborder le fond de l'affaire, la Cour constitutionnelle rappelait le principe du contrôle du contenu du contrat notamment à l'égard des conditions générales : « *Les tribunaux civils – notamment en ce qui concerne la concrétisation et l'application de clauses générales telles que le libellé du § 138 et du § 242 du BGB – doivent garantir les droits fondamentaux de l'autonomie privée dans le cadre du paragraphe 1 de l'article 2 de la Loi Fondamentale. Il en résulte leur obligation de contrôler le contenu des contrats qui grève anormalement le budget de l'une des deux parties et qui est la conséquence d'une puissance de négociation structurellement inégale* »[236].

La Cour constitutionnelle se référait à l'article 2 de la Loi Fondamentale en son paragraphe 1 qui était principalement concerné par sa décision à venir. L'article 2 dispose en son paragraphe 1 que « *Chacun a droit au libre épanouissement de sa personnalité pourvu qu'il ne viole pas les droits d'autrui ni n'enfreigne l'ordre constitutionnel ou la loi morale*»[237]. Très tôt, la Cour constitutionnelle a jugé que cet article incluait la liberté contractuelle comme l'une des manifestations du libre épanouissement de la personnalité[238]. Cette référence n'est pas sans conséquence sur le sens et la portée que doit revêtir la liberté contractuelle dans le cadre du matérialisme juridique comme nous serons appelés à le voir plus loin.

Sur le fond de l'affaire, les faits du litige étaient les suivants. Un agent immobilier avait sollicité l'autorisation, auprès d'une Caisse

---

[235] BVerfG, 7.2.1990 – 1 *BvR* 26/84, « Wo es an einem annähernden Kräftegleichgewicht der Beteiligten fehlt, ist mit den Mitteln des Vertragsrechts allein kein sachgerechter Ausgleich der Interessen zu gewährleisten ».

[236] BVerfG, 19.10.1993, *Az* 1 *BvR* 567, 89, WM 1993, 2199, « Die Zivilgerichte müssen – insbesondere bei der Konkretisierung und Anwendung von Generalklauseln wie § 138 und § 242 BGB – die grundrechtliche Gewährleistung der Privatautonomie in Art. 2 Abs. 1 GG beachten. Daraus ergibt sich ihre Pflicht zur Inhaltskontrolle von Verträgen, die einen der beiden Vertragspartner ungewöhnlich stark belasten und das Ergebnis strukturell ungleicher Verhandlungsstärke sind ».

[237] GG, « I. Die Grundrechte Artikel 2 (1) Jeder hat das Recht auf die freie Entfaltung seiner Persönlichkeit, soweit er nicht die Rechte anderer verletzt und nicht gegen die verfassungsmässige Ordnung oder das Sittengesetz verstösst ».

[238] BVerfG, 12.11.1958, *BVerfGE*, 8.274, 328.

d'Epargne municipale, de passer sa ligne de crédit du simple au double, soit de 50 000 DM à 100 000 DM. La Caisse d'Epargne accepta sous la condition que cette augmentation de crédit fasse l'objet de la garantie d'une caution. L'agent immobilier fit intervenir sa fille, âgée de vingt et un ans, qui souscrivit un acte de cautionnement préimprimé d'un montant de 100 000 DM[239].

L'acte souscrit comportait également des prestations accessoires qui consistaient en premier lieu dans l'engagement de la caution à garantir toutes les créances existantes et futures de son père, même si celles-ci étaient conditionnelles ou temporaires et en second lieu, à s'engager solidairement avec le débiteur principal, ce qui impliquait une renonciation à faire jouer l'exception de discussion préalable ainsi que tous moyens de contestation ou de se prévaloir de l'existence d'autres sûretés, étant entendu que la Caisse d'Epargne n'était pas tenue de mettre en oeuvre d'autres garanties avant d'agir directement contre la caution[240].

La Cour relevait que la caution ne disposait d'aucun actif, qu'elle ne bénéficiait d'aucune formation professionnelle. De plus, au moment de la souscription de l'acte juridique, cette dernière percevait un revenu mensuel net de 1 150 DM en tant que salariée d'une usine de pêche.

Deux ans après cet engagement, son père abandonna en 1984 son activité immobilière pour exercer une nouvelle profession, celle d'armateur. Ce dernier obtenait alors un financement de la Caisse d'Epargne pour l'achat d'un navire d'un montant de 1, 3 million DM. Or, en décembre 1986, la Caisse d'Epargne résilia les prêts consentis qui correspondaient à un montant de 2, 4 millions de DM pour défaut de paiement du débiteur. La Caisse d'Epargne sollicitait dès lors la garantie des prêts auprès de la fille du débiteur. Face à cette demande, la caution sollicitait la nullité de sa garantie. En réplique, la Caisse d'Epargne présenta une demande reconventionnelle de paiement d'un montant de 100 000 DM majoré des intérêts.

---

[239] BVerfG, préc., « Der Vater der Bf. war zunächst als Immobilienmakler tätig ; er errichtete und verkaufte Eigentumswohnungen. Im Jahre 1982 begehrte er von der Stadtsparkasse C. eine Verdoppelung seines Kreditlimits von 50000 DM auf 100000 DM. Als die Stadtsparkasse eine Sicherheit verlangte, unterzeichnete die damals 21 jährige Bf. am 29.11. 1982 eine vorgedruckte Bürgschaftsurkunde mit einem Höchstbetrag von 100000 DM zzgl ».

[240] BVerfG, préc., « Nebenleistungen, in der es u.a. heisst: (1) Die Bürgschaft wird zur Sicherung aller bestehenden und künftigen, auch bedingten oder befristeten Forderungen der Sparkasse gegen den Hauptschuldener ... aus ihrer Geschäftsverbindung übernommen. Die Bürgschaft ist selbstschuldnerisch unter Verzicht auf die Einrede der Vorausklage übernommen. Der Bürge verzichtet auf die Einreden der Anfechtbarkeit ... sowie auf die Einrede der Verjährung der Hauptschuld ... Der Bürge kann keine Rechte aus der Art oder dem Zeitpunkt der Verwertung oder der Aufgabe anderweitiger Sicherheiten herleiten. Die Sparkasse ist nicht verpflichtet, sich an andere Sicherheiten zu halten, bevor sie den Bürgen in Anspruch nimmt ».

La juridiction de première instance jugeait que le cautionnement était valable et que les engagements, qui en résultaient, devaient produire tous leurs effets. Elle fit droit, en conséquence, à la demande reconventionnelle de 100 000 DM. La Cour d'appel rejeta en appel la nullité du cautionnement invoquée par la requérante tout en modifiant la décision du *Landgericht* sur la demande reconventionnelle de 100 000 DM dont elle déboutait la Caisse d'Epargne[241].

Saisi, le *Bundesgerichtshof* annula l'arrêt de la Cour d'appel tout en rejetant le recours de la caution contre la décision du *Landgericht.* La motivation de la Cour fédérale de justice se fondait sur le fait que la garantie accordée par la caution était un acte juridique unilatéral pour lequel le créancier n'avait pas d'obligation d'information à communiquer au garant malgré l'engagement que prenait ce dernier. Une personne âgée de plus de dix-huit ans et donc majeure, même sans expérience particulière en matière de transaction commerciale, ne pouvait ignorer, selon le *Bundesgerichtshof,* les conséquences que risquait d'emporter le dépôt d'une déclaration de garantie. Le *Bundesgerichtshof* ajoutait que la caution aurait dû être attentive à l'évolution des affaires de son père et savait pertinemment que la faculté de résiliation avait été expressément stipulée dans le formulaire de garantie[242].

La caution exerça un recours contre cette décision de la Cour fédérale de justice devant le *Bundesverfassungsgericht* sur le fondement de l'article 20 alinéa 1 de la Loi Fondamentale. La Cour constitutionnelle fit observer en premier lieu que la caution, à qui il était réclamé une somme de 100 000 DM avec un taux d'intérêt de 8, 5% soit 8 500 DM par an ce qui correspondait à un montant mensuel pour les seuls intérêts de 708 DM, ne

---

241 BVerfG, préc., « Die Beschwerdeführerin erhielt für das Kreditkonto ihres Vaters ein Zeichnungsrecht, verfügte selbst aber über kein Vermögen. Si hatte keine Berufsausbildung, war überwiegend arbeitslos und verdiente zur Zeit der Bürgschäftserklärung in einer Fischfabrik 1150 DM monatlich netto. Im Oktober 1984 gab der Vater der Beschwerdeführerin sein Immobiliengeschäft auf und betätigte sich nunmehr als Reeder. Die Stadtsparkasse finanzierte den Kauf eines Schiffes mit 1,3 Million DM. Im Dezember 1986 kündigte sie die offenstehenden Kredite (etwa 2,4 Millionen DM) und teilte der Bf. mit, dass sie aus der Bürgschaft in Anspruch genommen werde. Die Bf. klagte zunächst auf Feststellung der Unwirksamkeit ihrer Bürgschaft. Nachdem die Stadtsparkasse Widerklage auf Zahlung von 100000 DM nebst Zinsen erhoben hatte, erklärten die Parteien des Ausgangsverfahrens die Feststellungsklage für erledigt. Das LG gab der Widerklage mit dem angegriffenen Urteil statt. Auf die Berufung der Bf. Änderte das OLG die Entscheidung des LG und wies die Widerklage ab ».

242 BVerfG Karlsruhe, préc., « Der BGH hob die Entscheidung des OLG mit dem angegriffenen Urteil auf und wies die Berufung der Bf. gegen das Urteil des LG zurück (BGH, NJW 1989, 1605 = LM § 765 BGB Nr. 67 = ZIP 1989, 629) : Die Bürgschaft sei ein einseitig verpflichtendes Rechtsgeschäft, beim dem den Gläubiger in der Regel weder eine Aufklärungspflicht noch die Pflicht treffe, sich über den Wissenstand des Bürgen zu unterrichten (...) Die Fortentwicklung der Geschäfte ihres Vaters und damit ihres künftigen Haftungsrisikos hätte die Bf. Als Bürgin selbst beobachten müssen. Auf die Kündigungsmöglichkeit sei in dem Bürgschaftsformular audrücklich hingewiesen worden ».

disposait pas des moyens financiers pour y faire face. En effet, le règlement des seuls intérêts supposerait que la caution ait perçu un revenu mensuel de 1 800 DM ce que cette dernière n'avait jamais gagné. De plus, à la date de la souscription de l'acte, son revenu saisissable s'élevait à 413, 70 DM. La Cour constitutionnelle ajoutait que depuis octobre 1991, la caution était mère célibataire d'un enfant, qu'elle vivait de l'aide sociale et bénéficiait d'une allocation d'éducation. En janvier 1992, le solde comptable accusait une dette cumulée de 160 000 DM, il était manifeste que la caution ne pourrait acquitter cette dette[243].

Au vu de ces faits, la Cour constitutionnelle précisa que « *les § 138 et 242 du BGB relatifs respectivement aux bonnes mœurs, à la loyauté et à la bonne foi exigent des juridictions qu'elles concrétisent les valeurs déterminées en premier lieu par les choix fondamentaux de la Constitution. C'est pourquoi les tribunaux civils ont l'obligation constitutionnelle d'interpréter et d'appliquer les clauses générales en considération des droits fondamentaux. Si elles ne le font pas, elles rendent une décision au détriment d'une des parties au procès. En conséquence, elles violent leurs droits fondamentaux* »[244].

Le *Bundesverfassungsgericht* constatait, dès lors, au vu des engagements souscrits par la caution que celle-ci ne disposait pas de manière évidente des moyens financiers pour les assumer et n'avait aucun intérêt dans le prêt contracté, « *il y a eu un risque exceptionnellement élevé sans avoir d'intérêt économique propre à garantir ce prêt* »[245] ce qui devait

---

243 BVerfG Karlsruhe, préc.., « Mit der Verfassungsbeschwerde rügt die Bf. Die Verletzung ihrer Grundrechte aus Art. 11 und Art. 21 GG in Verbindung mit dem Sozialstaatsprinzip. LG und BGH hätten die in diesen Grundrechtsnormen begründeten Schutz – und Fürsorgepflichten des Staates verletzt ... Bei einer Bürgschaftsumme i. H. von 100000 DM und einem Zinssatz von 8. 5 vom Hundert ergebe sich eine jährliche Zinslast von 8500 DM, mithin monatlich etwa 708 DM. Um allein diese Zinslast tragen zu können, müsste die Bf. nach der derzeit geltenden amtlichen Tabelle zu § 850 c ZPO etwa 1800 DM netto monatlich verdienen. Ein solches Einkommen habe sie noch erzielt. Zum Zeitpunkt der Bürgschaftserklärung habe ihr pfändbares Einkommen 413,70 DM betragen. Seit Oktober 1991 sei sie alleinerziehende Mutter eines Sohnes ; sie lebe von Sozialhilfe und Erziehungsgeld. Bis Januar 1992 sei ein rechnerischer Schuldsaldo i. H. von 160000 DM aufgelaufen. Es sei nicht damit zu rechnen, dass sie eine derartige Verbindlichkeit jemals ablösen könne ».

244 BVerfG, préc., « Indem § 138 und 242 BGB ganz allgemein auf die guten Sitten, die Verkherssitte sowie Treu und Glauben verweisen, verlangen sie von den Gerichten eine Konkretisierung am Massstab von Wertvorstellungen, die in erster Linie von den Grundsatzentscheidungen der Verfassung bestimmt werden. Deshalb sind die Zivilgerichte von Verfassungs wegen verpflichtet, bei der Auslegung und Anwendung der Generalklausen die Grundrechte als. Richtlinien zu beachten. Verkennen sie das und entscheiden sie deshalb zum Nachteil einer Prozesspartei so verletzen sie diese in ihren Grundrechten (vgl. BVerfGE 7. 198 206 f. = NJW 1958, 257 ; st. Rspr.) ».

245 BVerfG, préc., « Die Bf. zu übernahm darin ein ausserordentlich hohes Risiko, ohne an dem gesicherten Kredit ein eigenes wirtschaftliches Interesse zu haben ».

conduire les juridictions saisies à constater qu'« *Il était à prévoir a priori ce qu'il était aisé de faire lors de l'établissement du crédit que la caution dans le cas où elle serait appelée à servir sa garantie, ne serait probablement pas en mesure de se libérer de la charge de cette dette et cela même jusqu'à la fin de sa vie* »[246].

Aussi, la Cour constitutionnelle reprochait à la Cour fédérale de justice l'absence de tout contrôle du contenu du contrat qui lui aurait permis de déterminer l'existence d'une atteinte à l'autonomie privée de la caution, puisqu'au terme d'une jurisprudence constante du *Bundesverfassungsgericht*, « *l'organisation des rapports juridiques entre particuliers constitue une partie de la liberté générale d'action* »[247]. La Cour de Karlsruhe précisait la démarche qui aurait dû être suivie en l'espèce par la Cour fédérale de justice, « *dès lors qu'il s'agit d'un cas de cette nature qui révèle une infériorité structurelle de l'une des parties du contrat et que les conséquences du contrat sont anormalement lourdes, l'ordre juridique civil doit réagir et permettre les corrections qui s'imposent. Cela découle de la garantie des droits fondamentaux de l'autonomie privée (article 2 1 GG) et du principe de l'Etat social (articles 20 1, 281 GG)* »[248].

La Cour constitutionnelle précisait elle-même la portée de son arrêt. La liberté contractuelle n'était plus celle qui avait prévalu lors de la promulgation du BGB. Le Code civil allemand avait conçu les parties à un contrat sous le jour de cocontractants pourvus de biens et de ressources, dotés de volontés libres, éclairées et qui se trouvaient dans une situation de parité avec leur partenaire contractuel. La Cour de Karlsruhe rappelait que ce modèle n'était plus de mise, « *Bien que les rédacteurs du BGB aient établi différentes normes de protection en faveur des plus faibles dans le domaine du droit, ces derniers se sont fondés sur un modèle de parties formellement*

[246] BVerfG, préc., « Es war von vornherein abzusehen und für das Kreditinstitut auch leicht feststellbar, dass die Bf. im Haftungsfall voraussichtlich bis an ihr Lebensende nicht in der Lage sein würde, sich aus eigener Kraft von der übernommenen Schuldenlast zu befreien ».

[247] BVerfG, préc., « Die Frage, ob und inwieweit beide Vertragspartner über den Abschluss und den Inhalt des Vertrages tatsächlich frei entscheiden konnten, stellte sich der BGH nicht. Darin liegt eine Verkennung der grundrechtlich gewährleisteten Privatautonomie (…) Nach der ständigen Rechtsprechung des BVerfG ist die Gestaltung der Rechtsverhältnisse durch den Einzelnen nach seinem Willen ein Teil der allgemeinen Handlungsfreiheit (vgl. BVerfG 8, 274 3281 = NJW 1959, 475 ; BVerfG 72, 155 1701 = NJW 1986, 1859). Art. 21 GG gewährleistet die Privatautonomie als Selbstbestimmung des Einzelnen im Rechtsleben ».

[248] BVerfG, préc., « Handelt es sich jedoch um eine typisierbare Fallgestaltung, die eine strukturelle Unterlegenheit des einen Vertragsteils erkennen lässt, und sind die Folgen des Vertrages für den unterlegenen Vertragsteil ungewöhnlich belastend, so muss die Zivilrechtsordnung darauf reagieren und Korrekturen ermöglichen. Das folgt aus der grundrechtlichen Gewährleistung der Privatautonomie (Art. 2 GG) und dem Sozialstaatsprinzip (Art. 20 1, 281 GG) ».

égales que le Reichsgericht avait déjà abandonné au profit d'une véritable éthique sociale de la responsabilité »[249].

Pour le *Bundesverfassungsgericht*, la liberté contractuelle ne correspondait plus à la conception formelle que l'on se faisait de celle-ci au XIXe siècle. La liberté contractuelle doit désormais être réelle, effective, et répondre à l'exigence d'une véritable justice commutative. La Cour constitutionnelle précisait à ce titre que « *L'équilibre des forces des partenaires est un moyen d'équilibrer les intérêts et la parité contractuelle constitue l'une des principales missions du droit civil en vigueur* »[250].

La Cour de Karlsruhe ajoutait que « *Dans ce contexte, les clauses générales du BGB ont une importance capitale. Le texte du paragraphe 138 II du BGB l'exprime très clairement. Celui-ci désigne des circonstances typiques qui contraignent inévitablement l'une des parties à se soumettre à la négociation et à prendre en considération son inexpérience. Si son partenaire exploite cette faiblesse pour imposer ses intérêts de manière manifeste et unilatérale, cela entraîne la nullité du contrat au terme du paragraphe 138 I qui subordonne d'une manière générale la nullité à une violation des bonnes mœurs* »[251].

La « *Matérialisation* »[252] est une évolution du droit des contrats dont l'arrêt du *Bundesverfassungsgericht* donne une parfaite illustration. La « *Matérialisation* » de la liberté contractuelle consacre, en effet, le passage d'une liberté purement formelle soumise aux conditions juridiques de validité d'une convention librement conclue à une liberté effective sous l'égide du principe de justice commutative qui se fonde sur un engagement proportionné et équilibré entre les parties[253].

---

249 BVerfG, préc., « Die Schöpfer des BGB gingen zwar, auch wenn sie verschiedene Schutznormen für den im Rechtsverkher Schwächeren geschaffen haben, von einem Modell formal gleicher Teilnehmer am Privatrechtsverkehr aus, aber schon das RG hat diese Betrachtungsweise aufgegeben und "In eine materiale Ethik sozialer Verantwortung zurückverwandelt" ».

250 BVerfG, préc.., « Kräfteverhältnisses der Partner als Mittel eines angemessenen Interessenausgleichs taugt und dass der Ausgleich gestörter Vertragsparität zu den Hauptaufgaben des geltenden Zivilrechts gehört ».

251 BVerfG, préc., « In diesem Zusammenhang haben die Generalklauseln des BGB zentrale Bedeutung. Der Worlaut des § 138 II BGB bringt das besonders deutlich zum Ausdruck. Darin werden typische Umstände bezeichnet, die zwangslaüfig zur Verhandlungsunterlegenheit des einen Vertragsteil führen und zu denen auch dessen Unerfahrenheit gerechnet wird. Nutzt der überlegene Vertragsteil diese Schwäche aus, um seine Interessen in auffälliger Weise einseitig durchzusetzen, so führt das zur Nichtigkeit des Vertrages. § 138 1 BGB knüpft ganz allgemein die Nichtigkeitsfolge an einen Verstoss gegen die guten Sitten ».

252 *Die Materialisierung* en allemand.

253 C.-W. Canaris, *op. cit.*, S. 273.

Si cette évolution connaît aujourd'hui son plein développement, elle n'est pas pour autant une mutation. En effet, la liberté matérielle n'a pas vocation à se substituer à la liberté formelle, mais tout au contraire, l'une et l'autre de ces libertés se trouvent désormais indissociablement liées comme le rappelle Claus Wilhelm Canaris « *D'autre part, il est également très important qu'il y ait un lien spécifique, voire indissociable, entre la liberté contractuelle formelle et la liberté contractuelle matérielle. En effet, ce n'est que lorsque les décisions des parties contractantes sont libres non seulement en droit, mais aussi en fait, que la* maxime *volenti non fit iniuria déploie toute son effectivité* »[254].

Canaris précise à ce titre qu'« *Une "matérialisation" de la liberté contractuelle dans le sens d'une amélioration de la liberté effective de décision, sert en général la justice contractuelle formelle, c'est-à-dire procédurale qui gagne ainsi en crédibilité* »[255]. Canaris reconnaît que la matérialisation de la justice commutative dans le contrat n'est pas sans susciter de légitimes inquiétudes. Ce dernier écrit à ce titre qu'« *En revanche, la "matérialisation" de la justice contractuelle est beaucoup plus délicate, étant donné qu'elle suscite d'emblée une double préoccupation : qu'elle est, dans la plupart des cas, confrontée à une grande insécurité de contenu et qu'elle peut, en outre, facilement entrer en conflit avec le système de liberté de la société pluraliste et "ouverte"* »[256].

Partant, Canaris explique que c'est par rapport au contenu du contrat que se fera le constat d'une atteinte à la liberté matérielle. C'est la raison pour laquelle le paragraphe 138 alinéa 2 met en exergue en premier lieu le critère objectif du déséquilibre manifeste en tant que condition sine qua non de l'élément subjectif afin de constater une atteinte à la liberté effective de la partie qui subit la disproportion des prestations. « *Le paradigme me semble être le paragraphe 138 alinéa 2 du BGB (...) : Sous l'aspect de la liberté contractuelle matérielle, il était particulièrement intéressant d'ajouter à*

---

[254] C.-W. Canaris, *op. cit.*, S. 273.« Andererseits ist aber auch von grösster Bedeutung, dass es einen spezifischen, ja unlösbaren Zusammenhang zwischen *formaler*, d.h. prozeduraler Vertrags*gerichtigkeit* und *materialer* Vertrags*freiheit* gibt. Denn nur wenn die Entscheidungen der Vertragsparteien nicht lediglich in rechtlicher, sondern grundsätzlich auch in tatsächlicher Hinsicht frei sind, kann die Maxime *volenti non fit iniuria* ihre volle Überzeugungskraft entfalten ».

[255] C.-W. Canaris, *op. cit.*, S. 273, « Eine "Materialisierung" der Vertrags*freiheit* im Sinne einer Verbesserung der tatsächlichen Entscheidungsfreiheit dient daher in aller Regel zugleich der formalin, d. h. prozeduralen Vertragsgerechtigkeit und gewinnt dadurch zusätliche Dignität ».

[256] C.-W. Canaris, *ibid.*, « Dagegen ist eine "Materialisierung" der Vertrags*gerechtigkeit* weitaus heikler, ist diese doch von vornherein dem doppelten Bedenken ausgesetzt, dass sie meist mit hoher inhaltlicher Unsicherheit belastet ist und überdies leicht in Kollision mit dem Freiheitsethos der pluralistischen und "offenen" Gesellschaft geraten kann ».

l'atteinte à la liberté de choix effective l'élément objectif du déséquilibre substantiel du contenu »[257].

L'analyse de Canaris rendait parfaitement compte du sens et de la portée du paragraphe 138 du BGB. Ce fut, en effet, à la suite des travaux de Claus-Wilhelm Canaris que l'ensemble des auteurs en Allemagne reçurent cette nouvelle conception de la « matérialisation » de la liberté contractuelle. Il n'en restait pas moins que Canaris avait forgé son analyse, remarque Andreas Sahner, à partir des jurisprudences du *Reichsgericht*, du *Bundesgerichtshof* et du *Bundesverfassungsgericht*[258]. La doctrine avait été précédée ici exceptionnellement par la jurisprudence.

Mais, nous retenons, en particulier, un aspect de la pensée de Canaris, que nous jugeons essentiel, lorsque ce dernier rappelle que la justice contractuelle est intégrée par les juridictions allemandes au contenu du contrat, qu'il s'agisse de ses conditions particulières ou de ses conditions générales. La matérialisation de la liberté contractuelle est une étape décisive, mais elle nous apparaît ne livrer qu'une partie de l'explication. La matérialisation n'est qu'une première marche à franchir vers le matérialisme juridique.

En effet, si l'apport du paragraphe 138 du BGB et son interprétation par la jurisprudence furent indiscutables pour l'avènement du matérialisme juridique dans le droit des contrats, cette disposition ne permet pas d'expliquer à elle seule cette évolution. Une autre prescription du BGB a joué à ce titre un rôle plus décisif encore comme nous serons appelés à le voir. Il s'agit du paragraphe 242 du BGB, qui connaîtra, à travers l'interprétation que lui donnera la jurisprudence du Tribunal d'Empire, de la

---

[257] C.-W. Canaris, *op. cit.*, S. 273 und S. 274, « Es überrascht nicht, dass hier eine deutliche Dominanz formaler, d.h. prozeduraler Gerechtigkeitskriterien festzustellen ist. Paradigmatisch dafür scheint mir wiederum § 138 Abs. 2 BGB zu sein, wobei jetzt die Akzentsetzung umzukehren ist : War unter dem Aspekt der materialen Vertragsfreiheit vor allem von Interesse, dass zu der Beeinträchtigung der tatsächlichen Entscheidungsfreiheit das objective Element der krassen inhaltlichen Unausgewogenheit hinzukommen muss, so erscheint demgegenüber im vorliegenden Zusammenhang als signifikant, dass letztere die Nichtigkeitsfolge ebenfalls nicht allein zu tragen vermag, sondern ihrerseits der Ergänzung durch die Beeinträchtigung der tatsächlichen Entscheidungsfreiheit bedarf ».

[258] Andreas Sahner, *Matrerialisierung der Rechtswahl* im Internationalen Familienrecht, 2019, Mohr Siebeck, Tübingen, S. 6 « … seit Canaris in seinem Vortrag auf der Tagung der deutschen Zivilrechtslehrer 1999 Tendenzen zu einer Materialisierung des Schuldvertragsrechts festgestellt hat, ist der Begriff in der Mitte der rechtswissenschaftlichen Diskussionen angekommen. Als Phänomene der Materialisierung nannte Canaris dabei Themen, die den rechtlichen Diskurs der vorherigen Jahre weitgehend bestimmt hatten: die Aufladung des § 138 BGB durch BVerfG und BGH mit Kriterien zur Feststellung "tatsächlicher" Vertragsfreiheit, die Entwicklung der (damals noch nicht kodifizierten) *culpa in contrahendo* als Mittel zur Sicherung "tatsächlicher" Vertragsfreiheit bei Irreführung, die Inhaltskontrolle von AGB und die Widerrufsrechte im Verbraucherschutz ».

Cour fédérale de justice et de la Cour constitutionnelle, une destinée sans commune mesure faisant de la bonne foi la matrice du matérialisme juridique.

Section III Une extension prétorienne de la lésion : la violence économique

Le droit français ne sanctionne la lésion qu'à titre exceptionnel. La Cour de cassation est conduite à rappeler régulièrement ce principe[259]. L'équivalence objective des prestations n'est pas une condition de validité d'un contrat à titre onéreux. Aussi, l'article 1168 du Code civil, issu de l'ordonnance du 10 février 2016, précise-t-il que « *Dans les contrats synallagmatiques, le défaut d'équivalence des prestations n'est pas une cause de nullité du contrat, à moins que la loi n'en dispose autrement* ».

Le droit français s'est tenu pendant une longue période à une conception formelle de la liberté contractuelle. L'équilibre dans le contrat pouvait à ce titre présenter un caractère simplement subjectif. Aujourd'hui encore, comme c'est aussi le cas en droit allemand, un cocontractant est en droit de prendre un engagement pour une prestation dont la valeur dépasse celle qu'il reçoit de l'autre partie. Seule, une contrepartie « *illusoire ou dérisoire* »[260] permettrait de solliciter la nullité du contrat.

Le droit français ne reçoit la lésion que pour des cas spécifiques et répondant à des conditions précises. La lésion concerne, en effet, certains contrats spéciaux. En premier lieu, le contrat de vente en matière immobilière, qui, au terme de l'article 1674 du Code civil, sanctionne la lésion de plus des sept douzièmes, le contrat de partage lorsque l'un des cocontractants subit une lésion de plus du quart en application de l'article 889 du Code civil, les actes courants accomplis par un incapable qui sont susceptibles d'être annulés en vertu de l'article 1149 alinéa 1er du Code civil, s'il s'agit d'un mineur, de l'article 435 alinéa 2 pour les majeurs sous sauvegarde de justice, l'article 465 alinéa 2 à l'égard des majeurs sous tutelle ou curatelle, l'article 488 alinéa 1er en ce qui concerne les personnes soumises à un mandat de protection future.

---

259 Civ. 1ère, 7 décembre 2004, pourvoi *n°01-10-271*, la Cour de cassation précise que les règles de droit commun de la vente mobilière qui n'admettent pas la révision du prix s'appliquent aux cessions d'offices publics ou ministériels.

260 Code civil, article 1169 « Un contrat à titre onéreux est nul lorsque, au moment de sa formation, la contrepartie convenue au profit de celui qui s'engage, est illusoire ou dérisoire ».

Les contrats de cession des droits d'exploitation peuvent faire l'objet d'une révision des conditions du prix du contrat dans le cas d'un préjudice de plus des sept douzièmes sur le fondement de l'article L.131-5 alinéa 1er du Code de la propriété intellectuelle et le déséquilibre des prestations se trouve également sanctionné dans les baux ruraux, les ventes d'engrais, de semences, de plants en matière agricole.

Cette réception de la lésion à titre d'exception s'explique pour des raisons historiques et juridiques. En effet, si dans l'Ancien Droit, l'Eglise avait mené une lutte sans concession contre les atteintes qui pouvaient être faites à la justice commutative dans le cadre du contrat, notamment lorsqu'il existait un déséquilibre entre les prestations respectives des parties et que ce déséquilibre révélait la position dominante d'un cocontractant par rapport à l'autre, qu'il s'agisse du vendeur ou de l'acquéreur d'un bien immobilier ou mobilier[261], cette tendance s'est inversée aux XVIIe et XVIIIe siècles, où, par référence au droit romain, la sanction de la lésion fut limitée aux seuls cas prévus par les textes du *Corpus Iuris Civilis*[262].

Pendant la période intermédiaire, le législateur révolutionnaire fut conduit à abolir, avec la loi du 14 fructidor an III[263], la rescision pour lésion dans les ventes d'immeubles en raison de circonstances financières liées à la forte dépréciation des assignats. Loin de réduire les procédures, cette mesure avait eu pour effet paradoxal de multiplier les actions en rescision devant les juridictions. Ce ne fut qu'avec la loi du 19 floréal an V que la lésion des sept douzièmes fut rétablie[264].

Les auteurs du Code civil ont choisi de circonscrire la lésion à un nombre limité de cas. Ces derniers estimaient, en effet, que, dans le cadre d'une liberté contractuelle purement formelle, chaque contractant devait veiller à ses propres intérêts et qu'il fallait garantir la sécurité juridique des actes en protégeant les conventions de l'arbitraire du juge qui pouvait intervenir sous couvert de lésion[265].

---

261 Décrétale du pape Alexandre III, X, 3, 17, 3.

262 Hubert de Mesmay, *La nature juridique de la lésion en droit civil français*, Thèse, 1980, pp.12-13.

263 Loi du 14 fructidor an III (31 août 1795), *Bulletin des Lois*, fol. 175, n°1061, 31 août 1795.

264 Loi du 19 floréal an V (8 mai 1798), *AN*, C 409, fol. 68, n°460, Conseil des Cinq-Cents, 18-19 floréal an V.

265 J.-M.-E. Portalis, Exposé des motifs de Portalis, *P.A. Fenet*, *Recueil complet des travaux préparatoires du Code civil*, Paris, 1827, t. XIV, p.136 « Toute lésion pratiquée sciemment est un acte d'injustice aux yeux de la morale, mais ne saurait être un moyen de restitution aux yeux de la loi. La vertu est l'objet de la morale, la loi a plus pour objet la paix que la vertu. Si la moindre lésion suffisait pour résoudre la vente, il y aurait parmi les hommes presque autant de procès qu'il se fait d'acquisitions ».

Cependant, certaines des exceptions, énumérées plus haut, n'avaient pas été prévues par le législateur de 1804 et sont apparues tardivement dans le droit français. Ces exceptions témoignent, à elles seules, d'une extension des dérogations à la conception restrictive de la lésion. En effet, au cours du XXe siècle, la multiplication des crises économiques, l'instabilité monétaire, l'inflation et la nécessité de maintenir l'équilibre des prestations dans certains secteurs de l'économie conduisirent le législateur français à reconnaître de nouveaux cas de lésion.

Ainsi, la loi du 8 juillet 1907 avait permis à l'acheteur d'engrais, de semences ou de plants destinés à l'agriculture de solliciter une réduction du prix et des dommages et intérêts en cas de lésion de plus du quart. Cette loi avait été adoptée pour faire face à la multiplication des contrats déséquilibrés en ce domaine qui menaçaient, à plus ou moins long terme, le secteur agricole[266]. La loi du 28 décembre 1966 est venue sanctionner la lésion en matière de prêts d'argent et de certaines opérations de démarchage et de publicité[267]. La loi du 11 mars 1957 a reçu pour sa part la lésion de plus des sept douzièmes au profit de l'auteur d'une œuvre littéraire ou artistique lorsque la cession du droit d'exploiter son œuvre était faite à un prix forfaitaire[268].

La loi du 3 janvier 1968 a pris en considération la situation des majeurs placés sous sauvegarde de justice ou sous curatelle en instituant une action en rescision en leur faveur[269]. Enfin, la loi du 16 juillet 1971 est également venue accorder aux associés des sociétés d'attribution d'immeubles une action en remboursement lorsque les obligations de l'un d'entre eux se trouvaient être inférieures de plus du quart à la contribution qui devait être impartie ou, à l'inverse, si les obligations mises à la charge d'un associé excédaient de plus du quart la contribution qui lui incombait[270].

Très tôt, la Cour de cassation, elle-même, malgré ses réticences, a dû se résoudre à reconnaître la possibilité pour les juridictions de réduire les honoraires des mandataires et agents d'affaires qui se révélaient excessifs[271]. L'intervention du juge avait été également justifiée à l'égard des honoraires

---

266 Loi du 8 juillet 1907, *DP* 1907.4.173, p.50.

267 Loi n°66-1010 du 28 décembre 1966 relative à l'usure, aux prêts d'argent et à certaines opérations de démarchage et de publicité, *JORF* du 29 décembre 1966.

268 Loi n°57-298 du 11 mars 1957 sur la propriété littéraire et artistique, *JORF* du 14 mars 1957, rectificatif *JORF* du 19 avril 1957 en vigueur le 11 mars 1958, article 37.

269 Loi n°68-5 du 3 janvier 1968 portant réforme du droit des incapables majeurs, *JORF* du 4 janvier 1968, article 491-2 du Code civil.

270 Loi n°71-579 du 16 juillet 1971 relative à diverses opérations de construction, *JORF* du 17 juillet 1971, article 9.

271 Cass. Req., 12 janvier 1863, *DP* 1863, 1, 302.

des notaires[272], des avocats[273], et des conseils juridiques[274] ; la Cour de cassation allant même jusqu'à prendre en considération la valeur des prestations en présence. Il en fut notamment ainsi pour les ventes d'immeubles en viager lorsque les arrérages de la rente viagère apparaissaient inférieurs ou égaux aux revenus du bien vendu[275].

Mais, la jurisprudence devait profondément évoluer sur sa conception même de la lésion et prendre ses distances avec la représentation qui avait prévalu chez les pères du Code civil. Ces derniers étaient partagés sur la nature réelle de cette mesure. En effet, la lésion peut revêtir un aspect subjectif ou au contraire, faire l'objet d'une interprétation objective. Dans son acception subjective, la lésion se fonde sur la présomption de l'existence d'un vice du consentement chez la partie lésée et donne lieu à une nullité relative.

A l'inverse, si l'on s'en tient à un fondement objectif, la lésion permet la rescision dans le cas d'une disproportion manifeste entre les prestations respectives des parties. Dans cette dernière hypothèse, le consentement de la partie lésée ne joue aucun rôle dans l'appréciation de la lésion, puisque celle-ci se fonde exclusivement sur l'absence d'équivalence des prestations ; leur déséquilibre devenant une condition de validité du contrat et se trouvant sanctionné par une nullité absolue. Selon cette interprétation, la lésion est une atteinte à l'idée même de justice contractuelle et sa sanction présente un intérêt d'ordre public.

Ces deux conceptions ont été étudiées lors des travaux préparatoires du Code civil. Tronchet justifiait la rescision de la vente d'immeuble pour lésion sur un fondement purement subjectif ; le vendeur était présumé avoir subi une contrainte morale qui avait vicié son consentement ce que révélait la disproportion des prestations. Portalis se référait, par contre, à une conception objective en considérant qu'une vente immobilière ne pouvait avoir lieu qu'au juste prix de la valeur du bien et la rescision pour lésion était le moyen de garantir la propriété immobilière qui se trouvait au fondement même non seulement de la permanence de la famille et de son patrimoine, mais également à celui de la stabilité de l'Etat[276].

Les débats, au cours de la séance du Conseil d'Etat du 23 nivôse an XII, portèrent sur l'admissibilité d'une action en rescision pour lésion dans

---

272 Civ. 1ère, 14 mai 1969, *Bull. civ.* I 1969, n°181.

273 Cour d'Appel de Rouen, 15 septembre 1992, *JCP* 1993, II, 21981, note R. Martin.

274 Civ. 1ère, 19 juin 1990, *Bull. civ.* I 1990, n°170.

275 Civ. 1ère, 12 octobre 1977, *Bull. civ.* I 1977, n°367.

276 L.C. Jouanneau et Solon, *Discussions du Code Napoléon dans le Conseil d'Etat, précédés des articles correspondans du texte et du projet sur le plan donné par S. Ex. M. Regnaud de Saint-Jean d'Angely*, Seconde éd., Tome II, Demonville, Paris, 1808, p.252.

le cadre d'un partage transactionnel. Le Conseil d'Etat devait trancher entre la faculté donnée aux copartageants de mettre fin à leur contestation sans qu'il leur soit donné la possibilité d'attaquer cette transaction pour cause de lésion comme le soutenait Tronchet et la possibilité d'invoquer la lésion pour tous les partages y compris ceux qui avaient une nature transactionnelle selon la conception exposée par Treilhard[277].

Contre toute attente, le Conseil d'Etat ne prit aucune décision en faveur de l'une ou de l'autre de ces thèses et se contenta de renvoyer la question à la section de législation du Tribunat[278]. L'article 888 du Code civil fut adopté en autorisant l'action en rescision dès lors qu'il s'agissait de mettre fin à une indivision entre cohéritiers, mais rejetait celle-ci contre la transaction lorsque le partage avait été réalisé[279]. De plus, la conception subjective semblait l'emporter, puisque la lésion fut inscrite à l'article 1118 dans la partie du Code civil réservée au consentement après l'erreur, le dol et la violence.

Pour autant, la Cour de cassation ne retint pas la lésion au nombre des vices du consentement. Un arrêt rendu le 14 novembre 1916 a rejeté la position soutenue par le bénéficiaire d'une promesse de vente faite par la promettante, propriétaire du bien immobilier qu'elle lui avait donné en location. Le preneur, bénéficiaire de la promesse de vente, fondait sa demande sur une conception subjective de la lésion en tant que vice du consentement et sur le fait que la lésion ne pouvait être appréciée qu'au moment de l'échange des consentements ; la lésion devant ainsi être établie en estimant l'immeuble suivant son état et sa valeur à la date de la promesse[280].

A l'inverse, la promettante arguait que la lésion était caractérisée par une disproportion objective entre la valeur des prestations respectives des parties qui s'appréciait à la date de conclusion du contrat. Pour cette dernière, qui se référait à l'article 1675 du Code civil[281], cette évaluation

---

[277] Séance du Conseil d'Etat du 23 nivôse an XI, *Législation civile, commerciale et criminelle de la France*, Locré, t.V, Bruxelles Paris, 1836, p.75, n°3.

[278] Séance du Conseil d'Etat du 23 nivôse an XI, préc.

[279] Code civil des Français, Edition originale et seule officielle, Imprimerie de la République, Paris, An XII. 1804, pp. 215-216, article « 888. L'action en rescision est admise contre tout acte qui a pour objet de faire cesser l'indivision entre cohéritiers, encore qu'il fût qualifié de vente, d'échange et de transaction, ou de toute autre manière. Mais après le partage, ou l'acte qui en tient lieu, l'action en rescision n'est plus admissible contre la transaction faite sur les difficultés réelles que présentait le premier acte, même quand il n'y aurait pas eu à ce sujet de procès commencé ».

[280] Civ., 14 novembre 1916, *D.P.*, 1921, 1, 34.

[281] Code civil Code civil des Français, préc., p.410, article « 1675. Pour savoir s'il y a lésion de plus de sept douzièmes, il faut estimer l'immeuble suivant son état et sa valeur au moment de la vente ».

devait être faite au moment précis de la levée de l'option par le bénéficiaire de la promesse. La Cour de cassation se prononçait en faveur de cette argumentation et précisait qu'il fallait se placer au moment de la levée de l'option lorsque le vendeur demandait la rescision du contrat pour cause de lésion de plus des sept douzièmes[282].

La Cour de cassation confirmait ainsi que la lésion avait un fondement objectif tenant au défaut d'équivalence des prestations et qu'il n'existait aucune condition supplémentaire et notamment pas le constat d'un vice du consentement à démontrer[283]. Les partisans d'une conception subjective de la lésion jugeaient cependant que cette jurisprudence était conforme à l'esprit du Code civil au motif que le déséquilibre des prestations permettait de présumer l'existence d'un vice du consentement ; le cocontractant lésé était simplement dispensé d'en faire la démonstration[284].

La Cour de cassation fut amenée, cependant, à retenir la lésion, en dehors des cas prévus par la loi, lorsqu'elle résultait de l'exploitation de l'état de nécessité d'une partie par son cocontractant en reliant la lésion à l'un des vices du consentement. En effet, à l'occasion de son célèbre arrêt le *Rolf*, la Cour de cassation assimila l'état de nécessité à la violence.

Cette affaire concernait le naufrage sur les bancs de la baie de Seine du vapeur danois, le *Rolf*, qui avait endommagé la coque du bâtiment et entraîné sa perdition. Lors de cet évènement, le capitaine du remorqueur l'*Abeille* offrit au capitaine du *Rolf* de renflouer le bâtiment échoué et de le mener jusqu'à Rouen en contrepartie d'un prix correspondant à cinq pour cent de la valeur du navire et de sa cargaison, soit une somme de 18 150 francs[285].

Malgré les tentatives du capitaine du *Rolf* pour obtenir une diminution de la somme exigée, ce dernier se heurta au refus du capitaine de *l'Abeille* et dut se résoudre à souscrire l'acte qui comportait les conditions qu'on lui imposait. Cependant, après le sauvetage, le capitaine du *Rolf* refusa d'exécuter la convention arguant que son consentement avait été donné sous la crainte d'un péril imminent auquel son collègue de l'*Abeille* avait refusé de le soustraire s'il n'acceptait pas ses conditions. Le capitaine du *Rolf* offrait dès lors de régler une somme de 3 000 francs pour prix du service rendu[286].

---

[282] Civ., 14 novembre 1916, préc.

[283] Req., 28 décembre 1932, *D.P.* 1932, 1, 87. ; Civ. 21 avril 1950, *S.* 1951, 1, 57, *Sem. jur.*, 1950, II, 5800, rapport Cavarroc.

[284] Henri, Léon et Jean Mazeaud, Tome II, Volume I, *Obligations, Théorie générale,* par François Chabas, Montchrestien, 1998, n°219.

[285] Req. 27 avril 1887, *S.* 1887. 1., p.372.

[286] Req. 27 avril 1887, préc., p.372.

Cette offre n'ayant pas été acceptée, l'affaire fut portée devant le tribunal de commerce de Rouen qui, par un jugement du 13 octobre 1886, déclara que la convention avait été viciée à la suite d'une violence morale qui résultait de la force majeure et cela pour tout ce qui excédait la rémunération raisonnable du service rendu. Le tribunal fixa à 4 000 francs le prix du sauvetage. La Cour d'appel de Rouen jugeait également que le consentement n'avait pas été librement donné par le capitaine du *Rolf* et considérait à ce titre que la convention n'était pas seulement rescindable, mais bien annulable pour le tout. La Cour estimait cependant qu'en dehors du contrat, il y avait lieu de rémunérer l'armateur de l'*Abeille* au titre du service rendu et qu'il était juste, en conséquence, de tenir compte de la valeur du navire et des marchandises sauvées ainsi que des efforts déployés et des risques encourus pour déterminer le montant de la rémunération[287].

Saisie d'un pourvoi par le propriétaire de l'*Abeille*, la Cour de cassation rejeta celui-ci en faisant le constat suivant « *Attendu que l'arrêt attaqué constate que le capitaine du Rolf n'a souscrit l'engagement litigieux que pour sauver son navire qui, sans cela, aurait été prochainement et fatalement submergé et perdu ; que ce n'est que contraint et forcé, qu'après s'être vainement débattu pour obtenir des conditions moins rigoureuses, il a dû subir comme une nécessité la convention que le capitaine de l'Abeille n°9, abusant de sa situation désespérée, lui a imposée* »[288].

Cette convention subie « *comme une nécessité* », la Cour de cassation fut conduite à la consacrer, depuis, en tant que violence comme elle l'a encore jugé en 2007 au sujet d'une convention d'honoraires d'avocat qui avait été conclue alors que l'état de faiblesse de la cliente était caractérisé, celle-ci se trouvant « *dans un état de moindre résistance en raison du besoin de percevoir rapidement les dommages et intérêts qui lui étaient dus, compte tenu de son état de surendettement* »[289].

Mais, dans son contrôle de l'aliénation de la liberté, la Cour de cassation fut amenée à prendre en considération les déséquilibres qui résultaient non plus seulement de l'exploitation d'un état de nécessité, mais également d'une violence économique. De cette manière, la Cour de cassation pouvait corriger le déséquilibre entre les droits et obligations des parties, tout en évitant de consacrer une nouvelle catégorie de la lésion puisque celle-ci était directement rattachée à la théorie des vices du consentement, en l'occurrence, la violence. La haute juridiction française

---

[287] Req. 27 avril 1887, préc., pp.372-373

[288] Req. 27 avril 1887, préc., p.373.

[289] Civ. 2e, 5 octobre 2006, *D* 2007, p.2215, note G. Raoul-Cormeil.

élargissait le champ de la lésion sans modifier formellement la restriction de principe posée à son encontre.

Ce fut, en effet, le sens d'un arrêt du 30 mai 2000. La Cour de cassation fut conduite à juger d'une part, que la contrainte économique pouvait être assimilée à un état de nécessité et d'autre part, qu'elle se rattachait à la violence et non à la lésion. La haute juridiction se fondait formellement, en effet, sur le vice de violence, bien que celui-ci ait eu, en réalité, peu de rapport avec le vice du consentement. Il s'agissait, en l'espèce, d'une transaction conclue entre un assuré et sa compagnie d'assurance à la suite d'un incendie survenu dans le garage qu'exploitait ce dernier. La transaction avait été passée pour un montant de 667 382 francs. L'assuré mettait en cause la transaction qu'il avait souscrite au regard d'une indemnisation qui était bien en deçà de la perte de valeur éprouvée. Le demandeur invoquait la violence économique qu'il avait subie pour solliciter la nullité de la transaction[290].

La Cour a censuré l'arrêt de la Cour d'appel de Paris qui avait rejeté l'existence de la violence économique sur les motifs suivants « *Attendu que, pour rejeter la demande d'annulation de l'acte du 10 septembre 1991, l'arrêt attaqué retient que la transaction ne pouvant être attaquée pour cause de lésion, la contrainte économique dont fait état M. X... ne saurait entraîner la nullité de l'accord ; Attendu qu'en se déterminant ainsi, alors que la transaction peut être attaquée dans tous les cas où il y a violence, et que la contrainte économique se rattache à la violence et non à la lésion, la cour d'appel a violé les textes susvisés* »[291].

Il est manifeste que la Première Chambre civile se réfère, en l'espèce, au concept de violence pour sanctionner le déséquilibre contractuel en l'absence de possibilité d'invoquer la lésion ; celle-ci étant limitée aux cas restreints prévus par les textes du Code civil ou aux quelques dispositions légales qui la prévoyaient. Il n'en reste pas moins que les juridictions ont retenu la lésion à travers la notion de « contrainte économique ». La dépendance économique faisait nettement apparaître ici le caractère essentiel du déséquilibre contractuel qu'il s'agissait de sanctionner.

Le déséquilibre contractuel, dès lors qu'il caractérisait un abus de puissance économique, pouvait être qualifié de contrainte économique sous le couvert du vice de violence. La dépendance économique apparaissait comme l'un des leviers, dont se dotait la haute juridiction en complément de la bonne foi et de la cause, pour combattre le déséquilibre dans le contrat entre les droits et obligations respectifs des parties. En effet, c'était le seul

---

290 Civ. 1ère, 30 mai 2000, *Bull. civ.* 2000, I, n°169, p.109.
291 Civ. 1ère, 30 mai 2000, préc.

moyen, pour la Cour de cassation, toujours attachée à une vision classique du droit, malgré les contraintes de la réalité juridique, de tenir compte de la lésion, sans rompre avec les catégories traditionnelles du droit des contrats. Il n'en reste pas moins que comme le rappelle fort justement Thierry Revet, « *sans lésion, aucune possibilité n'existe d'annuler un contrat pour "violence économique"* »[292].

Dans ces conditions, à partir du constat d'un déséquilibre contractuel, caractérisant une lésion entre les prestations réciproques des parties, la violence est constituée lorsqu'une partie s'engage sous la pression d'une contrainte que lui inspire la crainte d'exposer sa personne, ses biens ou celles de ses proches à un mal considérable[293]. La violence existe aussi, au terme de l'arrêt du 30 mai 2000, lorsque l'un des cocontractants abuse de l'état de dépendance dans lequel se trouve l'autre partie pour la contraindre à un engagement et en tirer ainsi un avantage manifestement excessif.

Dans ces conditions, le contractant lésé était dans l'obligation d'établir deux éléments cumulatifs, l'état de dépendance économique et l'exploitation de cet état objectif de dépendance par son cocontractant. Cependant, entre ces deux éléments, il existait une priorité dans la preuve. Il fallait d'abord démontrer l'élément objectif parce qu'il était la condition préalable à l'établissement de l'élément subjectif, l'abus commis par le partenaire contractuel.

Cette priorité s'explique, parce que le concept de violence économique n'est pas une notion issue du droit civil, mais du droit de la concurrence. Or, le droit de la concurrence, qui a pour objet de réprimer les pratiques anticoncurrentielles, ne permet pas de caractériser une violence économique par le seul comportement de son auteur. Pour que l'attitude de ce dernier puisse être prise en considération, elle doit présenter le caractère d'une conduite constitutive d'un trouble objectif sur un marché donné. Il s'agit de déterminer si la situation économiquement dominante d'une des parties a exercé objectivement une contrainte sur son cocontractant et si ce dernier s'est véritablement trouvé dans l'incapacité d'échapper à cette dépendance. S'il n'existe aucune échappatoire pour le partenaire lésé, la violence économique est constituée dans la mesure où son cocontractant a abusé de sa puissance économique. Au niveau du contrat, la violence économique entraîne sa nullité.

La Première Chambre civile de la Cour de cassation fut conduite à préciser, deux ans plus tard, la notion de dépendance économique dans le

---

292 Thierry Revet, *La violence économique dans la jurisprudence*, in Y. Picod et D. Mazeaud, *La violence économique dans la jurisprudence. A l'aune du nouveau droit des contrats et du droit économique*, *D*, Paris, 2017, p.23, n°19.

293 Code civil, *op. cit.*, article 1140.

cadre d'un litige qui opposait une salariée à son employeur, en l'occurrence une maison d'édition. Cette dernière avait reconnu la propriété de son employeur sur tous les droits d'exploitation d'un dictionnaire à l'élaboration duquel elle avait fourni une activité supplémentaire par rapport à son contrat de travail. Après son licenciement, cette salariée avait assigné son ancien employeur en nullité de la cession de ses droits sur le fondement du vice de violence[294].

La Cour d'appel de Paris avait reçu cette demande en considérant que le statut salarial de la requérante plaçait celle-ci dans une situation de dépendance économique à l'égard de son employeur dans la mesure où elle était contrainte d'accepter la convention sans avoir la possibilité de rejeter les stipulations contraires à ses intérêts et aux dispositions protectrices des droits d'auteur, et cela sous peine de subir un risque réel et sérieux de licenciement. Il existait, en effet, à la date de la cession, une perspective de compression du personnel sans qu'il y ait eu cependant de menace précise de l'employeur à l'encontre de la salariée[295].

La Première Chambre civile de la Cour de cassation censura l'arrêt de la Cour d'appel de Paris au motif « *que seule l'exploitation abusive d'une situation de dépendance économique, faite pour tirer profit de la crainte d'un mal menaçant directement les intérêts légitimes de la personne, peut vicier de violence son consentement ; qu'en se déterminant comme elle l'a fait, sans constater, que lors de la cession, Mme X... était elle-même menacée par le plan de licenciement et que l'employeur avait exploité auprès d'elle cette circonstance pour la convaincre, la cour d'appel n'a pas donné de base légale à sa décision* »[296].

En l'espèce, si la situation de dépendance économique était caractérisée, le statut de salarié plaçait, en effet, l'employée dans un lien de subordination vis-à-vis de la société des Editions Larousse, il n'était pas rapporté pour autant la preuve que l'employeur avait exploité abusivement cette situation. Les deux éléments cumulatifs de la violence économique devaient être réunis et si la dépendance économique constituait un élément préalable et nécessaire, il devait être complété par un abus de la situation de dépendance pour être suffisant.

Cette extension de la jurisprudence de la Cour de cassation, qui déviait d'une conception restrictive de la lésion, n'en conservait pas moins un lien avec la représentation traditionnelle du droit en rattachant la lésion à la violence. En ce sens, la lésion, dont il s'agissait de reconnaître l'existence

---

294 Civ. 1ère, 3 avril 2002, *Bull. civ.*2002, I, n°108, p.84.
295 Civ. 1ère, 3 avril 2002, préc.
296 Civ. 1ère, 3 avril 2002, préc.

en pratique, ne pouvait se concevoir que comme le résultat d'un vice du consentement. Nous avons une illustration de cette position de la haute juridiction à l'occasion d'une décision de rejet de la demande d'annulation d'une convention par un contractant qui se déclarait victime d'une violence économique.

Les faits ayant donné lieu à cette décision concernaient un litige survenu dans le cadre d'un contrat de maintenance d'une flotte d'avions entre une compagnie aérienne et une filiale de sa société prestataire. Après quelques mois d'exécution de la convention, cette société constatait que la convention conclue la conduisait à une perte d'exploitation considérable. Aussi, l'entreprise de maintenance invita ses différents partenaires contractuels, au nombre desquels figurait la compagnie aérienne, à signer un avenant qui prévoyait une augmentation de ses tarifs de vingt pour cent au titre des travaux de maintenance avec l'intégration de deux avions supplémentaires qui devaient être livrés à la société aéronautique. L'entreprise chargée de la maintenance ajoutait que, passé un délai de soixante jours, elle n'exécuterait plus le contrat et mettrait un terme définitif à leur relation contractuelle. La compagnie aérienne souscrivit l'avenant, mais soutenait que sa signature avait été donnée sous l'effet d'une contrainte économique[297].

La Cour d'appel de Paris, qui fit droit à la demande d'annulation de la compagnie aérienne, avait considéré que cette dernière n'avait pas eu d'autre choix que de signer l'avenant, car le prestataire aurait refusé de prendre en charge les deux nouveaux , ce qui l'aurait obligée à refuser la livraison d'un des deux avions, qui devait intervenir après la signature de l'avenant, avec pour conséquence directe, une rupture de ces contrats, car elle ne disposait pas d'un délai suffisant pour confier l'exécution de la maintenance à une autre entreprise[298].

La Cour de cassation censurait l'arrêt de la Cour d'appel au motif que la compagnie aérienne n'avait pas démontré pourquoi elle aurait été conduite à rompre ses contrats et à se trouver dans une dépendance économique vis-à-vis du prestataire. En effet, le risque, auquel elle déclarait avoir été confrontée de retarder l'exploitation d'un seul avion le temps de trouver un nouveau prestataire pour sa maintenance, n'était pas prouvé[299].

La compagnie aérienne n'avait pas été en mesure de démontrer que son prestataire se trouvait à son égard dans une position de domination économique au titre du contrat de maintenance et qu'elle fut corrélativement

[297] Com., 9 juillet 2019, pourvoi *n°18-12.680.*
[298] Com., 9 juillet 2019, préc.
[299] Com., 9 juillet 2019, préc.

dans l'impossibilité d'échapper à la contrainte que ce dernier exerçait à son endroit. Il lui aurait fallu, pour ce faire, apporter la preuve qu'elle se trouvait dans l'impossibilité absolue de rechercher une nouvelle entreprise de maintenance. Or, cette société n'avait réalisé aucune démarche en ce sens. Le peu de temps que lui avait laissé son prestataire ne constituait pas une situation de dépendance, car cette recherche n'était pas impossible dans le délai imparti. La Cour de cassation exigeait en conséquence que la partie lésée fut en mesure de démontrer l'absence d'alternative. Celle-ci devait résulter d'un faisceau précis constitué par les clauses du contrat, la position économique dominante du partenaire et l'impossibilité de se soustraire à cette contrainte.

Le projet Catala avait pris en considération cette évolution de la jurisprudence de la Cour de cassation. Mais, ce dernier ne reprenait pas complètement la position de la haute juridiction dans la mesure où il se prononçait en faveur d'une conception moins restrictive de la violence économique en incluant l'état de nécessité dans le libellé de l'article 1114-3 du projet[300]. Cependant, les rédacteurs de l'ordonnance ne suivaient ni la recommandation de l'avant-projet Catala ni la jurisprudence de la Cour de cassation.

[300] Avant-projet Catala, *op. cit.*, p.73, article 1114-3 « il y a également violence lorsqu'une partie s'engage sous l'empire d'un état de nécessité et de dépendance, si l'autre partie exploite cette situation de faiblesse en retirant de la convention un avantage manifestement excessif. La situation de faiblesse s'apprécie d'après l'ensemble des circonstances en tenant compte, notamment, de la vulnérabilité de la partie qui la subit, de l'existence de relations antérieures entre les parties ou de leur inégalité économique ».

Section IV Une réception par prétérition de la lésion qualifiée : la violence de l'article 1143 du Code civil

En effet, contrairement au projet Catala, les rédacteurs de l'ordonnance du 10 février 2016 adoptèrent un libellé, dans le nouvel article 1143 du Code civil, qui se trouve à mi-chemin de la violence économique définie par la Cour de cassation dans son arrêt du 30 mai 2000 et de la violence élargie à l'état de nécessité visée par l'article 1114-3 du projet.

A l'inverse du projet, le texte de l'article 1143 ne se réfère plus à « *l'état de nécessité* » et ne fait pas plus mention de la « *situation de faiblesse* ». Grégoire Loiseau précise que ces notions présentaient l'inconvénient majeur d'être beaucoup trop imprécises et de faire courir un risque pour la sécurité juridique. Ce dernier ajoutait qu'il pouvait en résulter « *un vice général de faiblesse qui deviendra rapidement un virus contractuel* »[301].

Il subsiste, cependant, la notion de « *l'état de dépendance* » qui est beaucoup plus large que la dépendance économique. C'est la précision même apportée par le *Rapport au Président de la République* qui rappelle que le domaine d'application de l'article 1143 du Code civil est « *en réalité plus large et n'est pas circonscrit à la dépendance économique* »[302].

En deçà de l'état de nécessité et au-delà de la dépendance économique, l'article 1143 du Code civil définit un « *état de dépendance* » permettant en cas d'abus par l'une des parties, caractérisé par l'exploitation d'une position contractuelle favorable, de retenir la violence et cela, quelle que puisse être la nature de la faiblesse de son partenaire qui en est la victime. Une nouvelle fois, le *Rapport au Président de la République* donne une indication précise « *toutes les hypothèses de dépendance sont visées* »[303]. La notion de dépendance ouvre, dans ces conditions, la possibilité d'inclure la vulnérabilité, la faiblesse ou l'inexpérience d'un cocontractant. L'article 1143 du Code civil se rapproche ainsi de la lésion qualifiée du paragraphe 138 du BGB.

Le texte de l'article 1143 du Code civil subordonne, en effet, son application à la démonstration par la partie lésée de l'existence d'un « *avantage manifestement excessif* » au profit de son partenaire. La validité

---

301 Grégoire Loiseau, *Observations sur le projet de réforme du droit des contrats et des obligations*, *LPA*, 3 et 4 septembre 2015, n°176 et n°177, p.57.

302 *Rapport au Président de la République* préc.

303 *Rapport au Président de la République* préc.

d'un contrat implique, au terme de l'article 1143 du Code civil, comme c'est également le cas pour le paragraphe 138 du BGB, que soit établi un lien objectif entre la nature de l'acte et la contrepartie de la prestation. Il s'agit désormais d'une condition sine qua non posée à l'existence même du contrat. La contrepartie, dont il s'agit ici, ne correspond pas à l'exigence de l'article 1169 qui sanctionne une absence de contre-prestation ou son caractère illusoire, mais bien une contrepartie valable laquelle doit être la manifestation d'un intérêt minimal à l'acte conclu.

Dans le cadre de cette limite, les droits allemand et français ne se satisfont plus d'une contrepartie purement formelle. La faiblesse caractérisée de la valeur d'une contrepartie par rapport à l'autre traduit la nécessité de contrôler la suffisance de l'intérêt d'un cocontractant dans le cadre d'un contrat synallagmatique.

Le texte de l'article 1143 du Code civil n'est plus seulement pour les juges un moyen de vérifier la qualité du consentement, mais c'est aussi un instrument pour fonder leur appréciation de l'abus de dépendance à partir du contenu de l'acte. A l'instar du BGB, le Code civil intègre une conception du contrat inhérente au droit de la consommation. Le Conseil constitutionnel avait déjà précisé que le déséquilibre significatif était une « *notion juridique* qui était inscrite dans le droit de la consommation[304].

Cependant, il existe entre les notions de « *déséquilibre significatif* » et « *d'avantage manifestement excessif* » une différence de nature. En effet, le déséquilibre significatif entre les droits et obligations des cocontractants est un concept d'essence juridique tandis que l'avantage manifestement excessif est une notion relative à la valeur économique des prestations contractuelles respectives. Ainsi, un droit peut exister pour l'une et l'autre partie, mais sans obligatoirement octroyer un avantage identique à chacune d'elle[305]. A ce titre, le concept « *d'avantage* » offre le moyen de découvrir dans le contenu du contrat l'objectivité même de la contrepartie.

Le concept « *d'avantage manifestement excessif* » n'avait pas été envisagé dans le projet de la Chancellerie. Il a été introduit par l'ordonnance du 10 février 2016 et est destiné, comme le rappelle le *Rapport au Président de la République* « *à objectiver l'appréciation de cet abus* »[306] avec la

---

[304] CC, 13 janvier 2011, n°2010-85, QPC, Etablissements Darty et Filo, *JORF* n°0011 du 14 janvier 2011, La haute juridiction a constaté que le législateur s'est référé à la notion de « déséquilibre significatif entre les droits et obligations des parties » et que cette notion est inscrite dans l'article L.132-1 du Code de la consommation qui reprend lui-même les dispositions de l'article 3 de la directive 93/13/CEE du Conseil du 5 avril 1993 relative aux clauses abusives dans les contrats conclus avec les consommateurs.
[305] Hugo Barbier, *La violence par abus de dépendance*, *JCP*, *G*, 11 avril 2016, p.724.
[306] *Rapport au Président de la République* préc.

précision que pour l'apprécier il avait été inséré dans l'article 1143 du Code civil « *un critère tenant à l'avantage manifestement excessif que doit en avoir tiré le cocontractant, ce qui permet d'encadrer l'application de ce texte* »[307].

C'est la raison pour laquelle l'avant-projet Catala l'avait retenu dans son article 1114-3 et que l'avant-projet Terré s'était prononcé formellement pour une lésion qualifiée[308]. Les dispositions de l'article 1143 rejoignent également les Principes Unidroit qui consacrent à l'article 3.2.7 le principe de lésion qualifiée, « *La nullité du contrat ou de l'une de ces clauses pour cause de lésion peut être invoquée par une des parties lorsqu'au moment de sa conclusion, le contrat ou la clause accorde injustement un avantage excessif à l'autre partie* » [309].

De plus, la notion « *d'avantage manifestement excessif* » n'est pas une notion inconnue du droit français. Le législateur français a appliqué ce concept en matière de révision d'une prestation compensatoire sous la forme d'une rente entre époux. En effet, à l'article 33 VI de la loi n°2004-439 du 26 mai 2004, la révision d'une rente viagère, attribuée à titre de prestation compensatoire avant l'entrée en vigueur de la loi n°2000-596 du 30 juin 2000, peut être sollicitée par le débirentier notamment lorsque son maintien procure au crédirentier un avantage manifestement excessif au regard des critères définis à l'article 276 du Code civil ; l'article 276 du Code civil renvoyant lui-même à l'article 271 du Code civil pour les éléments d'appréciation sur lesquels le juge doit fonder sa décision.

Certes, les conditions invoquées à l'article 276 du Code civil et précisées à l'article 271 du Code civil sont spécifiques à l'appréciation de la situation respective des époux. Il n'en reste pas moins que les critères utilisés par la jurisprudence sont sous-tendus par le principe d'une comparaison de nature financière et économique des versements opérés au capital qu'ils représentent. A ce titre, le concept « *d'avantage manifestement excessif* »

---

[307] *Rapport au Président de la République* préc.

[308] Avant-projet Terré, *op. cit.*, article 66, « Toutefois, lorsqu'un contractant, en exploitant l'état de nécessité ou de dépendance de l'autre partie ou sa situation de vulnérabilité caractérisée, retire du contrat un avantage manifestement excessif, la victime peut demander au juge de rétablir en conséquence l'équilibre contractuel. Si ce rétablissement s'avère impossible, le juge prononce la nullité du contrat. Le juge tient compte de l'ensemble des circonstances, et notamment de l'existence de relations antérieures entre les parties ou de leur inégalité économique ».

[309] Principes Unidroit, *op. cit.*, p.81, « Article 3.10 (*Avantage* excessif) 1) La nullité du contrat ou de l'une de ses clauses pour cause de lésion peut être invoquée par une partie lorsqu'au moment de sa conclusion, le contrat ou la clause accorde injustement un avantage excessif à l'autre partie. On doit, notamment, prendre en considération : a) Le fait que l'autre partie a profité d'une manière déloyale de l'état de dépendance, de la détresse économique, de l'urgence des besoins, de l'imprévoyance, de l'ignorance, de l'inexpérience ou de l'inaptitude à la négociation de la première ».

fonde son application sur une appréciation économique des prestations. La prestation compensatoire a été établie pour pallier les déséquilibres financiers qu'engendre le divorce dans la situation respective des époux. De la même manière, l'avantage manifestement excessif de l'article 1143 du Code civil permet de garantir l'équilibre effectif des prestations entre les parties.

La différence dans l'application du concept « *d'avantage manifestement excessif* » tient, en sus des aspects spécifiques du divorce, à la date même d'appréciation de cet avantage. En effet, en matière de prestation compensatoire, c'est au cours de son exécution qu'un avantage manifestement excessif est susceptible d'apparaître. A l'inverse, l'avantage manifestement excessif dans le cadre de l'article 1143 du Code civil n'intervient qu'au moment de la formation du contrat. Mais, ces différences n'estompent pas leur dénominateur commun. Il s'agit pour la prestation compensatoire comme pour l'état de dépendance d'apprécier l'avantage manifestement excessif entre les prestations respectives des parties tant au plan financier qu'au plan économique.

Les critères d'appréciation ont été précisés pour la révision de la rente viagère dans le cadre d'une prestation compensatoire consentie avant l'entrée en vigueur de la loi du 30 juin 2000 par les dispositions transitoires de l'article 33-VI de la loi du 26 mai 2004 qui dispose qu'« *A ce titre, il est tenu compte de la durée du versement de la rente et du montant déjà versé* ». Or, la jurisprudence est allée beaucoup plus loin et a mis en œuvre une véritable interprétation *in abstracto*. En effet, dans un arrêt rendu, le 27 juin 2018, la Première Chambre civile a confirmé la solution rendue par la Cour d'appel de Montpellier qui avait jugé que l'avantage manifestement excessif était établi à l'égard d'une rente viagère au motif que la crédirentière était propriétaire d'un bien immobilier dans lequel elle ne résidait pas. La Cour d'appel considérait que cette dernière aurait pu accroître ses revenus dans une proportion importante en mettant le bien en location.

Dans le cadre de son pourvoi, la crédirentière fit grief à la Cour d'appel d'avoir fondé son arrêt sur un critère purement hypothétique sans tenir compte des moyens d'appréciation énoncés à l'article 276 du Code civil « *en retenant ainsi, pour supprimer la rente viagère, les éventuels revenus qui pourraient être tirés d'un bien s'il en était fait une autre utilisation par le créancier de la prestation compensatoire, la cour d'appel (...) ne s'est pas fondée sur les critères posés* ». Elle considérait que la Cour d'appel de Montpellier avait privé sa décision de toute base légale au regard de l'article 33 VI de la loi n°2004-439 du 26 mai 2004. Or, ce raisonnement serait pertinent si l'on s'en tenait à une interprétation littérale de l'article 271 du Code civil. En effet, cette disposition ne mentionne pas, au nombre de ses critères d'appréciation, l'emploi des biens qui composent le patrimoine du crédirentier.

Mais, pour la Cour de cassation, la valeur d'une mise en location, source potentielle de revenus au profit de la crédirentière, constituait un avantage manifestement excessif puisque le patrimoine comportait un bien à revenus locatifs[310]. La haute juridiction ne jugeait pas dans le silence des textes, mais bien à partir des conséquences attachées à la notion « *d'avantage manifestement excessif* ». En effet, l'objet d'une prestation compensatoire est, au terme même de l'article 270 alinéa 2 du Code civil, destiné à « *compenser, autant qu'il est possible, la disparité que la rupture du mariage crée dans les conditions de vie respectives* ». Le caractère apparemment conditionnel d'« *une gestion utile de son patrimoine* » ne l'est pas, car il faut intégrer toutes les facultés que recèlent les éléments d'un patrimoine pour déterminer si les conditions de l'avantage manifestement excessif sont réunies. En effet, l'hypothèse inverse pourrait conduire les crédirentiers à ne plus gérer utilement leurs biens dans le simple but de maintenir une disparité artificielle dans les situations respectives des époux.

Ce mode de raisonnement s'applique également à l'avantage manifestement excessif dans le cadre de l'état de dépendance. Les juridictions devront prendre en considération la situation patrimoniale des parties d'un point de vue strictement objectif. C'est, en effet, par rapport au contenu du contrat à l'instar de la lésion qualifiée du paragraphe 138 du BGB que la jurisprudence appréciera le rapport « *structurel* » entre les parties, c'est-à-dire entre les prestations financières, économiques respectives des cocontractants.

L'avantage manifestement excessif vise à garantir entre les cocontractants un principe de proportionnalité dans les prestations respectives[311]. Depuis, la loi Dutreil, le droit français offre, à travers l'article L.341-4 du Code de la consommation, un exemple que pourraient employer les juridictions dans leur application de l'article 1143 du Code civil. L'article L.341-4 du Code de la consommation interdit à un créancier professionnel de se prévaloir d'un contrat de cautionnement conclu par une personne physique dont l'engagement est, lors de sa conclusion, manifestement disproportionné par rapport à ses biens et ses revenus. L'avantage manifestement excessif exprime une infériorité structurelle d'une partie qui conduit celle-ci à contracter un engagement dépassant de très loin ses capacités financières, économiques et juridiques.

---

310 Civ. 1ère, 27 juin 2018, *Bull. civ.* 2018, I, n°112.

311 *Supra* p.20, ce principe se rattache à la conception de la notion de justice contractuelle au sens que nous avons défini.

Cette infériorité structurelle, dès lors qu'elle est caractérisée, est de nature à entraîner la présomption de l'état de dépendance. Nous l'avons vu avec la lésion qualifiée du paragraphe 138 du BGB. Pour le droit allemand, le constat de la lésion qualifiée implique que la valeur d'une prestation et celle d'une contre-prestation soient manifestement disproportionnées[312]. C'était le cas de la jeune femme de vingt et un ans qui s'était portée caution afin de garantir les dettes de la société de son père, alors qu'elle ne disposait que de faibles revenus et n'avait aucun bien en propriété. Cette dernière ne pouvait espérer une évolution favorable de sa situation financière. Il s'ensuivait que l'avantage manifestement excessif, dont avait bénéficié la banque, fut jugé nul et non avenu par le *Bundesverfassungsgericht* dans la mesure où il pouvait être présumé que l'engagement disproportionné résultait des « *liens émotionnels* » (*emotionaler Verbundenheit*) qui existaient entre la caution et son père, le débiteur principal.

Cette présomption est bien entendu appelée à être renversée s'il est démontré que la caution tire un bénéfice direct de la dette pour laquelle elle apporte sa garantie[313]. La jurisprudence du *Bundesgerichtshof* renverse, dans une telle hypothèse, la présomption dès lors que la caution était appelée à acquérir une partie du bien financé par le crédit qu'elle garantissait[314]. Ainsi, la Cour fédérale de justice a été amenée à constater, dans le cadre d'une nouvelle affaire de cautionnement, que la demeure était une habitation commune pour la caution et le débiteur principal et que le bien avait été acquis par le biais du crédit en litige. En conséquence, cette situation ne permettait pas de renverser la présomption[315]. Or, l'article 1143 du Code civil s'inscrit dans cette conception même.

L'avantage manifestement excessif délimite, en effet, strictement le champ d'application de l'article 1143 du Code civil. Le contenu du contrat traduit désormais pour le droit français cette matérialisation de la justice commutative observée en Allemagne à travers le principe de proportionnalité. Il ne suffit plus qu'un contrat apparaisse juridiquement équilibré dans l'ensemble de ses stipulations. Il faut, de plus, que l'acte ne confère aucun avantage financier, économique disproportionné au profit d'une des parties. L'avantage manifestement excessif permet ainsi de fixer le degré de dépendance.

A l'inverse, l'avantage manifestement excessif n'est pas limité dans son champ d'application par le texte de l'article 1143 du Code civil. Cette disposition peut, en conséquence, s'appliquer à l'objet principal du contrat, à

---

312 *Supra* p.81.

313 Dieter Schwab, Martin Löhning, *Einführung in das Zivilrecht : mit BGB-Allgmeiner Teil, Schuldrecht Allgmeiner Teil, Kauf und Delitksrecht*, 19. Auflage, C.F. Müller, 2012, n°687.

314 BGH, 27.5.2003, *WM* 2003, S. 1563, S. 1565.

315 BGH, 27.1.2000, *NJW* 2000, S. 1182, S.1184.

l'adéquation du prix à la prestation et plus largement à toutes les clauses des contrats négociés de gré à gré. Il s'agit ici d'une différence essentielle avec l'article 1171 du Code civil, l'autre disposition fondamentale issue de l'ordonnance du 10 février 2016, qui consacre le déséquilibre significatif pour les contrats d'adhésion, c'est-à-dire, selon la définition donnée à l'article 1110 du Code civil, pour son application aux conditions générales. En effet, comme le précise l'article 1171 du Code civil « *le déséquilibre significatif ne porte ni sur l'objet principal du contrat ni sur l'adéquation du prix à la prestation* ». C'est en conséquence à juste raison que Sophie Pellet qualifie l'abus d'un état de dépendance « *d'innovation majeure* »[316].

Le concept « *d'avantage manifestement excessif* » est appelé à jouer un rôle d'autant plus déterminant que l'article 1141 du Code civil vise lui-même cette notion et dispose à cet effet que « *La menace d'une voie de droit ne constitue pas une violence. Il en va autrement lorsque la voie de droit est détournée de son but ou lorsqu'elle est invoquée ou exercée pour obtenir un avantage manifestement excessif* ». Cette disposition est elle-même une transcription de la jurisprudence de la Cour de cassation et particulièrement d'un arrêt rendu le 17 janvier 1984 qui avait précisé que « *la menace de l'emploi d'une voie de droit ne constitue une violence au sens des articles 1111 et suivants du code civil que s'il y a abus de cette voie de droit soit en la détournant de son but, soit en en usant pour obtenir une promesse ou un avantage sans rapport ou hors de proportion avec l'engagement primitif* »[317].

La Troisième Chambre civile de la Cour de cassation rappelait dans ses attendus le principe de proportionnalité entre la valeur des prestations permettant de déterminer si l'abus de droit est ou pas constitué, « ... *l'arrêt qui n'avait pas à répondre à de simples allégations, a pu décider qu'il existait un rapport direct entre le droit de créance découlant pour la société Crauzas-Modelin de la reconnaissance de dette signée par les époux X.... et le règlement partiel de cette créance par l'imputation du prix de vente de leur appartement et du mobilier qu'il contenait. Attendu, d'autre part, que la Cour d'appel a motivé sa décision en se référant, pour apprécier la valeur de l'appartement et des meubles des époux X..., au prix auquel ceux-ci avaient acheté leur appartement neuf ans auparavant, et à l'évolution du marché immobilier et de l'indice du coût de la construction depuis cette date ainsi qu'à la liste du mobilier figurant à l'acte de vente et à la nature du mobilier vendu* ».

L'abus se mesure sur le fondement d'une comparaison structurelle des prestations en présence. Le contrat devient, par la matérialisation de ce

---

[316] Sophie Pellet, *L'abus de dépendance est une violence*, *EDCO*, mars 2016, n°03, p.4.

[317] Civ. 3e, 17 janvier 1984, *Bull. civ.* 1984, III, n.13.

principe de proportionnalité dans le contenu de ses stipulations, en lien avec la situation patrimoniale des débiteurs, le moyen pour les magistrats d'exercer leur appréciation de l'abus de droit.

Cependant, cette intervention du juge est réservée, comme en droit allemand, à des cas restreints. Seulement lorsque le contrat révèle l'existence d'une disproportion manifestement excessive entre les prestations. Les termes « *manifestement* » et « *excessive* » sont destinés à limiter l'état de dépendance à des atteintes effectives et particulièrement graves faites à la justice contractuelle matérialisée désormais dans le contrat. Ces critères dessinent la limite au-delà de laquelle le principe de proportionnalité inhérent à l'essence du contrat doit être sanctionné ou rétabli.

A ce titre, il restera à la jurisprudence de préciser la sanction de la violence de l'article 1143. La nullité si l'on se place dans le cadre des vices du consentement et des prescriptions des articles 1131 et 1178 alinéa 1er du Code civil ou des dommages et intérêts avec un rééquilibrage du contrat par le juge en application de l'article 1178 alinéa 4 du Code civil si l'on entend simplement corriger l'avantage manifestement excessif.

Ainsi, la sanction du déséquilibre contractuel, caractérisé par l'avantage manifestement excessif, résulte de deux exigences contradictoires. Il s'agit de répondre, d'une part, à la nécessité pour le juge et le législateur de faire face à une réalité juridique, marquée de plus en plus par la disproportion entre les prestations respectives des parties dans de nombreux contrats et d'autre part, au désir de ne pas rompre avec les catégories traditionnelles du droit. Il faut, cependant, constater que la jurisprudence de la Cour de cassation, puis le texte qui a été adopté par les rédacteurs de l'ordonnance partent du même constat. La conception classique de la liberté contractuelle formelle ne permet plus de garantir le strict équilibre des prestations.

De manière paradoxale, l'évolution de la jurisprudence de la Cour de cassation et l'article 1143 du Code civil sont une critique contre la forme classique du consensualisme bien que l'un et l'autre rattachent l'avantage manifestement excessif à la violence. En effet, pour surmonter les faiblesses d'une conception purement formelle de la liberté contractuelle, ils se détournent de cette représentation procédurale de formation des contrats. Certes, la procédure de rencontre des volontés est nécessaire, mais elle n'est plus suffisante. Ce qui compte principalement aujourd'hui, ce qui fait de plus en plus l'objet du contrôle judiciaire, c'est le contenu du contrat, son équilibre. Ainsi, sans recevoir la lésion qualifiée, les rédacteurs de l'ordonnance livrent, dans le texte de l'article 1143 du Code civil, une version de la dépendance économique qui en est fort proche.

Mais, cette matérialisation du droit des contrats dans le BGB en 2001 et du Code civil en 2016 ne limite pas sa lutte contre les déséquilibres dans le contrat aux seuls « *avantages patrimoniaux en disproportion flagrante* » ou à « *l'avantage manifestement excessif* », mais l'étend à l'exécution même de l'acte avec le paragraphe 242 du BGB en Allemagne et l'article 1195 du Code civil en France.

Une variation : le seuil matériel de refondation de la force obligatoire du contrat en cas d'imprévision

Arnaud Cermolacce écrivait que l'exécution du contrat « *par sa nature même contribue en quelque sorte à faire entrer la notion de temps dans le contrat* »[318]. Le droit allemand a très tôt intégré le fait que le contrat était un acte qui s'inscrivait dans le temps et qu'il était, en conséquence, nécessaire d'appréhender l'évolution de son contexte. Avec le paragraphe 138 du BGB, à l'aune de l'article 20 de la Loi fondamentale allemande, le droit des contrats a pris en compte l'insuffisance de la contrepartie caractérisée par une disproportion flagrante entre les prestations dans le cadre du contrat. Cette considération de la contrepartie se retrouve au stade de l'exécution de l'acte.

Les juridictions allemandes et en premier lieu le Tribunal d'Empire furent poussées à prendre en considération cette période du contrat à la suite de la crise économique et sociale qui frappa l'Allemagne au cours de l'entre-deux-guerres. Dès la fin du conflit, le *Reichsgericht*, à la suite d'une hausse continue des prix pendant la seconde moitié de la guerre, défendit l'idée selon laquelle, dans les contrats de vente de marchandises, les conditions initiales de l'acte devaient rester inchangées sur le fondement de la *clausula rebus sic stantibus*.

C'était désormais, pour la haute juridiction allemande, le principe commercial de tout contrat. Dès lors, les changements imprévisibles et d'une toute particulière gravité, à la suite de la dépréciation monétaire vertigineuse que subit le marché allemand en 1918 et 1919, conduisait, au terme du principe arrêté par le *Reichsgericht*, à une adaptation de l'exécution des contrats sur le fondement du principe de bonne foi[319].

A l'issue de la Seconde Guerre mondiale, l'imprévision plongea un peu plus profondément ses racines en terre allemande dans un pays totalement ruiné par des années de conflit. Le *Bundesgerichtshof* reprenait, en conséquence, la jurisprudence du *Reichsgericht* afin de pallier les effets des difficultés économiques sur l'exécution des contrats. Ce fut une jurisprudence équilibrée qui vit le jour. Pour la Cour fédérale de justice, l'imprévisibilité ne pouvait être entendue de façon absolue. Selon la haute juridiction allemande, l'imprévisibilité concernait exclusivement les

---

[318] Arnaud Cermolacce, *Cause et exécution du contrat*, thèse, PUAM, 2001, n°139.

[319] Otto Pirlet, *Der politische Kampf um die Aufwertungsgesetzgebung nach dem Ersten Weltkrieg*, *Dissertation*, Fotodruck Kl. Jansem, Köln, 1959, S.22.

évènements qui n'avaient pu être légitimement anticipés par les parties. Ce fut donc à partir d'une conception relative de l'imprévisibilité, jointe à l'exigence du caractère excessif du déséquilibre subi par le contractant lésé et à la qualité de la partie concernée, professionnel ou simple particulier, que les juges garantissaient le maintien du contrat au stade de son exécution en cas de changement des circonstances.

La loi du 26 novembre 2001 consacra, au paragraphe 313 du BGB, cette jurisprudence tout en nuance, qui, loin de contredire la force obligatoire du contrat, venait, au contraire, renforcer son principe. Face à la crise de la covid-19, l'arme de l'imprévision permit aux juridictions allemandes de contenir les conséquences de la pandémie. L'imprévision faisait, dès lors, une nouvelle fois, la démonstration qu'elle était le moyen de préserver le contrat, tout particulièrement dans une période ponctuée de circonstances imprévisibles (Chapitre 1).

A la différence des juridictions allemandes, la Cour de cassation a rejeté l'imprévision. « *Dans aucun cas, il n'appartient aux tribunaux quelque équitable que puisse paraître leur décision, de prendre en considération le temps et les circonstances pour modifier les conventions des parties et substituer des clauses nouvelles à celles qui ont été librement acceptées par les contractants* »[320] rappelait la haute juridiction française dans son fameux arrêt *Canal de Craponne* du 6 mars 1876. Bien que cette décision ne fût pas la première à repousser les tentatives des juridictions du fond pour consacrer l'imprévision, elle reste, dans la mémoire collective, comme l'arrêt emblématique d'un rejet définitif de cette théorie en France.

Si la bonne foi est au fondement de l'imprévision en Allemagne, nous ne partageons pas l'avis de ceux qui ont cru voir dans la jurisprudence de la Cour de cassation, antérieurement à la réforme, les prémices d'une introduction de cette mesure dans le système juridique français sous le couvert du principe de bonne foi[321]. La haute juridiction française ne consacra jamais ce qu'elle considérait être une atteinte à la force obligatoire du contrat. Elle ne fit jamais sienne la proposition avancée par Christophe Jamin selon laquelle « *la révision devrait pouvoir être admise et imposée à celle des parties qui en a les moyens, dès lors que l'autre est susceptible d'être exclue du rapport contractuel* »[322].

La France avait développé ses préventions à l'égard de l'imprévision pour des raisons exactement inverses à celles qui avaient conduit l'Allemagne à recevoir cette mesure. En effet, pour le droit français, la prise

---

320 Civ., 6 mars 1876, *D.P.*,1876, 1, p.193.

321 *Infra*, p.149 et s.

322 C. Jamin, *Révision et intangibilité du contrat, ou la double philosophie de l'article 1134 du Code civil*, *Droit et Patrimoine*, mars 1998, n°58, p.52.

en considération de l'imprévision serait un facteur de déséquilibre dans le rapport d'obligation qui conduirait à intégrer dans le champ du contrat les fluctuations monétaires ou économiques avec l'effet de porter atteinte à la valeur réelle de l'équilibre des prestations. Il en allait ainsi, tout particulièrement et, une fois encore, en contradiction avec la position allemande, à l'égard des contrats monétaires lorsqu'il n'était stipulé aucune clause d'indexation.

Dès lors, il est permis de s'interroger sur les raisons qui conduisirent les rédacteurs de l'ordonnance du 10 février 2016 à cette introduction de l'imprévision dans un milieu aussi hostile. Le *Rapport au Président de la République* explique les motifs de l'adoption de l'article 1195 du Code civil. En effet, le *Rapport* précise que dans un cadre concurrentiel entre les différents droits européens, « *La France est l'un des derniers pays d'Europe à ne pas reconnaître la théorie de l'imprévision ...* »[323] et ajoute, tout aussitôt, « *Cette consécration inspirée du droit comparé comme des projets d'harmonisation européens, permet de lutter contre les déséquilibres contractuels majeurs qui surviennent en cours d'exécution conformément à l'objectif de justice contractuelle poursuivi par l'ordonnance* »[324].

C'est en effet, sous un régime juridique similaire à celui du droit allemand, que l'article 1195 du Code civil applique l'imprévision, selon des conditions précises, entendues *stricto sensu* et seulement lorsqu'il existe pour l'une des parties une exécution excessivement onéreuse. De plus, la résolution ou l'adaptation du contrat par le juge n'est que le moyen ultime d'une disposition qui présente un caractère purement supplétif. Les rédacteurs de l'ordonnance ont donné, en effet, à l'article 1195 du Code civil la portée d'une mesure incitative à la négociation afin de garantir le principe de la justice contractuelle entre les parties. Mais, ce caractère supplétif ne doit pas faire oublier qu'une clause du contrat, qui éluderait les prescriptions de l'article 1195 du Code civil, pourrait conduire au constat de son caractère abusif dès lors que la stipulation contreviendrait aux exigences de l'article 1170 du Code civil, lui-même issu de l'ordonnance. Les règles du Code civil relatives au déséquilibre contractuel sont unies, en effet, par l'armature logique du matérialisme juridique qui sous-tend désormais la justice contractuelle au sein du contrat.

Il n'en reste pas moins que cette disposition, au périmètre très circonscrit, offrira le moyen de pallier, bien plus efficacement que la force majeure, les conséquences lointaines de la crise de la covid-19. De plus, dans le contexte de la guerre d'agression menée par la Russie à l'encontre de l'Ukraine, cette disposition sera une arme indispensable face aux

---

323 *Rapport au président de la République*, préc., p.14.

324 *Rapport au président de la République, ibid.*

conséquences délétères que ce conflit ne manquera pas de produire au plan économique, financier et énergétique à l'égard des contrats concernés directement ou indirectement par ces évènements (Chapitre 2).

Chapitre I

Un critère matériel de l'imprévision : la disparition du fondement contractuel

Bien que les rédacteurs du BGB aient rejeté la révision pour imprévision proposée par Windscheid, la crise économique et sociale que dut subir l'Allemagne, au lendemain de la Première Guerre mondiale, conduisit le Tribunal d'Empire à consacrer l'imprévision. La fonction corrective, que fut appelé à mettre en oeuvre le *Reichsgericht* à la suite des bouleversements de circonstances que connurent les contrats lors de leur exécution, exigeait un instrument précis et rigoureux afin de remédier aux déséquilibres qui affectaient les droits des parties lésées.

Après quelques hésitations sur le fondement de son intervention, le *Reichsgericht* adopta la théorie de Paul Oertmann, disciple de Windscheid, qui avait repris le concept élaboré par son maître et lui avait conféré la précision et la cohérence requise pour permettre une intervention objective de la haute juridiction allemande. Le fondement du contrat, constitué par la présence de circonstances extérieures à l'acte, mais sur la représentation desquelles la volonté contractuelle des parties avait été établie, constituait le critère d'appréciation de l'imprévision.

Or, cette jurisprudence qui consacrait la disparition du fondement contractuel reposait entièrement sur le paragraphe 242 du BGB qui prescrivait l'exécution de bonne foi des obligations. A l'aide d'une appréciation tout à la fois objective du fondement du contrat, en fonction de la nature de l'acte et subjective, compte tenu des circonstances auxquelles les parties s'étaient attachées, lors de sa formation, le *Reichsgericht* parvint à rétablir le principe de la justice contractuelle. Le Tribunal d'Empire contribuait de manière décisive à enraciner l'exécution de bonne foi des contrats à l'aune de l'imprévision (Section I).

Au lendemain de la Seconde Guerre mondiale, la Cour fédérale de justice, confrontée elle-même aux désordres économiques et sociaux qui frappaient l'Allemagne, reprit et approfondit la jurisprudence du *Reichsgericht*. Le *Bundesgerichtshof* veillait tout particulièrement dans les contrats synallagmatiques à garantir l'équivalence des prestations et de leur contrepartie, lorsque les circonstances, qui avaient présidé à la naissance du contrat et fondé la représentation des cocontractants, connaissaient de profonds changements. Dans cette perspective, la Cour fédérale de justice privilégiait non plus la caducité du contrat, mais son adaptation. Une adaptation entendue *stricto sensu* afin de maintenir l'acte au plus près de ses conditions initiales. La conception matérielle du contrat, loin de contredire sa force obligatoire, venait désormais la renforcer (Section II).

En 2001, le législateur allemand se contenta de reprendre au paragraphe 313 du BGB les conditions posées par les jurisprudences du *Reichsgericht* et du *Bundesgerichtshof* dans la mise en œuvre de l'imprévision. Le travail législatif ne fut tout simplement qu'une œuvre de synthèse. Seule innovation majeure, le législateur posait une distinction entre l'imprévision objective héritée de la théorie d'Oertmann édictée au paragraphe 313 alinéa 1er du BGB et l'imprévision subjective visée par l'alinéa 2 du paragraphe 313.

Dans cette seconde et nouvelle acception de l'imprévision, il s'agissait de prendre en considération la représentation des parties au contrat qui s'était révélée totalement erronée sur les circonstances qui lui servaient de fondement. Il s'agissait ni plus ni moins que de consacrer l'erreur commune des parties, dès la formation de l'acte, assimilée à notre sens abusivement par le législateur, au changement de circonstances de l'alinéa 1er du paragraphe 313. Le cocontractant lésé se voyait, en effet, reconnaître le droit d'agir dès lors que les conditions posées pour la disparition du fondement contractuel se trouvaient réunies.

Mais, le paragraphe 313 du BGB a conservé, dans sa prescription relative à la disparition du fondement contractuel, l'esprit de la jurisprudence du *Bundesgerichtshof* consistant à maintenir le contrat et à n'adapter celui-ci que pour la partie de l'acte affectée par le bouleversement des circonstances. En effet, la résolution ou la résiliation du contrat ne présente pour le texte du paragraphe 313 qu'un caractère très subsidiaire ; la primauté de la survie du contrat et de son adaptation étant constitutives de la règle même de l'imprévision.

La crise de la covid-19 est venue illustrer ce principe en permettant aux juridictions allemandes de tenir un véritable équilibre entre les nécessités d'une révision des contrats affectés par les mesures administratives prises contre la pandémie et l'exclusion des conventions, qui, bien que touchées elles-mêmes par ces dispositions, voyaient les conséquences de la Covid-19 pallier par d'autres mesures compensatoires prises par les autorités publiques. La jurisprudence faisait ici la démonstration de l'efficacité de l'imprévision pour garantir la justice contractuelle dans un contexte d'exceptionnelle tension sans que cette prescription ne se départisse des conditions strictes de son application (Section III).

Section I Une refondation du contrat par une interprétation complétive de son fondement

Comme nous l'avons vu précédemment, l'arrêt, rendu par le *Bundesverfassungsgericht* le 19 octobre 1993, ne visait pas seulement le paragraphe 138, mais une autre disposition, le paragraphe 242 du BGB[325]. Le paragraphe 242 est le siège de la bonne foi (*Treu und Glauben*). Il est à ce titre la *Generalklausel* par excellence du BGB. En effet, le paragraphe 242 est au fondement même du droit des contrats allemands. La place éminente prise par cette disposition est due en grande partie à la jurisprudence du Tribunal d'Empire. Le *Reichsgericht* sut trouver, en effet, dans le paragraphe 242 du BGB, la disposition qui lui permettrait de pallier les conséquences de l'hyperinflation à l'origine des bouleversements dans l'exécution des contrats au cours de l'entre-deux-guerres.

L'un des arrêts, très remarqué pour cette application étendue du paragraphe 242, fut rendu par le *Reichsgericht* le 7 juin 1921. Dans cette décision, le *Reichsgericht* entreprit d'adapter les stipulations d'un contrat au changement des circonstances économiques. Le Tribunal d'Empire avait fondé sa décision sur la théorie de la *clausula rebus sic stantibus*. Nous avions indiqué dans notre ouvrage, « *Cicéron, père de la codification civile* » que le principe de cette règle avait été envisagé par Cicéron dans le *De Officiis* lors de « *la survenance d'un changement de circonstance imprévisible pour le débiteur de l'obligation dont la conséquence immédiate était de rendre l'exécution de la convention, sinon impossible du moins extrêmement difficile* »[326].

Cette règle fit l'objet de travaux importants tant de la part des glossateurs que des canonistes. Mais, en Allemagne, c'est Johann Heinrich Eberhard qui fut l'un des premiers à développer une théorie complète de la *clausula rebus sic stantibus*. Ce dernier envisageait la possibilité d'une révision du contrat exclusivement en cas de disparition de circonstances connues des cocontractants et qui formaient le fondement du contrat[327].

Les faits, qui conduisirent le *Reichsgericht* à mettre en œuvre la règle *rebus sic stantibus*, étaient topiques des difficultés inextricables auxquelles pouvaient être confrontées les parties dans l'exécution du contrat à cette époque. En 1912, un propriétaire avait loué des locaux commerciaux pour une durée de trois ans avec un terme fixé au 1er avril 1915. Le bail avait

---

325 *Supra* p.86.

326 E. Gilardeau, *op. cit.*, pp.194-195 ; cf. Cicéron, *De officiis*, traduction Maurice Testard, Les Belles Lettres, Paris, 2010, III, XXV, 95.

327 Johann Heinrich Eberhard, *Drei Abhandlungen zur Erläuterung der deutschen Rechte*, I. *Abhandlung von der clausula rebus sic stantibus*, Frankfurt/Leipzig 1775.

été renouvelé, comme le prévoyaient les stipulations de cet acte, pour une durée de cinq ans avec cette fois pour *dies ad quem* la fin du mois de mars 1920.

Au terme de l'article 20 de ce contrat, il était prévu que le locataire avait droit à la fourniture de vapeur par son bailleur afin d'assurer le fonctionnement de son commerce. Cependant, face à une hausse des prix continue, le bailleur estimait être en droit d'exiger un paiement complémentaire pour la fourniture de la vapeur au titre de la période allant du 1er septembre 1917 à la fin du mois de juillet 1919. A titre subsidiaire, le bailleur sollicitait la nullité de la clause l'obligeant à fournir de la vapeur et dans le cas, où il ne serait pas fait droit à cette demande, il réclamait la possibilité de vendre la vapeur à un prix raisonnable[328].

Le *Reichsgericht* estima que la demande d'un paiement complémentaire pour la fourniture de la vapeur, fondé sur l'article 20 du bail, n'était pas recevable dans la mesure où pour prendre en considération une augmentation à ce titre, il aurait fallu que le libellé de la clause ait prévu une modification du prix de fourniture de la vapeur en cas de changement de circonstances. Le Tribunal d'Empire jugeait également, en application du paragraphe 138 du BGB, que la volonté du preneur de s'en tenir au prix du contrat n'était pas contraire aux bonnes mœurs.

Cependant, le *Reichsgericht* constatait que la demande du requérant était fondée lorsque ce dernier invoquait la *clausula rebus sic stantibus*[329]. La haute juridiction s'empressait d'ajouter qu'elle ne considérait pas cette règle comme un principe général. En effet, le Tribunal d'Empire précisait que le cours inattendu de la guerre l'avait conduit à prendre en considération le bouleversement des circonstances économiques qui avait rejailli sur l'exécution de certains contrats et en conséquence, à accueillir les demandes de résiliation qui les concernaient à titre exceptionnel[330].

Le *Reichsgericht* précisait à cet effet que si « *la bonne foi régit l'obligation d'exécution du débiteur et, partant, le droit d'exécution du créancier, alors de ce point de vue, l'exécution d'un contrat ne peut plus être due et exigée si, à la suite de la modification complète des conditions, la prestation contractuelle est maintenant devenue économiquement complètement différente de ce qui était initialement prévu par les deux parties* »[331]. Dès lors, le *Reichsgericht* fit droit à la demande du bailleur sur le fondement du paragraphe 242 du BGB mais en se référant à la théorie de la *clausula rebus sic stantibus*.

---

328 RG, 7.6.1921, *RGZ*, Band 102, 1921, S.272.
329 RG, 7.6.1921 préc.
330 RG, 7.6.1921.
331 R.G, 7.6.1921.

Le Tribunal d'Empire fut, postérieurement à cet arrêt, conduit à appliquer également le paragraphe 242 du BGB, mais en invoquant un autre motif qui tenait à des considérations purement pragmatiques pour expliquer son intervention correctrice du contrat. Le *Reichsgericht* jugea, en effet, que la bonne foi ne pouvait permettre au créancier d'exiger du débiteur l'exécution de son obligation dès lors qu'elle entraînerait la ruine économique de ce dernier[332]. Cependant, l'imprécision et pour tout dire le caractère subjectif du critère retenu par la haute juridiction devait susciter une importante critique de la doctrine allemande[333].

Aussi, le *Reichsgericht* modifia le fondement de sa jurisprudence en s'appuyant sur une nouvelle théorie. L'aggravation des perturbations économiques dans l'exécution des rapports d'obligation au cours des années vingt, qui ne cessait de s'accentuer et les lacunes que présentait le principe *rebus sic stantibus* pour la définition de critères précis dans la correction du contrat, décidèrent le Tribunal d'Empire à ce changement brutal. La doctrine avait élaboré une théorie juridique, qui constituait pour le *Reichsgericht* un moyen précis et efficace d'assurer la fonction corrective du contrat.

Cette conception avait été pourtant rejetée par les rédacteurs du BGB. La théorie de l'imprévision avait été proposée par Bernahrd Windscheid sous le nom de « *Voraussetzung* », en français, « *présupposition* ». Pour Windscheid, les parties à un contrat partent du présupposé que les circonstances, qui existaient au moment de la conclusion du contrat, sont appelées à demeurer identiques dans le temps de son exécution.

Aussi précisait Windscheid, « *Si celui qui manifeste une déclaration de volonté a voulu qu'elle ait des effets juridiques et cela de manière inconditionnelle, il a dans le même temps exprimé qu'il n'aurait pas souhaité que ces effets juridiques se réalisent hors des présuppositions ou attentes qu'il croyait certaines de telle sorte qu'il a subordonné sa déclaration de volonté à la condition que sa déclaration perdrait toute force obligatoire si ses attentes ou présuppositions se révélaient inexactes*[334].

---

332 RG, 7.6.1921.

333 Eugen Locher, *Geschäftsgrundlage und Geschäftszweck*, *AcP*, 1923, Band 21 121, S. 93.

334 Bernahrd Windscheid, *Die Lehre des römischen Rechts von der Voraussetzung*, Düsseldorf, 1850, *AcP*, 1892, S. 180-181, « *Der Urheber der Willenserklärung, wenn er auch die Rechtsfolge zwar gewollt und unbedingt gewollt hat, hat doch zu gleicher Zeit zum Ausdruck gebracht, dass er sie nicht wollen würde, wenn er nicht von einer gewissen Annahme oder Erwartung ausginge, und hat damit einen Vorbehalt des Inhalts gesetz, dass bei getäuschter Annahme oder Erwartung die Willenserklärung für ihn unverbindlich sein solle* ».

Pour préciser la nature de la présupposition au regard de notions qui sembleraient présenter des caractères identiques, Windscheid avait pris le soin d'expliquer que la *Voraussetzung* n'était pas une condition, puisque la circonstance, qui concernait cette dernière, était incertaine à l'inverse de celles qui fondaient la présupposition. Les circonstances visées par la *Voraussetzung* constituaient une réalité immédiate et certaine, si manifeste que le déclarant n'avait pas jugé nécessaire de s'y référer formellement[335].

Puis, Windscheid distinguait la présupposition de l'erreur sur les motifs. La *Voraussetzung*, rappelait Windscheid, était une circonstance qui existait et sans laquelle le déclarant n'aurait pas voulu s'engager alors que l'erreur était la raison pour laquelle la déclaration de volonté avait été émise et qui ne correspondait pas à la réalité[336].

Surtout, Windscheid expliquait la différence entre la présupposition et la *clausula rebus sic stantibus*. Windscheid voyait dans la *clausula rebus sic stantibus* un bouleversement objectif de circonstances qui ne trouvait aucun fondement dans la volonté des parties. En effet, pour Windscheid, la *clausula rebus sic stantibus* est une hypothèse ou une attente qui, lors de la conclusion du contrat, n'a pu être comprise par l'autre partie comme une présupposition dès lors qu'aucun des cocontractants ne pouvait alléguer sérieusement avoir pris un engagement en considération de celle-ci[337].

Cependant, la difficulté principale dans la théorie de Windscheid résidait dans sa définition des circonstances constitutives de la présupposition. Certes, Windscheid, comme nous venons de le voir, ne prenait en considération que les changements de circonstances qui avaient été inclus par le déclarant dans sa prise de décision, il n'en restait pas moins que la *Voraussetzung* se distinguait difficilement, malgré les explications données par Windscheid, du simple motif ce qu'avait dénoncé Otto Lenel qui jugeait cette approche subjective et dangereuse pour le commerce juridique[338].

Le *Reichsgericht* avait rejoint, à ce titre, la critique exprimée par Lenel et jugé, dans un arrêt du 13 mai 1899, que la présupposition était une simple erreur sur les motifs qui devait être rejetée[339]. En conséquence, la théorie de Windscheid était repoussée, mais l'effondrement du Mark ravivait le recours au principe qui fondait celle-ci et qui tenait aux circonstances ayant présidé à la naissance du rapport d'obligation. C'est en effet, vers la

---

335 B. Windscheid, *op. cit.*, *AcP*, S.163.
336 B. Windscheid, *op. cit.*, *AcP*, S.195.
337 B. Windscheid, *op. cit.*, *AcP*, S. 193 und S.194.
338 Otto Lenel, *Die Lehre der Voraussetzung (im Hinblick auf den Entwurf eines bürgerlichen Geseztbuches)*, *AcP*, Band 74, 1888.
339 RG, 13.5.1889, *RGZ*, Band 24, S.170.

doctrine développée par Paul Oertmann, disciple de Windscheid, que le *Reichsgericht* se tourna pour consacrer définitivement le changement de circonstances au nom de la bonne foi.

En 1921, Paul Oertmann avait élaboré une théorie du fondement contractuel (*Geschäftsgrundlage*)[340]. Oertmann donnait à ce nouveau concept la définition suivante : « *Le fondement contractuel est constitué par la représentation qui apparaît au moment de la conclusion du contrat entre les parties de l'existence ou de la survenance de certaines circonstances sur le fondement desquelles la volonté contractuelle s'est construite* »[341]. Contrairement à Windscheid, Oertmann considérait que la présupposition entretenait un rapport étroit avec la *clausula rebus sic stantibus*[342]. Il intégrait les cas visés par cette règle dans le cadre de sa théorie[343].

Pour Oertmann, la *Geschäftsgrundlage* implique que le destinataire de la déclaration connaisse le fondement de la décision du déclarant de s'engager. Dès lors, le motif propre à l'une des parties peut devenir la base de l'acte juridique s'il est connu de son cocontractant en tant que fondement du contrat. Il suffisait que le cocontractant se soit engagé lui-même avec cette connaissance[344]. Ainsi, la *Geschäftsgrundlage* ne se confond pas avec un simple motif qui est propre à la croyance d'une partie et n'est pas connue de son partenaire. Les circonstances, qui constituent le fondement contractuel, se rattachent au contrat dans son ensemble et de ce fait, chacun des contractants les connaît.

Pour illustrer son propos, Oertmann donnait l'exemple de la vente d'un tableau de l'école néerlandaise du XVIIe siècle. S'il apparaît que la peinture livrée n'est en réalité qu'une copie de cette école, il y aura disparition du fondement contractuel (*Wegfall der Geschäftsgrundlage*). A l'inverse, si le déclarant voulait acquérir un Rembrandt et que le tableau fut l'œuvre d'un autre peintre de l'école néerlandaise du XVIIe siècle, le contrat pourrait encourir une annulation pour cause d'erreur[345].

Dès lors, la communication du motif de son engagement par le déclarant à son cocontractant, voire l'existence d'un motif erroné commun

---

340 Paul Oertmann, *Die Geschäftsgrundlage. Ein neuer Rechtsbegriff*, A. Deichert, Leipzig, 1921.

341 P. Oertmann, *op. cit.*, S.37, «*Geschäftsgrundlage ist die beim Geschäftsschluss zutage tretende und vom etwaigen Gegner in ihrer Beudeutsamkeit erkannte und nicht beanstandete Vorstellung der mehreren Beteiligten vom Sein oder vom Eintritt gewisser Umstände, auf deren Grundlage der Geschäftswille sich aufbaut* »

342 P. Oertmann, *op. cit.*, S. 1 ff.

343 P. Oertmann, *op. cit.*, S.44 ff.

344 P. Oertmann, *op. cit.* S. 28 und S. 29.

345 P. Oertmann, *op. cit*, S. 29.

aux parties, ne permet pas de constituer le fondement contractuel. Il faudrait, pour que la *Geschäftsgrundlage* puisse être caractérisée, que l'acte juridique ait été conclu en fonction d'une représentation de circonstances existantes au moment de la conclusion du contrat. Des circonstances qui doivent suivre, dans le cadre de l'exécution du contrat, un déroulement déterminé dans le temps[346].

Aussi, Oertmann précisait que la *Geschäftsgrundlage* n'était pas comme le considérait Windscheid une composante du contrat. Pour Oertmann, il faut entendre la *Geschäftsgrundlage* comme le fondement contractuel, tel que les parties contractantes se le sont représenté, lors de la conclusion du contrat, ce qui exclut toute autre approche qui ferait dépendre cette représentation d'une conception purement objective en s'attachant à la signification que lui prêterait le magistrat chargé de l'apprécier[347]. En effet, cette dernière approche, qui semblerait objective, serait source d'une insécurité juridique dans la mesure où elle ne tiendrait pas compte de la volonté des parties et serait en conséquence étrangère à leur représentation[348].

Dans ces conditions, la *Geschäftsgrundlage* n'est pas pour Oertmann une simple représentation qui pourrait être reconnaissable par un cocontractant, mais, tout au contraire, celle-ci doit être connue de lui. C'est la raison pour laquelle le fondement contractuel n'est pas un élément constitutif de la volonté du déclarant, mais concerne le contrat dans son ensemble. Oertmann reliait sur ce point le fondement contractuel à la *clausula rebus sic stantibus*.

Cette conception équilibrée et nuancée, conforme aux exigences de la sécurité juridique, était l'instrument qu'attendait le *Reichsgericht* pour lutter contre les déséquilibres qui apparaissaient dans les contrats au stade de leur exécution. Le Tribunal d'Empire pouvait ainsi tenir compte de la volonté des parties, tout en assurant l'objectivité du fondement contractuel, puisque la représentation des circonstances, même lorsqu'elle était celle de l'une des parties, devait être reconnue et non contestée par son cocontractant, qu'elle n'était pas un élément constitutif du contrat, mais concernait l'acte juridique tout entier sans dépendre en conséquence de la déclaration de volonté d'une des parties et qu'elle incluait les cas prévus par la *clausula rebus sic stantibus* qui n'était plus isolée, mais en lien avec les deux conditions précédentes.

---

346 P. Oertmann, *op; cit.*, S.30.

347 P. Oertmann, *op. cit.*, S. 35.

348 P. Oertmann, *op. cit.*, S. 35 ff.

Moins d'un an après la publication de l'ouvrage d'Oertmann, le *Reichsgericht* faisait ouvertement application de la théorie de ce dernier dans un arrêt rendu le 3 février 1922, qui concernait la vente, le 21 mai 1919, par l'un des associés d'une société ayant fait l'objet d'une dissolution, de la valeur de ses parts à la date de cession pour un montant de 300 000 RM. Il était également stipulé, dans l'acte juridique, qu'en cas d'acquisition de l'actif par le cessionnaire, ce dernier prendrait l'engagement d'attribuer au vendeur un poste de directeur d'usine pour un salaire à convenir ultérieurement par contrat. Le vendeur indiquait également être lié par le contrat jusqu'au 31 décembre 1919. Or, le 12 janvier 1920, le cessionnaire déclarait en sens contraire qu'il considérait que les obligations nées du contrat s'étaient poursuivies au-delà du 31 décembre 1919. Le cessionnaire exigeait, en conséquence, l'exécution du contrat tandis que le vendeur s'y refusait. Cette opposition sur le terme des obligations avait des conséquences financières non négligeables. En effet, la forte dépréciation de la monnaie, subie à l'automne 1919, avait affecté de manière importante le montant nominal négocié qui se situait désormais très en deçà de sa valeur de 1919[349].

Le *Landgericht* (Tribunal régional) avait rejeté la requête du cessionnaire, demandeur à l'action. Mais, l'*Oberlandesgericht* (la Cour d'appel) avait fait droit à celle-ci. La Cour d'appel considérait, en effet, que faire application de la *clausula rebus sic stantibus*, comme le sollicitait le cédant, conduirait à justifier l'absence complète d'exécution du contrat dès lors que ce dernier se verrait accorder le droit de résilier l'acte au motif que les conditions économiques avaient changé[350].

Saisi du litige, le *Reichsgericht* répondit que cette crainte exprimée par la Cour d'appel n'était pas fondée. Le Tribunal d'Empire se référait à la théorie de la *Geschäftsgrundlage* d'Oertmann. La haute juridiction précisait, en effet, qu'il était nécessaire de déterminer si le fondement contractuel, en l'occurrence la stabilité de la monnaie, était une circonstance sur laquelle le défendeur avait fondé sa représentation au moment de la conclusion du contrat. Le Tribunal d'Empire ne pouvait trancher cette question en l'absence de constatation de ce fait par les juridictions du fond. Aussi, le *Reichsgericht* annulait l'arrêt de la Cour d'appel et renvoyait l'affaire pour être à nouveau jugée. Cependant, le Tribunal d'Empire précisait que, si l'existence de cette représentation existait au moment du contrat, il serait nécessaire de maintenir le contrat en l'adaptant sur le fondement du paragraphe 242 du BGB conformément à la théorie d'Oertmann.

Si l'arrêt du 3 février 1922 consacrait la théorie d'Oertmann et revêtait à ce titre une importance toute particulière pour la matérialisation du

---

349 RG, 3.2.1922, *RGZ*, Band 103, S. 328.
350 RG, 3.2.1922, préc., S.329.

droit des contrats, c'est à une autre décision rendue le 28 novembre 1923 à qui il fut donné de franchir une étape décisive vers l'enracinement de cette conception en Allemagne. La portée de cet arrêt eut également des effets considérables au plan économique. Le contexte de l'entre-deux-guerres explique à nouveau cet arrêt du *Reichsgericht*. En effet, à partir de 1922, débutait ce qu'il est convenu d'appeler la période de l'hyperinflation[351]. Toutes les règles qui avaient prévalu jusqu'alors étaient désormais bouleversées.

L'Allemagne avait longtemps appliqué le principe selon lequel « *un mark vaut un mark* » non seulement lors de la conclusion du contrat, mais également au moment de l'extinction du rapport d'obligation. Cette règle correspondait à une période de stabilité monétaire et répondait aux exigences du paragraphe 242 du BGB qui prescrivait que « *Le débiteur a l'obligation d'exécuter la prestation comme l'exige la bonne foi eu égard aux usages admis en affaires* »[352]. C'est la raison pour laquelle le libellé de ce paragraphe n'avait pas été modifié depuis 1895[353].

Mais, face à une inflation d'une telle ampleur, ce principe juridique, qui se fondait sur une conception formelle de la liberté contractuelle, entrait désormais en contradiction avec le droit matériel qui impliquait que deux parties à un contrat se doivent mutuellement, dans le cadre d'une relation de confiance, de parvenir à réaliser un échange de prestations équivalent quand bien même leur exécution se trouverait différée dans le temps l'une par rapport à l'autre. Le *Reichsgericht* avait pleinement conscience de la problématique que posait la situation économique et se prononçait résolument pour la consécration d'un droit contractuel matériel.

Les créances hypothécaires étaient profondément affectées par l'inflation galopante qui sévissait alors. En effet, celles-ci s'inscrivaient dans une longue durée et offraient au débiteur un droit unilatéral de résiliation avant terme. Aussi, en raison de la dépréciation monétaire, le risque pour les créanciers était de se trouver confronté à un usage de plus en plus important par les débiteurs de leur droit de résiliation. Or, en 1922, les débiteurs exercèrent en grand nombre leur droit de résiliation et procédaient au remboursement de leurs dettes en marks fiduciaires dont le montant était totalement dévalué. Les créanciers se trouvaient ruinés. Le *Reichsgericht*

[351] Margarete Soecknick, *Die Entwicklung der Reallöhne in der Nachkriegszeit dargestellt an typischen Thüringer Industrien*, in *Abhandlungen des Wirtschaftswissenschaftlichen Seminars der Universität Jena*, Fischer, Jena 1927.

[352] BGB, « § 242 Leistung nach Treu und Glauben. Der Schuldner ist verpflichtet, die Leistung so zu bewirken, wie Treu und Glauben mit Rücksicht auf die Verkhehrssitte es erfordern ».

[353] Dirk Olzen, Dirk Loosschelders, Gottfried Schiemann in *Julius von Staudinger Kommentar zum Bürgerlichen Gesetzbuch mit Einführungsgesetz und Nebengesetzen*, Buch 2, 2015, Sellier – de Gruyter, Berlin, § 242 n°38.

saisit l'occasion d'un litige relatif à une créance hypothécaire pour fixer le principe de sa jurisprudence en ce domaine.

Il s'agissait en l'espèce du propriétaire d'un terrain dont le titre était inscrit au registre foncier de l'ancienne Cour de district de Luderitzbucht située dans l'ancienne Afrique du Sud-Ouest. Depuis 1913, une hypothèque avait été inscrite pour une somme de 13 000 RM au registre foncier de ce district au profit de son créancier. La dette parvint à son terme le 1er avril 1920 et le propriétaire acquitta sa dette par le biais d'un virement bancaire pour un montant de 18 980 RM au titre de l'obligation principale à laquelle s'ajoutaient les intérêts dus. En conséquence, le débiteur demandait que son créancier soit condamné à lui remettre l'acte de créance hypothécaire et qu'il procédât à la radiation de l'hypothèque du registre foncier[354].

Mais, le créancier se refusait au paiement de la dette en Reich Marks et exigeait un paiement dans une monnaie forte, celle qui avait eu cours dans l'ancien protectorat allemand d'Afrique du Sud-Ouest ou qui correspondrait à un montant nominal équivalent à la valeur de cette monnaie. Le débiteur porta l'affaire devant le *Landgericht* de Berlin qui rendit un jugement en sa faveur, sentence qui fut confirmée en appel par le *Kammergericht.* La question posée au cours de ce litige consistait à déterminer si le défendeur, en tant que titulaire de l'hypothèque, pouvait exiger une réévaluation de sa créance compte tenu de la forte dévaluation du Mark fiduciaire[355].

Il est vrai qu'en l'espèce, le défendeur n'avait pas formellement soulevé devant les juridictions de première instance la question de la revalorisation de la créance. Cependant, dans sa réponse à la demande présentée par le débiteur, le créancier avait déclaré qu'il ne pouvait pas être attendu de sa part qu'il acceptât le paiement en monnaie allemande dépréciée, car cela signifierait qu'il devrait renoncer à une partie considérable de la valeur de sa créance. Il ajoutait que ce serait de la pure ironie si les propriétaires de terres dans le sud-ouest de l'Afrique étaient en droit de satisfaire leurs créanciers hypothécaires dans une monnaie de papier allemande presque sans valeur et de réserver à leur profit la valeur cumulée résultant du changement de circonstances et d'une augmentation corrélative considérable du terrain. Le créancier avait ainsi clairement indiqué qu'il se considérait en droit de demander le paiement d'une somme supérieure à la valeur nominale de sa créance si le paiement était effectué en monnaie papier[356].

---

[354] RGZ, 28.11.1923, *RGZ*, Band 107, 1924, S. 78-94.
[355] *RGZ*, 28.11.1923, préc., Bd. 107.
[356] RGZ, 28.11.1923, Bd. 107.

La Cour d'appel était arrivée à la conclusion que les conditions d'une revalorisation de la créance n'étaient pas réunies à la date d'échéance du contrat le 1er avril 1920 et que le créancier avait manqué à son obligation d'accepter le paiement en papier-monnaie. L'affaire devait se poursuivre devant le *Reichsgericht.* La question était alors de déterminer si le créancier avait perdu le droit d'exiger la revalorisation de sa créance compte tenu de la dépréciation très sévère subie par la monnaie allemande[357].

Le *Reichsgericht* relevait en premier lieu, à titre de principe, que la possibilité juridique d'une revalorisation des dettes hypothécaires devait être reconnue, conformément à la législation allemande en vigueur à la date de sa décision et en particulier au regard du paragraphe 242 du BGB, car dans le cas de créances hypothécaires, il était nécessaire de tenir compte du fait que le débiteur avait reçu une compensation correspondante résultant de la valeur beaucoup plus élevée du terrain lorsque le papier-monnaie constituait l'unité de compte de la créance[358].

Le Tribunal d'Empire ajoutait qu'il importait peu, comme l'indiquait le requérant, de savoir si la revalorisation des créances hypothécaires avait été reconnue en théorie et en pratique dès 1920 ou si celle-ci n'avait prévalu que, bien après, sous l'influence d'une dépréciation croissante de la monnaie. La haute juridiction allemande affirmait à nouveau que conformément au paragraphe 242 du BGB elle devait prendre en considération la bonne foi (*Treu und Glauben*) ce qui impliquait de procéder à un examen équitable des intérêts des deux parties[359].

Le Tribunal d'Empire rappelait que les dispositions du droit monétaire ne s'opposaient pas à une revalorisation. Il est vrai que les mesures, qui avaient modifié la loi bancaire du 1er juin 1909, avaient donné cours légal aux billets de la *Reichsbank.* Mais, toutes ces dispositions trouvaient leur justification à la date de leur promulgation, puisque les billets avaient une valeur égale à la monnaie métallique. En édictant ces dispositions, le législateur n'avait pas envisagé la possibilité d'une dépréciation considérable de la valeur du papier-monnaie et beaucoup moins encore, du caractère croissant de cette dévalorisation[360].

Le paragraphe 242 du BGB, poursuivait le Tribunal d'Empire, s'applique à toutes les relations juridiques. Dans un tel conflit avec la législation monétaire, le paragraphe 242 devait avoir la préséance par rapport à ces dispositions qui n'étaient plus compatibles avec les principes de la bonne foi et de l'équité. La haute juridiction précisait qu'en fait la législation

---

357 RGZ, 28.11.1923, Bd. 107.
358 RGZ, 28.11.1923, Bd. 107.
359 RGZ, 28.11.1923, Bd. 107.
360 RGZ, 28.11.1923, Bd. 107.

la plus récente du Reich n'avait pas maintenu le principe « *un Mark vaut un Mark* ». Il n'était donc plus possible de se conformer à la législation monétaire[361].

Le Tribunal d'Empire se prononçait sur la valeur même de la législation monétaire en faisant valoir que les règlements monétaires successifs démontraient clairement que le législateur allemand avait lui-même ruiné le principe selon lequel le Mark papier pouvait être utilisé à sa valeur nominale pour rembourser de manière effective une dette. Puis, le *Reichsgericht* indiquait que s'il était vrai que les décisions, qu'il avait précédemment rendues, portaient sur des créances découlant de contrats bilatéraux et que la présente affaire concernait un prêt garanti par une hypothèque, il n'existait aucun doute que la recevabilité d'une revalorisation des créances, fondée sur le paragraphe 242 du BGB, comme l'avaient reconnue ces décisions, s'étendait également aux crédits hypothécaires. Dans le cas de prêts aussi, leur nature présupposait une équivalence entre prestation et contre-prestation ; la substance de l'acte devait être maintenue au profit du créancier[362].

Le *Reichsgericht* précisait à ce titre que dans le cas de prêts, le débiteur était tenu non seulement de rembourser le même montant d'argent, mais aussi de restituer une somme équivalente en valeur. Dès lors, quand les parties stipulaient que le remboursement aurait lieu dans la monnaie nationale, ils le faisaient avec la conviction que cette monnaie conserverait une valeur ferme et constante dans les limites des variations normales. En l'occurrence, le principe, selon lequel le bénéficiaire d'un prêt était tenu de rembourser un montant équivalent à celui qu'il avait emprunté, avait été violé par la législation sur la monnaie[363].

Si le législateur, en attribuant à la monnaie légale une valeur nominale, avait considéré que, dans des conditions économiques normales, un paiement, par le biais de la monnaie légale, devait être considéré comme un règlement de la même valeur, ce principe ne pouvait pas être respecté, dès lors qu'une dépréciation particulièrement forte de la valeur légale, non prévue au moment de l'adoption de la législation monétaire, aboutirait à des conséquences qui ne pourraient être conciliées avec le paragraphe 242. Il sera alors nécessaire de déterminer dans chaque cas, conformément au principe de bonne foi, quel est le degré de la dépréciation monétaire, avant que la créance ne puisse être revalorisée[364].

---

[361] RGZ, 28.11.1923, Bd. 107.
[362] RGZ, 28.11.1923, Bd. 107.
[363] RGZ, 28.11.1923, Bd. 107.
[364] RGZ, 28.11.1923, Bd. 107.

Le *Reichsgericht* concluait que la revalorisation qu'il permettait de réaliser pouvait se fonder sur une interprétation complétive du contrat. La Cour envisageait, en effet, la décision qu'auraient prise les parties, dès lors qu'elles agiraient, selon le principe de la bonne foi, si elles avaient prévu la possibilité d'une dépréciation monétaire particulièrement sévère. Les dispositions législatives sur la monnaie n'interdisaient pas un accord au terme duquel les parties auraient pris la décision de ne pas tenir compte de la dépréciation de la valeur légale du papier-monnaie sur le montant nominal de la créance à rembourser et cela, même de manière tacite. Compte tenu de ces considérations, le Tribunal d'Empire jugea que l'on pouvait affirmer que la revalorisation d'un prêt garanti par une hypothèque était légalement admissible à la suite de la forte dépréciation du papier-monnaie allemand[365].

Cet arrêt du *Reichsgericht* avait une portée immense tant par son contenu juridique que par ses répercussions politiques. Hans Luther précise que cette décision fit « *l'effet d'une bombe* »[366] auprès des autorités politiques. Le *Reichsgericht* mettait en avant la nécessité d'une revalorisation des créances hypothécaires, ce que le gouvernement et tout particulièrement le ministère des finances à la tête duquel se trouvait Hans Luther se refusait à faire et cela pour des raisons purement fiscales.

En effet, l'arrêt du 28 novembre 1923 impliquait que le *Reichsgericht*, par l'application de la théorie d'Oertmann sur le fondement du paragraphe 242, consacrait le principe d'une revalorisation des dettes courantes. Le gouvernement était ainsi poussé à légiférer en ce sens. Cependant, l'Etat, qui était le principal débiteur en ancienne monnaie, devrait, dans une telle hypothèse, supporter une perte financière immense qui le placerait en grande difficulté, car les recettes ordinaires de l'Etat ne lui permettaient pas de compenser cette nouvelle charge. Une loi relative à la revalorisation des créances risquait de mettre en cause la politique de stabilisation monétaire dont l'objet était de pallier l'effondrement du Mark[367].

Cependant, le Tribunal d'Empire adressa le 8 janvier 1924 une requête au chancelier du Reich afin de rappeler quelle serait la gravité des conséquences pour la crédibilité du droit auprès de l'opinion publique si le gouvernement et le Reichstag ne prenaient pas en compte la portée de son arrêt du 28 novembre 1923[368]. Or, au sein du gouvernement, Erich

---

[365] RGZ, 28.11.1923, Bd. 107.

[366] Hans Luther, *Politiker ohne Partei. Errinerungen.* Stuttgart, 1960, S. 230.

[367] Claus-Dieter Krohn, *Stabilisierung und ökonomische Interessen. Die Finanzpolitik des Deutschen Reiches 1923-1927*, Bertelsmann Universitätsverlag, Düsseldorf, 1974, S. 46.

[368] Otto Pfeiderer, *Die Reichsbank in der Zeit der grossen Inflation, die Stabilisierung der Mark und die Aufwertung von Kapitalforderungen, Währung und Wirtschaft in Deutschland 1876-1975*, Deutsche Bundesbank, Frakfurt-am-Mein, 1976, S. 197 bis S. 198.

Emminger, ministre de la Justice, appuya la position du *Reichsgericht* et plaida en faveur de la revalorisation des créances[369].

Le 14 février 1924, le gouvernement, en vertu de la loi des pleins pouvoirs du 8 décembre 1923, adopta une ordonnance intitulée « *troisième ordonnance fiscale d'exception* » qui reconnut pour la première fois la nécessité d'une revalorisation des créances[370] malgré une forte opposition du Reichstag ce qui conduisit le chancelier à prononcer la dissolution de l'assemblée en mars 1924 afin de trouver une majorité favorable à la revalorisation[371].

Cet arrêt du 28 novembre 1923 est la parfaite illustration de la matérialisation du droit décrite par Canaris. Le *Reichsgericht* affirme ici la nécessité de consacrer, en sus de la liberté contractuelle formelle, un droit matériel fondé sur la justice commutative et destiné à rendre effective cette même liberté. La matérialisation de la bonne foi dans le contrat se réalisait à travers le paragraphe 242 du BGB qui constituait le nouveau paradigme du droit allemand. Cette disposition s'inscrivait au-dessus de toute loi, fût-elle une loi impérative, comme pouvait l'être la loi monétaire, car, comme l'avait démontré le *Reichsgericht*, le respect de la bonne foi dans le contrat était un impératif plus grand encore non seulement dans les périodes ordinaires, mais également et surtout en temps de crise.

La confiance du public dans le contrat dépendait de l'affirmation d'une primauté de la bonne foi contre un changement de circonstances qui affectait gravement la substance du rapport d'obligation. La disparition du fondement contractuel était devenue l'instrument, par excellence, qu'utilisait désormais le Tribunal d'Empire pour préserver l'équivalence des prestations voulue par les parties. Le *Reichsgericht* réalisait la matérialisation de la liberté contractuelle dans l'acte juridique même et partant, garantissait le principe de justice contractuelle[372].

---

[369] C-D. Krohn, *op. cit.*, S. 46

[370] Gustav Wagemann, *Aufwertung und Geldentwertungsausgleich nach der dritten Steuernotverordnung vom 14. Februar 1924*, Berlin, 1924, cette ordonnance précisait que les créances nées avant la Première Guerre mondiale feraient l'objet d'une revalorisation de 15% de leur valeur en Marks-or. Pour les créances établies après le début de la guerre qui coïncidaient avec l'abandon de l'étalon-or et le début de la dépréciation monétaire, une distinction était faite pour les créances contractées avant le 1er janvier 1918 qui étaient assimilées aux dettes nées avant-guerre et furent donc revalorisées de 15%. Pour les dettes postérieures au 1er janvier 1918, elles furent converties en Marks-or en relation avec le cours du dollar à la Bourse de Berlin à la date de conclusion des actes et revalorisées au taux de 15%.

[371] Hugo Heimann, *Der Kampf um die Aufwertung, von Helfferich bis Hindenburg. Wie ihn die Deutschnationalen und wie ihn die Sozialdemokraten führten*, Berlin, 1925.

[372] *Supra* p.20, sur le sens qui doit être attribué à cette notion.

Or, le *Reichsgericht* fut appelée à étendre sa jurisprudence. En effet, le Tribunal d'Empire ne limita pas celle-ci aux contrats en cours, mais l'appliqua également aux contrats déjà exécutés. Les litiges concernaient une nouvelle fois des créances hypothécaires. Les actes soumis à la haute juridiction étaient des contrats de vente d'immeuble qui avaient été conclus après la Première Guerre mondiale. Les immeubles concernés étaient tous grevés par une hypothèque qui avait été levée lors de la vente. Cependant, la troisième ordonnance fiscale d'exception, qui intervint postérieurement aux levées des hypothèques, permettait la revalorisation des créances bénéficiant de cette garantie avec un effet rétroactif.

Le créancier hypothécaire se voyait ainsi reconnaître le droit d'agir contre son ancien débiteur qui avait vendu le bien pour une somme dépassant souvent la valeur d'acquisition de l'immeuble. Il s'ensuivit de nombreux procès qui entraînèrent eux-mêmes de nouvelles procédures. En effet, le vendeur se retournait à son tour contre l'acquéreur du bien au titre d'une demande de participation aux charges (*Ausgleichsanspruch*).

Saisi de ces litiges, le *Reichsgericht* jugea que l'effet rétroactif des dispositions, qui revalorisaient les créances, avait eu pour effet de rompre l'équilibre des prestations. Cet équilibre constituait le fondement du contrat et les mesures de revalorisation l'avaient fait disparaître. Aussi, la haute cour faisait-elle droit aux demandes des vendeurs en application du paragraphe 242 du BGB en raison de la disparition du fondement contractuel (*Wegfall der Geschäftsgrundlage*)[373].

Dès lors, quelle que pût être l'hypothèse en cause, qu'il s'agisse de la disparition du fondement contractuel d'un acte en cours ou d'un contrat déjà exécuté, le *Reichsgericht* faisait systématiquement prévaloir le droit matériel de la bonne foi et imposait la révision de l'acte qui était en contradiction avec les exigences de la justice commutative.

---

373 RG, 30.1.1928, *RGZ*, Band 119, S. 133 ff. ; RG, 12.5.1928, *RGZ*, Band 121, S. 141 ff. ; RG, 5.12.1928, *RGZ*, Band 122, S. 378 ff. ; RG, 13.6.1929, *RGZ*, Band 125, S. 48 ff. ; RG, 5.5.1930, *RGZ*, Band 128, S. 365 ff. ; RG, 23.10.1930, *RGZ*, Band 130, S. 115 ; RG, 16.11.1931, *RGZ*, Band 134, S. 174 ; RG, 28.5.1932, *RGZ*, Band 136, S. 321.

Section II Une adaptation du contrat à l'aune d'une répartition équilibrée des risques

Cette matérialisation de la bonne foi dans le contrat au titre de la *Geschäftsgrundlage* fut non seulement reprise par le *Bundesgerichtshof* au lendemain de la Seconde Guerre mondiale, mais cette juridiction amplifia son application. Le chaos économique, social et juridique, qui régnait alors en Allemagne, occasionnait, en effet, de nombreux bouleversements au sein des contrats. Dans un premier temps, face à l'urgence de la situation, le législateur intervint et promulgua en 1952 une loi destinée à permettre aux juridictions de se prononcer en faveur des débiteurs qui n'étaient plus à même d'exécuter leurs obligations[374].

Cependant, le contenu des dispositions de la loi de 1952 différait des solutions élaborées par le *Reichsgericht* dans le cadre de la disparition du fondement contractuel, puisque la loi exigeait un examen de la situation respective des parties pour déterminer si le créancier pouvait solliciter l'exécution intégrale de son obligation[375]. Très vite, nombre de débiteurs furent amenés à constater que les conditions de la loi ne leur étaient pas applicables et invoquèrent à l'encontre de leurs créanciers la *Geschäftsgrundlage*. Saisi de ces litiges, le *Bundesgerichtshof* appliqua la disparition du fondement contractuel telle que l'avait mise en œuvre le *Reichsgericht* en temps de crise.

L'originalité de l'apport de la Cour fédérale de justice, au lendemain de la Seconde Guerre mondiale, consista surtout à stabiliser les conséquences de relations contractuelles, qui, nées antérieurement au conflit, avaient été perturbées par la survenance de la guerre et continuaient de produire leurs effets après 1945. Le *Bundesgerichtshof* devait à cette occasion mettre en exergue un aspect du *Wegfall der Geschäftsgrundlage* qui consistait à adapter le rapport d'obligation fondé sur l'économie du contrat au nom du principe de justice commutative. L'arrêt « *Volkswagen* » est un exemple topique de cette jurisprudence.

Cette affaire concernait des contrats d'épargne souscrits avant 1940 en vue de la livraison d'une Volkswagen aux épargnants. Les candidats à l'acquisition de l'automobile étaient tous membres de l'organisation du Front du travail et devaient épargner une somme d'argent pour l'acquisition du véhicule. Il s'agissait d'acheter des timbres de 5 *reichsmarks* afin d'apposer ceux-ci sur un carnet d'épargne et obtenir la délivrance d'un livret

---

[374] Gesetz vom 26. März 1952, *Bundesgesetzblatt*, 1952, I, 198.

[375] Gesetz vom 26. März 1952, préc., 198, Artikel 1.

d'épargne. Ce système dénommé *VW Sparen* fut planifié le 2 août 1938. Les candidats à l'acquisition du véhicule devaient épargner sur leur livret 990 *reichsmarks* pour la voiture, 50 *reichsmarks* pour la livraison et encore 200 *reichsmarks* pour deux ans d'assurance. Une fois ces sommes réunies, la *Volkswagen* était acquise[376].

Ce ne furent pas moins de 336 638 Allemands qui envoyèrent ainsi une partie de leurs économies à cet organisme sans qu'aucune voiture ne fut jamais livrée, car l'entreprise fut très vite convertie en usine de guerre. Le capital représenté par l'épargne soit 275 786 753, 45 *reichsmarks* était porté sur un compte bloqué de la *Bank der Deutschen Arbeit*[377]. Au lendemain de la Seconde Guerre mondiale, les épargnants voulurent récupérer les sommes investies en l'absence de livraison du véhicule.

Un procès fut engagé en 1949 par certains épargnants contre l'entreprise Volkswagen. Cette dernière excipa qu'elle n'avait aucune relation contractuelle avec les épargnants qui étaient exclusivement en rapport avec le Front du travail. Elle sollicitait, en conséquence, la nullité du contrat. De plus, l'entreprise faisait valoir que le fondement contractuel avait été complètement bouleversé. Le coût de production des véhicules représentait le multiple des montants qui avaient été fixés en 1933. Les primes d'assurance avaient elles-mêmes subi des hausses sans commune mesure depuis cette date. L'organisation du Front du travail, à qui avait été confié le suivi des contrats, avait disparu. Si les contrats étaient exécutés, l'entreprise Volkswagen se trouverait ruinée[378].

Le Tribunal de première instance retint les arguments de l'entreprise Volkswagen et rejeta, dans son jugement du 19 janvier 1950, la demande des requérants. Il en fut de même pour la Cour d'appel qui débouta les appelants de leur demande principale au terme de son arrêt du 25 janvier 1951[379]. Saisie du recours, la Cour fédérale fut appelée à déterminer si les contrats, sur lesquels les requérants fondaient leurs réclamations, avaient été conclus avec l'entreprise Volkswagen ou avec le Front du travail et dans l'affirmative, si la disparition du fondement contractuel pouvait être soutenue en l'espèce[380].

---

376 BGH, 23.10.1951, *Az.* : I *ZR* 15/51, S.4.

377 BGH, préc., S.8.

378 BGH, préc., S. 9, « Es habe sich nämlich die Geschäftsgrundlage vollkommen verändert. Die Herstellungskosten für die Wagen betrügen das Vielfache der im Jahre 1938 festgesetzten Beträge. Die Versicherungsprämien hätten sich beträchtlich erhöht. Die Organisationen der DAF und der KdF, denen die Abwicklung obgelegen hätte, seien weggefallen. Eine Erfüllung der Verträge würde sie, die Beklägte, wirtschaftlich ruinieren ».

379 BGH, préc., S. 10 und S. 11.

380 BGH, préc., S. 11 und S. 12.

Le *Bundesgerichtshof* constata en premier lieu que le Tribunal régional avait déjà répondu à la première question dans la mesure où cette juridiction avait reconnu que la défenderesse avait donné un mandat tacite au Front du travail pour la conclusion des contrats. La Cour d'appel qui n'avait pas examiné les documents produits ne fut pas à même de faire l'appréciation requise par ces pièces. De plus, comme l'arrêt comportait plusieurs erreurs de droit, cette décision devait être annulée et renvoyée devant une nouvelle Cour d'appel[381].

La Cour fédérale de justice faisait observer en second lieu que toutes les parties à l'instance admettaient à juste titre que le fondement des contrats conclus avait disparu et qu'en conséquence, les requérants ne sollicitaient plus une exécution des actes aux conditions initiales comme l'établissait leur position par rapport aux précédentes instances[382]. Aussi, le *Bundesgerichtshof* rappelait qu'au terme d'une jurisprudence constante du *Reichsgericht,* ainsi que de sa propre jurisprudence, une disparition du fondement contractuel ne devait pas nécessairement conduire à une rupture pure et simple des relations contractuelles, mais qu'il convenait au contraire d'examiner la situation du fondement contractuel afin de déterminer si le contrat ne pouvait pas être adapté à la situation. Pour le *Bundesgerichtshof,* il était du devoir de toute juridiction de procéder à la vérification, en application du paragraphe 242 du BGB, d'une possible disparition du fondement juridique du contrat lorsque celle-ci était invoquée par l'une des parties[383].

La Cour fédérale de justice rappelait que les obligations contractuelles pouvaient faire l'objet de modifications importantes. Dans une telle hypothèse, les juridictions saisies seraient conduites à préciser les prestations des parties afin de tenir compte de leurs intérêts respectifs. La limite à cette modification, ajoutait le *Bundesgerichtshof,* tenait au paragraphe 242 qui ne permettait pas que l'acte fût transformé de telle manière qu'il puisse être altéré dans sa nature juridique et sa portée[384]. La Cour fédérale de justice affirmait ici un principe qui avait été rigoureusement suivi par le *Reichsgericht* et qu'elle reprenait désormais à son compte. Le but était de conformer le contrat à ce qu'avaient véritablement voulu les parties

---

381 BGH, préc., S. 15.

382 BGH, préc., S. 13.

383 BGH, préc., S. 13. « Rechtsgrundsätzlich ist davon auszugehen, dass Verträge zu halten sind. In der Rechtsprechung des Reichsgericht und des Bundesgerichtshof (Urteil des V. Zivilsenats vom 1. Juni 1951, V ZR 86/50) ist anerkannt, dass selbst ein Wegfall der Geschäftsgrundlage nicht notwendig zu einer völligen Beendigung der vertraglichen Beziehungen zu führen braucht, dass vielmehr auch beim Wegfall der Geschäftsgrundlage untersucht werden muss, ob der Vertrag nicht der veränderten Sachlage angepasst werden kann. Die Gerichte sind gemäss § 242 BGB bei einem Wegfall der Geschäftsgrundlage beführt weitgehend rechtsgestaltend in das Vertragsverhältnis einzugreifen ».

384 BGH, préc., S.13.

et non de porter atteinte à leur volonté, ce qui serait contraire à la conception même de la matérialisation de la justice commutative[385].

En l'espèce, le *Bundesgerichtshof* faisait grief à la Cour d'appel de ne pas avoir recherché les moyens de cette adaptation pour remédier au déséquilibre juridique. La Cour fédérale de justice détaillait sur plusieurs pages et avec une grande minutie les vérifications auxquelles aurait dû se livrer la Cour d'appel pour apprécier la situation respective des parties afin de déterminer si le fondement contractuel avait disparu[386].

Les requérants, qui avaient reconnu la disparition du fondement contractuel, parvinrent pour une partie d'entre eux, après une longue négociation, à conclure en 1961 un protocole d'accord, afin d'adapter les prestations respectives des parties. Ainsi, nombre de titulaires d'un livret d'épargne Volkswagen bénéficièrent d'une réduction importante et proportionnelle du prix d'achat d'un véhicule pour un montant de 600 DM ce qui représentait un sixième de sa valeur avec en contrepartie la possibilité pour Volkswagen de bénéficier du montant correspondant des fonds bloqués. Une autre partie des épargnants, soit 120 573 personnes, achevèrent leur négociation en 1970 pour obtenir, au terme de leur accord, un remboursement en espèces qui concernait 67 164 des épargnants tandis qu'une nouvelle réduction de prix était accordée à 63 409 de ceux-ci avec une libération des fonds correspondants. Les parties avaient appliqué dans leur accord la solution qu'avait préconisée le *Bundesgerichtshof*[387].

La Cour fédérale de justice imposait, dans l'appréciation de la *Wegfall der Geschäftsgrundlage*, une analyse particulièrement minutieuse du contrat, de sa formation, des circonstances qui avaient présidé à la conclusion de celui-ci, de ses caractéristiques et de son exécution. La matérialisation de la justice contractuelle conduisait à identifier celle-ci à la nature de l'acte juridique lui-même. Elle mettait en exergue le caractère primordial de l'économie du contrat et la nécessité de permettre son aménagement lorsqu'il existait une discordance entre l'équilibre des prestations voulu par les parties et la modification que celui-ci avait subi.

L'application de la théorie d'Oertmann par la Cour fédérale de justice était étendue. De la même manière que le *Reichsgericht*, le *Bundesgerichtshof* appliquait, en effet, la disparition du fondement contractuel aussi bien aux contrats en cours qu'aux contrats déjà exécutés. Un autre arrêt, l'*Apothekenkonzessionfall*, offrait à ce titre une illustration du respect impératif de la bonne foi dans le cadre de la *Wegfall der*

---

385 BGH, préc., S. 13.

386 BGH, préc., S. 14 ff.

387 Hartmut Tschersich, *Das Sparsystem für den KdF-Wagen und der Volkswagensparerprozess*, Universität Hamburg, 1987, S. 10.

Geschäftsgrundlage. Au lendemain de la Seconde Guerre mondiale, l'ouverture d'une officine de pharmacie était subordonnée à une autorisation publique. Il existait alors deux formes de concession, la *Realkonzession* et la *Personal-Konzession.* La *Realkonzession* était l'autorisation officielle d'exploiter une entreprise liée à un établissement stable et déterminé, en l'occurrence une officine qui pouvait faire l'objet d'une vente ou d'un legs. A l'inverse, la *Personal-Konzession* était une licence directement attribuée à la personne appelée à l'exploiter et qui ne pouvait être ni vendue ni héritée. Or, l'octroi d'une *Personal-Konzession* était subordonné à un contrôle d'opportunité par l'autorité administrative pour autoriser l'ouverture d'une pharmacie.

Afin d'échapper à cette appréciation particulièrement restrictive, un pharmacien fit l'acquisition d'une *Realkonzession* auprès de son prédécesseur. Cependant, postérieurement à cette vente, la liberté d'établissement fut admise à nouveau pour les officines de pharmacie. L'acquéreur fit alors le constat que le changement de législation avait entraîné la disparition du fondement du contrat de vente qui avait eu pour objet la *Realkonzession.* Saisi du litige, le *Bundesgerichtshof* fit droit à la demande de l'acquéreur. La haute juridiction jugeait que lors de la conclusion du contrat, la persistance de la législation en vigueur constituait le fondement de l'acte. Les deux parties avaient l'une et l'autre reconnu qu'elles avaient présupposé que la réglementation ancienne se maintiendrait à l'avenir[388].

Si dans de tels cas, la Cour fédérale de justice n'hésitait pas à appliquer le *Wegfall der Geschäftsgundlage,* il en allait autrement lorsqu'il manquait l'une des conditions requises pour son application. Le *Bundesgerichtshof* développait, en effet, dans toute sa rigueur la jurisprudence qu'elle avait jusqu'alors suivie et se montrait particulièrement exigeant lorsque le changement de circonstances n'était pas imprévisible. Le *Bundesgerichtshof* fixait à ce titre un principe intangible « *Si les parties, en acceptant les conditions du contrat, ont reconnu un élément significatif pour leurs relations juridiques et ont notamment considéré comme possible une évolution certaine en l'intégrant par conséquent dans le champ de leurs considérations et si cette circonstance survient plus tard il n'y a pas de place pour un partage des charges fondé sur le § 242 du BGB* »[389].

---

[388] BGH, 13.10.1959, *NJW*, 1960, S. 91.

[389] BGH, 31.1.1969, *DB*, 1969, S. 833 « Haben die Beteiligten, als sie die Vertragsbedingungen aushandelten, eine für ihre rechtlichen Beziehungen bedeutungsvollen Punkt bereits erkannt, insbesondere eine bestimmte Entwicklung der Dinge als möglich angesehen und infolgedessen in der Kreis ihrer Erwägungen einbezogen, dann ist, falls dieser Umstand später eintritt für einen Ausgleich nach § 242 B.G.B. kein Raum ».

La consécration du *Wegfall der Geschäftsgrundalge* par la jurisprudence allemande n'était, en réalité, que la reconnaissance du rôle primordial pour ne pas dire exclusif du contrat qui déterminait par sa substance même, c'est-à-dire par l'économie globale de ses stipulations, le sens et la portée de l'obligation de chacune des parties. Le contrat était désormais consubstantiellement lié aux notions de bonne foi et de justice commutative non plus seulement dans le cadre d'une liberté contractuelle purement formelle, mais bien matérielle.

Certes, les circonstances étaient, par définition, extérieures au contrat, mais il ne s'agissait pas de circonstances incidentes. Celles-ci devaient être intimement unies à la nature du contrat concerné. Un acte juridique constatant une créance, comme nous l'avons vu, était indissolublement lié à la stabilité monétaire et un contrat formé dans le cadre d'une réglementation, en raison même des contraintes imposées par cette dernière, enfermait dans son économie juridique la persistance de la législation concernée.

Il en allait de même pour la volonté des parties. Si la représentation de celles-ci ou de l'une d'entre elles[390] était bien un élément d'appréciation du *Wegfall der Geschäftsgundlage*, la volonté déclarée n'était cependant et tout au plus, qu'un des moyens pour déterminer quelle était la circonstance qui se trouvait au fondement du contrat. La représentation de la circonstance devait être directement rattachée à l'acte. Qui oserait, en effet, prétendre, lorsqu'une partie établit une créance hypothécaire, qu'elle serait indifférente à la stabilité monétaire en vigueur au moment de la formation du contrat et que peu lui importerait si la somme remboursée devait présenter à terme une valeur nominale fortement dévaluée pouvant aller jusqu'à obérer le montant de sa créance initiale ? Dans ces conditions, la nature du contrat conclu était appelée à déterminer la circonstance qui lui servirait de fondement.

C'est la raison pour laquelle la jurisprudence du *Wegfall der Geschäftsgrundlage* s'appliquait à tous les contrats qu'ils fussent unilatéraux, de prêt[391] ou de garantie personnelle[392], multilatéraux[393], à titre gratuit[394] ou onéreux[395] et cela quel que puisse être le domaine concerné, familial[396], social[397] ou administratif[398]. La nature de chaque contrat

---

[390] Dans la mesure où la présupposition est connue ou ne pouvait être que connue de son cocontractant.

[391] BGH, 16.12. 1968, *WM*, 1969, S. 335.

[392] BGH, 20.12.1965, *NJW*, 1966, S. 448 ff.

[393] BGH, 18.3.1974, *NJW*, 1974, S. 1657.

[394] BGH, 23.2.1968, *MDR*, 1968, S. 482.

[395] BGH, 3.5.1985, *NJW*, 1985, S. 2524.

[396] BGH, 9.7.1980, *NJW*, 1980, S. 2477.

[397] BAG, 10.4. 1962, *NJW*, 1962, S. 1740.

renfermait en soi les concepts de bonne foi et de justice commutative qui déterminaient à leur tour le champ précis d'application de la *Geschäftsgrundlage*.

Section III Une réception légale de la fonction régulatrice de l'imprévision contractuelle

Aussi, lors de la réforme du droit des contrats de 2001, le législateur ne fit que reprendre, dans le cadre du paragraphe 313 du BGB, l'héritage du *Reichsgericht* et du *Bundesgerichtshof*. Au terme du paragraphe 313 alinéa 1er du BGB, la disparition du fondement contractuel exige pour être reconnue, la réunion de quatre conditions comme l'avaient précisé les arrêts du Tribunal d'Empire et de la Cour fédérale de justice.

En premier lieu, les circonstances doivent se trouver implicitement contenues dans la déclaration de volonté des parties ou d'une des parties[399] et sont devenues à ce titre le fondement du contrat. En second lieu, la circonstance doit avoir subi, après la conclusion de l'acte, un bouleversement qui rend très difficile l'exécution de sa prestation par l'une des parties. En troisième lieu, le cocontractant concerné doit être en mesure de démontrer qu'il n'aurait pas conclu le contrat ou, à tout le moins, ne l'aurait pas souscrit aux mêmes conditions, s'il avait pu prévoir ce bouleversement. De plus et c'est la dernière condition, l'exécution du contrat ne pourrait être imposée à l'un des cocontractants, dès lors qu'elle se révélerait insupportable pour ce dernier au regard des exigences de la bonne foi et de l'équité.

S'il est possible pour un contractant de renoncer au bénéfice de la *Wegfall der Geschäftsgrundlage* c'est à la condition formelle que les conditions de son application se trouvent d'ores et déjà réunies. Il n'en reste pas moins que la partie concernée pourrait également prendre en charge volontairement les conséquences du changement subi. Il est aussi possible qu'elle soit tenue de les supporter en raison d'une disposition légale qui ferait peser sur elle le risque de la disparition du fondement contractuel.

Mais, en dehors de ces trois cas, une partie qui viendrait à renoncer au bénéfice du *Wegfall Geschäftsgrundlage* ne pourrait se prévaloir de cette renonciation dès lors qu'elle serait contraire à la bonne foi, puisque le

---

398 BGH, 30.1.1973, *NJW*, 1974, S. 609.

399 Mais connues de l'autre partie.

cocontractant nierait lui-même un droit inhérent à la nature du contrat qu'il a souscrit avant même que la circonstance ne survienne.

Avec cette incorporation de la jurisprudence dans le paragraphe 313 du BGB, le législateur allemand ne reprenait pas seulement les critères définis par cette dernière, il insérait le contenu même de cette jurisprudence du *Reichsgericht* et du *Bundesgerichtshof* dans le cadre de cette disposition. L'octroi d'un permis de construire[400], la concession de vente d'un appareil[401], la possibilité d'user d'un contrat de licence[402], l'interdiction de jouer d'un footballeur[403], le droit à l'emploi de l'eau[404], l'équivalence des prestations[405], la hausse imprévisible du cours des matières premières[406], une modification des circonstances pour un bail à ferme[407], un bail commercial[408] et pour rappel, la stabilité monétaire et la persistance de la législation en vigueur, constituent désormais, sans que cette liste fût et de très loin exhaustive, un maillage particulièrement dense qui garantit une exécution équilibrée du contrat.

De plus, la crise de la Covid-19 venait démontrer l'importance prise par le *Wegfall der Geschäftsgrundlage* dans le système juridique allemand. Les nombreux litiges entre bailleurs et preneurs, après les fermetures des locaux commerciaux imposées par les autorités publiques, avaient conduit le législateur à adopter une nouvelle disposition dans le cadre de la loi du 22 décembre 2020 qui est entrée en vigueur le 31 décembre 2020 et qui avait été introduite au paragraphe 240 alinéa 7 par la loi d'introduction au Code civil allemand (*Einführungsgestz zum Bürgerlichen Gesetzbuch*).

---

400 BGH, 15.10. 1976, *JZ*, 1977, S. 177.

401 BGH, 12.4.1960, *LM*, 1960, § 242 (Bb), n. 36, le concessionnaire pour la vente d'un appareil est bien-fondé à invoquer le *Wegfall der Geschäftsgrundlage*, dès lors que le concédant a mis sur le marché un nouveau modèle, bien que les parties au contrat se soient fondées sur le fait que le modèle faisant l'objet de la concession ne changerait pas pendant le temps indispensable à sa vente.

402 BGH, 11.10.1977, *NJW* 1978, S. 320, la Cour fédérale de justice constate la disparition du fondement contractuel pour un contrat de licence lorsque les circonstances économiques, qui permettaient la fabrication et la vente du produit faisant l'objet de la licence, ont disparu.

403 BGH, 13.11.1975, *NJW* 1976, S. 565, reconnaissance par la Cour d'une disparition du fondement contractuel lorsque le footballeur, faisant l'objet d'un transfert, est empêché de jouer pour des faits de corruption dans son ancien club.

404 BGH, 20.12.1974, *WPM*, 1975, S. 274 und S. 275., vente d'une turbine avec un droit d'utilisation de l'eau permettant d'actionner celle-ci ; l'existence du droit d'utilisation est constitutive du *Wegfall der Geschäftsgrundlage*.

405 BGH, 24.6.1974, *NJW*, 1974, S. 1864, diminution de la valeur de la contre-prestation.

406 BGH, Urteil vom 8. Februar 1978, *JZ*, 1978, S. 235.

407 BGH, Urteil vom 15. Dezember 1978, *BGHZ*, 1979, Band 73, S. 225.

408 OLG Celle, 17.3.1978, *NJW*, 1978, S. 2510.

Ce paragraphe établit une présomption de disparition du fondement contractuel. Au terme de cette présomption, les circonstances, au sens du § 313, qui constituent le fondement du contrat de bail et qui ont changé de manière significative après sa conclusion, dans l'hypothèse où le local commercial ne pourrait être utilisé ou ne pourrait l'être qu'avec des restrictions importantes en raison des mesures étatiques prises pour lutter contre l'épidémie de la Covid-19, donneront lieu à l'application du paragraphe 313 du BGB.

Cette présomption légale ne concerne que la première condition d'application du paragraphe 313 du BGB, c'est-à-dire le changement de circonstances. De plus, cette présomption est simple et peut donc être renversée par le bailleur. Les preneurs doivent en revanche faire la démonstration que les autres conditions du paragraphe 313 du BGB se trouvent réunies.

Il faudra, en effet, apporter la preuve d'une part, que les parties au contrat n'auraient pas conclu le contrat ou ne l'auraient pas conclu dans les mêmes conditions si elles avaient pu prévoir le changement et d'autre part, que la poursuite de l'exécution du contrat est devenue insupportable pour l'une des parties.

Conformément à la jurisprudence du *Reichsgericht* et du *Bundesgerichtshof*, le législateur a précisé que le risque de fermeture du local commercial, en raison de la pandémie, ne devait pas être la seule charge du locataire, mais que la perte importante du chiffre d'affaires devait justifier la nécessité d'une adaptation du contrat en mettant en balance celle-ci avec les aides reçues de l'Etat et la réduction des dépenses du locataire.

Compte tenu de l'urgence de la situation, le gouvernement allemand avait établi, dans le cadre du nouveau paragraphe 44 de la loi d'introduction au code de procédure civile entrée en vigueur le 30 décembre 2020, une accélération des procédures relatives à ces litiges qui devaient venir prioritairement devant les juridictions avec la fixation d'une première audience un mois après le dépôt de la demande[409].

[409] Gesetz zur weiteren Verkürzung des Rechtschuldbefreiungsverfahrens und zur Anpassung pandemiebedingter Vorschriften im Gesellschafts-, Genossenschafts-, Vereins- und Stiftungsrecht sowie im Miet- und Pachtrecht, Bundesgesetzblatt Jahrgang 2020 Teil I Nr. 67, ausgegeben zu Bonn am 3. Dezember 2020, S. 3328, « § 44 Vorrang- und Beschleunigungsgebot (1) Verfahren über die Anpassung der Miete oder Pacht für Grundstücke oder Räume, die keine Wohnräume sind, wegen staatlicher Massnahmen zur Bekämpfung der COVID-19 Pandemie sind vorrangig und beschleunigt zu behandeln. (2) In Verfahren nach Absatz 1 soll ein früher erster Termin spätestens einen Monat nach Zustellung der Klageschrifft stattfinden ».

Ainsi, la Cour d'appel de Dresde a rendu un arrêt le 24 février 2021 qui a constaté que la mesure de fermeture obligatoire, prise pour lutter contre le développement de la pandémie avait entraîné la disparition du fondement contractuel ce qui justifiait une exonération partielle du loyer de 50%[410]. A l'inverse, la Cour d'appel de Karlsruhe, dans un arrêt du même jour, a relevé que la société locataire bénéficiait des prestations de l'Etat, notamment l'allocation de chômage partiel, qui avaient permis de disposer d'un chiffre d'affaires journalier nettement supérieur aux mois précédents de sorte qu'un effet de rattrapage ne pouvait être exclu et que le preneur ne subissait pas une disparition du fondement contractuel[411].

L'imprévision confère au contrat une véritable stabilité et une faculté d'adaptation face aux changements qui menacent son exécution. L'imprévision donne ainsi toute garantie à un véritable épanouissement de la liberté matérielle, inhérente au contenu du contrat et aux circonstances, qui en constituent le fondement, conformément au principe *rebus sic stantibus*. Contrairement à une conception purement formelle de la liberté contractuelle, qui se réfère à l'intangibilité d'un contrat figé dans le moment de sa formation et à laquelle la France reste attachée, le législateur allemand s'est doté en 2001 d'un instrument équilibré qui permettra de pallier les conséquences des bouleversements à venir pour l'exécution des contrats.

---

[410] OLG Dresden, 24.2.2021 – 5 U 1782/20, *openJur* 2021, 6721

[411] OLG Karlsruhe, 24.2.2021 – 7 U 109/20, *BB-Online*, BBL 2021-718-1.

Chapitre II

Une matérialisation proportionnée de l'imprévision : une perturbation excessive du rapport d'obligation

L'ordonnance du 10 février 2016 a introduit à l'article 1195 du Code civil une disposition consacrée à l'imprévision. En cas de changement imprévisible de circonstances rendant l'exécution du contrat excessivement onéreuse pour l'un des cocontractants, qui n'avait pas accepté d'en assumer le risque, la partie lésée pourra demander à renégocier le contrat et en cas d'échec, à solliciter la résolution ou la résiliation de l'acte. L'imprévision faisait donc son entrée dans notre droit et plus encore, au sein même du Code civil. C'était, cependant, une entreprise bien hasardeuse à laquelle se livraient les rédacteurs de l'ordonnance.

En effet, malgré de vaines tentatives, dès le début de la seconde moitié du XIXe siècle, pour reconnaître l'imprévision, la Cour de cassation et cela, bien avant l'arrêt Canal de Craponne, censurait les décisions qui avaient eu l'audace de réviser le contrat sur ce fondement. Jamais, la Cour de cassation ne dévia de cette position. Ni l'arrêt *Expovit*, ni l'arrêt *Huard*, ni l'arrêt *Chevassus-Marche*, ni même l'arrêt *Les Repas Parisiens*, souvent cités comme les premiers frémissements d'une réception de la théorie de l'imprévision par la Cour de cassation, n'ont consacré cette règle. Les trois premiers arrêts avaient pour objet une exécution du contrat contraire à la bonne foi et le troisième concernait un déséquilibre initial dans le contrat. En aucune façon, il ne s'agissait pour ces décisions d'appliquer l'imprévision.

L'arrêt Soffimat faisait figure d'exception, mais la portée de cet arrêt et son caractère isolé ne permettaient pas de considérer que la Cour de cassation n'ait jamais véritablement envisagé de mettre en œuvre cette théorie dans le cadre de sa jurisprudence. C'est donc sur une terre aride et désolée que les rédacteurs de l'ordonnance du 10 février 2016 décidèrent d'implanter les racines de l'imprévision (Section I).

Cependant, l'hostilité de la Cour de cassation et plus généralement du système juridique français à l'encontre de l'imprévision rendait cette position de plus en plus intenable. En effet, nombre de droits européens ont non seulement consacré, mais également appliqué, à l'instar de l'Allemagne, la théorie de l'imprévision[412]. Or, la France ne pouvait plus se permettre d'exclure de sa législation une disposition que les droits européens concurrents sur le marché de l'Union offraient aux parties dans leurs ressorts respectifs. La nécessité d'une évolution du droit français constituait l'une des raisons de la réforme comme le rappelait le *Rapport au Président de la République* « *dans une économie mondialisée où les droits eux-mêmes sont mis en concurrence, l'absence d'évolution du droit des contrats et des obligations pénalisait la France sur la scène internationale* »[413]. La réception de l'imprévision dans le droit français devenait, dans ces conditions, une réforme qui devait nécessairement être mise en oeuvre.

Pour autant, l'implantation de l'imprévision dans le Code civil, bouleverse-t-il le paysage juridique français ? Aucunement, et nous serions tentés de dire que la révolution annoncée n'aura pas lieu. Les conditions posées à l'application de l'article 1195 sont particulièrement restrictives. Cette disposition est une mesure d'exception. De plus, le libellé du texte de l'article présente un caractère supplétif. Cette disposition est, avant tout, une invitation des parties à négocier pour adapter le contrat dans l'hypothèse d'un bouleversement imprévisible de circonstances et cela, dans la stricte proportion du déséquilibre subi[414]. (Section II).

L'article 1195 est donc un outil orienté, non pas contre la force obligatoire du contrat, mais bien pour servir celle-ci. Il ne s'agit pas d'imposer un retour à l'équilibre initial par des sacrifices que devrait consentir le cocontractant de la partie lésée. Il ne s'agit pas même d'éliminer le déséquilibre subi, mais seulement de diminuer la partie la plus excessive de ce déséquilibre.

De plus, en sus des conditions restrictives d'application de l'article 1195 du Code civil, l'imprévision et c'est un aspect tout à fait logique de cette disposition, ne saurait s'appliquer à des situations antérieures à sa promulgation comme ont été amenées à le rappeler de nombreuses décisions de justice. Il n'en reste pas moins que le principe de la liberté matérielle, qui régit désormais les contrats, interdit toute exclusion de l'imprévision dès lors que cette éviction entraînerait un déséquilibre significatif entre les droits et obligations respectifs des parties.

---

412 L'Italie met en œuvre l'imprévision dans le cadre de l'article 1467 du Code civil italien, la Grèce fait de même à l'article 388 de son Code civil, les Pays-Bas aux articles 6.258-1 et 6.260 du Code civil néerlandais, le Portugal la prévoit à l'article 437 de son Code civil et la Suisse qui a développé, par l'interprétation de l'article 2 de son Code civil, une jurisprudence abondante en ce domaine.

413 *Rapport au Président de la République* préc.

414 *Rapport au Président de la République*, préc., « L'imprévision a donc vocation à jouer un rôle préventif, le risque d'anéantissement ou de révision du contrat par le juge devant inciter les parties à négocier ».

Or, cette question pourrait se présenter avec les crises majeures que nous traversons aujourd'hui. Certes, la force majeure pourrait être invoquée en lieu et place de l'imprévision lorsque les conditions de l'article 1218 du Code civil sont réunies. Mais, en matière de pandémie, la jurisprudence s'est montrée, à différentes reprises dans le passé, très réticente pour reconnaître l'existence d'un cas de force majeure. De plus, en matière de force majeure, seul, le débiteur est autorisé à l'invoquer.

Dès lors, avec la crise de la Covid-19, le texte de l'article 1195 offre au créancier et au débiteur la possibilité d'invoquer son bénéfice. Les discussions pour une renégociation des contrats ne manqueront pas de se présenter tant cette crise et les mesures sanitaires qui l'ont accompagnée ont provoqué de bouleversements dans l'exécution des contrats. Et que dire du conflit en Ukraine avec les multiples conséquences que cette guerre d'agression menée par la Russie contre ce pays va engendrer ? L'article 1195 du Code civil permettra de prendre en compte le poids excessif d'un déséquilibre dans les contrats avec cette crise qui s'avère être l'une des plus sévères que l'Europe est connue depuis 1945. C'est à l'occasion de tels évènements que la théorie de l'imprévision fut consacrée en Allemagne (Section III).

Section I Une conception formelle du principe *pacta sunt servanda* : le rejet de l'imprévision

Avant l'ordonnance du 10 février 2016, la France était l'un des rares pays d'Europe qui excluait l'imprévision jugée comme une exception à la force obligatoire du contrat lorsqu'un déséquilibre majeur survenait au cours de son exécution[415]. Cependant, comme nous avions été amenés à le rappeler dans l'un de nos précédents ouvrages « *au début du XIXe siècle, quelques arrêts avaient commencé à admettre la révision du contrat en se fondant sur la clause rebus sic stantibus* … »[416]

Il est d'usage de se référer à l'arrêt « *Canal de Craponne* » pour fixer le point de départ du rejet de la théorie de l'imprévision par la Cour de cassation. Mais, nous avions déjà fait observer que les décisions des juridictions françaises en faveur de la clause *rebus sic stantibus* et leur censure par la Cour de cassation avaient eu lieu, bien antérieurement, au milieu du XIXe siècle « *à l'occasion de la guerre de Crimée et des répercussions subies par les conventions d'assurance à la suite d'un*

415 Pierre-Joseph Voirin, *De l'imprévision dans les rapports de droit privé*, thèse, Nancy, 1922.
416 E. Gilardeau, *op. cit.*, p.217.

changement de législation en matière de recrutement militaire qu'entraînait ce conflit. Il s'agissait, en l'espèce de jeunes conscrits qui avaient passé des contrats d'assurance les garantissant contre le risque du tirage au sort pour servir dans l'armée. Les assureurs auprès desquels ces derniers avaient souscrit leur contrat s'engageaient à fournir un remplaçant au cas où le bénéficiaire de la garantie contractuelle aurait tiré un numéro le désignant pour accomplir le service militaire. Or, postérieurement à la conclusion de ces contrats, les charges incombant aux assureurs avaient été considérablement aggravées en raison d'une augmentation importante du contingent liée à l'imminence de la guerre de Crimée. Les assurances étaient contraintes de trouver un grand nombre de remplaçants et de les payer un prix plus élevé qu'à l'ordinaire compte tenu des risques que pouvait faire courir le conflit à venir »[417].

Or, la Cour d'appel de Paris, dans trois arrêts rendus le 26 mai 1854[418] et la Cour d'appel de Rouen avec un arrêt du 3 juin 1854[419], avaient retenu le changement imprévisible de circonstance au profit des assurances. Toutes ces décisions firent l'objet d'une censure par la Cour de cassation dans le cadre d'un arrêt du 9 janvier 1856[420] en ce qui concerne les trois arrêts de la Cour d'appel de Paris et du 11 mars 1856[421] pour la décision de la Cour d'appel de Rouen ; l'augmentation du contingent par le législateur n'était pas un évènement imprévisible, selon la Cour de cassation. En effet, la haute juridiction française jugeait que cette mesure relevait de la compétence du législateur qui pouvait arrêter à tout moment une telle disposition. Les bouleversements économiques, survenus lors de la guerre de 1914-1918, auraient pu conduire la Cour de cassation à changer sa jurisprudence, mais cette dernière continua de rejeter la théorie de l'imprévision.

Malgré cette position, tenue fermement par la haute juridiction française, certains auteurs, comme Ludovic Marignol, considèrent qu'en raison de l'introduction de l'imprévision dans l'article 1195 du Code civil, la force obligatoire des contrats consacrée à l'article 1103 du Code civil se trouve menacée et que ce principe est devenu « *un colosse aux pieds d'argile, et le principe affirmé voilà cent-quarante ans par la Cour de cassation de l'intangibilité des conventions en dehors des hypothèses strictes de la force majeure a fini par céder à l'occasion de la réforme du droit des obligations de 2016. Le Projet de réforme publié le 25 février 2015 pour consultation semblait ainsi déjà marquer l'achèvement d'un long travail de sape, d'attaques sournoises en assauts frontaux, envers la position d'airain*

---

417 E. Gilardeau, *op. cit.*, p.218.

418 CA de Paris, 26 mai 1854, trois arrêts, *DP*, 54, 130.

419 CA de Rouen, 3 juin 1854, *DP*, 54, 2, 131.

420 Civ., 9 janvier 1856, trois arrêts, *DP*, 56, 1, 33.

421 Civ., 11 mars 1856, *DP*, 56, 1, 100.

du vénérable arrêt Canal de Craponne, en consacrant un semblant d'imprévision. L'ordonnance du 10 février 2016 a encore aggravé cette licence en introduisant pleinement la révision pour imprévision à l'article 1195 du code civil »[422].

Nous ne partageons pas l'analyse de Monsieur Marignol. En premier lieu, « *le long travail de sape* » que l'auteur croit déceler à travers la jurisprudence de la Cour de cassation et tout particulièrement, dans les arrêts de la Chambre sociale du 25 février 1992, de la Chambre commerciale du 3 novembre 1992 et du 24 novembre 1998 ne nous apparaît pas correspondre aux solutions adoptées par la haute juridiction française. En effet, ces arrêts n'ont pas la portée que leur prête Ludovic Marignol. En second lieu, loin de constituer une mise en cause de la force obligatoire des contrats, l'article 1195 du Code civil, renforce le principe édicté à l'article 1103 du Code civil comme nous serons appelés à le démontrer.

Sur le premier point soulevé par Monsieur Marignol, nous considérons que la jurisprudence citée ne consacre nullement l'imprévision. Le premier arrêt du 25 février 1992, auquel se réfère Ludovic Marignol, est étranger à la question de l'imprévision. L'arrêt sanctionne, en effet, l'obligation pour un employeur d'exécuter de bonne foi le contrat de travail. La Chambre sociale constate simplement que l'employeur doit assurer l'adaptation des salariés à l'évolution de leurs emplois. Ce dernier ne peut donc se prévaloir d'un licenciement pour motif économique à l'encontre d'un salarié en supprimant son poste de responsable du fichier client informatique pour des raisons de bonne gestion technique tout en engageant corrélativement une facturière alors que le salarié licencié aurait pu faire l'objet d'un reclassement dans cet emploi compatible avec ses capacités, si ce dernier avait bénéficié des actions de formation indispensables à son maintien sur le poste de travail[423].

L'arrêt *Expovit* est, en revanche, une application de l'ancien article 1134 alinéa 4 du Code civil qui impose l'exécution de bonne foi des contrats. Il est aussi une autre forme de consécration du matérialisme juridique, puisque, en l'espèce, l'obligation d'employabilité ne trouve pas sa source dans la loi, mais dans le contrat de travail lui-même qui contient par essence cette obligation.

En revanche, en ce qui concerne l'imprévision, les conditions de celles-ci sont sans lien avec ce litige. Nous ne sommes pas en présence d'un changement imprévisible de circonstances externes qui auraient existé lors de la conclusion du contrat. Si la bonne foi, comme nous le verrons,

---

422 Ludovic Marignol, *La prévisibilité en droit des contrats*, Thèse , Université de Toulouse 1 Capitole, soutenance du 11 décembre 2017.

423 Soc., 25 février 1992, *Bull. civ.* 1992, V, n°122, p.74.

constitue le fondement de la règle de l'imprévision, celle-ci se situe dans l'arrêt *Expovit* à un autre niveau, l'exécution de bonne foi du contrat.

Le second arrêt, invoqué en note par Monsieur Marignol pour étayer son analyse, a été rendu le 3 novembre 1992. Il s'agit de l'arrêt *Huard.* Contrairement à la présentation qui est faite ordinairement de cet arrêt comme l'une des décisions, qui aurait reconnu l'imprévision en droit français, nous ne voyons ici, une nouvelle fois, que l'application du principe d'exécution de bonne foi des contrats. Le changement du contexte économique est accessoire par rapport à la position d'un cocontractant qui agit de mauvaise foi à l'égard de son partenaire.

Les faits de l'arrêt établissent parfaitement le sens et la portée de la solution adoptée par la Chambre commerciale de la Cour de cassation. Le litige concernait un contrat de distribution, conclu le 2 octobre 1970, pour une durée de quinze ans entre une société pétrolière, en l'occurrence BP et un distributeur de carburant, Michel Huard, qui avait pris, en vertu de cette convention, la qualité de distributeur agréé de BP avec effet au 25 mars 1971. Jusqu'en 1982 les prix de vente des produits pétroliers au détail étaient fixés par les pouvoirs publics, mais, en 1983, ceux-ci firent l'objet de plusieurs arrêtés qui eurent pour effet de libérer la fixation de leur montant et d'instaurer une forte concurrence sur les prix de l'essence.

Dans un premier temps, BP proposa à Monsieur Huard de prendre le statut de commissionnaire afin de lui permettre de faire face à cette concurrence. Cependant, ce nouveau statut privait Michel Huard du droit de fixer lui-même le prix du carburant puisque cette prérogative appartiendrait désormais à la société pétrolière. Aussi, Michel Huard refusa, car ce dernier voulait continuer à pouvoir fixer ses prix de vente. Cependant, la situation de Monsieur Huard ne cessa de se dégrader. Il sollicita l'aide de son cocontractant afin de lui permettre de pratiquer des prix concurrentiels. Mais BP ne donna aucune suite à cette demande. Monsieur Huard assigna BP en réparation du préjudice subi qui résultait du refus de la société pétrolière de baisser ses prix[424].

La Cour d'appel de Paris fit droit à la demande de Monsieur Huard et lui accorda une indemnisation de 150 000 francs jugeant que la société BP n'avait pas permis à ce dernier de pratiquer des prix lui permettant de faire face à la concurrence ce qui constituait un manquement de BP à l'obligation d'exécuter de bonne foi le contrat. La Chambre commerciale de la Cour de cassation rejetait le pourvoi de la société pétrolière contre l'arrêt de la Cour d'Appel de Paris[425].

---

424 Com., 3 novembre 1992, *Bull. civ.* 1992 IV, n°338, p.224.
425 Com., 3 novembre 1992, préc.

Or, dans son arrêt du 3 novembre 1992, la haute juridiction n'esquisse aucune solution en faveur de l'imprévision. Tout d'abord, le bouleversement économique subi par monsieur Huard ne procède pas directement d'un changement des circonstances extérieures qui existaient au moment du contrat. Certes, une modification de ces circonstances était bien intervenue, puisque la législation, qui imposait aux compagnies pétrolières d'appliquer le même tarif de vente à leurs détaillants, avait été réformée. La nouvelle mesure permettait aux distributeurs de consentir une baisse de seize centimes par litre d'essence et de dix-sept centimes par litre de supercarburant par rapport au prix plancher établi par les pouvoirs publics.

Cependant, la cause du litige tient ici non pas à ce bouleversement des circonstances, mais, au fait que la société BP d'une part « *s'était engagée à maintenir dans son réseau M. X..., lequel n'était pas obligé de renoncer à son statut de distributeur agréé résultant du contrat en cours d'exécution pour devenir mandataire comme elle le lui proposait* »[426]. La Cour de cassation ajoutait que la société BP « *ne pouvait, dans le cadre du contrat de distributeur agréé, approvisionner M. X... à un prix inférieur au tarif "pompiste de marque", sans enfreindre la réglementation, puisqu'il lui appartenait d'établir un accord de coopération commerciale entrant "dans le cadre des exceptions d'alignement ou de pénétration protectrice d'un détaillant qui ont toujours été admises"* »[427].

La Cour de cassation sanctionne, comme le démontrent ses considérants, la position adoptée par la société pétrolière, qui, pour accorder le bénéfice d'une baisse des prix à son distributeur, lui imposait d'accepter le statut de mandataire le privant ainsi de tout contrôle sur les prix qu'il pratiquait. Cette condition réduisait le distributeur à une alternative, soit refuser et subir une concurrence qui le conduisait inéluctablement à une dégradation continue de sa situation économique ou accepter le statut proposé et perdre son indépendance. Le refus de la société BP caractérisait d'autant plus sa mauvaise foi qu'elle disposait elle-même de la possibilité de lui permettre de bénéficier des prix pratiqués dans son réseau par le biais d'un accord de coopération commerciale. C'est donc une violation de la bonne foi, dans l'exécution du contrat, qui est ici sanctionnée avec des effets similaires à ceux d'un contrat strangulatoire.

Nous ne sommes donc pas dans un changement de situation économique, dû à des circonstances extérieures aux parties, mais au contraire face à une difficulté à laquelle se trouvait confronté l'un des cocontractants et qui était exclusivement imputable à son partenaire dont la

[426] Com., 3 novembre 1992, préc.
[427] Com., 3 novembre 1992, préc.

politique commerciale était de vendre des carburants aux consommateurs à un prix inférieur à celui pratiqué par son distributeur agréé.

De plus, la Cour de cassation ne fait état, à aucun moment, de la faculté pour le juge de réviser le contrat et c'est seulement de manière implicite qu'elle apparaît reconnaître une obligation de renégociation du contrat. Dès lors, la solution de l'arrêt *Huard* est d'une facture classique dans le domaine de l'exécution de bonne foi du contrat.

Il en va de même pour le dernier arrêt de référence visé en note par Monsieur Marignol. En effet, l'arrêt *Chevassus-Marche* du 24 novembre 1998 ne diffère pas de l'arrêt *Huard* dans la solution qu'il adopte[428]. Dans ce litige, un agent commercial s'était vu confié, au titre d'un contrat souscrit le 14 avril 1987 par la société BSN, devenue la société Groupe Danone, la représentation exclusive de ses filiales, la société Brasseries Kronenbourg et les Eaux minérales d'Evian, auprès de sa clientèle, des importateurs, grossistes et détaillants de l'océan Indien[429].

Cependant, le mandataire se vit concurrencer sur le secteur, qui lui avait été attribué, par des centrales d'achat qui se fournissaient directement auprès de ses mandants et qui procédaient à la revente des produits achetés à des prix inférieurs à ceux qu'il pratiquait. Il ne s'agit donc pas ici d'imprévision. La Cour de cassation est simplement venue préciser que les juges du fond auraient dû rechercher si les sociétés mandantes avaient « *pris des mesures concrètes pour permettre à leur mandataire de pratiquer des prix concurrentiels, proches de ceux des mêmes produits vendus dans le cadre de ces ventes parallèles, et de le mettre ainsi en mesure d'exercer son mandat* »[430]. Seule, la bonne foi dans l'exécution du contrat est en cause dans cette affaire et en aucune façon la théorie de l'imprévision, qui est à la fois étrangère aux faits de l'espèce et à la solution donnée par la Cour de cassation.

C'est également à tort que l'on classe l'arrêt *Les Repas Parisiens* au nombre des décisions qui auraient consacré la théorie de l'imprévision[431]. Il ne s'agit pas, en l'occurrence, d'un changement imprévisible de circonstances, mais d'un déséquilibre initial du contrat. En effet, un contrat avait été conclu le 15 octobre 1984 entre une commune, une association (AFJT) et un restaurateur (Les Repas Parisiens) pour l'exploitation d'un restaurant à caractère social et d'entreprise. La commune de Cluses avait concédé à l'association l'exploitation du restaurant qu'elle avait, elle-même,

---

428 Com., 24 novembre 1998, *Bull. civ.* 1998, IV, n°277, p.232.

429 Com., 24 novembre 1998, préc.

430 Com., 24 novembre 1998, préc.

431 Guillaume Lacroix, *L'adaptation du contrat aux changements de circonstances, Droit*, 2015, dumas-01317150, p.46.

déléguée au restaurateur, la société Les Repas Parisiens, pour une durée de dix années. L'entreprise Les Repas Parisiens s'était vue accorder également le droit de réaliser des travaux d'aménagement importants dans les locaux et s'était engagée à régler en contrepartie un loyer annuel à l'association et une redevance à la commune. Cependant, le 31 mars 1989, la société Les Restaurants Parisiens résiliait unilatéralement cette convention[432].

La commune et l'association sollicitèrent en référé la condamnation de l'entreprise à poursuivre l'exploitation du restaurant. Les Restaurants Parisiens, qui avaient cessé leur activité le 31 juillet 1989, saisirent la juridiction administrative en fondant leur demande de résiliation sur un bouleversement de l'équilibre économique du contrat. Parallèlement, la commune et l'association saisissaient le Tribunal de Grande Instance d'une demande de dommages et intérêts au titre d'une rupture unilatérale du contrat et de dégradations des installations. Le Tribunal des conflits déclara compétente la juridiction judiciaire, puisque le contrat souscrit présentait un caractère de droit civil. Les juridictions du fond firent droit aux demandes de la commune et de l'association[433].

Saisie, la Première Chambre civile de la Cour de cassation rejeta, par son arrêt du 16 mars 2004, le pourvoi formé par les Restaurants Parisiens. Cette société faisait grief à l'arrêt de la Cour d'appel de ne pas avoir recherché « *si, en raison des contraintes économiques particulières résultant du rôle joué par la collectivité publique dans la détermination des conditions d'exploitation de la concession, et notamment dans la fixation du prix des repas, les personnes morales concédantes n'avaient pas le devoir de mettre la société prestataire de service en mesure d'exécuter son contrat dans des conditions qui ne soient pas manifestement excessives pour elle et d'accepter de reconsidérer les conditions de la convention* »[434].

Mais, la Cour de cassation constatait « *que la cour d'appel a relevé que la LRP mettait en cause le déséquilibre financier existant dès la conclusion du contrat et non le refus injustifié de la commune et de l'AFJT de prendre en compte une modification imprévue des circonstances économiques et ainsi de renégocier les modalités du sous-traitant au mépris de leur obligation de loyauté et d'exécution de bonne foi* »[435].

Les commentateurs de cette décision se sont arrêtés à ces derniers attendus de la Haute Juridiction pour considérer qu'il s'agissait là d'une

---

432Civ ; 1ère, 16 mars 2004, *Bull. civ.* 2004, I, n°86, p.69.
433 Civ ; 1ère, 16 mars 2004, préc.
434 Civ ; 1ère, 16 mars 2004, préc.
435Civ ; 1ère, 16 mars 2004, préc.

consécration de l'imprévision[436]. Or, le sens et la portée de cet arrêt diffèrent de l'analyse développée par ces commentateurs. En effet, Monsieur Renard-Payen, alors conseiller-doyen de la Première Chambre civile de la Cour de cassation, rappelait que seul, le moyen développé par le restaurateur voulait situer sa demande dans le cadre de la théorie de l'imprévision. Mais, cette argumentation était contraire à la réalité de la situation juridique soumise à la haute juridiction. Monsieur Renard-Payen explique qu' « *En toute hypothèse, le moyen était ici en porte-à-faux au regard des constatations de l'arrêt attaqué. La cour d'appel avait, en effet, relevé à juste titre que la société n'invoquait pas devant elle un déséquilibre financier né de circonstances économiques imprévues. Elle se fondait, en réalité, sur un déséquilibre structurel du contrat, dont elle n'avait pas été mise en mesure de prendre conscience, sans, pour autant, invoquer un vice du consentement* »[437].

Non seulement, les conditions de l'imprévision n'étaient pas réunies, mais si celles-ci l'avaient été, il n'existerait aucune raison de croire que la Cour de cassation aurait consacré cette solution, à tout le moins, au regard

---

[436] Eric Borysewicz, *Renégociation des contrats en cours : la révolution annoncée, Les Echos*, 16-17 avril 2004, p.11 soutenait en effet que « Remettant en cause l'un des fondements les mieux établis du droit privé français, la Cour de cassation, dans un arrêt du 16 mars 2004, pose le principe d'une obligation générale de renégociation des contrats en cours en cas de modification imprévue des circonstances économiques » avant de préciser que « l'arrêt de la Cour de cassation du 16 mars 2004 pose les bases de l'imprévision dans les contrats de droit privé » et de conclure « à n'en pas douter, les acteurs économiques vont tenter de s'engouffrer dans la brèche ouverte par la Cour de cassation dans le principe de l'intangibilité du contrat et ce d'autant plus que cette jurisprudence s'applique immédiatement à tous les contrats en cours, quelle que soit la date de leur conclusion » ; Denis Mazeaud, *Du nouveau sur l'obligation de renégocier* », *D* 2004, Jurisprudence, pp.1754 et s. indique que « sans forcer exagérément le trait, ni solliciter excessivement cet arrêt, il semble bien que c'est cette stimulante leçon de politique contractuelle que la première Chambre civile a entendu donner, à cette occasion en réaffirmant, fort opportunément, le principe de l'obligation de renégocier (I) et en déterminant, avec précision, le domaine (II) » et ajoute que « même si, à l'évidence, il ne s'agit pas de l'apport essentiel de l'arrêt commenté, la consécration du principe de l'obligation de renégocier par la Cour de cassation nous paraît digne d'intérêt. Ce faisant, la Cour de cassation confirme les précédents qui émanaient de la Chambre commerciale et inscrit sa jurisprudence dans l'environnement européen et international » avant de préciser « qu'il est entendu que la Cour de cassation induit du devoir d'exécuter le contrat de bonne foi, édicté par l'article 1134, alinéa 3, du code civil, une obligation de renégocier les contrats devenus profondément déséquilibrés au cours de leur exécution en raison d'un changement de circonstances » et de surenchérir que l'on « peut se demander si l'un des mérites de l'arrêt rendu par la première Chambre civile n'est pas de replacer l'obligation de renégocier dans l'orbite de la théorie de l'imprévision » pour conclure « qu'avec cet arrêt, et pour la première fois de façon claire et nette, la Cour de cassation appréhende l'obligation de renégocier comme un tempérament, indirect, mais général, à l'intangibilité des contrats devenus déséquilibrés lors de leur exécution, autrement dit au refus de la révision pour imprévision qu'elle a exprimé ».

[437] Olivier Renard-Payen, note sous Civ ; 1ère, 16 mars 2004 *JCP éd. E*, 2004, n°737, p.817.

des attendus de l'arrêt de rejet qui ne laissent transparaître à aucun moment que la Première Chambre civile ait pu suivre une telle direction.

De plus, en ce qui concerne l'obligation de renégocier, monsieur Jacques Ghestin précise que « *Finalement l'attendu justifiant le rejet devait se lire de la façon suivante : "Mais attendu que la cour d'appel a relevé que la LRP mettait en cause le déséquilibre financier existant dès la conclusion du contrat" et non comme le soutient le demandeur dans son pourvoi "le refus injustifié de la commune et de l'AFJT de prendre en compte une modification imprévue des circonstances économiques et ainsi de renégocier les modalités du sous-traité au mépris de leur obligation de loyauté et d'exécution de bonne foi"* »[438].

Dans ce contexte, une autre décision de la Cour de cassation pourrait faire figure d'exception. Il s'agit de l'arrêt *Soffimat*. Les faits du litige soumis à la Cour de cassation présentent, en effet, les traits caractéristiques de l'imprévision. La Société d'Exploitation de Chauffage (SEC) a assigné en référé la société Soffimat avec laquelle elle avait conclu le 24 décembre 1998 un contrat d'une durée de douze ans qui stipulait la réalisation de 43 488 heures de maintenance pour les deux moteurs d'une centrale de production de co-génération moyennant une redevance forfaitaire annuelle. La société SEC demanda au cours du contrat que la société Soffimat réalisa, à compter du 2 octobre 2008, les travaux de maintenance prévus et tout particulièrement la visite des 30 000 heures des moteurs[439].

Cependant, le coût des matières premières et des métaux n'avait cessé d'augmenter depuis 2006 ce qui avait conduit à un surenchérissement du prix des pièces de rechange qui rendait excessive la charge des prestations au regard du montant de la redevance. Les juges du fond avaient fait droit à la demande de condamnation de la société Soffimat visant à la réalisation par la société SEC des travaux de maintenance prévus dont les 30 000 heures de visite des moteurs[440].

Dans son arrêt rendu le 29 juin 2010, la Chambre commerciale de la Cour de cassation censure l'arrêt de la Cour d'appel de Paris en faisant grief aux juges du fond de ne pas avoir « *recherché si l'évolution des circonstances économiques et notamment l'augmentation du coût des matières premières et des métaux depuis 2006 et leur incidence sur celui des pièces de rechange n'avait pas eu pour effet, compte tenu du montant de la redevance payée par la société SEC, de déséquilibrer l'économie générale du contrat tel que voulu par les parties lors de sa signature en décembre*

---

[438] J. Ghestin, *D* 2004, p.2239.
[439] Com., 29 juin 2010, pourvoi *n°09-67.369.*
[440] Com., 29 juin 2010, préc.

1998 et de priver de toute contrepartie réelle l'engagement souscrit par la société Soffimat, ce qui était de nature à rendre sérieusement contestable l'obligation dont la société SEC sollicitait l'exécution »[441].

Certes, l'arrêt de la Cour de cassation fut rendu en référé, dans le cadre d'une formation restreinte, pour trancher une simple question de procédure civile tenant au caractère contestable de la demande de la société SEC. Cette décision n'a fait à ce titre l'objet d'aucune publication. De plus, la doctrine française conteste la valeur de principe de cet arrêt[442]. Mais, ce dernier n'en présente pas moins un intérêt tout particulier au titre du raisonnement suivi par la Haute Juridiction qui tire les conséquences des faits qui lui étaient soumis.

Toutes les conditions de l'imprévision étaient, en effet, réunies. Le changement de circonstances était imprévisible pour les parties à la date de la conclusion du contrat et celui-ci portait manifestement atteinte à l'équilibre de la convention rendant son exécution excessivement onéreuse pour le débiteur de la prestation. Cependant, la Cour de cassation ne tira pas les conséquences de ce constat et n'a pas invité les parties à renégocier le contrat. Elle se limitait à invoquer la caducité de l'acte.

L'enseignement, qui doit être tiré de cet arrêt, tient aux faits eux-mêmes, qui révèlent que l'atteinte portée à l'« *économie générale* » du contrat appelait, non pas le rétablissement de son équilibre initial, mais bien, la réduction de la partie excessive du déséquilibre résultant du bouleversement économique. Cet arrêt de la Cour de cassation, s'il ne consacre pas la théorie de l'imprévision, n'en fait pas moins état, au vu des circonstances de l'espèce qui lui étaient soumises, de l'existence des conditions nécessaires à sa mise en oeuvre.

---

[441] Com., 29 juin 2010, préc.

[442] T. Génicon, *Théorie de l'imprévision ou de l'imprévoyance ?*, *D*, 2010, 2485 et s. ; J. Ghestin, obs. sous Com. 29 juin 2010, *JCP* G 2011, n°3, p.126.

Section II Une règle supplétive au périmètre réduit à la part excessive du déséquilibre contractuel

Dans ce contexte, bien que Ludovic Marignol ait cru déceler dans l'arrêt Huard et Chevassus-Marche les prodromes d'une modification du droit tout en les déplorant, ce dernier s'interrogeait sur la consécration de l'imprévision par l'ordonnance du 10 février 2016, dans ces termes « *Quoique cette limite soit consacrée par le texte issu de l'ordonnance de 2016, qui vise "le changement de circonstances imprévisibles lors de la conclusion du contrat", il n'en demeure pas moins que la disharmonie de cette innovation par rapport au système où elle s'insère est patente* »[443]. Au vu de l'état de la jurisprudence que nous venons de retracer, cette position de Ludovic Marignol est des plus compréhensibles.

Alors, pourquoi l'ordonnance introduit-elle dans le droit français une disposition, qui, par sa nature, est non seulement étrangère, mais surtout, contraire au système juridique appelé désormais à l'accueillir ? Il existe, selon nous, une raison qui tient à la place que l'ordonnance du 10 février 2016 réserve à la bonne foi. C'est, en effet, la bonne foi qui sous-tend l'imprévision aussi bien en droit français qu'en droit allemand. Nous avons vu que la révision du contrat pour imprévision fut consacrée outre-Rhin sur le fondement du paragraphe 242 du BGB. De la même manière, la bonne foi joue un rôle essentiel dans la conception de l'imprévision énoncée à l'article 1195 du Code civil.

La bonne foi est conçue après la réforme de 2001 en Allemagne et de 2016 en France comme une notion inhérente à la substance même du contrat. Contrairement aux inquiétudes qu'a pu susciter l'introduction de cette disposition dans le Code civil, l'imprévision ne menace pas la force obligatoire du contrat. Tout au contraire, elle s'inscrit dans le prolongement de celle-ci. L'article 1195 du Code civil est destiné à restituer, en cas de changement imprévisible des circonstances, sa complète efficacité à l'acte. C'est en ce sens qu'il faut entendre la justice contractuelle. L'imprévision n'est que la manifestation d'une cohérence du contrat dans sa durée telle que l'avaient entendue les parties lors de la conclusion de l'acte. L'économie générale du contrat impose cet équilibre entre force obligatoire du contrat et bonne foi qui ne sont que l'avers et le revers d'une même médaille et la garantie d'une intangibilité effective de l'acte.

---

[443] Ludovic Marignol, *op. cit.*, p.171.

L'article 1195 du Code civil s'inscrit pour cette raison dans le champ de cette finalité. Les conditions de son application se trouvent dès lors strictement définies. En premier lieu, comme le rappelle Pascal Ancel, l'article 1195 ne peut concerner qu'« *un contrat, dont l'exécution est échelonnée dans le temps ou du moins différée* »[444]. De plus, cette disposition se trouve limitée dans son domaine d'application. En effet, nombre de conventions comportent des clauses de « *hardship* » dont l'objet est d'aménager une renégociation de l'accord pour l'adapter aux circonstances imprévisibles qui pourraient se révéler préjudiciables à l'égard de l'une des parties. Il s'agit principalement de contrats conclus entre professionnels.

Cependant, tous les actes appartenant à la catégorie des conventions à exécution successive ou différée ne présentent pas toujours de telles clauses. Or, les conventions se trouvent aujourd'hui de plus en plus exposées, dans un contexte économique, politique et social incertain, voire instable, à un changement de circonstances imprévisibles où l'anticipation de la gestion du risque devient une exigence essentielle pour l'équilibre du contrat. L'article 1195 du Code civil a donc pour objet d'inciter les parties à aménager dans l'acte lui-même cette prévention du risque.

L'article 1195 se fonde, à titre principal, sur la bonne foi des parties pour renégocier l'accord afin de l'adapter au changement de circonstances lorsque celui-ci rend l'exécution du contrat excessivement onéreuse. Si la partie qui n'a pas accepté d'en assumer le risque est tenue de continuer à exécuter ses obligations, malgré le changement de circonstances, son cocontractant doit également participer à la négociation qui lui est offerte.

En effet, l'article 1195 précise que, dans l'hypothèse d'un refus de négociation ou lorsque celle-ci a bien été mise en œuvre, mais a conduit à un échec, les parties au contrat peuvent fixer d'un commun accord la résolution du contrat ou solliciter son adaptation par le juge. C'est donc en dernier recours, dans l'hypothèse où les cocontractants ne parviendraient pas à trouver un accord, que le juge pourrait être saisi, à la demande de l'un d'entre eux, afin de réviser le contrat ou de mettre fin à celui-ci aux conditions qu'il serait amené à fixer. L'*ultima ratio* d'une possible révision judiciaire est, avant tout, une invitation préalable faite aux parties de choisir la voie de la négociation pour adapter elles-mêmes le contrat[445].

Le texte de l'article 1195 dépasse ici les prescriptions de l'avant-projet Catala, qui n'avait pas prévu dans ses articles 1135-1 à 1135-3,

---

[444] Pascal Ancel, « *Imprévision* », in *Rép. droit civ.*, Dalloz, mai 2017, n°1.

[445] Matthieu Brochier, *Les nouveaux rôles du juge dans l'inexécution du contrat*, *Droit et patrimoine*, n°259, juin 2016, p.47 ; Philippe Stoffel-Munck, *L'imprévision et la réforme des effets du contrat*, *RDC*, numéro Hors-série du 1er avril 2016.33.

consacrés à la question de l'imprévision, une adaptation du contrat par le juge. La différence avec l'article 1195 du Code civil réside précisément dans cette volonté d'inciter la partie qui ne subit pas les effets de l'imprévision à négocier l'adaptation du contrat. Les rédacteurs de l'ordonnance du 10 février 2016 rejoignent les *Principes du droit européen des contrats* qui avaient intégré le pouvoir du juge de réviser le contrat ou d'y mettre fin[446].

Dans cette perspective, l'intervention du juge est non seulement subsidiaire puisqu'elle s'inscrit au terme d'un processus en trois étapes, mais elle est également exceptionnelle tant les conditions posées par l'article 1195 érigent cette disposition au rang d'une disposition d'exception entendue *stricto sensu*. L'article 1195 du Code civil n'a donc pas vocation à régir le droit des contrats comme le ferait une règle ordinaire. Il est au sens propre du terme une norme extraordinaire du droit commun appelée à garantir la force obligatoire du contrat en présence de circonstances exceptionnelles. La notion d'« *imprévision* » et l'« *exécution excessivement onéreuse* » constituent les barrières intangibles du champ clos de l'imprévision.

Pascal Ancel rappelle, à propos des circonstances imprévisibles, que si les parties « *ne l'ont pas prévu alors qu'elles auraient pu le prévoir, elles ne peuvent s'en prendre qu'à elles-mêmes* »[447]. En effet, l'imprévision a pour objet de renforcer la force obligatoire du contrat face à des évènements imprévus et non de permettre à l'une des parties de mettre en cause le contrat parce qu'elle aurait négligé d'aménager par une clause ce qu'elle devait ou pouvait prévoir. La « *non-prévision* »[448] n'est pas « *l'impossibilité de prévoir* »[449]. Maike Regener rappelle à ce titre que « *lorsqu'une partie aurait pu prévoir le changement de circonstances, mais a omis de prendre des mesures préventives en acceptant le risque, elle est tenue de supporter les*

---

[446] *Commission pour le droit européen du contrat, Les principes du droit européen du contrat. L'exécution, l'inexécution et ses suites. Version française par Isabelle de Lamberterie, Georges Rouhette, Denis Tallon*, La Documentation française, Paris, 1997, article 6 : 111 : « Changement de circonstances (1) Une partie est tenue de remplir ses obligations, quand bien même l'exécution en serait devenue plus onéreuse, soit que le coût de l'exécution ait augmenté, soit que la valeur de la contre-prestation ait diminué. (2) Cependant, les parties ont l'obligation d'engager des négociations en vue d'adapter leur contrat ou d'y mettre fin si cette exécution devient onéreuse à l'excès pour l'une d'elles en raison d'un changement de circonstances (a) qui est survenu après la conclusion du contrat, (b) qui ne pouvait être raisonnablement pris en considération au moment de la conclusion du contrat, (c) et dont la partie lésée n'a pas à supporter le risque en vertu du contrat. (3) Faute d'accord des parties dans un délai raisonnable, le tribunal peut (a) mettre fin au contrat à la date et aux conditions qu'il fixe, (b) ou l'adapter de façon à distribuer équitablement entre les parties les pertes et profits qui résultent du changement de circonstances. Dans l'un et l'autre cas, il peut ordonner la réparation du préjudice que cause à l'une des parties le refus par l'autre de négocier ou sa rupture de mauvaise foi des négociations ».

[447] P. Ancel, *op. cit.*, n°80.

[448] O. Deshayes, T. Genicon, Y.-M. Laithier, *op. cit.*, p.445.

[449] O. Deshayes, T. Genicon, Y.-M. Laithier, *ibid.*

désavantages qui en résultent »[450]. Il n'existe en conséquence aucune ambiguïté sur la notion d'« imprévisibilité »[451].

En l'occurrence, il ne s'agit pas de se placer exclusivement du point de vue de la partie concernée pour apprécier l'imprévisibilité, mais également sous l'angle d'un tiers objectif et raisonnable. Dès lors, l'appréciation s'établira en fonction de la catégorie de la « *personne raisonnable* » à laquelle appartient le contractant concerné, professionnel, consommateur ou simple particulier. Ce critère est « *relevé dès lors qu'on est en présence d'un professionnel* , remarque Ludovic Marignol, « *en raison de sa qualité, celui-ci est normalement plus à même d'anticiper le risque en fonction des signes qui s'offrent à lui lors de la formation des prévisions, et il serait très logique d'apprécier plus sévèrement l'imprévisibilité eu égard à la compétence de celui qui se prévaut de l'imprévision* ... »[452]. Dans ces conditions, le juge saisi de cette question serait en mesure d'« *appliquer une police stricte de la révision pour imprévision* ».[453]

Cette même exigence se retrouve au niveau du caractère excessivement onéreux de la prestation pour l'une des parties. L'adverbe « *excessivement* » précise qu'une prestation rendue simplement plus onéreuse ne peut entrer dans le cadre de l'imprévision. Le matérialisme juridique servira ici de mètre étalon. C'est, en effet, au niveau du contenu même du contrat que s'appréciera le caractère excessivement onéreux de la prestation.

Le bouleversement de l'équilibre contractuel doit être évalué en premier lieu au regard de la prestation. L'exécution n'est pas impossible, car dans l'hypothèse contraire, on se trouverait en présence d'un cas de force majeure. Cependant, la prestation doit subir une augmentation de son coût disproportionnée par rapport à ce qui avait été prévu initialement par le contrat. Le caractère onéreux de la prestation devient alors progressivement insupportable, à défaut d'être insurmontable.

Parallèlement à la partie qui doit faire face à un accroissement considérable du coût de sa prestation, il existe l'éventualité inverse, celle d'un contractant qui se trouve confronté à une diminution considérable de la valeur de la contrepartie qu'il reçoit. Pascal Ancel fait observer à cet égard que « *les arrêts emblématiques qui ont servi de base au développement de*

---

450 Maike Regener, *Les techniques de prise en compte des motifs dans le contrat*, *RDC*, 2013, p.1583.

451 O. Deshayes, T. Genicon, Y.-M. Laithier, *ibid.* « l'évènement imprévisible est celui qu'une personne raisonnable, normalement diligente, n'aurait pas davantage prédit que le contractant considéré ».

452 L. Marignol, *op. cit.*, p.70.

453 L. Marignol, *ibid.*

l'imprévision (l'arrêt canal de Craponne et l'arrêt du bail à cheptel en 1922) relevaient de la seconde hypothèse : dans les deux cas, le contractant demandait la révision du contrat parce que, en raison de la perte de valeur de la monnaie, le prix qu'il recevait en contrepartie de sa prestation – l'entretien du canal ou l'abandon de la propriété du bétail – était devenu dérisoire »[454].

L'exigence du droit allemand en matière d'imprévision est bien cette atteinte portée par un changement de circonstances imprévisible à l'équivalence des prestations (*Äquivalenzstörung*) qui avait été initialement établie par le contrat et qui se caractérise, comme nous l'avons vu, par l'augmentation disproportionnée de la prestation (*Leistung*) ou une contre-prestation dérisoire (*Gegenleistung*), l'ensemble constituant un changement de circonstances insupportable (*unzumutbar*) pour la partie qui est appelée à le subir.

Or, l'adaptation du contrat ne consiste pas à rétablir l'équivalence initiale, mais à réduire dans de justes proportions le déséquilibre issu du changement de circonstances dans ce qu'il a d'excessif. Olivier Deshayes, Thomas Génicon et Yves-Marie Laithier observent qu'« *il faut donc considérer que le juge n'a pas à replacer les parties dans la situation d'équilibre qui était la leur lors de la conclusion du contrat. Il doit uniquement "raboter" le déséquilibre dans sa seule portion jugée excessive* »[455]. Dans ces limites strictement définies, l'imprévision, loin du danger, qui a été dénoncé, répond, tout au contraire, à la fonction nécessaire de corriger les effets indésirables que peut présenter la multiplication des évènements aussi imprévisibles et exceptionnels que sont aujourd'hui la Covid-19 ou la guerre en Ukraine pour l'exécution des contrats.

---

[454] P. Ancel, , *op. cit.*, n°75.

[455] O. Deshayes, T. Genicon, Y.-M. Laithier, *op. cit.*, p.470.

Section III L'*ultima ratio* de la justice contractuelle face aux déséquilibres conjoncturels

L'imprévision a pour but de maintenir la force obligatoire du contrat et non de renverser celle-ci ou encore « *d'être une cause modératrice de la force obligatoire du contrat* »[456]. Les conditions strictes qui l'entourent lui interdisent de s'échapper de cette finalité. La crise de la pandémie de la covid-19 offre à cet égard une parfaite illustration des limites posées à la théorie de l'imprévision après son introduction dans le droit français.

En premier lieu, les parties pourraient invoquer la force majeure dans une telle hypothèse plutôt que l'imprévision. Cependant, la jurisprudence française a toujours rejeté la qualification de force majeure dans le cas d'une épidémie, soit en considérant pour la dengue que sa régularité la rendait prévisible[457] ou en ce qui concerne le virus Ebola que son caractère irrésistible dans l'exécution de contrats n'était pas établi[458] ou bien que le lien de causalité avec la baisse d'activité n'était pas démontré, ou encore, avec le virus H1N1, que l'annonce de la propagation de ce dernier avait fait l'objet d'une information importante avant l'application même de la réglementation sanitaire[459]. Or, la pandémie de la covid-19 se présente sous un jour très différent.

Par son ampleur, sa durée, sa récurrence en vagues successives, cette pandémie rompt avec les schémas traditionnels. De plus, la covid-19 a conduit à l'adoption de mesures restrictives de nature administrative inaccoutumées destinées à prévenir ou réduire les effets de la contagion. Ces différents aspects de la pandémie permettent d'invoquer la force majeure[460]. Cependant, l'appréciation de la force majeure se fera, au cas par cas, afin de déterminer si les conditions d'imprévisibilité, d'extériorité et d'irrésistibilité se trouvent bien réunies.

Les décisions rendues en ce domaine concernent des procédures en référé, qui, si elles ne permettent pas de déduire une tendance, comme le feraient des jugements sur le fond, n'en donnent pas moins une indication sur la reconnaissance ou le rejet de la force majeure. Or, la position des juridictions apparaît pour le moins contrastée.

---

456 *Rapport au Président de la République*, préc..
457 CA Nancy, 22 novembre 2010, *R.G.* n°*09/00003*.
458 CA Paris, 29 mars 2016, *R.G.* n°*15/05607*.
459 CA Besançon, 8 janvier 2014, *R.G.* n°*12/02291*.
460 Julia Heinich, *L'incidence de l'épidémie de coronavirus sur les contrats d'affaires : de la force majeure à l'imprévision*, *D* 2020, 611.

Ainsi, la Cour d'appel de Paris statuant en matière de référé a jugé que « *la fermeture totale du commerce de la société en raison de l'état d'urgence sanitaire et du confinement est susceptible de revêtir le caractère de la force majeure, si bien qu'il existe une contestation sérieuse quant à l'exigibilité des seuls loyers courant à compter du 11 mars 2020* »[461]. En l'occurrence, la Cour d'appel de Paris ne s'est pas véritablement prononcée, puisqu'elle a laissé le soin aux juridictions, qui seraient saisies de ce litige sur le fond, de déterminer si la fermeture totale du commerce constituerait un cas de force majeure.

Cependant, cette même juridiction s'est montrée plus formelle au sujet d'une rupture soudaine d'une relation commerciale de quinze ans entre une société de nettoyage et son sous-traitant dans le cadre d'un contrat de nettoyage d'aéronefs. Saisie de ce litige, la Cour d'appel de Paris prit, en effet, en considération la chute brutale et sans précédent de l'activité de nettoyage qui était, elle-même, une répercussion directe de l'effondrement du secteur aérien en raison de la pandémie de la covid-19. C'est sur le fondement de l'article L.442-1, II du Code de commerce que se fondait cette juridiction pour constater la force majeure et justifier la résiliation du contrat sans préavis[462]. Celle-ci précisait que la responsabilité de l'auteur de la rupture ne pouvait être engagée[463].

A l'inverse, la force majeure ne pouvait être invoquée, selon la Cour d'appel de Riom, qui jugea que « *la mise en place d'un fonds de solidarité et de mesures pour reporter ou étaler le paiement des loyers pour une catégorie d'entreprises exerçant une activité économique particulièrement touchée par les conséquences de la propagation du covid-19, démontre que le législateur ne reconnaît pas le caractère de force majeure à la pandémie* »[464].

A cette première restriction s'en ajoutait une autre. En effet, la force majeure ne peut être invoquée par un créancier. La Cour de cassation fut amenée à le rappeler dans un arrêt du 25 novembre 2020 à l'occasion d'un contrat conclu par un couple avec une société de chaînes thermales pour un séjour du 30 septembre 2017 au 22 octobre 2017. Le 4 octobre 2017, une femme, dont le mari avait subi une hospitalisation, dut elle-même quitter le séjour le 8 octobre 2017 pour se trouver aux côtés de son conjoint. Le couple

---

[461] CA Paris, 9 décembre 2020, *R.G.* n°*20/05041*.

[462] CA Paris, 26 mars 2021, *R.G.* n°*20/13493*.

[463] CA Paris 26 mars 2021, précité « en cas de difficultés économiques avérées ou de crise du secteur économique en cause, la responsabilité de l'auteur de la rupture ne peut être engagée sur le fondement de l'article L.442-1, II du Code de commerce, celle-ci ne lui étant pas imputable ».

[464] CA Riom, Première chambre civile, 2 mars 2021, *R.G.* n°*20/01418*.

voulut obtenir le remboursement de son séjour et assigna la société thermale afin de solliciter la résolution du contrat au motif qu'en raison de la force majeure, ils n'avaient pu bénéficier des deux dernières semaines de leur hébergement[465].

En première instance, les juges du fond avaient considéré que le problème de santé rencontré par l'un des cocontractants était imprévisible et irrésistible et que son transfert à plus de cent trente kilomètres du lieu d'hébergement du couple, rendait impossible la poursuite de l'exécution du contrat. Saisie du pourvoi formé par la société, la Première chambre civile de la Cour de cassation fit droit au moyen soulevé par la requérante au terme duquel celle-ci rappelait que, seul, le débiteur pouvait invoquer la force majeure et cassa le jugement en application de l'article 1218 du Code civil en précisant que « *le créancier qui n'a pu profiter de la prestation à laquelle il avait droit ne peut obtenir la résolution du contrat en invoquant la force majeure* »[466]. La Cour de cassation s'en tient ici au texte même de l'article 1218 du Code civil qui n'offre le droit d'exciper la force majeure qu'au profit du seul débiteur[467].

La position défendue par Cyril Grimaldi en 2009 en faveur d'une possibilité pour le créancier de bénéficier de la force majeure n'a donc pas été suivie par la Cour de cassation[468]. Monsieur Grimaldi espérait que la jurisprudence de la Cour de cassation évoluerait avec la crise de la covid-19[469], mais en l'état du droit, la force majeure, qui conduit à la résolution du contrat, ne profite pas au créancier pour la haute juridiction française.

L'imprévision, à la différence de la force majeure, prend en considération aussi bien la situation du débiteur que du créancier, car le texte vise un changement de circonstances qui rend l'exécution excessivement onéreuse « *pour une partie qui n'avait pas accepté d'en assumer le risque* ». En effet, le changement imprévisible de circonstances peut également

---

465 Civ. 1ère, 25 novembre 2020, FS-P+B+I, pourvoi n°*19-21.060.*

466 Civ. 1ère, 25 novembre 2020, préc.

467 Code civil, *op. cit.*, article 1218 « Il y a force majeure en matière contractuelle lorsqu'un évènement échappant au contrôle du débiteur qui ne pouvait être raisonnablement prévu lors de la conclusion du contrat et dont les effets ne peuvent être évités par des mesures appropriées, empêche l'exécution de son obligation par le débiteur ».

468 Cyril Grimaldi, *La force majeure invoquée par le créancier dans l'impossibilité d'exercer son droit*, *D* 2009, 1298, spéc. n°17, « Pour des raisons d'équité, il nous paraît important de reconnaître au créancier la faculté d'invoquer la force majeure pour obtenir l'anéantissement du contrat. Dans ce cas, par principe, le créancier ne saurait être contraint d'exécuter son obligation, et, s'il l'a déjà fait, il devrait obtenir restitution. Il n'en irait autrement que si le débiteur rapportait la preuve d'un préjudice tel qu'il serait inique de le laisser à sa charge, ou si les parties avaient inséré une clause réglant la charge des risques (sous réserve de sa validité, au regard notamment de la législation sur les clauses abusives) ».

469 C. Grimaldi, *Quelle jurisprudence demain pour l'épidémie de covid-19 en droit des contrats ?*, *D* 2020, 827, spéc. n°10.

entraîner une diminution importante du profit que le créancier retire du contrat. Il en va notamment ainsi lorsque la valeur de la contre-prestation baisse par rapport au prix qui avait été conclu tandis que le coût de l'exécution n'augmente pas.

La théorie de l'imprévision n'exclut pas l'une des parties par rapport à l'autre. Pour autant, l'imprévision, comme nous l'avons dit, est enfermée dans une finalité restreinte qui est de réduire le déséquilibre dans sa partie la plus excessive et non de faire disparaître celui-ci. L'économie du contrat l'implique et pose des conditions si rigoureuses qu'il n'est pas possible de s'évader de cet impératif commandé par la force obligatoire du contrat. La jurisprudence l'a fort bien compris et s'y tient strictement dans le cadre de l'application de l'imprévision à la crise de la covid-19.

Nous avons une première illustration de cette position, conforme à l'esprit même de l'imprévision, quand la jurisprudence rejette toute possibilité d'appliquer les dispositions, issues de l'Ordonnance du 10 février 2016, à des contrats antérieurs à son entrée en vigueur et interdit toute appréciation du droit ancien à l'aune des prescriptions nouvelles[470]. La jurisprudence a refusé notamment d'appliquer l'article 1195 aux contrats conclus avant le 1er octobre 2016.

Décider du contraire, comme Madame Martine Behar-Touchais en avait exprimé le souhait[471], conduirait à nier le principe même de l'imprévision. En effet, la prévision des parties se trouverait bouleversée par une application de cette disposition à des contrats conclus avant son entrée en vigueur.

Ainsi, la Cour d'appel d'Aix-en-Provence fut elle-même confrontée à cette question dans le cadre d'un litige, qui opposait des bailleurs à la société Odalys Résidences, leur locataire. Cette dernière avait reçu, au titre d'un bail commercial souscrit le 23 septembre 2003, un appartement en vue de sa sous-location, moyennant un loyer de 4 584 Euros hors taxes outre la TVA, qui était constitué d'une partie payable en nature à concurrence de 1 612 Euros T.T.C. par la mise à disposition de l'usage d'un appartement de vacances. Le bail prévoyait pour la révision du loyer que celle-ci interviendrait tous les trois ans proportionnellement à la variation de l'indice du coût de la construction (base 1953) publié par l'INSEE, à la date d'anniversaire de l'entrée en vigueur du bail, soit le 21 décembre 2004[472].

---

470 Civ. 3e, 6 décembre 2018, pourvois nos *17-23.321*, *17-21.170* et *17-21.171*.

471 Martine Behar-Touchais, *Contrats et obligations – L'impact d'une crise sanitaire sur les contrats en droit commercial – A l'occasion de la pandémie de Covid-19*, *JCP E*, 2020, n°1162.

472 CA Aix-en-Provence, 21 juin 2016 *R.G.* n°*15/10056*, *BRDA*, 2016, 4/17, obs. B. Mercada.

La SAS Odalys Résidences exploitait également l'ensemble des autres lots de l'immeuble, appartenant à des investisseurs privés, aux fins de résidence de tourisme. Cependant, par une lettre du 21 juin 2007, la SAS Odalys Résidences notifiait à ses bailleurs son refus d'appliquer la revalorisation triennale des loyers telle qu'elle était stipulée au bail au motif que cette revalorisation emporterait un déséquilibre considérable et proposait aux bailleurs, qui la refusèrent, une réduction de l'indexation à deux pour cent par an avant qu'il ne soit procédé à la révision sur la base de l'indice de référence des loyers en lieu et place de l'indice du coût de la construction[473].

De son propre chef, le preneur appliqua une revalorisation minorée du loyer. Les bailleurs réagirent immédiatement et assignèrent la SAS Odalys Résidences en paiement de la partie de la révision contractuelle du loyer qui n'avait pas été réglée. Le Tribunal de Grande Instance d'Aix-en-Provence rejeta par un jugement du 23 avril 2015 la demande des bailleurs qui n'avaient pas déposé leur dossier au soutien de leurs prétentions et la demande reconventionnelle du locataire formulée sur le fondement de la théorie de l'imprévision. Les bailleurs interjetèrent appel[474].

Devant la Cour d'appel, la société Odalys Résidences soutint que l'augmentation de l'indice du coût de la construction, entre la date de prise d'effet du bail et le terme de l'échéance contractuellement prévue pour la première révision triennale, avait entraîné un bouleversement de l'économie du contrat et que le refus des bailleurs de renégocier les modalités de l'indexation du loyer, compte tenu de l'augmentation disproportionnée de l'indice conventionnel, était constitutif d'une exécution fautive du contrat de location. Le locataire précisait, en effet, que le coût de la construction avait « *littéralement explosé* » au cours de cette période, ce qui avait conduit à une hausse du loyer de 13, 25%[475].

En substance, la Cour d'appel d'Aix-en-Provence répondit que « *si l'ordonnance n°2016-131 du 10 février 2016 portant réforme du droit des contrats, du régime général et de la preuve des obligations consacre la possibilité pour les parties d'adapter leur contrat en cas de changement imprévisible de circonstances et la suppression par le juge de la clause qui crée un déséquilibre significatif entre leurs droits et obligations, il convient de noter que cette ordonnance n'entrera en vigueur qu'à compter du 1er octobre 2016* »[476].

La Cour d'appel de Paris adopta également cette position dans un arrêt rendu le 9 mai 2019 en excluant une application de l'article 1195 du

473 CA Aix-en-Provence, préc.
474 CA Aix-en-Provence, préc.
475 CA Aix-en-Provence, préc.
476 CA Aix-en-Provence, préc.

Code civil à une convention conclue antérieurement à la réforme de 2016 et précisait « *qu'il ne saurait être reproché à X d'avoir manqué à son obligation de bonne foi en refusant de renégocier le contrat ; Considérant que l'article 1195 du Code civil issu de l'ordonnance n°2016-131 du 10 février 2016 entrée en vigueur le 1er octobre 2016, n'est pas applicable en l'espèce ; Considérant que l'article 1134 du Code civil, dont les dispositions s'appliquent aux contrats litigieux, prévoit que les conventions légalement formées tiennent lieu de loi à ceux qui les ont faites ; que le contrat est intangible et que le juge n'a pas le pouvoir de le réviser* »[477].

Il faut également préciser qu'à l'ensemble des restrictions auxquelles se trouve soumis l'article 1195 du Code civil, tant au niveau de ses conditions de mise en oeuvre que dans son application dans le temps, est venu s'ajouter le fait que cette disposition relève du droit commun. La jurisprudence exclut, en conséquence, l'application de l'article 1195 du Code civil quand le litige relève du droit des contrats spéciaux.

Un arrêt rendu par la Cour d'appel de Douai le rappelle à l'occasion d'un marché à forfait, régi par les dispositions de l'article 1793 du Code civil, qui concernait un contrat passé entre le propriétaire du sol pour la construction d'un bâtiment et un architecte, selon un plan arrêté et convenu avec le maître de l'ouvrage et pour un prix fixé globalement et définitivement avant la conclusion du contrat. La Cour d'appel de Douai précise que « *les circonstances imprévisibles ne sont pas de nature à entraîner la modification du caractère forfaitaire* [478].

La Cour d'appel de Versailles elle-même est allée jusqu'à écarter la révision pour imprévision du domaine des baux commerciaux en matière de révision du contrat au motif que « *le statut des baux commerciaux prévoit de nombreuses dispositions spéciales relatives à la révision du contrat de bail (révision triennale, clause d'indexation), il n'y a pas lieu de faire application des dispositions générales de l'article 1195 précité, ces dernières devant être écartées au profit des règles spéciales du statut des baux commerciaux de sorte que c'est à bon droit que le premier juge a débouté de sa demande de révision fondée sur les dispositions générales du Code civil* »[479].

Les restrictions à l'application de l'article 1195 du Code civil sont nombreuses. Le périmètre de ce texte se trouve d'autant plus réduit qu'il revêt un caractère supplétif comme le rappelle le *Rapport au Président de la*

---

477 CA Paris, 9 mai 2019, *R.G.* n°*17/04789*, *Gaz. Pal.* 17 septembre 2019, 21, obs. Houtcieff.
478 CA Douai, Première Chambre, Deuxième Section, 23 janvier 2020, *R.G.* n°*19/0718*, *Gaz. Pal.*, 2020, n°14, p.36, obs. D. Houtcieff.
479 CA Versailles, Douzième Chambre, 12 décembre 2019, *R.G.* n°*18/07183*, *Gaz. Pal.*, 2020, n°14, p.36, obs. D. Houtcieff.

République[480]. Cependant, si la liberté de choix donne aux parties la possibilité d'écarter cette disposition, il n'en reste pas moins que le principe de la liberté matérielle, qui régit désormais les contrats, constitue une limite intangible à l'exclusion de l'imprévision. En effet, une stipulation, qui entraînerait un déséquilibre significatif entre les droits et obligations respectifs des parties par l'exclusion de l'imprévision, serait réputée non écrite.

Il en irait notamment ainsi d'une clause qui imposerait la prise en charge du risque d'une exécution excessivement onéreuse en raison d'un changement imprévisible de circonstances. Une telle clause pourrait être réputée non écrite, dès lors qu'elle occasionnerait un déséquilibre dans la position respective des parties au contrat à l'instar d'une clause abusive. En effet, une stipulation qui priverait le débiteur de sa liberté contractuelle matérielle, c'est-à-dire de la faculté de négocier ou de s'opposer à son insertion dans le contrat serait susceptible d'être sanctionnée. Il en irait de même si la possibilité d'invoquer l'imprévision était réservée à une seule des parties.

Nous serons amenés à étudier le rôle que sera appelé à jouer le nouvel article 1171 du Code civil dans le développement du matérialisme juridique au titre du déséquilibre significatif. Cette disposition pourrait, dans une telle hypothèse, constituer la protection avancée de l'article 1195 du Code civil. En effet, l'article 1171 du Code civil offre à une partie, qui se verrait opposer par un stipulant une clause réservant à ce dernier de manière exclusive le bénéfice du droit de soulever l'imprévision, la possibilité d'invoquer l'existence d'un déséquilibre significatif.

Une clause de cette nature figure souvent dans un contrat d'adhésion. La loi de ratification du 20 avril 2018, entrée en vigueur le 1er octobre 2018, rappelle à ce titre que la clause qui est incorporée à un contrat d'adhésion est nécessairement une clause non négociable déterminée à l'avance par l'une des parties. La partie lésée serait alors en mesure de soulever, dans le cadre du droit commun, le caractère imprescriptible de cette clause qui serait réputée non écrite conformément à une jurisprudence constante de la Première Chambre civile de la Cour de cassation[481].

L'article L.442-1, I 2°) du Code de commerce, dans sa rédaction issue de la loi du 18 octobre 2021, ouvre également dans les contrats d'affaires à la partie qui se voit opposer une clause réservant à son cocontractant le droit d'invoquer l'imprévision, la faculté de la contester. Cette disposition interdit en effet « de *soumettre ou de tenter de soumettre*

---

480 *Rapport au Président de la République* préc., « Comme l'implique la rédaction retenue, ce texte revêt un caractère supplétif et les parties pourront convenir à l'avance de l'écarter … ».
481 Civ. 1ère, 13 mars 2019, n°17-23.619, *RLDA*/147, n°6687.

l'autre partie à des obligations créant un déséquilibre significatif dans les droits et obligations des parties »[482]. La Chambre commerciale de la Cour de cassation a élargi le champ d'application de cette disposition en assimilant le partenaire commercial à « *l'autre partie* » visée par l'article L.442-1, I, 2°). La Chambre commerciale de la Cour de cassation a jugé ainsi dans un arrêt du 15 janvier 2020 que « *le partenaire commercial est la partie avec laquelle l'autre partie s'engage ou s'apprête à s'engager dans une relation commerciale* ».[483]

Bien entendu, il serait également loisible dans le cadre d'un contrat relevant du droit de la consommation à la partie lésée de contester une telle clause sur les dispositions de l'article L.212-1 issues de l'Ordonnance du 10 février 2016[484].

Il n'en reste pas moins que, face à l'importance et à la gravité de la pandémie de la covid-19, les mesures sanitaires engendreront de multiples négociations au titre de contrats affectés par le bouleversement des circonstances. En l'absence d'accord et compte tenu des conséquences financières considérables qui résultent des mesures administratives contraignantes arrêtées par les autorités publiques, nombre de requérants pourraient solliciter, à l'avenir, l'application des dispositions de l'article 1195 du Code civil.

Or, dans l'hypothèse où une clause n'accorderait qu'à l'une des parties la possibilité d'invoquer l'imprévision, son cocontractant ne manquerait pas de soulever le déséquilibre significatif sur le fondement de l'article 1171 du Code civil dans le cadre des contrats de droit commun qui relèvent de cette disposition, sur celui de l'article L. 442-1, I, 2°) du Code de commerce, dès lors qu'il s'agirait de conventions passées entre professionnels au titre de leur activité commerciale ou encore de l'article L.212-1 du Code de la consommation pour les relations entre particuliers et professionnels.

De plus, les bouleversements internationaux sont un terreau propice à l'épanouissement de l'imprévision. Le conflit en Ukraine, à la suite de l'invasion de cette nation par la Russie, ne sera pas sans conséquence sur l'exécution des contrats en France et en Allemagne. En effet, de nombreuses entreprises françaises entretiennent des relations commerciales continues

---

[482] Article L.442-1, I 2°) modifié par la loi n°2021-1357 du 18 octobre 2021.

[483] Com., 15 janvier 2020, n°18-10.512, *JCP G*, 2020, n°306, obs. F. Buy.

[484] Code de la consommation, Dalloz 2021, article L.212-1 modifié par l'Ordonnance n°2016-131 du 10 février 2016 article 2 « Dans les contrats conclus entre professionnels et consommateurs, sont abusives les clauses qui ont pour objet ou pour effet de créer, au détriment du consommateur, un déséquilibre significatif entre les droits et obligations des parties au contrat ».

avec des sociétés russes et ukrainiennes en tant que clients ou fournisseurs. Or, beaucoup d'entreprises, qu'elles soient françaises ou allemandes, se trouvent, d'ores et déjà, confrontées à l'impossibilité d'assurer leur production.

Pour d'autres entreprises, le renchérissement du prix du gaz, des engrais ou des composants électroniques indispensables à l'exercice de leurs activités vont entraîner un surcoût de production sans que celui-ci rende impossible pour autant l'exécution du contrat. En l'absence de clause de *hardship*, les petites et moyennes entreprises, qui n'ont pas été en mesure d'imposer une telle stipulation, pourraient fonder leurs demandes de renégociation des contrats respectivement sur l'article 1195 du Code civil et le paragraphe 313 du BGB.

Les contrats se trouveront également exposés aux mesures d'exclusion prises par le Conseil de l'Union européenne[485]. En effet, ces dispositions couvrent un large périmètre de l'activité économique en matière d'exportation, qu'il s'agisse de dispositions de nature financière, comme le gel des avoirs et des ressources ou de prescriptions de nature économique qui concernent principalement les interdictions à l'exportation de produits. Or, les contraventions faites à ces mesures exposeront leurs auteurs à des sanctions douanières. Dans une telle hypothèse, les entreprises allemande et française pourraient invoquer la force majeure sur le fondement de l'article 1218 du Code civil, en raison de l'entrée en vigueur soudaine de mesures interdisant l'exécution de leurs obligations par les débiteurs et à défaut, si l'exécution du contrat n'est pas impossible, mais excessivement onéreuse, l'article 1195 pourrait être le moyen de garantir l'exécution de ses obligations par le débiteur et partant, le maintien du contrat. Nul doute, dans ces temps incertains, que le droit de l'imprévision sera appelé à s'enraciner dans le contrat comme l'*ultima ratio* de la justice contractuelle.

---

[485] Règlement UE 2022/879 du Conseil du 3 juin 2022 (Russie) et du Règlement UE 2022/877 du Conseil du 3 juin 2022 (Biélorussie) au titre des mesures à l'exportation.

Troisième partie

Une mutation du rôle essentiel de la liberté contractuelle : d'une liberté formelle à une liberté matérielle

S'il est un principe fondateur du matérialisme juridique en droit allemand, c'est bien la bonne foi. Nous avons vu ce principe à l'œuvre dans le cadre de l'imprévision. Mais, la bonne foi dépasse et de très loin ce rôle. La bonne foi est l'arc-boutant sur lequel s'appuie aujourd'hui le contrat en Allemagne. Elle en est le fondement et la structure. A partir du paragraphe 242 du BGB, le Tribunal d'Empire, puis la Cour fédérale de justice ont donné à la bonne foi un rayonnement sans précédent.

Pour les juridictions allemandes, la bonne foi irrigue tout le contrat en amont de l'acte proprement dit, c'est-à-dire au moment des pourparlers qui lui sont agrégés, mais aussi dans le contenu même de chacune de ses obligations et bien entendu, au moment de son exécution. Le principe de bonne foi constitue l'édifice normatif du droit des contrats. En effet, au fil de leurs jurisprudences respectives, les hautes juridictions allemandes ont élaboré sur le fondement de la bonne foi des obligations objectives d'information et de diligence qui forment aujourd'hui la trame du contrat, sa substance, son contenu.

Face au développement des conditions générales des contrats d'adhésion, les juridictions allemandes entreprirent de combattre très tôt les clauses abusives en instaurant de nouvelles règles d'interprétation sur le fondement de la bonne foi. Partant d'une analyse objective du contenu des conditions générales, la jurisprudence allemande fut amenée à restituer, sur le fondement de la bonne foi, le sens véritable de stipulations, qui, sous un abord des plus anodins, se trouvaient être, en réalité, à l'origine de véritables déséquilibres entre les parties. Progressivement, les hautes juridictions allemandes constataient que la conception d'une liberté contractuelle, fondée sur une égalité abstraite des contractants, ne correspondait plus à la réalité contemporaine du droit et qu'il était nécessaire de déplacer les frontières de la liberté contractuelle vers une conception plus matérielle de celle-ci en s'appuyant sur le contenu même de l'acte.

Ces armes forgées par le droit prétorien firent l'objet d'une réception, tout d'abord, dans la loi allemande, puis dans le BGB lui-même. Les critères jurisprudentiels se trouvent désormais intégrés aux paragraphes 157 et 307. L'interprétation normative du contrat achevait ainsi de conférer à l'acte juridique une teneur objective propre à rétablir l'équilibre qui lui faisait défaut. Ces nouvelles prescriptions, en faveur d'une justice contractuelle effective, permettent de corriger avec efficacité le rapport asymétrique de puissance entre les parties qui ne cesse de se manifester aujourd'hui dans les conditions générales d'affaires (Chapitre I).

En France, en revanche, la bonne foi resta longtemps cantonnée au stade de l'exécution de l'engagement contractuel en application de l'article 1134 alinéa 3 ancien du Code civil. La bonne foi remplissait alors le rôle d'un standard juridique, mais ne pouvait être, à la différence du droit allemand, un moyen de création des obligations.

Le nouvel article 1104 du Code civil, issu dans sa rédaction de l'ordonnance du 10 février 2016, a élargi le champ d'action de la bonne foi et lui confère la nature d'une règle transversale d'ordre public qui concerne désormais la phase précontractuelle, le contenu du contrat et son exécution. La bonne foi n'impose plus seulement aux parties un simple devoir négatif de ne pas accomplir d'actes contraires à la loyauté[486], mais bien une obligation positive de prendre en considération les intérêts du cocontractant.

La bonne foi se traduit, en particulier, par un devoir d'information étendu à la phase précontractuelle en lien avec le contenu de l'acte et qui prescrit, en fonction de la nature du contrat, une coopération tant au niveau de la préparation que de l'exécution du contrat. Le droit français rejoignait ainsi les exigences qui s'imposaient aux parties en Allemagne sur le fondement des paragraphes 241 et 242 du BGB.

A ce titre, l'exigence d'une contrepartie non plus formelle, mais bien réelle, traduisait chez les rédacteurs de l'ordonnance du 10 février 2016 la volonté d'établir au sein du contrat un équilibre entre les prestations respectives des parties face aux clauses limitatives de responsabilité ou exonératoires de garantie. Bien que le concept de cause ait formellement disparu du texte du Code civil, sa fonction, dans la définition que lui avait attribuée une jurisprudence constante de la Cour de cassation, sous la qualification de contrepartie attendue, caractérise désormais l'une des conditions fondamentales du droit contractuel français lorsque la substance de l'obligation essentielle se trouve atteinte par ce type de stipulations.

Malgré les hésitations de la Cour de cassation pour tirer les conséquences de la prémisse de ses décisions, les juridictions du fond font découler la conclusion logique de celles-ci dans le cadre de l'article 1170 issu de l'ordonnance du 10 février 2016. La crise de la covid-19 est venue

[486] CA Paris, 24 octobre 2000, *RJDA*, 2001, n°122, « que chaque partie s'abstienne de tout abus, ait un comportement raisonnable et modéré, sans agir dans son intérêt exclusif ni nuire de manière injustifiée à son cocontractant ».

démontrer, à ce titre, l'importance de cette approche afin de permettre la prise en charge des sinistres subis par les entreprises de restauration dans le cadre des litiges qui les opposaient à leurs compagnies d'assurance.

A l'instar du législateur allemand, les rédacteurs de l'ordonnance du 10 février 2016 ont déployé les nouvelles dispositions du Code civil, selon une articulation logique, afin d'assurer une plus grande efficacité de ces prescriptions dans leur lutte contre les clauses abusives. Depuis, la réforme de 2016, la formule de Jacques Ghestin illustre parfaitement la finalité poursuivie, « *Le contrat n'est obligatoire que s'il est juste* »[487].

Dans cette perspective, le législateur français a introduit le déséquilibre significatif dans le cadre de l'article 1171 du Code civil, à l'appui de l'article 1170, pour sanctionner les clauses abusives des conditions générales d'adhésion. Parallèlement, cette disposition est venue compléter les règles afférentes du droit de la consommation et du droit commercial afin de neutraliser les clauses abusives, qui, ne relevant pas des articles L.212-1 et L.442-1, prospéraient dans les contrats de droit commun. Avec l'article 1171, la France se voit dotée désormais d'un arsenal juridique équivalent à celui de l'Allemagne pour assurer l'objectif assigné par l'ordonnance de 2016 en faveur d'une justice contractuelle effective. (Chapitre II).

---

[487] J. Ghestin, *Traité de droit civil, Les obligations, Le contrat : formation*, LGDJ, 3e éd., 1993, n°251.

Chapitre I

Une objectivation de la liberté contractuelle matérielle sous le prisme de la bonne foi

La bonne foi est aujourd'hui en Allemagne au fondement même du matérialisme juridique. Le rayonnement de la bonne foi sur le contrat fait du paragraphe 242 du BGB la pierre angulaire du droit des obligations. Véritable devoir moral et social, la bonne foi a pris, au fil des jurisprudences du *Reichsgericht* et du *Bundesgerichtshof*, le sens d'une règle d'équité. Une équité qui légitime l'extension donnée par le juge allemand au contenu obligatoire du contrat.

Sur le fondement du paragraphe 242 du BGB, la jurisprudence allemande a établi, indépendamment de la volonté des parties au contrat, un vaste réseau d'obligations accessoires à l'exécution desquelles les cocontractants doivent prêter leur concours. Elles renforcent l'économie de l'acte afin de garantir son équilibre, qu'il s'agisse d'obligations accessoires à la prestation essentielle, d'obligations de protection au terme desquelles, chaque partie doit prendre en considération les droits et intérêts de son cocontractant ou qui limitent les droits issus du contrat quand ils sont contraires à la finalité de leur contenu (Section I).

Les juridictions allemandes devaient accentuer leur contrôle sur les actes juridiques. En effet, bien avant la France, l'Allemagne prit conscience, dès le début du XXe siècle, que les conditions générales d'affaires, qui correspondent pour le droit français aux conditions générales des contrats d'adhésion, conduisaient à de profonds déséquilibres entre cocontractants. Les stipulants de ces conditions générales d'affaires, professionnels de la production, de la distribution, ou des services édictaient des clauses favorables à leurs intérêts au détriment des parties, clients ou consommateurs, qui étaient contraints de les accepter lors de leur adhésion au contrat.

Si, dans un premier temps, les juridictions allemandes exerçaient leur contrôle sur l'incorporation des conditions générales dans le cadre du contrat et mettaient en œuvre des principes d'interprétation des clauses ambiguës ou obscures afin de pallier la disproportion entre les droits et obligations des parties, il leur apparut très vite que cette démarche devait être poussée plus avant.

Ce fut, en conséquence, sur le fondement du paragraphe 242 du BGB, au regard des exigences de la bonne foi et de l'équité que le *Reichsgericht*, puis le *Bundesgerichtshof* élaborèrent un contrôle de plus en plus étroit du contenu des conditions générales. Les juridictions allemandes dessinaient, au fil de leur jurisprudence, la trame d'une interprétation matérielle des conditions générales d'affaires fondée sur l'analyse du contenu de chaque stipulation et la cohérence que présentait celle-ci par rapport à l'ensemble des clauses du contrat.

Cet acquis jurisprudentiel fut non seulement intégré dans la loi du 9 décembre 1976, mais les dispositions de ce texte amplifièrent le contrôle du juge sur le contenu des conditions générales d'affaires. La jurisprudence se fondait, en effet, sur l'armature légale des règles d'interprétation des conditions générales du contrat pour assurer un véritable équilibre entre les droits et les obligations des parties (Section II).

Mais, le législateur allemand fut amené à franchir une étape plus décisive encore, lorsque la loi du 26 novembre 2001 incorpora l'ensemble des règles matérielles d'interprétation de la loi de 1976 dans les paragraphes 305 à 310 du BGB. Cette codification acheva de donner à la matière son caractère définitif.

Si le paragraphe 305 alinéa 1 définit avec précision le champ des conditions générales d'affaires[488], c'est au paragraphe 307 du BGB qu'il revient de jouer au sein de l'ensemble de ces prescriptions, le rôle de pivot central.

En effet, ce texte, comme les paragraphes 138 et 242, est une *Generalklausel*, c'est-à-dire une clause générale du droit allemand, qui a pour objet de sanctionner les stipulations non spécifiquement concernées par les paragraphes 308 et 309. C'est donc à partir du paragraphe 307 du BGB que les dispositions, en matière d'interprétation des conditions générales, mais également de conditions particulières, vont s'articuler pour interdire aux stipulants de déroger aux « *obligations cardinales* », c'est-à-dire aux obligations essentielles du contrat.

Ainsi, le paragraphe 157 du BGB, qui est au fondement de l'interprétation normative de l'acte, c'est-à-dire d'un contrôle du sens

[488] BGB, *op. cit*, § 305 alinéa 1 du BGB, « Les conditions générales contractuelles sont toutes les conditions contractuelles formulées par avance pour une multitude de contrats, que l'une des parties (stipulant) impose à l'autre lors de la conclusion du contrat. Il est indifférent de savoir si les clauses forment une partie spéciale extérieure au contrat ou si elles sont incorporées dans le document contractuel lui-même, quelle étendue elles ont, quel est leur mode d'écriture, quelle est la forme du contrat. Ne constituent pas des conditions générales les conditions contractuelles négociées dans le détail entre les parties ».

objectif de la volonté des parties, détermine, en liaison étroite avec le paragraphe 307, si une clause ambiguë ou obscure des conditions générales est de nature à menacer le but contractuel en créant un désavantage inapproprié contraire à la bonne foi. Dans ce but, l'interprétation normative s'appuie directement sur le contrat, sur le contenu de ses clauses et la structure même de l'acte.

Cette interprétation objective du paragraphe 157, en liaison avec le paragraphe 307, concerne également les conditions particulières du contrat. Au nombre des critères retenus, les pourparlers occupent une place éminente. En effet, le paragraphe 157 donne un éclairage complet du contenu des conditions particulières susceptibles de créer une disproportion manifeste entre les obligations des parties par le biais du paragraphe 311 du BGB, qui étend la période précontractuelle très en amont du contrat et bien avant la phase des pourparlers proprement dite.

Dès lors, les dispositions des paragraphes 307, 157 et 311 du BGB assurent un balayage global des stipulations, dans le temps et dans le contenu du contrat, qui permet aux juridictions de garantir la liberté matérielle des cocontractants en situation de faiblesse face aux insuffisances de la liberté formelle sur laquelle se fondent leurs stipulants. Le BGB enserre désormais les clauses du contrat dans la trame étroite du droit matériel de ses règles d'interprétation au service d'une justice contractuelle effective (Section III).

Section I La bonne foi, creuset et ciment de l'économie du contrat

Nous avons simplement évoqué jusqu'ici le rôle qu'avait été appelé à jouer le paragraphe 242 du BGB dans la jurisprudence du *Reichsgericht* et du *Bundesgerichtshof* aux côtés du paragraphe 138 du BGB pour pallier les déséquilibres que subissaient les relations contractuelles au cours des crises économiques de l'entre-deux-guerres et au lendemain de la Seconde Guerre mondiale. Nous avons également vu la fonction essentielle remplie par cette disposition dans le cadre de la disparition du fondement contractuel. Il est vrai que le paragraphe 242 du BGB, sous l'énoncé, « *Le débiteur a l'obligation d'exécuter la prestation comme l'exige la bonne foi eu égard aux usages admis en affaires* », ne paraissait pas prédestiner à devenir la clé de voûte du droit des contrats. En effet, le concept de bonne foi dans le cadre du paragraphe 242 se présentait sous un jour similaire à celui de l'ancien article 1134 alinéa 3 du Code civil qui prescrivait que « *Les conventions* (…) *doivent être exécutées de bonne foi* ».

Cependant, en Allemagne, le paragraphe 242 du BGB, qui s'adressait exclusivement au débiteur pour exiger que ce dernier exécute son obligation avec loyauté (*Treue*) et respecte la confiance mise par son cocontractant envers lui (*Glauben*), a été rapidement étendu par le *Reichsgericht* au créancier qui devait parallèlement se conformer aux mêmes exigences dans l'exécution de ses propres obligations. Le Tribunal d'Empire érigeait alors la bonne foi au rang d'un « *principe général qui domine toutes les autres dispositions particulières et doit exercer sur elles un effet vivant de sorte à en éclairer, élargir, compléter ou limiter la lettre*[489].

Ainsi, la notion de bonne foi, qui n'avait reçu à l'origine aucune définition légale en droit allemand, se voyait conférer la valeur d'un principe par le *Reichsgericht*. La doctrine allemande et plus encore, la jurisprudence entreprenaient de donner à la bonne foi, dès le début du XXe siècle, une véritable substance qui se dessinera à travers les strates successives des arrêts du *Reichsgericht* et du *Bundesgerichtshof*. Au fil de leur jurisprudence, ils préciseront toujours plus finement le concept de bonne foi jusqu'à faire de ce principe l'essence même du contrat.

C'est donc contre la lettre du texte du paragraphe 242 du BGB, qui insérait la bonne foi dans le cadre restreint de l'exécution de son obligation par le débiteur, que cette notion fut appelée par la jurisprudence du *Reichsgericht*, puis par les décisions du *Bundesgerichtshof*, à rayonner sur

---

[489] RG, 26. Mai. 1914., *RGZ*, 1914, 85, 108.

tous les aspects du contrat. La Cour fédérale de justice n'hésitera pas à qualifier la bonne foi de « *principe juridique supérieur, immanent à tous les ordres juridiques* »[490]. Une définition qui dépassait les limites *stricto sensu* des obligations et des contrats pour s'étendre au champ entier du droit civil et public.

Mais, c'est plus particulièrement dans le droit des contrats que la notion de bonne foi devait connaître ses développements les plus importants. A ce titre, Menezez Cordeiro n'a pas hésité à qualifier le paragraphe 242 de « *paragraphe royal* »[491]. Cette disposition innerve le contrat et détermine la conduite des parties. En effet, le concept de bonne foi ne se décline plus simplement sous l'angle d'une obligation négative destinée à écarter tout acte de déloyauté d'une partie envers l'autre, mais bien sous celui d'une obligation positive, qui appelle chacun des cocontractants, à prendre en considération les intérêts légitimes de son partenaire.

Partant de cette approche normative, la jurisprudence allemande fait échapper la bonne foi au cadre strictement juridique de l'obligation pour élargir son champ d'action à celui d'un devoir moral qui s'identifie à une conception objective de l'équité. L'équité ne prend pas, en effet, un caractère subjectif tel qu'on le définit traditionnellement. Il ne s'agit pas d'un retour à la loi naturelle lorsque le magistrat se heurte au silence ou à l'obscurité de la loi positive[492]. Nous entendons le mot « subjectif » ici sous une autre acception, qui est beaucoup plus précise, celle d'une interprétation du contrat fondée sur la volonté supposée des parties.

---

[490] BGH, 14.10.1992, Az. : VIII *ZR* 91/91.

[491] Menezez Cordeiro, *La bonne foi à la fin du vingtième siècle*, *Revue de droit de l'Université de Sherbrooke*, 26, 1996, p.236.

[492] A. Rey, *Dictionnaire historique de la langue française*, *op. cit.*, Tome I, pp.1281-1282, « Equité n.f. est un emprunt savant (1262) au latin *aequitas* "égalité", "équilibre moral", "esprit de justice", dérivé de *aequus* "égal", d'où "impartial" (→ égal., équi-). Le mot, en français comme en latin désigne la juste appréciation de ce qui est dû à chacun, selon un principe de justice naturelle, parfois divine, d'où les expressions, *équité divine, suprême*. Le mot est parfois employé en opposition à *droit positif*, à *loi* » ; Portalis donnait lui-même cette définition de l'équité « Le mot équité est susceptible de diverses acceptions. Quelquefois il ne désigne que la volonté constante d'être juste, et dans ce sens il n'exprime qu'une vertu. Dans d'autres occasions, le mot équité désigne une certaine aptitude ou disposition d'esprit qui distingue le juge éclairé de celui qui ne l'est pas, ou qui l'est moins. Alors l'équité n'est, dans le magistrat, que le coup d'œil d'une raison exercée par l'observation, et dirigée par l'expérience. Mais tout cela n'est relatif qu'à l'équité morale, et non à cette équité judiciaire dont les jurisconsultes romains se sont occupés, et qui peut être définie un retour à la loi naturelle, dans le silence, l'obscurité ou l'insuffisance des lois positives. C'est cette équité qui est le vrai supplément de la législation, et sans laquelle le ministère du juge, dans le plus grand nombre des cas deviendrait impossible … » ; P.-A.. Fenet, *Recueil complet des travaux préparatoires du Code civil*, Titre préliminaire, *De la publication, des effets et de l'application des lois en général*, présentation au Corps législatif, exposé des motifs par le conseiller d'Etat Portalis, 4 ventôse an XI, Tome VI, p.359.

L'équité revêt en droit allemand un caractère objectif en ce sens qu'elle est un critère d'interprétation du contrat et non de la volonté des parties. L'équité est conçue, en effet, comme un instrument de mesure destiné à assurer l'équilibre du rapport d'obligation. Aussi, dans cette acception, l'équité est envisagée indépendamment de l'interprétation de la volonté des cocontractants. La nature du contrat, sa substance, sa structure ou ce qu'il est convenu d'appeler l'économie du contrat est l'axe central autour duquel se fonde l'interprétation de l'acte en cas de silence, d'obscurité ou d'ambiguïté du texte de loi concerné. Dans cette perspective, l'économie du contrat ne s'entend pas dans son acception abstraite qui n'envisage le contrat que d'une manière diairétique, c'est-à-dire en fonction du genre auquel se rattache l'acte conformément à la définition que donne de l'économie du contrat Judith Rochfeld : contrat de vente, d'assurance ou de prêt[493].

L'économie du contrat, à laquelle va se rattacher le juge allemand pour se prononcer en équité, concerne la nature spécifique de la convention, c'est-à-dire les clauses, les obligations particulières qui en forment la trame et le contenu. Cette définition se rapproche de la notion d'« économie » telle que la définissait Gérard Cornu qui précisait qu'il fallait entendre sous cette qualification « *ordre interne, structure, organisation d'ensemble* »[494]. C'est une définition que n'ignore pas le droit français. Gaëlle Meilhac-Redon et Frank Marmoz ont donné une définition fort proche de la conception allemande de l'économie du contrat : « *L'économie du contrat représente ainsi l'équilibre général de la convention, la répartition fixée des droits et des obligations et qui s'impose tant aux contractants qu'au juge* »[495].

C'est le sens même donné à la *Rechtsverhältnis*[496] par la doctrine allemande qui a mis en exergue cette interprétation en se fondant sur la nature spécifique de l'économie du contrat dans le cadre du paragraphe 242 du BGB. La bonne foi sur le fondement d'une interprétation en équité a, dès lors, pour objet de se placer sous l'angle, non pas des parties, mais d'un « *tiers objectif et raisonnable* »[497]. Cette interprétation du § 242 du BGB permet à travers la bonne foi d'un tiers objectif et raisonnable de consacrer les valeurs sociales qui définissent l'économie du contrat[498].

---

493 Judith Rochfeld, *Cause et type de contrat*, LGDJ, Bibliothèque de droit privé, T.311, Paris, 1999, p.42.

494 Gérard Cornu, *Vocabulaire juridique*, Association Henri Capitant, 8e éd., PUF, 2000.

495 Gaëlle Meilhac-Redon et Franck Marmoz, note sous Com., 15 février 2000, *Cause et économie du contrat, un tandem au service de l'interdépendance des contrats*, *P.A.*, 29, 12, 2000, pp.12-13.

496 *Supra* p.67.

497 D. Olzen, D. Looschelders, G. Schiemann, *op. cit.*, in *J. von Staudinger Kommentar zum BGB*, 2015, § 242, nummer 45.

498 D. Olzen, D. Looschelders, G. Schiemann *ibid.* nummer 48.

Une précision doit être apportée ici. Le « *tiers objectif et raisonnable* » ne correspond pas à l'ancienne notion française de « *bon père de famille* » remplacée aujourd'hui par la locution « *de personne raisonnable* » depuis la réforme de 2014[499]. En effet, le droit français utilisait avant la réforme de 2016 cette dernière qualification comme un standard et non comme un principe juridique. Le standard juridique est défini par la doctrine française comme « *une norme souple fondée sur un critère intentionnellement indéterminé* »[500] ou encore comme un « *étalon de la réalité* »,[501] voire une « *notion-cadre* »[502]. Le standard juridique est donc un critère variable qui permet aux juridictions de se fonder sur la bonne foi pour apprécier un comportement et déterminer si celui-ci est ou pas condamnable. La « *personne raisonnable* » est dès lors le modèle d'un contractant loyal.

La conception allemande de la bonne foi dépasse le cadre du standard juridique. « *Le tiers objectif et raisonnable* » constitue pour la jurisprudence allemande non pas l'appréciation du comportement d'un cocontractant, mais l'instrument d'application de valeurs sociales dominantes au contrat en raison du lien direct qu'entretiennent ces valeurs avec l'économie de la convention, c'est-à-dire avec l'équilibre général de l'acte dans le cadre d'une répartition spécifique des droits et des obligations telle qu'elle a été définie par celui-ci.

L'appréciation, qui est faite en droit allemand de la bonne foi, dans le cadre d'une acception objective de l'équité, n'est tributaire ni de la volonté des parties ni de celle du juge. C'est en ce sens qu'il faut entendre la formule employée par le *Reichsgericht* lorsque la haute juridiction invoquait en 1914 la bonne foi comme un « *principe général qui domine toutes les autres dispositions particulières et doit exercer sur elles un effet vivant de sorte à en éclairer, élargir, compléter ou limiter la lettre* »[503].

De cette manière, sur le fondement du paragraphe 242 du BGB, la jurisprudence allemande a pu découvrir des obligations accessoires à la prestation principale (*Nebenleistungspflichten*). Or, l'existence de ces obligations accessoires se trouve dans une étroite dépendance avec la nature et le contenu du contrat indépendamment de toute volonté commune des parties. Ainsi, un véritable réseau d'obligations accessoires, dont la trame ne

---

499 Loi n°2014-873 du 4 août 2014 pour l'égalité réelle entre les femmes et les hommes, *JORF* n°0179 du 5 août 2014, article 26.

500 G. Cornu, *Vocabulaire juridique, op. cit.*, « Standards ».

501 Philippe Malaurie et Patrick Morvan, *Introduction au droit*, quatrième éd., Defrénois, 2012, n°250.

502 Serge Guinchard, Thierry Debard, *Lexique des termes juridiques*, Dalloz, 2013, p.726.

503 RG, 26 mai 1914, préc.

cessera de se densifier et d'enrichir la substance du contrat, devait éclairer et compléter le sens et la portée de l'obligation principale.

Ces obligations sont multiples et quelques exemples permettront de comprendre l'étendue que peut prendre le contrat lorsqu'elles sont reconnues. Ainsi, un architecte, qui après avoir accompli sa mission de contrôle des travaux une fois la construction achevée, reste tenu, sur le fondement du paragraphe 242 du BGB, de poursuivre une prestation accessoire d'assistance et de conseil auprès du maître de l'ouvrage dans l'hypothèse où des vices de construction apparaîtraient afin qu'il puisse mettre un terme à ces derniers[504].

Les obligations accessoires non seulement complètent l'obligation principale, mais assurent la réalisation du but du contrat. La Cour fédérale de justice a également jugé que le fournisseur de produits était tenu d'informer son cocontractant d'une modification des biens livrés, quand bien même ce changement ne serait pas substantiel, et cela quelle que fût la relation commerciale. Il en va ainsi, cependant, tout particulièrement, lorsque les parties se trouvent dans le cadre d'une relation commerciale continue[505].

Toujours sur le fondement de la bonne foi, le *Bundesgerichtshof* a jugé qu'il existait un droit à l'information au titre de la bonne foi en application du paragraphe 242 à l'égard du cocontractant qui serait en mesure de se renseigner. En effet, lorsque ce dernier est dans une incertitude excusable sur l'existence ou l'étendue de son droit et si son partenaire peut lui fournir aisément les précisions nécessaires pour lever cette incertitude, ce dernier doit l'informer[506]. Cette fonction du paragraphe 242 du BGB qualifiée de « *complétive* » (*Ergänzungsfunktion*), n'est pas le seul effet du règne de la bonne foi sur le contrat.

Comme l'avait indiqué le *Reichsgericht*, la bonne foi n'a pas seulement pour objet d'élargir et de compléter le contrat, mais également d'éclairer les stipulations de ce dernier. Le paragraphe 242 du BGB permet à ce titre de préciser les modalités d'adoption d'une clause pour reconnaître son efficacité. Ainsi, la Cour fédérale de justice a jugé qu'une exclusion formelle de garantie relative à l'existence de vices matériels (vices apparents et vices cachés) à l'occasion de la vente de maisons nouvellement construites était inefficace. L'insertion de la clause dans un contrat notarié ne donnerait pas plus d'efficacité à cette stipulation. En effet, lorsque la clause ne comporte pas de précisions qui permettraient de faire apparaître qu'une discussion préalable à la souscription de l'acte, entre le vendeur et

---

504 BGH, 4.10.1984, *BGHZ*, 92, 251, 258.

505 BGH, 31.5.1989, VIII *ZR* 140/88, punkte 19.

506 BGH, 4.7.2013, Az. VII *ZR* 268/11 20 a).

l'acheteur, a bien eu lieu à ce sujet, il n'est pas possible pour la partie qui l'invoque de s'en prévaloir. L'absence de documents afférents, voire d'informations exhaustives, relatives aux effets de l'application de la clause entre les parties, est de nature à faire cette démonstration[507].

De même, le *Bundesgerichtshof* a précisé qu'une demande de paiement était fondée à l'encontre d'un client, qui, au titre de l'exécution des obligations découlant du contrat, avait pris l'engagement de participer conjointement aux frais de réparation des défauts du produit, quand bien même ces frais correspondraient à 75% de la valeur de la réparation dans la mesure où il était démontré que ses erreurs de planification avaient contribué à l'existence des défauts. La Cour fédérale de justice rappelle qu'il s'agit là d'une obligation accessoire fondée sur le principe de bonne foi[508].

A cette fonction de précision du sens et de la portée de l'obligation (*Konkretisierungsfunktion*), le paragraphe 242 du BGB ajoute également une fonction de limitation au nom de la bonne foi à l'exercice d'un droit, prévu par le contrat (*Schrankenfunktion*), qui va contre la finalité de son contenu. La bonne foi ne consiste pas seulement pour une partie à exécuter à la lettre les obligations qu'elle a souscrites, mais de prendre en compte également le but de la clause pour s'y conformer. En ce domaine, l'intervention du juge est d'une grande importance afin de préserver l'équilibre des droits entre les parties. Le *Bundesgerichtshof* rappelle à ce titre que le principe de bonne foi du paragraphe 242 du BGB constitue une limite au contenu des droits issus du contrat dès lors que ceux-ci sont utilisés de manière abusive[509].

Ainsi, la Cour fédérale de justice a interdit à la fois au mandataire, qui a abusé de son pouvoir de représentation et à l'entreprise, avec laquelle il avait conclu l'acte, de se prévaloir des clauses de celui-ci dès lors que l'entreprise avait su que le représentant avait excédé son pouvoir au détriment du mandant ou n'avait pas procédé aux vérifications requises en raison d'une négligence caractérisée[510].

Toujours dans le cadre de la fonction de limitation du paragraphe 242 du BGB, la Cour fédérale de justice a rendu un arrêt qui a reconnu l'unité économique du contrat. Ainsi, l'acquéreur d'un bien s'est vu reconnaître le droit d'opposer à l'organisme, qui a financé son achat par un prêt, les vices affectant ce bien lorsqu'il n'est plus en mesure de bénéficier de la garantie du vendeur. Il en va ainsi lorsque le vendeur a cessé son activité faute d'actifs et qu'il entretenait avec le prêteur une relation

---

507 BGH, 4.11.2004, Az. VII *ZR* 257/03 b); BGH, 4.9.2005, Az. VII *ZR* 117/04; BGH, 4.2.2007, Az. VII *ZR* 130/05 27 b).

508 BGH, 4.4.2010, Az. VII *ZR* 182/09.

509 BGH, 4.5.2010, Az. 1 *ZR* 306/99 ; BGH, 6.2.2016, Az. XI *ZR* 501/15.

510 BGH, 3.10.2003, Az. VIII *ZR* 218/01.

commerciale de longue durée ; les conventions apparaissant former pour l'acquéreur une unité économique[511].

De la même manière, le *Bundesgerichtshof* rejette également la possibilité pour un transporteur d'invoquer une délivrance du récépissé des objets « à l'aveugle », lorsque, au terme du contrat, ce dernier disposait du pouvoir de vérifier les marchandises lors de leur prise en charge, et qu'il s'est abstenu de faire usage de cette prérogative ; un tel comportement étant contraire au principe de la bonne foi du paragraphe 242 du BGB[512].

En conséquence, le droit allemand établit un vaste réseau d'obligations accessoires sur le fondement de la bonne foi qui lui permet de prendre en compte la vulnérabilité d'une partie confrontée à une privation totale ou partielle de sa liberté contractuelle en raison d'une situation d'inégalité. Le déséquilibre qui se fait jour dans l'application de clauses favorables à l'un des cocontractants et plus généralement du stipulant conduit la Cour fédérale de justice à abandonner, de plus en plus, l'approche volontariste du contrat afin de soumettre le contenu de l'acte à un contrôle judiciaire accru. Mais ce n'est là, qu'un des aspects de l'emploi de la bonne foi en tant que principe du contrat par la jurisprudence allemande.

Section II Un contrôle holiste du contenu des conditions générales d'affaires

En effet, si la bonne foi joue un rôle essentiel pour compléter, préciser ou limiter les clauses du contrat et définir ainsi la trame de l'acte, son apport est bien plus déterminant dans l'interprétation des conditions générales d'affaires. Cette qualification correspond, en droit français, aux conditions générales des contrats d'adhésion. C'est en effet, avec les conditions générales d'affaires que le matérialisme juridique a pris une dimension toute particulière en Allemagne.

Les juridictions allemandes ont constaté très tôt que l'ambiguïté, l'obscurité des conditions générales d'affaires étaient de nature à créer des déséquilibres majeurs entre les droits et les obligations respectives du stipulant et de ses cocontractants. Les juridictions allemandes ont fait prévaloir, dans un premier temps, les clauses particulières sur les conditions générales[513]. Dans la même perspective, le juge allemand fut conduit à se livrer à une interprétation très restrictive des stipulations qui dérogeaient aux

[511] BGH, 1.6.1971, Az. III *ZR* 108/68.
[512] BGH, 4.4.2014, Az. I *ZR* 109/13 25 aa).
[513] BGH, 26.3.1969, *BGHZ*, 52, 30 (35 s.); BGH, 4.3.1977, *MDR* 1977, 729.

dispositions légales supplétives tout particulièrement lorsque ces clauses avaient pour objet de limiter, voire de supprimer, la responsabilité contractuelle du stipulant[514].

Le Tribunal d'Empire, puis la Cour fédérale de justice prirent également le parti d'interpréter le contrat en faveur du contractant qui avait dû accepter les conditions générales et en conséquence, contre le stipulant, considérant que les ambiguïtés, qui pouvaient résulter de la rédaction de la clause litigieuse, relevaient de la seule responsabilité du cocontractant qui avait imposé celle-ci[515].

Cependant, les juridictions allemandes furent rapidement conduites à constater que ces moyens d'interprétation n'étaient pas suffisants pour combattre les clauses abusives. Aussi, le *Reichsgericht* et au lendemain de la Seconde Guerre mondiale, le *Bundesgerichtshof* franchirent une étape supplémentaire afin de contrôler le contenu même des clauses générales. Ludwig Raiser ira jusqu'à qualifier cette évolution de « *page de gloire de la jurisprudence allemande* »[516]. Cette expression, aussi emphatique puisse-t-elle paraître, n'est pas galvaudée. Il s'agit bien d'un moment décisif dans l'évolution du droit allemand qui change la conception qui prévalait jusqu'alors d'une liberté contractuelle purement formelle issue d'un temps où le BGB fondait le contrat sur le principe d'une égalité présupposée entre les parties.

Nous avons vu que le *Reichsgericht* comme le *Bundesgerichtshof* avaient fondé leurs décisions, au titre du contrôle du contenu des conditions générales, sur les bonnes mœurs dans le cadre du paragraphe 138 du BGB. Certaines conditions générales avaient instauré, en effet, une véritable inégalité « structurelle » au profit du stipulant qui exploitait une position dominante, par le biais de clauses léonines, sous couvert d'un libellé obscur ou ambigu[517]. Le paragraphe 138 du BGB, tant dans son alinéa 1er que dans son alinéa 2, cherchait à prévenir, comme nous l'avons constaté, la soumission d'une partie à une clause abusive qui était opposée par son cocontractant et à laquelle la partie lésée ne pouvait se soustraire. L'immoralité de la clause contraire aux bonnes mœurs se trouvait ainsi établie.

Cependant, Ludwig Raiser observait que, si le recours au paragraphe 138 du BGB avait pour objet un contrôle sur le contenu de la clause, il s'agissait souvent de sanctionner les modalités d'incorporation d'une stipulation au contrat, c'est-à-dire la soumission de la partie à l'acte par le

---

514 RG, 6.12.1933, *RGZ* 142, 353 (355) ; BGH, 22.10.1969, *NJW* 1970, 383 (386).
515 RG, 10.1.1928, *RGZ* 120, 18 (20) ; BGH, 14.2.1968, *NJW* 1968, 885.
516 Ludwig Raiser, *Vertragsfreiheit heute*, *JZ* 1958, 1 (7).
517 RG, 8.11.1926, *RGZ* 15.218 (220) ; BGH, 9.6.1959, *NJW* 1959, 1423.

biais de son adhésion bien plus que de vérifier le contenu de chacune des clauses du contrat[518]. De plus, le paragraphe 138 du BGB exige pour son application que soit démontrée une position particulièrement dominante du stipulant au plan économique. En conséquence, les juridictions se trouvaient limitées dans leur champ d'action si cette condition venait à manquer lorsqu'elles se référaient au paragraphe 138 du BGB.

C'est la raison pour laquelle le *Bundesgerichtshof* a cherché, dans le paragraphe 242 du BGB, le moyen de compléter le contrôle du contenu des clauses des conditions générales[519]. C'est ici que le matérialisme juridique prend tout sens. Le contrôle du contenu de la clause du contrat permet de mettre en œuvre une analyse précise du libellé retenu par le stipulant pour en restituer la portée précise. Dès lors, la jurisprudence de la Cour fédérale de justice a instauré un contrôle total des conditions générales d'affaires. En effet, l'appréciation du contenu de la clause s'effectuera non seulement en fonction de son libellé, mais également au regard de l'ensemble des conditions du contrat.

Karl Larenz précisait à ce titre que pour la jurisprudence « *une clause n'est pas obligatoire si, en considération de l'ensemble des conditions du contrat, elle apparaît injuste et comme ne pouvant être équitablement imposée* »[520]. Une telle clause sera jugée inefficace et remplacée par les dispositions supplétives légales qui sont applicables[521]. Le déplacement du contrôle des modalités d'incorporation d'une clause des conditions générales vers la vérification de son contenu entraînait une matérialisation accentuée de la liberté contractuelle.

Par le truchement de la bonne foi, cet ensemble que constituait la *Rechtsverhältnis* prenait toute sa dimension ; la liberté contractuelle ne se fondait plus seulement sur le respect des conditions de forme nécessaires à la conclusion du contrat, mais bien sur l'économie de l'acte et partant, sur la proportionnalité des droits et des obligations entre les parties.

Une étape supplémentaire devait alors être franchie par le droit allemand en passant d'une interprétation purement prétorienne du paragraphe 242 à une déclinaison législative des critères jurisprudentiels de la bonne foi avec la loi du 9 décembre 1976 dont l'intitulé précisait l'objet, « *loi portant réglementation du droit des conditions générales*

---

518 L. Raiser, *Das Recht der Allgemeinen Geschäftsbedingungen*, Hanseatische Verlags-Anstalt, Hamburg, 1935, S.283.

519 BGH, 18.9.1967, *BGHZ* 48.264; 16.5.1974, *NJW* 1974, 1322, *MDR* 1974, 926.

520 K. Larenz, *op. cit.*, § 6-III.

521 BGH, 29.10.1956, *BGHZ* 22, 90 (92).

d'affaires »[522]. Il s'agissait de fixer les critères définis par le *Reichsgericht* et le *Bundesgerichtshof* afin de leur donner la stabilité et la portée générale d'un texte de loi.

Le paragraphe 4 de la loi reprenait ainsi le principe de la primauté des conditions particulières sur les conditions générales d'affaires[523]. La loi accueillait également dans son paragraphe 5 la règle d'interprétation dirigée contre le stipulant en présence d'une clause ambiguë destinée à masquer son caractère univoque au détriment du contractant[524].

Mais, c'est avant tout, le contrôle du contenu des clauses des conditions générales d'affaires que venaient consacrer les paragraphes 9 à 11 de la loi du 9 décembre 1976. Tout d'abord, le paragraphe 8 de la loi rappelait, sous l'intitulé « *Limites du contrôle du contenu* » que « *Les §§ 9 à 11 ne sont applicables qu'aux dispositions des conditions générales d'affaires, par lesquelles sont convenues des règles modifiant ou complétant des dispositions de droit* »[525]. En effet, le contrôle du contenu des stipulations du contrat n'avait pas à s'appliquer à des clauses qui ne feraient que reprendre les prescriptions des normes légales supplétives.

A l'exception de cette limite, le champ d'application du paragraphe 9 alinéa 1 était des plus larges. Celui-ci disposait, en effet, que « *(1) Les dispositions des conditions générales d'affaires sont inefficaces lorsque, contrairement aux impératifs de la bonne foi, elles désavantagent le partenaire contractuel du stipulant de manière déraisonnable* »[526]. La qualification de « *partenaire contractuel du stipulant* » est à dessein imprécise, car le législateur, comme ce fut le cas pour la jurisprudence des hautes juridictions allemandes, décida d'englober sous cette notion non seulement les particuliers, mais également les commerçants.

En effet, le paragraphe 9 est une règle objective, qui n'a pas seulement pour principe de protéger la partie réputée la plus faible, mais de

---

522 Gesetz zur Regelung des Rechts der Allgemeinen Geschäftsbedingungen (AGB-Gesetz) Vom 9. Dezember 1976, *Bundesgesetzblatt*, Teil I, Z 1997 A, Nummer 142, 1976, Ausgegeben zu Bonn am 15. Dezember 1976.

523 Gesetz zur Regelung, vorgennante, S.3318, « § 4 Vorrang der Individualabrede. Individuelle Vertragsabreden haben Vorrang vor Allgemeinen Geschäftsbedingungen ».

524 Gesetz zur Regelung, vorgennante, S.3318, « § 5 Unklarheitenregel. Zweifel bei der Auslegung Allgemeiner Geschäftsbedingungen gehen zu Lasten des Verwenders ».

525 Gesetz zur Regelung, vorgennante, S.3318, « 2. Unterabschnitt Unwirksame Klauseln. § 8 Schranken der Inhaltskontrolle. Die §§ 9 bis 11 gelten nur für Bestimmungen in Allgemeinen Geschäftsbedingungen, durch die von Rechtsvorschriften abweichende oder diese ergänzende Regelungen vereinbart werden».

526 Gesetz zur Regelung, vorgennante, S.3318, « § 9 Generalklausel. (1) Bestimmungen in Allgemeinen Geschäftsbedingungen sind unwirksam, wenn sie den Vertragspartner des Verwenders entgegen den Geboten von Treu und Glauben unangemessen benachteiligen ».

s'adresser à toute personne qui pourrait se voir imposer des conditions générales d'affaires en raison de la puissance économique de son cocontractant. Il en va ainsi du commerçant qui subit la situation de monopole susceptible de le soumettre à des clauses léonines.

Ce même alinéa 1er précisait également le degré d'atteinte à la bonne foi ; l'atteinte à la bonne foi se mesurant au désavantage déraisonnable qu'elle faisait peser sur le cocontractant du stipulant. Ce critère reprenait, en conséquence, la démarche mise en œuvre par les juridictions allemandes pour déterminer le caractère abusif de la clause à travers son libellé et son effet contraire à l'ensemble des conditions de l'acte. L'appréciation faite ici était purement objective puisqu'elle se fondait sur la position d'un adhérent moyen et en fonction de la nature de la convention concernée.

Le législateur allemand apportait à l'alinéa 2 deux critères complémentaires pour caractériser un peu plus encore le « *désavantage déraisonnable* » en précisant que « (2) *Dans le doute, il y a lieu d'admettre un désavantage déraisonnable lorsqu'une disposition 1. n'est pas compatible avec les idées fondamentales de la réglementation légale dont elle s'écarte, ou 2. Limite des droits et obligations essentiels résultant de la nature du contrat de telle sorte que la réalisation du but contractuel est menacée* »[527]. Ces critères, issus de la jurisprudence de la Cour fédérale de justice, forment le cœur même du contrôle du contenu des conditions générales d'affaires. Ils ont pour effet d'insérer les clauses du contrat dans une trame étroite qui unit les différentes parties de l'acte.

Lorsque le législateur écrit qu'un désavantage déraisonnable peut résulter d'une clause qui « *n'est pas compatible avec les idées fondamentales de la réglementation légale dont elle s'écarte* », il se réfère au droit, que l'on qualifierait en France de supplétif, mais qui prend en Allemagne la dénomination de « droit dispositif ». Il existe une différence fondamentale ici entre le droit français et le droit allemand. Dans la conception française, les règles supplétives sont des normes « *abandonnées* »[528] à la volonté des parties. En revanche, pour le droit allemand, le droit dispositif n'est pas totalement laissé au libre arbitre des cocontractants. Pour la jurisprudence, certaines règles du droit dispositif constituent un « *modèle directeur* »[529] qui

---

[527] Gesetz zur Regelung, vorgennante, S.3318, « § 9 (2) Eine unangemessene Benachteiligung ist im Zweifel anzunehmen, wenn eine Bestimmung 1. mit wesentlichen Grundgedanken der gesetzllichen Regelung, von der abgewichen wird, nicht zu vereinbaren ist, oder 2. wesentliche Rechte oder Pflichten, die sich aus der Natur des Vertrages ergeben, so einschränkt, dass die Erreichung des Vertragszwecks gefährdet ist ».

[528] Emmanuel Gounot, *Le principe de l'autonomie de la volonté en droit privé. Contribution à l'étude critique de l'individualisme juridique*, Rousseau, Paris, 1912, p.87, « les lois de droit privé se divisent en deux groupes : les unes dominent les volontés individuelles (…), les autres, abandonnées à ces volontés, portent le nom de lois (…) supplétives ».

[529] *Leitbild.*

s'impose à la volonté des parties, tandis que d'autres prescriptions du droit dispositif formulent une « *norme de justice contractuelle* » à laquelle il ne peut pas être dérogé[530].

La Cour fédérale de justice a précisé qu'une clause des conditions générales d'affaires relève de la première catégorie lorsque son contenu a pour effet de modifier le principe directeur du contrat concerné, c'est-à-dire de changer sa nature même ; il en a été décidé ainsi pour les conditions générales dont l'objet est de bouleverser le principe du règlement de la commission dans le cadre d'un contrat de courtage[531]. La seconde catégorie se rattache aux clauses destinées à faire obstacle à l'équilibre institué par une règle fondamentale du droit dispositif ; tel serait le cas pour une clause qui contredirait la charge de la preuve. Ici, la norme du droit dispositif revêt un caractère impératif « *Dans la mesure où les dispositions du droit dispositif doivent être respectées non seulement pour des raisons d'utilité, mais pour des motifs tenant à la justice contractuelle* » *(« Soweit Vorschriften des dispositiven Rechtes ihre Entstehung nicht nur Zweckmässigkeitserwägungen, sondern einem aus der Natur der Sache sich, ergebenden Gerechtigkeitsgebot verdanken ... »)*[532].

Le second critère pour constater un désavantage déraisonnable concerne plus particulièrement les clauses des conditions générales d'affaires qui limiteraient les « *droits et obligations essentiels résultant de la*

---

530 *Gerechtigkeitsgebot.*

531 BGH, 4.11.1964, *NJW* 1965, 246, qui a fixé le principe de cette jurisprudence à l'égard d'une clause des conditions générales d'affaires qui dérogeait par son contenu au paragraphe 652 du BGB qui dispose que « Celui qui promet une commission de courtage pour le fait d'avoir signalé l'occasion de conclure un contrat ou de servir d'intermédiaire en vue d'un contrat, n'est tenu de verser cette commission que lorsque le contrat est réalisé par suite de l'indication donnée ou de la négociation faite par le courtier ». Une telle clause aurait pour conséquence de bouleverser la nature du contrat de courtage, de modifier le modèle directeur de cet acte.

532 BGH, 17.2.1964, II *ZR* 98/62, précise dans cette affaire qui concernait un contrat de transport et de stockage de meubles et qui opposait une veuve à un commissionnaire de transport et de dépôt au titre des frais de garde des biens meubles alors que les biens mobiliers concernés avaient été endommagés et que le dépositaire invoquait une clause des conditions générales qui le déchargeait de toute responsabilité à ce titre ; ce dernier n'en exigeait pas moins des frais de garde. La Cour fédérale de justice constata que dès lors qu'il était démontré que les biens étaient intacts lors de l'entrée dans le garde-meuble et qu'à la sortie du bien ceux-ci étaient endommagés, il en résultait que les biens avaient subi une détérioration au cours de la période de stockage. Ainsi, le dépositaire déroge à la règle selon laquelle il appartient à celui qui prétend ne pas avoir commis de manquement de le démontrer. La Cour précisait que les conditions générales d'affaires devaient conduire à une application du droit similaire à celle des lois. Il ne pouvait donc pas être imposé par une clause des conditions générales d'affaires que non seulement le déposant devait démontrer que le bien était entré intact dans le garde meuble, mais également qu'il lui faudrait apporter la preuve que le bien avait été endommagé au cours de la période de dépôt. Une telle clause est incompatible avec le principe de bonne foi dans le cadre d'une transaction commerciale et n'a donc aucune efficacité.

nature du contrat de telle sorte que la réalisation du but contractuel est menacée ». Cette partie du paragraphe 9 vise les atteintes faites aux obligations essentielles du contrat[533]. Il s'agit d'assurer la sanction de clauses dont le libellé est incohérent au regard de la prestation raisonnablement attendue du contractant. Le paragraphe 9 a donc pour objet de compléter la disposition précédente. Cette prescription intervient, en effet, lorsqu'il n'existe pas de norme du droit dispositif, mais, une clause litigieuse qui viole directement la nature et la finalité du contrat. La jurisprudence du *Bundesgerichtshof* a, dans cette perspective, progressivement étendu par une nouvelle règle d'interprétation téléologique la protection qu'elle avait inaugurée pour les contrats nommés ; ceux-ci étant soumis aux prescriptions du droit dispositif.

La Cour fédérale de justice sanctionne également les clauses des conditions générales d'affaires par lesquelles les gérants d'entrepôts limiteraient la responsabilité de leurs sociétés au titre des pertes de marchandises qui leur ont été confiées lorsqu'une négligence grave serait commise par ces dirigeants, les cadres ou les employés de leurs entreprises[534]. Ce critère est systématiquement utilisé pour sanctionner les conditions générales d'affaires élusives de responsabilité en faveur du stipulant[535].

Ce second critère d'interprétation insiste sur l'engagement de l'adhérent par rapport au type du contrat auquel il a adhéré. Il n'a souscrit l'acte qu'en fonction d'un contenu prévisible, c'est-à-dire de clauses qui se trouvent ordinairement insérées dans l'acte. Le paragraphe 9 a, dès lors, pour objet d'écarter toute stipulation à laquelle le cocontractant du stipulant, qu'il soit consommateur ou professionnel, ne s'attendrait pas à trouver compte tenu de la nature du contrat. Le paragraphe 3 de la loi du 9 décembre 1976 le rappelle formellement lorsqu'il précise que « *des dispositions contenues dans les conditions générales d'affaires, qui, compte tenu des circonstances, en particulier de l'aspect extérieur du contrat, sont tellement inhabituelles que le partenaire contractuel du stipulant n'a pas à s'y attendre, ne deviennent pas partie du contrat* »[536].

Dans cette conception, le contrat se caractérise par des conditions générales d'affaires qui constituent un ensemble cohérent et rationnel ; un système de droits et d'obligations tendu vers un but à atteindre et déterminé par la nature juridique du type de convention auquel il appartient. Il s'agit ici d'une véritable interprétation structurelle et téléologique du contrat qui

---

533 *Hautpflichten, Kardinalpflichten.*

534 BGH, 29.10.1962, II *ZR* 31/61; à rapprocher également de BGH, 19.1.1984, VII *ZR* 220/82.

535 BGH, 20.12.1984, *ZIP* 1985, 623, 634.

536 Gesetz zur Regelung, vorgennante, S.3318.

permet de déterminer la validité ou l'inefficacité d'une clause en fonction de sa cohésion ou de sa contradiction avec l'ensemble des stipulations de l'acte.

Ainsi, les deux règles d'interprétation du contrat sont le reflet de la trame complexe qui constitue le réseau des obligations de l'acte dans le cadre des conditions générales d'affaires. La première établit une présomption dans les contrats nommés lorsque la clause « *est incompatible avec les idées fondamentales de la réglementation légale dont elle s'écarte* ». Il s'agit en l'occurrence de conduire le stipulant à se conformer au « *modèle directeur* » que le droit dispositif donne au type de contrat concerné.

Parallèlement, une seconde présomption est mise en œuvre pour les contrats innomés lorsque la stipulation « *restreint les droits et obligations essentiels résultant de la nature du contrat, de telle sorte que la réalisation du but du contrat est menacée* ». La conformité au but du contrat confère, dans ce cas, au contrôle des conditions générales d'affaires un degré supplémentaire dans le niveau de vérification qu'est amené à faire le juge, qui lui permet de procéder à la fois à un examen quantitatif afin de déterminer si le libellé de la clause est conforme aux textes des stipulations de même type pour les contrats de la catégorie dont elle relève et à un examen d'ordre qualitatif afin de s'assurer que la clause est en cohérence avec la structure logique de l'acte et la finalité qu'il poursuit.

Section III Le décloisonnement de la liberté contractuelle matérielle par une interprétation normative du contrat

Mais, le droit allemand devait approfondir l'intégration du matérialisme juridique dans le système juridique allemand. En effet, une nouvelle étape devait être franchie avec l'introduction des dispositions de la loi du 9 décembre 1976 dans le BGB. Les règles antérieurement contenues dans la loi du 9 décembre 1976 furent incorporées, en effet, aux paragraphes 305 à 310 du BGB. Le but poursuivi par le législateur était identique. Il s'agissait de protéger tout adhérent contre les abus du pouvoir économique des stipulants et de préserver l'équilibre contractuel non seulement entre consommateurs et professionnels, mais entre les professionnels eux-mêmes. Les moyens d'action du juge se trouvaient en conséquence consolidés. La cohérence que conférait la codification des règles d'interprétation renforçait un peu plus leur pouvoir de contrôle sur les conditions générales d'affaires et partant, le rôle qu'était appelée à jouer la bonne foi dans le contrat.

A cette fin, le paragraphe 307 du BGB, qui nous intéresse principalement ici, fut inséré sous la section 2 du Livre 2 relatif aux règles applicables aux conditions générales d'affaires sous l'intitulé « *Contrôle du contenu* » avec le libellé suivant, « *(1) Les clauses des conditions générales contractuelles sont inefficaces si contrairement aux exigences de la bonne foi, elles désavantagent de manière inappropriée le cocontractant du stipulant. Un désavantage inapproprié peut aussi résulter de ce que la clause n'est pas claire et compréhensible. (2) En cas de doute, il y a lieu d'admettre un désavantage inapproprié : 1. lorsqu'une clause n'est pas compatible avec les idées fondamentales de la réglementation légale dont elle s'écarte, ou bien 2. lorsqu'elle restreint les droits et obligations essentiels découlant de la nature du contrat, de telle sorte que la réalisation du but contractuel est menacée* »[537].

Le paragraphe 307 du BGB, qui n'est qu'une déclinaison du paragraphe 242, est, à l'instar de cette disposition, une *Generalklausel*, une clause générale, dont l'objet est de frapper d'inefficacité les stipulations qui ne sont pas spécifiquement visées par les paragraphes 308 à 309. Le paragraphe 308 fixe, en effet, une liste des clauses, qui par principe sont interdites, mais peuvent être exceptionnellement soustraites à la sanction par les juridictions lorsqu'une situation particulière justifierait leur insertion dans le contrat[538]. Le paragraphe 309 édicte, en ce qui le concerne, des clauses prohibées sans que les juridictions ne puissent disposer du moindre pouvoir d'appréciation à leur égard[539].

---

537 BGB, *op. cit.*, § 307.

538 Le paragraphe 308 du BGB vise sous la forme d'un catalogue des clauses qui principalement réservent au stipulant des délais excessivement longs ou insuffisamment précis pour l'acceptation et le refus d'une offre ou la fourniture d'un service. Il va de même pour l'exécution d'une demande de paiement ou pour une réponse à une demande de l'adhérent, pour exécuter le service qu'il doit fournir ou encore les clauses qui autorisent le stipulant à se libérer de son obligation sans un motif objectivement justifiable et précisé dans le contrat, sauf dans le cas d'un contrat à exécution successive. Sont également concernées par le paragraphe 308, les clauses qui accordent au stipulant le droit de modifier ou de s'écarter de la prestation promise ou qui opposent à l'adhérent une déclaration fictive relative à l'exécution ou l'omission d'un acte déterminé ou encore octroient au stipulant une indemnisation d'un montant excessif en cas de résolution ou de résiliation du contrat à l'encontre de l'adhérent.

539 Le paragraphe 309 du BGB, toujours sous la forme d'un catalogue de clauses prohibées, concerne principalement les stipulations qui prévoient une augmentation du prix des biens ou des services par le stipulant dans un délai de quatre mois maximum à compter de la conclusion du contrat ou qui autorisent le stipulant à refuser l'exécution de sa prestation ou qui conditionnent la reconnaissance par le stipulant des vices affectant le bien vendu à un droit de rétention, celles qui privent l'adhérent du droit d'opposer la compensation ou dispensent le stipulant de l'obligation légale d'envoi d'une mise en demeure ou qui octroient au stipulant un droit forfaitaire à des dommages et intérêts dépassant le dommage prévisible ou interdisent à l'adhérent de rapporter la preuve d'une absence de dommage ou de perte de valeur, ou qui prévoient le paiement par l'adhérent d'une indemnité en cas de refus ou d'acceptation tardive du service. Sont également concernées, les clauses qui excluent la

Les paragraphes 307 à 309 du BGB sont une nouvelle illustration de l'analyse de Claus-Wilhelm Canaris qui précisait qu'« *il était particulièrement intéressant du point de vue de la liberté matérielle des contrats qu'à l'atteinte à la liberté de choix effective vienne s'ajouter l'élément objectif de déséquilibre substantiel du contenu* »[540].

C'est dans cette perspective que le BGB établissait en 2001 un maillage particulièrement serré entre d'une part, le contrôle du contenu du contrat au titre des dispositions du paragraphe 307 du BGB et d'autre part, l'interprétation normative du paragraphe 157 du BGB. Le libellé du paragraphe 157 du BGB peut apparaître elliptique, ce dernier se contentant de préciser que « *Les contrats doivent être interprétés comme l'exige la bonne foi, eu égard aux usages admis en affaires* ». Cependant, la jurisprudence de la Cour fédérale de justice a fixé des critères extrêmement précis pour l'interprétation des clauses ambiguës sur lesquels s'appuient les juridictions allemandes dans l'application du paragraphe 157 du BGB.

En effet, la liberté contractuelle matérielle impose de prévenir l'immixtion de clauses abusives dans le cadre des conditions générales. Le paragraphe 157 joue un rôle préventif, car les rédacteurs des conditions générales connaissent l'ampleur du contrôle mis en œuvre sur le fondement de ce paragraphe qui donne lieu à une interprétation normative.

L'interprétation normative est l'une des manifestations les plus significatives de ce décloisonnement qu'opère le « matérialisme juridique » sur la liberté contractuelle. En effet, les juridictions vont appliquer des critères purement objectifs à l'interprétation du contrat en présence d'un déséquilibre entre les parties afin de rétablir le sens objectif de la clause au regard de l'économie de l'acte. Gwendoline Lardeux rappelle que ces critères strictement objectifs se fondent sur le libellé même des clauses, leur emplacement dans le contrat et sur leur but économique[541]. Ainsi, la ligne de démarcation de la liberté contractuelle se trouve déplacée vers le contenu de l'acte afin d'apprécier la conformité de cette liberté formelle avec l'économie du contrat.

Les modalités de cette appréciation sont mises en œuvre, sur le fondement du paragraphe 157 du BGB, dans une relation étroite avec les

---

responsabilité du stipulant en cas d'atteinte à la vie, au corps et à la santé de l'adhérent et une exclusion ou limitation de responsabilité pour d'autres chefs de dommages en cas de négligence grave du stipulant, les clauses ayant pour objet ou pour effet de porter atteinte à la garantie légale des vices cachés ou de modification de la charge de la preuve.

540 *Supra* p.92.

541 Gwendoline Lardeux, *Les clauses standardisées en droit français et en droit allemand*, Thèse, *Presses Universitaires du Septentrion*, 2001, n°390 et s.

prescriptions du paragraphe 307. En effet, lorsque le paragraphe 307 précise qu'« *un désavantage inapproprié peut aussi résulter de ce que la clause n'est pas claire et compréhensible* », il précise le domaine de l'interprétation qui concerne la clause même des conditions générales d'affaires[542]. Il s'agit ici de déterminer ce qu'a dû et pu comprendre un adhérent moyen à la lecture de la stipulation.

La Cour fédérale de justice applique avec rigueur les critères du paragraphe 307 définis aux alinéas 1 et 2 de cette disposition par le biais de l'interprétation normative. Nous avons un exemple de cette démarche avec un arrêt rendu le 9 juin 2011 à l'égard de stipulations formulées dans le cadre de contrats de téléphonie mobile à durée déterminée et de contrats de téléphonie mobile pour des cartes prépayées. Au terme de cet arrêt, la Cour fédérale de justice fut conduite à déclarer inefficaces huit des neuf conditions en litige[543].

Cette affaire opposait une association de défense de consommateurs, la Fédération des organisations de consommateurs (*vzbv*), à une société exploitante d'un réseau de téléphonie mobile, E-Plus. Dans les conditions générales de ses contrats à durée déterminée, l'entreprise avait d'une part, subordonné sa prestation de service au respect d'une limite de crédit, qui, en cas de dépassement par le client, lui donnait le droit de procéder au verrouillage immédiat et sans préavis des cartes de fonction mobile et d'autre part, à conditionner le maintien de sa prestation à l'exigence de la constitution par le client d'une garantie sous forme d'un dépôt en argent portant intérêts et qui pouvait intervenir à tout moment[544].

En ce qui concerne, les contrats à terme de téléphonie mobile, qui offraient des services pendant une période maximale de vingt-quatre mois correspondant à une fenêtre temporelle d'activité au titre d'une carte prépayée, la société avait inséré dans ses conditions générales d'affaires plusieurs clauses qui prévoyaient qu'à la fin de cette période, le client ne pourrait plus effectuer d'appel, la carte étant désactivée pour les appels actifs. Le client pourrait cependant recevoir des communications pendant deux mois, sauf à recharger son compte pour rendre celui-ci créditeur au titre d'une nouvelle période[545].

L'association de consommateurs estimait que ces clauses étaient contraires aux dispositions des alinéas 1 et 2 du paragraphe 307 du BGB, car

---

542 BGH, 8.6.2011, VIII *ZR* 305/10, qui met en place ces critères pour l'interprétation d'une clause des conditions générales d'affaires par laquelle un fournisseur s'était réservé le droit de pouvoir mettre fin prématurément aux enchères qui se déroulaient sur le site internet.

543 BGH, 9.6.2011, III *ZR* 157/10.

544 BGH, 9.6.2011, (10).

545 BGH, 9.6.2011 (9), (10), (11), (12).

elles créaient un avantage disproportionné en faveur du stipulant. Aussi elle avait enjoint à l'entreprise de téléphonie de cesser d'opposer ces stipulations à l'encontre de ses clients, ce qu'avait refusé la société E-Plus. L'association poursuivit dès lors sa demande dans le cadre d'une procédure judiciaire en injonction[546].

A l'issue de la procédure ouverte devant les juridictions du fond, la Cour fédérale de justice fut saisie à son tour du dossier et fit droit à la requête de l'association. Le *Bundesgerichtshof* se livra alors à une analyse rigoureuse des clauses litigieuses afin de déterminer si ces dernières induisaient, par leur libellé, un avantage inapproprié en faveur du stipulant. E-Plus soutenait qu'elle était en droit de soumettre l'exécution de sa prestation au respect d'une limite de crédit dans ses conditions générales. Cette dernière précisait que les clients, dont la solvabilité était douteuse, ne devaient être autorisés à utiliser le réseau mobile que dans le cadre d'un montant prédéterminé et qui était communiqué au cocontractant avec la déclaration d'acceptation du contrat. Il en résultait pour la société E-Plus le droit de bloquer immédiatement la carte de téléphonie mobile en totalité ou en partie sans préavis si la limite de crédit venait à être dépassée[547].

La Cour fédérale de justice rejetait cette argumentation et rejoignait, dans ses considérants, les moyens retenus par la Cour d'appel qui avait jugé en premier lieu, qu'une telle clause s'écartait de l'idée fondamentale des paragraphes 273 alinéa 1 du BGB[548] et 320 alinéa 1 du BGB[549] qui consacrent *l'exceptio non adimpleti contractus* et en second lieu, que cette stipulation créait un désavantage inapproprié à l'encontre du client au terme du paragraphe 307 alinéa 2 (1). Cette stipulation permettait, en effet, à la société de téléphonie de refuser l'exécution de sa prestation sans limites de temps et de bloquer la carte dès lors que la ligne de crédit viendrait à être dépassée ne serait-ce que d'un euro[550].

La Cour fédérale de justice constatait qu'un blocage immédiat et sans préavis, lorsque la limite de crédit était dépassée, était de nature à surprendre le partenaire contractuel alors qu'il n'existait aucune négligence

---

546 BGH, 9.6.2011 (13), (14).

547 BGH, 9.6.2011, (17).

548 BGB, *op. cit.*, § 273 alinéa 1 « Lorsque le débiteur a un droit à l'encontre du créancier au titre de la même situation juridique que celle sur laquelle l'obligation est née, il peut, sauf si cette situation résulte d'une obligation différente, refuser d'effectuer sa prestation jusqu'à ce que la prestation de son cocontractant soit effectuée.

549 BGB, *op. cit.*, § 320 alinéa 1 « Toute personne tenue par un contrat réciproque peut refuser la prestation qui lui est due jusqu'à ce qu'elle soit payée en contrepartie, à moins qu'elle ne soit tenue de l'effectuer. Si la prestation est faite au profit de plusieurs personnes, la partie qui leur est due peut être refusée jusqu'à ce que la totalité de la contrepartie soit réalisée. La disposition du paragraphe 273 alinéa 1 n'est pas applicable ».

550 BGH, 9.6.2011 (18).

de la part de ce dernier. En effet, compte tenu du grand nombre de tarifs proposés, qui dépendent chacun d'une infinité de conditions d'heure, de journée, (en fonction de la période concernée, jour de la semaine ou de fin de semaine), du pays d'origine, de la destination de l'appel, du réseau de destination (réseau fixe, réseau de la société cocontractante, réseaux d'autres opérateurs de téléphonie mobile), l'utilisation de l'itinérance[551], des combinaisons possibles avec différents tarifs forfaitaires et des numéros spéciaux, le client moyen n'était pas en mesure de disposer d'un aperçu fiable du moment où la ligne de crédit accordée par le stipulant serait atteinte.

Cette procédure de blocage interdisait à l'adhérent moyen de pouvoir gérer l'utilisation du service en toute connaissance de cause. Ce dernier se voyait, en effet, privé d'empêcher le blocage d'intervenir puisqu'il n'était pas mis en mesure d'utiliser ses appels avec plus de parcimonie pour ne pas dépasser la limite de crédit fixée au contrat ou de prévoir l'approvisionnement de son crédit en temps utile. Le but du contrat qui était de fournir au client un accès fiable aux services de communication était ici compromis[552].

De plus, l'obligation de constituer une garantie financière, qui pouvait être imposée à l'adhérent, constituait elle-même un désavantage inapproprié dans la mesure où cette clause s'écartait du modèle juridique du paragraphe 320 alinéa 1 du BGB, puisque le client ne pouvait pas déterminer les charges financières précises du contrat, dès lors que la société était en mesure d'exiger cette garantie à tout moment, bien qu'il n'existât aucune référence permettant de déterminer le montant et la pertinence des conditions d'une telle exigence de garantie[553].

Le *Bundesgerichtshof* rappelait à ce titre que les stipulants étaient tenus, dans leurs conditions générales d'affaires, de présenter les droits et obligations de leurs partenaires contractuels, de la manière la plus claire et la plus transparente possible, conformément au principe de bonne foi. Les conditions générales devaient donc préciser les charges financières qui pouvaient résulter de l'exécution du contrat. Dans cette perspective, le stipulant était dans l'obligation de décrire les conditions factuelles et les conséquences juridiques qui résulteraient de la mise en œuvre d'une garantie financière. Il s'agissait, comme le rappelait la Cour fédérale de justice, d'une application de sa propre jurisprudence sur le fondement du paragraphe 307

---

551 Il s'agit de l'itinérance de données, fonction permettant de profiter d'un mobile depuis l'étranger ou dans des zones non couvertes par l'opérateur contractuel.

552 BGH, 9.6.2011, (25).

553 BGH, 9.6.2011, (27).

du BGB[554]. Il fallait que la description fût vérifiable par le cocontractant et ne fût pas de nature à l'induire en erreur[555].

La Cour fédérale de justice précisait également que les critères d'appréciation se fondaient au titre de l'évaluation du principe de transparence sur les attentes et les possibilités de savoir ce qu'un partenaire contractuel moyen avait recherché au moment de la conclusion du contrat. Dès lors, ajoutait la Cour, toujours en se référant à sa propre jurisprudence[556], les conditions générales d'affaires devaient faire l'objet d'une interprétation uniforme en fonction de leur contenu objectif et du sens ordinairement reçu comme elles auraient été comprises par des partenaires contractuels raisonnables et honnêtes[557].

Ainsi, l'interprétation normative permettait au juge d'exercer un contrôle complet des conditions générales d'affaires qu'il s'agisse de leur contenu, de leur emplacement dans le contrat et en fonction du but économique de la clause. La Cour pouvait dès lors restituer le sens précis et la portée exacte de la stipulation afin de déterminer le désavantage inapproprié qu'elle recélait lorsqu'elle était en contravention avec le principe de bonne foi. Au fil de sa jurisprudence, le *Bundesgerichtshof* enserrait les conditions générales d'affaires sur le fondement des paragraphes 307 et 157 du BGB dans les mailles étroites de la bonne foi.

Ce maillage ne concerne pas seulement les conditions générales d'affaires, mais s'étend au contenu même des conditions particulières. En effet, le paragraphe 157 du BGB se réfère, en ce domaine, à d'autres critères. Il s'agit de déterminer ici ce qu'a pu et dû comprendre non plus un adhérent moyen, mais le cocontractant du stipulant, en tenant compte des circonstances particulières qui ont présidé à la naissance du contrat à travers les pourparlers, la situation respective des parties et le but du contrat.

Les pourparlers jouent, cependant, un rôle fondamental, car ils incluent le plus souvent les critères du but contractuel et de la situation respective des parties. Véritable fil conducteur, la bonne foi s'applique dès lors à toutes les phases du contrat. Le droit allemand étend, en effet, le domaine du contrat jusqu'aux pourparlers à la différence du système juridique français, qui distingue deux périodes, l'une antérieure à la conclusion du contrat, les pourparlers proprement dits et l'autre, postérieure à la formation de la convention, qui concerne l'exécution du contrat. Nous serons appelés à voir, cependant, que cette distinction s'est estompée en droit français avec la réforme de 2016.

---

554 BGH, 26.10.2005, VIII *ZR* 2006, 48/05.
555 BGH, 19.1.2005, XII *ZR* 107/01.
556 BGH, 21.7.2010, XII *ZR* 198/08.
557 BGH, 9.6.2011, (42).

A cette première divergence entre les droits allemands et français, s'en ajoute une seconde, qui tient au choix du régime juridique de responsabilité appelé à s'appliquer au cours des pourparlers ; la responsabilité contractuelle pour le droit allemand et le régime de la responsabilité délictuelle en droit français. Cependant, ces différences ne doivent pas occulter des solutions qui apparaissent présenter, depuis la réforme française de 2016, bien des similitudes.

En Allemagne, dès 1911, à l'occasion de l'affaire « *Linoleumrollenall* », le Tribunal d'Empire a étendu le domaine de la bonne foi à la phase précontractuelle[558]. Cet arrêt reprenait la théorie de Rudolf von Jhering, exposée en 1861, au terme de laquelle une *culpa contrahendo*, c'est-à-dire une faute commise, lors de la période des pourparlers, engageait la responsabilité contractuelle de la partie à qui elle était imputable[559]. La jurisprudence allemande a constaté, dès lors, l'existence d'un principe général au terme duquel les relations, qui s'établissent dans la perspective de conclure un contrat, ont pour effet de donner naissance à un lien de confiance entre les parties et impose à celles-ci des obligations respectives de prudence et de sécurité.

Le droit allemand a depuis étendu le champ de la période précontractuelle qui se trouve désormais consacré au paragraphe 311 du BGB. En effet, cette disposition reprend les solutions jurisprudentielles qui ont défini les différentes phases constitutives de la période précontractuelle. Dans un exposé chronologique à rebours, le paragraphe 311 précise les trois étapes qui vont du moment le plus proche de la conclusion du contrat en passant par un temps intermédiaire qualifié de mesures préparatoires au

---

558 RG, 7.12.1911, *RGZ*, 1912, 78, 239-241, antérieurement à cette décision, il n'existait aucune disposition dans le BGB prévoyant l'existence d'une obligation précontractuelle en amont de la conclusion proprement dite du contrat. Il s'agissait, en l'espèce, d'une mère de famille qui s'était rendue en compagnie de sa fille dans un magasin pour faire l'achat d'un tapis en linoleum. Après lui avoir présenté différents motifs sur des échantillons, le commis du magasin mit de côté deux rouleaux correspondants au choix de la cliente. Cependant, les deux rouleaux tombèrent sur la cliente et sa fille qui furent projetées au sol et blessées. Le Tribunal d'Empire a jugé que le commis aurait dû fixer les rouleaux. La haute juridiction a déduit de ces faits la responsabilité du commettant en considérant que le commis du magasin avait débuté des négociations d'achat avec la cliente et que la présentation du tapis avait pour objet de permettre cette acquisition par la cliente. Pour le *Reichsgericht*, cette négociation constituait un acte juridique préparatoire à l'achat qui s'assimilait à un contrat. Dès lors, ces pourparlers avaient créé une obligation juridique dans la mesure où chaque partie était tenue de veiller à la santé et aux biens de son partenaire. C'est sur le fondement du paragraphe 278 du BGB, c'est-à-dire de la responsabilité contractuelle, que le commettant dut répondre de la faute commise par son employé.

559 Rudolf von Jhering, *Culpa in contrahendo oder Schadensersatz bei nichtigen oder nicht zur Perfection gelangten Verträgen, Jahrbücher für die Dogmatik des heutigen römischen und deutschen Privatrechts*, IV, Jena, 1861, S. 1-112.

contrat jusqu'à la période la plus éloignée qualifiée de « *contacts d'affaires similaires* » : « *(2) Un rapport d'obligation générateur d'obligations selon le § 241 alinéa 2 naît aussi : 1. de l'engagement de pourparlers ;2. de toute mesure préparatoire à la conclusion d'un contrat, à l'occasion de laquelle, l'une des parties accorde à l'autre partie ou lui confie, dans la perspective d'une relation contractuelle éventuelle, la possibilité d'agir sur ses droits, ses biens et ses intérêts ; 3. de contacts d'affaires analogues* »[560].

La première période, définie par le paragraphe 311, correspond à la phase précontractuelle qui est également reconnue par le droit français. Celle-ci correspond au temps qui sépare l'entrée en pourparlers de la conclusion du contrat. La seconde période se situe en amont de la précédente. Elle concerne toute mesure préparatoire au contrat ; l'arrêt du *Reichsgericht* de 1911, qui sanctionne, en application d'une obligation de sécurité, une faute de négligence d'un employé ayant fait tomber des rouleaux de linoléum sur une cliente et sa fille, lors d'une discussion avant l'achat, en est la parfaite illustration. Cette période des pourparlers peut également concerner une entreprise qui participerait à une procédure d'appel d'offres. La troisième phase, dans l'exposé du paragraphe 311, est la plus éloignée dans le temps. Elle concerne des « *contacts d'affaires analogues* », une période où les parties ne sont pas directement entrées en contact, mais qui pourrait donner lieu à une négociation, puis à la conclusion d'un contrat. Il en va notamment ainsi pour la distribution de plaquettes publicitaires par une société auprès du public, c'est-à-dire auprès de personnes qui n'ont pour le moment aucun lien de clientèle avec l'entreprise.

Le choix du droit allemand en faveur du régime de la responsabilité contractuelle, telle qu'elle est définie au paragraphe 280 I du BGB, s'explique également par les lacunes que présente la responsabilité délictuelle en matière de réparation des chefs de préjudice. La responsabilité délictuelle, fondée sur le paragraphe 823 I du BGB, exclut, en effet, la réparation des dommages purement patrimoniaux et ne retient que les chefs de préjudice qui concernent directement la personne. Il en va ainsi de l'atteinte à la vie, au corps, à la santé, à la liberté, à la propriété ou à tout autre droit d´une personne. Mais, un préjudice exclusivement économique ne pourrait faire l'objet d'une réparation sur le fondement d'une responsabilité extracontractuelle. Ajoutons, *brevitatis causa*, que d'autres inconvénients existent pour la personne lésée dans le cadre du régime délictuel allemand, tels que la nécessité de prouver le caractère illicite du fait dommageable à l'encontre du responsable et la possibilité pour le commettant de s'exonérer

---

560 BGB, *op. cit.*, § 311 « *(2) Ein Schuldverhältnis mit Pflichten nach § 241 Abs. 2 entsteht auch durch 1. die Aufnahme von Vertragsverhandlungen, 2. die Anbahnung eines Vertrags, bei welcher der eine Teil im Hinblick auf eine etwaige rechtsgeschäftliche Beziehung dem anderen Teil die Möglichkeit zur Einwirkung auf seine Rechte, Rechtsgüter und Interessen gewährt oder ihm diese anvertraut, oder 3. ähnliche geschäftliche Kontakte* ».

de la faute de son préposé, dès lors qu'il s'est montré diligent dans le choix de ce dernier et dans la surveillance exercée à son endroit.

La solution est donc exactement inverse à celle du droit français, qui a rejeté, à titre de principe, en ce domaine, la reconnaissance d'une relation de nature contractuelle et par voie de conséquence la responsabilité y afférente[561]. Le choix du droit français en faveur de la responsabilité délictuelle s'explique, en sus du caractère extracontractuel de cette période, par les conditions moins restrictives que pose celle-ci par rapport au régime de la responsabilité contractuelle pour la réparation des préjudices causés ; la responsabilité issue d´un contrat ne permettant d´obtenir réparation que pour les dommages prévisibles à la différence de la responsabilité délictuelle.

C'est donc au visa de la bonne foi du paragraphe 242 du BGB que la jurisprudence allemande a été conduite à déduire l'existence d'obligations d'information, de conseil et d'explication à la charge des parties au cours de la période précontractuelle[562]. Les trois phases temporelles, qui ponctuent les pourparlers en amont de la conclusion du contrat, se trouvent, en conséquence, entièrement dominées par un principe, la confiance légitime. La violation de la confiance légitime devient ainsi le fait générateur de la *culpa in contrahendo.*

Canaris précise à ce titre que la *culpa in contrahendo* est l'assise d'une conception objective de la responsabilité précontractuelle au titre de la confiance légitime. Elle existe chez un contractant vis-à-vis de son partenaire, dès que ce dernier a accepté d'entrer en pourparlers. Chacun assume, dans ces conditions, la responsabilité qui pourrait résulter d'un manquement à cet engagement[563]. Medicus ajoute que cette responsabilité, de nature matérielle, constitue une troisième voie, que Canaris avait lui-même située entre la responsabilité contractuelle et la responsabilité délictuelle. Elle présente un caractère non seulement objectif, mais autonome. La *culpa in contrahendo* est devenue ainsi une nouvelle catégorie légale de la responsabilité civile[564].

---

561 Com., 11 janvier 1984, *Bull. Civ.*, 1984 IV n°16 p.13.

562 BGH, 4.4.2001, Az. : VIII *ZR*, 2001, 32/00, qui rappelle ce devoir d'information en précisant que le vendeur est soumis à une obligation d'information, d'explication et de diligence accrue envers l'acquéreur lors de négociations portant sur l'achat d'une société ou dans le cadre de discussions relatives à la portée de la transaction ou de son évaluation.

563 C.-W. Canaris, *Ansprüche wegen positiver Vertragsverletzung und Schutzwirkung für Dritte bei nichtigen Verträgen, JZ* 1965, S.476; cf. également, Hein Lorenz, *Le processus précontractuel : Precontractual Liability in the Law of the federal Republic of Germany, in German National Reports in Civil Law Matters for the XIIIth Congress of Comparative Law in Montreal*, 1990, p.58.

564 Dieter Medicus, *Die culpa in contrahendo zwischen Vertrag und Delikt, in Festchrift für Max Keller zum 65. Geburtstag : Beiträge zum Familien und Vormundschaftsrecht, Schuldrecht, internationalen Privatrecht, Verfahrens, Banken, Gesellschafts, und*

De plus, avec la réforme de 2001, le législateur a introduit un alinéa 2 dans le paragraphe 241 du BGB, qui impose aux parties de prendre en considération les intérêts, les droits et les biens du cocontractant. Le paragraphe 241 alinéa 2 dispose, en effet, que « *Le rapport d'obligation peut selon son contenu obliger chaque partie à prendre en considération les droits, les biens et les intérêts de l'autre partie* »[565].

Or, la période, qui se situe en amont de la conclusion du contrat, ouvre un champ d'interprétation élargi sur le fondement du paragraphe 157 du BGB. L'interprétation qualifiée de « normative », comme son nom l'indique, a pour objet de constater le sens précis de la stipulation litigieuse au regard de l'ensemble des droits et des obligations qui forment la substance du contrat.

Au terme du paragraphe 157, l'interprétation des clauses du contrat doit être mise en œuvre en fonction de « *l'horizon du destinataire sur une base objective* »[566]. Le destinataire, c'est en l'occurrence le cocontractant du stipulant. L'interprétation mise en œuvre ne se fonde pas sur la compréhension que le destinataire de la clause lui a donnée en fait, mais sur ce qu'il a pu et dû comprendre à l'aune de critères précis. Il s'agit, en premier lieu, des pourparlers, qui ont précédé la conclusion de l'acte, en second lieu, du but du contrat et en troisième lieu, de la situation respective des parties. Ces critères permettent, en conséquence, d'établir la volonté déclarée des parties indépendamment de toute référence à leur volonté interne[567].

Dans cette perspective, les pourparlers jouent un rôle essentiel. Ils permettent de mesurer l'ambiguïté de la stipulation lorsque le contrat a été conclu en prenant pour mesure l'état précis des échanges qui ont précédé sa conclusion. Canaris rappelle à ce sujet qu'une erreur, dont une partie a été la victime, lors des pourparlers et à la suite d'une négligence de son partenaire, est déterminante dans l'interprétation qui sera donnée de la clause litigieuse afin de caractériser la responsabilité de ce dernier[568].

Aussi, pour Canaris, la responsabilité précontractuelle constitue une protection avancée de la liberté contractuelle matérielle. Le juge recherchera, en conséquence, s'il existe, au stade des pourparlers, des

---

Unternehmensrecht, zur Rechtsgeschichte und zum Steuerrecht, herausgeben von Peter Forstmoser , Schulthess, Zürich, 1989, S. 63.

565 BGB, § 241 alinéa 2 « *Das Schuldverhältnis kann nach seinem Inhalt jeden Teil zur Rücksicht auf die Rechte, Rechtsgüter und Interessen des anderen Teils verpflichten* ».

566 Hans-Joachim Musielak, *Grundkurs BGB*, 9. Auflage C. H. Beck, 2003, nummer 104.

567 H.-J. Musielak, *ibid.*

568 C.-W. Canaris, *Wandlungen des Schuldvertragsrechts*, *op. cit.*, S.320.

éléments qui permettent de révéler l'ambiguïté de la clause et de vérifier les motifs de son insertion postérieure dans le contrat. Le contenu de la négociation, les informations données à cette occasion, les documents publicitaires permettront d'éclairer le sens de la clause litigieuse lors des trois phases constitutives des pourparlers. Le but du contrat permettra, par le biais des pourparlers, de préciser cette évaluation. Enfin, la situation matérielle des parties, lors des négociations et au moment du contrat, est également un moyen d'appréciation des motifs qui ont conduit à l'adoption de la clause par les cocontractants. La période précontractuelle, entendue *lato sensu*, pourra, de cette manière, donner à la juridiction saisie une information exhaustive sur la situation « structurelle » des parties[569].

De plus, pour assurer une interprétation la plus complète possible des conditions particulières du contrat, la Cour fédérale de justice utilise trois autres critères : le contenu de l'obligation concernée, la nature du rapport juridique et l'objet de la prestation. Ces critères ont notamment été appliqués pour prohiber les tentatives de compensation entre la créance issue de la clause du contrat et les créances qui pouvaient exister entre les mêmes parties, mais qui étaient extérieures à l'acte[570].

De plus, le maillage des conditions particulières du contrat, par le biais de l'interprétation du paragraphe 157, a été étendu par la jurisprudence aux lacunes que pourrait présenter le contrat alors que les dispositions du droit positif ne trouveraient pas à s'appliquer à la convention concernée. Dans cette perspective, le *Bundesgerichtshof* a mis en œuvre un mode d'interprétation qualifié de complémentaire, « *die ergänzende Auslegung* ». Le juge doit déterminer en se fondant sur le contenu des stipulations existantes et en tenant compte du but du contrat ce qu'auraient décidé les parties en fonction de la bonne foi et des usages admis en affaires. Contrairement à ce que pourrait laisser supposer cette méthode d'interprétation, la recherche d'une volonté hypothétique des parties au contrat ne permet pas aux juridictions saisies de se livrer à une démarche subjective, mais bien à une interprétation objective de l'acte afin de parvenir à un règlement équilibré des intérêts en présence.

Un arrêt du *Bundesgerichtshof* du 14 mars 2017 offre une illustration précise de l'interprétation complétive mise en œuvre par la haute

---

[569] *Supra* p.198.

[570] BGH, 4.10.1990, Az. IX *ZR* 94/90 qui précise que la compensation est exclue au-delà des cas expressément réglementés par la loi ou prévus par le contrat et ne peut pas être reconnue ,dès lors, qu'au terme du contenu de la clause particulière du contrat, l'exclusion apparaît tacitement convenue ou si la nature du rapport juridique ou la finalité de la prestation due rend l'exécution par compensation incompatible avec la bonne foi sur le fondement du paragraphe 242 du BGB ; dans le même sens, BGH, 2.2.2011, Az. II *ZR* 216/09 et 224/08.

juridiction en cas de lacune du contrat[571]. Le 17 décembre 1998, un particulier avait conclu avec sa banque un contrat d'épargne, dénommé « *S. asset plan* », qui avait fixé initialement le taux d'intérêt variable de l'épargne à 3, 5% par an. Le contrat prévoyait que du 20 novembre 1998 au 20 novembre 2023, le souscripteur du contrat devrait verser 100 DM (51, 13 Euros) par mois sur le compte ouvert au titre de la convention d'épargne. En contrepartie, la banque s'était engagée à accorder, en sus des intérêts variables, une prime annuelle sur les versements d'épargne effectués au cours de l'année civile afférente et cela à partir de la troisième année à hauteur de 3% de l'épargne annuelle avec une augmentation progressive jusqu'à 50% à compter de la quinzième année[572].

Après une période initiale de vingt-quatre mois, le contrat offrait la possibilité au souscripteur de résilier le contrat moyennant un préavis de trois mois. Le souscripteur a effectué les versements d'épargne convenus. Mais, au cours de l'exécution du contrat, la banque a progressivement abaissé le taux d'intérêt créditeur variable à 0, 25% par an[573]. Dans ces conditions, le client de la banque invoquait le paragraphe 315 du BGB qui précise que « *(1) Si la prestation doit être déterminée par l'un des contractants, il faut présumer, en cas de doute, qu'elle doit être faite de manière raisonnable. (2) Cette détermination est effectuée par une déclaration faite à l'autre partie. (3) Si la décision doit être laissée à la discrétion de l'un des cocontractants, la décision adoptée n'est contraignante pour l'autre partie que si elle est équitable. Si elle n'est pas équitable, la disposition est prise par jugement ; il en est de même si elle est retardée* »[574].

Le souscripteur indiquait que les conditions particulières du contrat relatives à l'évolution du taux ne lui avaient pas été remises lors de la conclusion du contrat. Or, ces conditions contenaient l'information relative au changement du taux d'intérêt qui est la suivante : « *Les dépôts d'épargne rapportent des intérêts aux taux d'intérêt annoncés par la banque sur le tableau d'affichage dans les bureaux de la comptabilité. Les modifications entrent en vigueur dès leur annonce* »[575].

---

571 BGH, 14.3.2017, XI *ZR* 508/15.
572 BGH, 14.3.2017, (2).
573 BGH, 14.3.2017, (2).
574 BGB, *op. cit.*, § 315 BGB « *Soll die Leistung durch einen der Vertragschliessenden bestimmt werden, so ist im Zweifel anzunehmen, dass die Bestimmung nach billigem Ermessen zu treffen ist. (2) Die Bestimmung erfolgt durch Erklärung gegenüber dem andern Teil. (3) Soll die Bestimmung nach billigem Ermessen erfolgen, so ist die getroffene Bestimmung für den anderen Teil nur verbindlich, wenn sie der Billigkeit entspricht. Entspricht sie nicht der Billigkeit, so wird die Bestimmung durch Urteil getroffen; das Gleiche gilt, wenn die Bestimmung verzögert wird* ».
575 BGH, 14.3.2017, (3).

Le client de la banque exigeait alors que les intérêts, au titre de l'épargne constituée, soient rémunérés pour la période allant de la conclusion du contrat jusqu'au mois de mars 2013 sur la base du taux d'intérêt initialement convenu de 3, 5% par an, car la banque ne lui avait notifié les modifications effectives du taux qu'à partir du mois de mars 2013. Le souscripteur se fondait à ce titre sur la clause prévoyant le changement du taux d'intérêt qui imposait à la banque d'annoncer celui-ci[576].

La difficulté dans ce litige tenait au fait que les parties n'avaient pas convenu que la banque disposerait du droit unilatéral de déterminer l'exécution du contrat conformément aux dispositions du paragraphe 315 du BGB. De plus, si cette clause avait été stipulée, elle ne pourrait octroyer à la banque un pouvoir illimité d'ajuster le taux d'intérêt, sinon, l'épargnant se trouverait confronté à un taux indéterminé[577]. Parallèlement, le souscripteur du contrat ne disposait pas du droit de bénéficier d'un taux fixe puisque l'acte avait initialement prévu que le taux, qui était de 3, 5%, serait variable[578] Le principe de la variabilité du taux était acquis au titre des conditions particulières, entendues *stricto sensu* et cela, que la notification des conditions particulières relatives à l'évolution du taux d'intérêt ait eu lieu ou pas[579].

Au terme de la jurisprudence de la Cour fédérale de justice, le vide contractuel qui s'était formé, alors que l'accord sur la variabilité du taux d'intérêt était effectif d'une part et qu'une clause de modification du taux d'intérêt s'avérait être inefficace d'autre part, ne pouvait être comblé que par le biais d'une interprétation complétive du contrat. La Cour fédérale de justice précisait que, dans une telle éventualité, la volonté hypothétique des parties devait être prise en considération afin de déterminer la réglementation contractuelle qu'auraient arrêtée ces dernières de bonne foi[580].

Il résulte du contenu de la clause, qui reconnaissait le principe de variabilité du taux d'intérêt que celui-ci ne donnait pas droit au souscripteur du contrat de percevoir un intérêt de 3, 5% par an sur l'épargne constituée depuis la conclusion du contrat jusqu'en mars 2023 dans la mesure où les parties avaient stipulé que le taux de l'intérêt était variable. Il était donc nécessaire que les critères d'ajustement du taux d'intérêt fussent définis en tenant compte de la volonté des parties tant sur la quotité du taux lui-même que sur les délais dans lesquels cet ajustement devait avoir lieu.

---

576 BGH, 14.3.2017, (4).
577 BGH, 14.3.2017, (9).
578 BGH, 14.3.2017, (10).
579 BGH, 14.3.2017, (11).
580 BGH, 14.3.2017, (12).

La Cour fédérale de justice précisait que le taux d'intérêt de référence à déterminer devrait être similaire au taux d'intérêt pratiqué pour les dépôts d'épargne à long terme. La nature du contrat et celle du taux afférent conduisaient à cette solution. La Cour fédérale de justice cassa l'arrêt de la Cour d'appel, qui avait reconnu la nécessité de mettre en œuvre une interprétation complétive, mais qui s'était abstenue de le faire. Le dossier était alors remis avec les instructions précitées du *Bundesgerichtshof* à la Cour d'appel de renvoi afin que soit réalisé l'ajustement du taux d'intérêt entre les parties[581].

Comme le montre la démarche suivie par la Cour fédérale de justice, l'interprétation complétive permet aux juridictions de combler les lacunes du contrat en se fondant sur une approche objective de la volonté hypothétique des parties, puisque la haute juridiction s'appuie sur le contenu des clauses et le but du contrat afin de trouver un règlement équilibré des intérêts à l'aune de la bonne foi et des usages admis en affaires.

En conséquence, la bonne foi ne constitue pas une exception au principe de la liberté contractuelle. Il ne s'agit pas pour les juridictions allemandes d'établir un rapport conçu en termes d'opposition entre la liberté formelle et la liberté matérielle. Tout au contraire, l'interprétation normative a pour objet d'assurer une continuité entre celles-ci, de telle manière que la liberté matérielle garantisse l'effectivité de la liberté formelle et partant, la justice contractuelle au sein des conditions particulières et des conditions générales du contrat.

---

[581] BGH, 14.3.2017, (14), (15), (16), (17), (19) (27), (28), (31), (32), (33).

Chapitre II

Une matérialisation de la bonne foi et de la cause dans l'économie du contrat

Jusqu'à la réforme de 2016, la bonne foi figurait principalement dans le Code civil au stade des effets du contrat. Avec la promulgation de l'ordonnance, la bonne foi a été érigée au rang de principe général aux côtés de la liberté contractuelle et de la force obligatoire du contrat. Le *Rapport au Président de la République* précise que les principes généraux sont des «*"principes directeurs" du droit des contrats. (...) les règles générales (...) destinées à donner des lignes directrices au droit des contrats* »[582].

Cette qualification confère à la bonne foi le caractère d'une règle, qui n'est plus seulement tournée contre les actes contraires à la loyauté, mais qui prescrit désormais à chaque partie d'adopter, comme c'est le cas en droit allemand, un comportement positif à l'égard de son cocontractant. A l'instar du *Treu und Glauben*, la bonne foi française est un devoir auquel il ne peut être dérogé. En effet, avec la réforme de 2016, la bonne foi est non seulement devenue un principe général, mais également, un principe général d'ordre public. Un principe qui est intégré à la nature même du contrat.

Le Code civil français rejoint également le BGB lorsqu'il donne à la bonne foi un rayonnement en amont du contrat. Les articles 1112 et 1112-1 du Code civil[583] soumettent la période précontractuelle à un double impératif, conduire les pourparlers conformément à la bonne foi et communiquer au partenaire contractuel toute information qui serait déterminante de son consentement. Par son rayonnement, la bonne foi éclaire désormais le contrat aux différents stades de son évolution. D'une certaine manière, comme nous serons amenés à le préciser, la bonne foi agrège les pourparlers au contrat tout en continuant à enserrer de ses exigences le contenu et l'exécution de l'acte (Section I).

L'article 1112-1 du Code civil précise qu'ont une importance déterminante les informations qui ont un lien direct et nécessaire avec le contenu du contrat. La notion de contenu du contrat, qui est devenue, au terme de l'article 1128 du Code civil, dans sa rédaction issue de l'ordonnance du 10 février 2016, l'une des conditions de validité du contrat est appelée à jouer un rôle essentiel dans l'équilibre de l'acte. Elle recouvre une réalité beaucoup plus complexe que la présentation qui en est faite

---

582 *Rapport au Président de la République*, préc.

583 Nous serons amenés à constater que si l'article 1112-1 paraît se détacher formellement de la bonne foi, cette dernière ne sous-tend pas moins ses dispositions.

ordinairement. En effet, si le contenu du contrat incarne la survivance des fonctions de la cause dans notre système juridique, il doit être associé à un autre concept « *l'économie générale du contrat* ». Dès lors, le contenu du contrat est appelé à déterminer l'obligation essentielle de l'acte.

En effet, le nouvel article 1170 du Code civil, qui est l'une des dispositions majeures de la réforme de 2016, sanctionne toute clause qui priverait de sa substance l'obligation essentielle du contrat. Une fois encore, cette disposition est le fruit de la jurisprudence de la Cour de cassation et plus particulièrement de la « *saga Chronopost* »[584]. En effet, la haute juridiction française, qui avait, depuis très longtemps, reçu la notion d'obligation essentielle en lui donnant le sens d'une obligation fondamentale inhérente à l'essence même du contrat, c'est-à-dire caractéristique de la prestation principale de l'acte[585], consacrait également le concept de « contrepartie attendue ». Celle-ci ne se confondait pas avec la conception classique de la cause objective puisqu'il existait déjà une contrepartie réelle dans les contrats qui furent soumis à la Cour de cassation. Dans ces conditions, pour la doctrine française, la contrepartie attendue prenait le tour d'une subjectivisation de la cause.

Cependant, la contrepartie attendue ne participe pas, selon nous, d'une subjectivisation de la cause, mais bien plutôt, d'un élargissement de la conception objective de cette notion. L'innovation majeure, faisant de la contrepartie attendue une cause objective, entendue *lato sensu*, aurait dû conduire la Cour de cassation à tirer toutes les conséquences de la prémisse qu'elle venait de poser dans son arrêt du 22 octobre 1996. Mais, loin d'indemniser le préjudice résultant de la privation de la contrepartie attendue, la Cour de cassation s'arrêtait sur le chemin de sa réparation pour s'en tenir au plafond légal de l'indemnisation édictée par les règles supplétives applicables au contrat (Section II).

Or, quelques mois avant le premier arrêt *Chronopost*, la Cour de cassation avait, dans sa décision *Point Club Vidéo*, non seulement mis en œuvre la conception élargie de la cause objective, mais avait reconnu le droit de la partie lésée à l'indemnisation du préjudice réellement subi résultant de l'inexécution de la contrepartie attendue.

En intégrant la contrepartie attendue dans le champ contractuel, les parties avaient elles-mêmes défini l'obligation essentielle du contrat et par voie de conséquence, l'utilité de l'opération économique. C'est dès lors, la

---

[584] D. Mazeaud, *Saga Chronopost : les maîtres du temps perdent une manche*, *D.* 2006, 2288.

[585] Philippe Delebecque et Denis Mazeaud, *Les clauses de responsabilité : clauses de non-responsabilité, clauses limitatives de réparation, clauses pénales*, *in* Geneviève Viney et Marcel Fontaine, *La sanction de l'inexécution des obligations contractuelles*, Paris, LGDJ, 2001, p.379.

cause objective *lato sensu* qui détermine l'économie générale du contrat voulue par les parties et donne à la liberté contractuelle matérielle son caractère effectif. Cette conception de la cause objective prévient les déséquilibres significatifs contre des clauses abusives, dont l'effet, sous le couvert d'une clause limitative ou élusive de responsabilité, revient à sanctuariser la liberté contractuelle formelle au profit du seul stipulant et au détriment de son cocontractant (Section III).

Or, les premières applications de l'article 1170 du Code civil par la Cour de cassation, démontrent que cette dernière a choisi de faire prévaloir les clauses limitatives, voire élusives de responsabilité, sur l'obligation essentielle. Une stipulation contractuelle peut donc neutraliser une obligation essentielle ou alléger les effets de son inexécution au point de la supprimer.

Sans ce minimum contractuel, l'engagement du stipulant n'a plus d'objet. Ce dernier peut se détacher de la contrepartie attendue sans avoir à subir la moindre conséquence au titre de ses manquements. La haute juridiction française s'écarte de la portée de l'obligation essentielle dans le contrat jusqu'à oublier que celle-ci tend à préserver l'équilibre entre les parties, la force obligatoire de l'acte et donc, la justice contractuelle.

De plus, le recours à la faute lourde pour écarter systématiquement une atteinte à l'obligation essentielle est des plus critiquables. Cette exigence est apparue avec le second arrêt *Chronopost*. Antérieurement, la jurisprudence se fondait sur l'obligation essentielle sans passer par le biais de la faute lourde[586]. Dès lors, en imposant l'existence d'une faute lourde, la Cour de cassation fixe une limite, bien symbolique aux clauses abusives, qui prive le contrat de tout intérêt pour le créancier. Une telle position est difficilement compatible avec le libellé de l'article 1170 dont l'objet est de garantir le créancier contre les atteintes faites à la substance de l'obligation essentielle.

Cependant, les juridictions du fond adoptèrent une position différente. Elles furent conduites à appliquer l'article 1170 afin de sanctionner les atteintes faites à la substance de l'obligation essentielle. La crise de la covid-19 fut, en effet, l'occasion, pour nombre de tribunaux et de Cours d'appel, d'apporter une solution, sur le fondement de l'article 1170, aux litiges survenus en matière de contrats d'assurance. L'affaire Axa démontre, à ce titre, que pour les juridictions du fond, la liberté matérielle doit prévaloir sur la liberté formelle du stipulant.

Ainsi, l'article 1170 se révèle être non seulement un instrument de lutte des plus efficaces contre les clauses abusives, mais également une

---

[586] D. Mazeaud, *Les conventions portant sur la réparation*, *RDC* 2007, p.149, n°9.

disposition, qui, en amont de la sanction visée par son libellé, présente un caractère incitatif pour un règlement amiable du litige. En effet, sous l'effet de cette jurisprudence, les parties furent conduites à corriger, par la négociation, les déséquilibres résultant des clauses abusives stipulées dans les conditions particulières et les conditions générales de leurs contrats. L'article 1170 est désormais un levier puissant, entre les mains du juge, de nature à garantir la liberté matérielle des adhérents au contrat (Section IV).

Si la suppression de stipulations incohérentes avec la cause de l'engagement d'un contractant a été consacrée par la réforme, à l'article 1170 du Code civil, afin de combattre les déséquilibres qui résultent de la contradiction d'une clause avec la contrepartie attendue tant dans les conditions particulières que dans les conditions générales, l'article 1171 vient, en complément de cette disposition, renforcer le contrôle global des clauses générales des contrats d'adhésion.

Ce texte, qui a pour objet de réputer non écrites les clauses abusives, qui engendreraient un déséquilibre significatif entre les droits et obligations des parties, est également venu compléter les dispositions de l'article L.212-1 en matière de droit de la consommation et les prescriptions de l'article L.442-1 en matière commerciale. Texte de droit commun, l'article 1171 ne concerne, en effet, qu'un domaine limité, celui des contrats d'adhésion qui ne sont visés ni par l'article L.212-1 ni par l'article L.442-1. Le droit français comble cependant une lacune majeure. Il était nécessaire, en effet, que les contrats, qui ne pouvaient relever de l'une ou l'autre de ces dispositions, pussent être soumis au contrôle du juge sous l'angle du déséquilibre significatif. Avec ces trois articles, la France s'est dotée d'un dispositif équivalent au paragraphe 307 du BGB ; ce dernier englobant à lui seul les contrats relevant du droit civil, du droit de la consommation et du droit commercial.

Dans son interprétation du déséquilibre significatif, la Cour de cassation adopte une méthode similaire à celle qu'elle met en œuvre pour l'application de l'article L.442-1 du Code de commerce. Par une approche globale du contrat, sur le fondement de l'économie générale de l'acte, la Cour de cassation est en mesure d'établir avec précision l'existence d'un déséquilibre significatif caractérisé par un défaut de réciprocité ou une disproportion flagrante entre les obligations respectives des parties.

De plus, la Cour de cassation peut également se référer à sa jurisprudence, en matière de droit de la consommation, pour apprécier un déséquilibre significatif résultant de clauses ambiguës des conditions générales à partir de critères objectifs identiques à ceux qu'emploie le juge allemand dans le cadre du paragraphe 157 du BGB.

La Cour de cassation dispose ainsi d'une méthode complémentaire pour moduler la sanction d'une clause à l'origine du déséquilibre significatif. La Chambre commerciale procède à une analyse détaillée du contenu de la stipulation concernée afin d'établir si la clause doit être réputée non écrite dans son intégralité ou pour une partie de son libellé. Avec l'article 1171 du Code civil, la France achève de donner au droit des contrats un instrument d'une grande précision destiné à neutraliser de manière circonstanciée les effets indésirables des clauses abusives (Section V).

Section I La bonne foi, un principe transversal d'ordre public intégré au contrat

Le droit français a entrepris avec la réforme de 2016 un rapprochement spectaculaire dans sa conception de la bonne foi avec celle qui prévaut en Allemagne depuis la réforme de 2001. Avant l'ordonnance du 10 février 2016, la bonne foi n'était tout au plus qu'un standard juridique. Son application était formellement visée par l'ancien article 1134 alinéa 3 du Code civil qui disposait que les conventions « *doivent être exécutées de bonne foi* ». Il existait à ce titre un libellé similaire à l'énoncé du paragraphe 242 du BGB. Mais, la comparaison s'arrêtait là. Le paragraphe 242 avait fini par devenir en droit allemand l'arc-boutant du contrat, le principe directeur du droit des obligations, il n'en était pas de même pour le droit français.

Certes, la jurisprudence française faisait une large application de la bonne foi, mais le recours à cette notion était ponctuel et dépendait des faits soumis au juge. Les juridictions s'en tenaient aux limites fixées par l'article 1134 du Code civil dans cette approche *in concreto* de la bonne foi. Il s'agissait d'évaluer l'attitude d'un cocontractant et de constater si celle-ci était effectivement ou pas condamnable. C'était à l'aune du « *bon père de famille* », devenu le standard de « *la personne raisonnable* », dans une approche purement casuistique, que la jurisprudence dessinait les contours de la bonne foi dans le contrat.

La bonne foi ne présentait pas une certitude dans son application en raison de la part de subjectivité et donc d'insécurité juridique qu'elle comportait. C'est la raison pour laquelle les auteurs de l'ordonnance du 10 février 2016 ont décidé de lui conférer la valeur non plus d'un standard juridique, mais bien d'un véritable principe. Le *Rapport au Président de la République* rappelle lui-même que la réforme a pour objet d'« *1°) Affirmer les principes généraux du droit des contrats tels que la bonne foi et la liberté contractuelle* »[587].

Menezez Cordeiro avait qualifié le paragraphe 242 de « *paragraphe royal* »[588]. Nous serions tentés de reprendre cette qualification pour l'article 1104 du Code civil. En effet, cette disposition est désormais appelée à régner sur le contrat. L'article 1104, dans sa rédaction issue de l'ordonnance de 2016, édicte un principe, qui s'étend non seulement au contrat, mais également en amont de ce dernier, aux pourparlers lorsqu'il énonce que

---

[587] *Rapport au Président de la République relatif à l'ordonnance n°2016-131 du 10 février 2016*, préc.
[588] *Supra* p.179.

« *Les contrats doivent donc être négociés, formés et exécutés de bonne foi. Cette disposition est d'ordre public* »[589].

Nicolas Dissaux et Christophe Jamin constatent que désormais la bonne foi « *rayonne comme un principe général* »[590]. L'ordonnance du 10 février 2016 opère, à travers l'article 1104 du Code civil, un rapprochement avec le BGB qui, comme nous l'avons vu, inscrit la bonne foi non seulement en amont du contrat, mais également dans le contenu même de l'acte et conformément à son rôle traditionnel lors de son exécution. A ce titre, l'article 1104 du Code civil développe une vision transversale de la bonne foi.

L'article 1104 du Code civil fait de la bonne foi un principe général du droit des contrats, mais lui confère également le rang d'une règle d'ordre public. L'ordonnance rejoint le projet Terré, qui, dans son article 5, énonçait que « *les parties ne peuvent exclure ni limiter ce devoir* »[591]. Un devoir, qui s'impose aux parties et identifie la bonne foi à l'essence même du contrat. Les deux notions sont indivisiblement liées. Cette conception qui est, comme nous l'avons vu, celle du droit allemand, dépasse le cadre étroit de l'obligation, pour concerner l'ensemble des droits et des obligations qui constituent la substance de l'acte.

La référence à la « personne raisonnable », qui était jusqu'alors le standard juridique sur lequel se fondait le juge pour apprécier le comportement d'un contractant, change de paradigme. La « personne raisonnable » devient l'instrument d'application d'un principe général d'ordre public. A l'instar du droit allemand, le droit français fait désormais reposer la figure juridique de la « personne raisonnable » sur les fonts baptismaux d'une conception objective de l'équité. Celle-ci ne peut plus donner lieu à une appréciation au cas par cas. Le comportement d'un contractant doit se mesurer en liaison étroite avec l'ensemble des droits et des obligations qui définissent l'économie du contrat.

De la même manière que la notion allemande du « *tiers objectif et raisonnable* », la « *personne raisonnable* » du droit français devient le cadre de référence des valeurs sociales dominantes en liaison étroite avec l'équilibre général des droits et des obligations au sein du contrat. Le *Rapport au Président de la République* donne l'indication suivante au sujet

---

[589] Code civil, *op ; cit.*, article 1104.

[590] Nicolas Dissaux et Christophe Jamin, *Réforme du droit des contrats, du régime général et de la preuve des obligations : ordonnance n°2016-131 du 10 février 2016 : commentaire des articles 1100 à 1386 du code civil*, Dalloz, Paris, 2016, p.10.

[591] Avant-projet Terré, *op. cit.*, article 5.

de l'article 1104 du Code civil, « *le deuxième alinéa précise que le devoir de bonne foi est une disposition d'ordre public* »[592].

Dès lors, la portée des obligations des parties change de dimension. Il ne s'agit plus seulement d'apprécier, dans une affaire donnée, si le cocontractant s'est abstenu de commettre un acte de déloyauté vis-à-vis de son partenaire à l'aune du standard juridique de la « *personne raisonnable* ». Désormais, les parties sont soumises à un devoir positif. Chacune d'entre elles est appelée à prendre en considération les intérêts légitimes de son partenaire. L'article 1104 du Code civil revêt, en conséquence, la même portée que les paragraphes 241 et 242 du BGB.

De plus, l'ordonnance du 10 février 2016 se livre à une véritable déclinaison de la bonne foi, à travers les articles qui mettent en œuvre le principe édicté à l'article 1104 du Code civil, dans le cadre des différentes phases invoquées par cette disposition, qu'il s'agisse des pourparlers, de la conclusion du contrat, de son contenu ou de son exécution.

L'aspect certainement le plus original concerne la période précontractuelle. Comme en droit allemand, la bonne foi règne sur le temps qui précède la conclusion du contrat. L'article 1112 du Code civil dispose que « *L'initiative, le déroulement et la rupture des négociations précontractuelles sont libres. Ils doivent impérativement satisfaire aux exigences de la bonne foi* »[593]. La portée de cette disposition, qui est une autre manifestation du déplacement de la limite de la liberté contractuelle vers une notion matérielle de celle-ci, est essentielle.

Contrairement à ce que pourrait laisser penser le texte de l'article 1112 du Code civil, la bonne foi ne constitue pas une exception au principe de la liberté dans la négociation du contrat. Il ne s'agit pas ici d'une limite posée à cette liberté. Bien au contraire, l'article 1112 du Code civil conçoit la liberté de négocier et la bonne foi sous le jour d'une complémentarité, d'une continuité. La liberté de négocier et la bonne foi s'interpénètrent pour prévenir, lors de cette phase cruciale que constituent les pourparlers, le défaut de faculté, de capacité ou d'information d'une partie, susceptibles de déterminer les déséquilibres qui pourraient surgir dans le contenu du contrat. La bonne foi joue, au stade des pourparlers, le rôle d'une protection avancée de la liberté matérielle en amont de la liberté contractuelle.

A ces deux dispositions, l'ordonnance du 10 février 2016 vient ajouter un devoir d'information qui est afférent à cette période. En effet, l'Ordonnance introduit dans le Code civil un article 1112-1 qui dispose que

---

592 *Rapport au Président de la République*, préc.

593 Code civil, *op. cit.*, article 1112.

« *Celle des parties qui connaît une information dont l'importance est déterminante pour le consentement de l'autre doit l'en informer dès lors que, légitimement, cette dernière ignore cette information ou fait confiance à son cocontractant. Néanmoins, ce devoir d'information ne porte pas sur l'estimation de la valeur de la prestation. Ont une importance déterminante les informations qui ont un lien direct et nécessaire avec le contenu du contrat ou la qualité des parties. Il incombe à celui qui prétend qu'une information lui était due de prouver que l'autre partie la lui devait, à charge pour cette autre partie de prouver qu'elle l'a fournie. Les parties ne peuvent ni limiter, ni exclure ce devoir. Outre la responsabilité de celui qui en était tenu le manquement à ce devoir d'information peut entraîner l'annulation du contrat dans les conditions prévues aux articles 1130 et suivants du Code civil* »[594].

Le devoir général d'information, édicté par l'article 1112-1 du Code civil, relève également de l'ordre public. « *Les parties ne peuvent ni limiter ni exclure ce devoir* », précise l'article. L'ordonnance consacre, ainsi, au plan légal, une obligation précontractuelle déjà reconnue par la jurisprudence[595] et qui avait été également reçue dans plusieurs dispositions législatives, en particulier par le droit de la consommation[596].

L'article 1112-1 pourrait sembler introduire dans le Code civil une obligation d'information, qui présenterait un caractère autonome, sans lien avec le devoir de bonne foi. Certes, le texte de l'article 1112-1 ne vise pas formellement la bonne foi dans son libellé. Néanmoins, l'ensemble des prescriptions de l'article 1112-1 se trouvent animées par l'impératif essentiel, qui définit aujourd'hui la bonne foi, c'est-à-dire assurer l'équilibre des relations contractuelles entre les parties sur le fondement d'une information en lien avec le contenu de l'acte[597].

La naissance de cet équilibre se situe au moment de la conclusion du contrat et son appréciation doit avoir lieu par rapport à la phase des

---

[594] Code civil, *op. cit.*, article 1112-1.

[595] Civ. 3e, 21 juillet 1993, *Bull.civ.* 1993, III, n°117, p.76. obligation d'information au profit d'un particulier ; Com., 14 novembre 1977, *Bull. civ.*, 1977, IV, n°253 p.216. au profit d'un professionnel.

[596] Code de la consommation, *op. cit.*, article L.111-1 du Code de la consommation relatif à l'obligation pour un professionnel de communiquer plusieurs informations au consommateur avant la conclusion du contrat relative aux caractéristiques essentielles du bien ou du service, du prix du bien ou du service, de la date ou du délai de livraison en l'absence d'exécution immédiate du contrat, de transfert du risque, à l'identité du professionnel, à l'existence et aux modalités de mise en œuvre de la garantie, sur la période de disponibilité des pièces détachées au titre des biens mis pour la première fois sur le marché et sur tout paiement supplémentaire s'ajoutant au prix principal du contrat.

[597] Philippe Malaurie, Laurent Aynès, Philippe Stoffel-Munck, *Droit des obligations*, LGDJ, Lextenso, Paris, 2016, n°460.

pourparlers qui la précède. Ainsi, le dernier alinéa de l'article 1112-1 du Code civil vient préciser que le manquement au devoir d'information est susceptible d'entraîner la nullité du contrat s'il a déterminé un vice du consentement qu'il s'agisse d'une erreur ou d'un dol.

Or, le dernier alinéa de l'article 1112-1 entretient une étroite correspondance avec l'alinéa 1. En effet, la sanction du manquement au devoir d'information précisée au dernier alinéa est en lien avec les vices du consentement, et par voie de conséquence avec la réticence dolosive consacrée au nouvel l'article 1137 du Code civil qui dispose que « *Le dol est le fait pour un contractant d'obtenir le consentement de l'autre par des manœuvres ou des mensonges. Constitue également un dol la dissimulation intentionnelle par l'un des contractants d'une information dont il sait le caractère déterminant pour l'autre partie* ».

L'exigence que l'information concernée ait été d'une importance déterminante pour le consentement de l'autre partie a pour effet de relier les conditions du devoir précontractuel d'information à celles du dol dans le cas d'une réticence. Le lien entre les articles 1112-1 et 1137 permet ainsi de garantir la bonne exécution de l'obligation d'information. Il n'en subsiste pas moins une différence de principe entre ces deux dispositions. En effet, le manquement à l'obligation d'information, qui fait l'objet de l'article 1137 du Code civil, doit être le fruit d'une intention, il doit être destiné à tromper l'autre contractant pour qu'il puisse constituer un dol permettant de sanctionner celui-ci par la nullité du contrat en application de l'article 1137 alinéa 2.

Or, si cette intention de tromper venait à manquer, la violation du devoir d'information qui résulterait d'une négligence ou qui n'aurait pas provoqué de vice du consentement, parce que la conclusion du contrat n'aurait pas eu lieu, pourrait conduire à la condamnation du débiteur de l'information au règlement de dommages et intérêts. Il en est notamment ainsi, dans l'hypothèse où après des mois de négociation, une des parties viendrait à découvrir une information déterminante que son cocontractant aurait dû lui fournir et qui n'a pas permis la souscription de l'acte. L'indemnisation des dépenses engagées pour la conclusion du contrat pourrait venir sanctionner le manquement au devoir d'information. Il pourrait en être de même, dans l'hypothèse d'une perte de chance de contracter une convention plus avantageuse constitutive d'un *lucrum cessans*, conditionnant l'octroi de dommages et intérêts. L'article 1112-1 du Code civil dépasse ainsi la sanction d'une simple abstention, qu'elle fût fautive ou pas, pour donner au devoir d'information un véritable caractère positif.

La combinaison des articles 1104, 1112 et 1112-1 du Code civil ouvre aux pourparlers le champ de l'interprétation du contrat à l'aune du principe de bonne foi. Si, selon la formule de Denis Mazeaud, la période précontractuelle n'a jamais été un *« no man's land juridique »*[598], l'ordonnance du 10 février 2016 n'apporte pas moins une innovation fondamentale en la matière. Non seulement, pour la première fois, la phase des pourparlers fait l'objet des dispositions du Code civil, mais les négociations se trouvent soumises à la bonne foi en tant que principe d'ordre public.

Certes, le droit français ne va pas jusqu'à agréger la phase précontractuelle au contrat comme le fait le droit allemand. La bonne foi interagit, cependant, avec la liberté qui se manifeste lors des négociations, comme elle est appelée à le faire pour la liberté contractuelle proprement dite. Elle prévient la faiblesse structurelle qui déséquilibre la position de négociation d'un partenaire éventuel et la disproportion manifeste entre la prestation et la contrepartie à venir du contrat. La bonne foi est le trait d'union qui relie l'acte aux pourparlers Le contenu de l'acte, lui-même entièrement soumis au principe de bonne foi, étend son champ de force désormais à la période précontractuelle.

Il ne s'agit plus de sanctionner seulement la violation de la bonne foi caractérisée par une rupture abusive des pourparlers[599] ou comme nous l'avons vu, en raison d'un manquement au devoir d'information. Le devoir général d'information présente un caractère dynamique et positif puisque la rupture n'est désormais plus qu'un des aspects visés par l'article 1112 du Code civil. L'initiative et le déroulement des négociations sont désormais des phases tout aussi décisives pour apprécier les conditions de formation du contrat et le sens et la portée des clauses mêmes de l'acte. Le juge sera donc conduit à se reporter aux échanges entre les parties qui se sont déroulés en amont de l'accord pour déterminer un manquement au devoir général d'information.

Il existe, en effet, lors de l'initiative et du déroulement des négociations, des indices qui peuvent aider le juge à révéler le sens de l'acte et tout particulièrement pour les conditions générales des contrats d'adhésion. Sans aller aussi loin que le droit allemand, qui allonge la période

---

598 D. Mazeaud, *La genèse des contrats, un régime de liberté surveillée*, *Droit et patrimoine*, juillet 1996, p.44.

599 Com. 12 octobre 1993, pourvoi n°*91-19.456* ; Com. 14 décembre 2004, pourvoi n.*02-10-157* ; cf. CA Lyon, Première Chambre civile B, 10 novembre 2020, n° *R.G.* : *19/03862* pour un premier cas d'application de l'article 1112 du Code civil à une rupture abusive des pourparlers, la négociation ayant débuté en novembre 2016 postérieurement à l'entrée en vigueur de l'ordonnance du 10 février 2016 et confère ainsi aux juridictions une compétence pour se prononcer sur le fondement de l'article 1112.

précontractuelle très en amont du contrat, la jurisprudence française, avant la réforme de 2016, se référait déjà de manière ponctuelle aux documents publicitaires distribués auprès du public, c'est-à-dire dans une période où les parties n'étaient pas directement en présence.

Dès 1963, la Cour de cassation avait approuvé les juridictions du fond, qui avaient fait prévaloir les clauses « *contenues dans les dépliants publicitaires et autres documents édités par la société à l'intention de ses adhérents* »[600] sur les stipulations du règlement intérieur qui n'avaient pas été portées à la connaissance de ces derniers. Les documents publicitaires permettaient ainsi d'interpréter le contenu des conditions générales du contrat en faveur des adhérents destinataires des dépliants.

Cette jurisprudence qui se prononçait de manière ponctuelle, avant la réforme de 2016, dispose désormais d'un fondement légal avec les articles 1112 et 1112-1 du Code civil en liaison étroite avec l'article 1104 du Code civil pour rattacher les termes des documents publicitaires aux clauses mêmes du contrat. Muriel Fabre-Magnan rappelle à ce titre que le droit français relie l'obligation d'information à l'information effectivement donnée dans le cadre d'un document publicitaire[601]. La bonne foi est dorénavant appelée à jouer le rôle d'un principe directeur dans l'interprétation même du contenu du contrat à l'instar du droit allemand.

Section II Une matérialisation de la liberté contractuelle : la portée de l'obligation essentielle

Comme le précise l'article 1112-1, « *Ont, une importance déterminante les informations qui ont un lien direct et nécessaire avec le contenu du contrat ou la qualité des parties* ». Le contenu du contrat constitue l'axe déterminant, comme le précise l'article 1112-1, pour établir le sens réel des informations essentielles du contrat. Or, le contenu du contrat constituait déjà, bien avant la réforme de 2016, le fondement de l'interprétation mise en œuvre par la jurisprudence, lorsqu'une discussion s'ouvrait entre les parties sur la portée d'une clause.

Dès 1985, la Cour d'appel de Paris avait fixé les règles d'interprétation en ce domaine à partir de la notion « d'économie du contrat ». Il s'agissait, en l'espèce d'un contrat de prêt qui prévoyait « *un an de franchise totale* ». L'emprunteur considérait que la clause signifiait à son profit une exonération complète du paiement des intérêts pendant une année.

---

600 Civ. 1ère, 20 novembre 1963, *Bull. Civ.* 1963, I, n°507, p.427.

601 Muriel Fabre-Magnan, *De l'obligation d'information dans les contrats, essai d'une théorie*, LGDJ, 1992, Bibliothèque de droit privé t. 221, n°636 et s., p.507 et s.

A l'inverse, selon la terminologie bancaire, la clause visait le délai pendant lequel le remboursement du prêt ne pourrait avoir lieu. Saisie de ce dossier, la Cour d'appel de Paris a jugé que « *la clause de remboursement anticipé ne pouvait s'appliquer que par référence à l'économie générale du contrat, laquelle était conforme à l'usage en matière bancaire* »[602]. Les juges précisaient, en conséquence, que « *aucun doute ne pouvait raisonnablement subsister sur ce point dans l'esprit des parties* »[603].

L'interprétation du contrat a donc donné lieu à une interprétation objective sur le fondement de cet ensemble qui ordonne et structure le rapport des droits et des obligations des parties et qui est défini par le contenu de l'acte. La volonté à prendre en considération ici n'est pas la volonté réelle des parties, mais celle qui résulte de l'économie même du contrat. C'est en l'espèce le contenu de l'acte qui détermine l'interprétation de la Cour d'appel de Paris. La clause présentait, en effet, un contenu spécifique qui se retrouvait systématiquement reproduit pour ce type de contrat. Cette stipulation avait donc une signification cohérente par rapport à son économie générale.

Dès lors, le contenu du contrat pourrait, dans une première acception, s'identifier à une conception purement objective qui correspond à la notion déjà utilisée par la jurisprudence sous la qualification de « *l'économie générale du contrat* ». Le contenu du contrat désigne, dans ces conditions, la substance même des obligations qui constitue l'acte et lui donne sa spécificité.

Mais, dans une deuxième acception, qui nous apparaît devoir jouer un rôle tout aussi important, le contenu du contrat est celui qui est énoncé à l'article 1128 du Code civil « *3° Un contenu licite et certain* »[604]. Certes, la notion de « *contenu* » du contrat est une notion originale issue de la rédaction de l'ordonnance du 10 février 2016. Il n'en reste pas moins que son rôle est d'incarner des aspects traditionnels du droit des contrats, comme le démontrent les termes « *licite et certain* », qui désignent les fonctions anciennement remplies par la cause et par l'objet.

En effet, malgré la disparition du terme, la notion de cause survit, dans les textes du Code civil, non seulement à l'article 1128, qui en est le siège, mais également dans des dispositions tout aussi fondamentales et qui permettent de définir le sens que recouvre le contenu du contrat. Nous visons ici les articles 1163 et 1170 du Code civil. L'article 1163 pose comme

---

602CA Paris, 2 décembre 1985, *RTDC*, 1986. 743, obs. Jacques Mestre.

603 CAParis, 2 décembre 1985, préc.

604 Code civil, *op. cit.*, article 1128 du Code civil « Sont nécessaires à la validité d'un contrat : 1° Le consentement des parties ; 2° Leur capacité de contracter ; 3° Un contenu licite et certain ».

condition à l'engagement de chaque cocontractant l'existence d'une contrepartie[605]. L'article 1170, dont nous verrons plus loin le rôle fondamental, répute non écrite toute clause qui prive de sa substance l'obligation essentielle.

Ces trois articles postulent que le contenu du contrat s'identifie aux obligations qu'il fait naître. Les articles 1128, 1163 et 1170 rejoignent l'article 1101 qui définit le contrat par les obligations qu'il crée, modifie, transmet ou éteint. Non pas que le contrat ne se limite qu'à des obligations qu'il engendrerait, puisque, en tant qu'acte juridique, les effets de droit, qui procèdent de ce dernier, ne sont pas nécessairement des obligations. Il n'en reste pas moins que le contenu du contrat, dans sa relation avec le devoir pour chaque partie de communiquer l'information qui se trouve en lien direct et essentiel avec celui-ci, concerne les obligations engendrées par le contrat. Dans cette seconde acception, le contenu du contrat ne dépendra pas de la nature spécifique de l'acte, mais bien de la volonté des parties.

Ainsi, comme en droit allemand, le matérialisme juridique étend la bonne foi en amont du contrat dans un lien étroit avec le contenu de l'acte et parallèlement, il intensifie son application au niveau même de son exécution. Le devoir d'information se prolonge pour donner au contrat un effet complet. Chaque contractant a le devoir de communiquer à son partenaire l'information que ce dernier a tout intérêt de connaître lors de la phase d'exécution du contrat. Ce devoir s'inscrit en conséquence non seulement en amont, mais également en aval de la conclusion de l'acte. L'aspect dynamique et positif de ce devoir se manifeste ici à la manière, *mutatis mutandis*, des obligations définies au paragraphe 241 alinéa 2 du BGB sous la forme d'une coopération véritable entre les parties.

L'ordonnance du 10 février 2016 consacre ainsi une tendance récente qui consiste, à rebours d'une vision traditionnelle du contrat, fondée sur les intérêts antagonistes des parties, à instaurer entre les contractants un véritable esprit de coopération[606]. En effet, Jacques Mestre rappelait que la coopération est « *l'exigence (...) des attitudes, des comportements convergents au service d'un intérêt contractuel commun* »[607].

La jurisprudence a déjà formellement consacré cette coopération pour certains contrats. Il en va notamment ainsi pour les actes de vente informatique. Le vendeur de matériels et de logiciels et l'acquéreur, sont

---

[605] Code civil, *op. cit.*, article 1163 « L'obligation a pour objet une prestation présente ou future. Celle-ci doit être possible et déterminée ou déterminable. La prestation est déterminable lorsqu'elle peut être déduite du contrat ou par référence aux usages ou aux relations antérieures des parties, sans qu'un nouvel accord des parties soit nécessaire ».

[606] J. Mestre, *D'une exigence de bonne foi à un esprit de collaboration, RTDC*, 1986, p.101.

[607] J. Mestre, *op. cit.*, p.101.

tenus de coopérer au stade des pourparlers ; le premier devant participer à l'étude et à la réalisation du projet du second, qui, de son côté, doit lui communiquer toutes les informations nécessaires pour répondre aux spécificités de son projet. Cette obligation se poursuit au niveau de l'exécution du contrat qui impose au vendeur de vérifier les conditions d'utilisation du système préconisé et à l'acquéreur de partager son expérience dans son usage[608].

La coopération, sous l'égide de la bonne foi, doit conduire chaque partie à faciliter l'exécution des obligations de son partenaire. Il ne s'agit pas ici de solidarité. La coopération ne remet pas en cause le rapport contractuel classique fondé sur une rencontre d'intérêts spécifiques, mais de permettre aux cocontractants d'apprécier, par le biais de cette coopération, le contenu et la portée de leurs engagements respectifs. En 1986, Jacques Mestre augurait une évolution du droit des contrats en ce sens[609].

Le contrat de franchise est la manifestation de cette évolution. Il apparaît aujourd'hui comme l'archétype du contrat de coopération entre les parties[610]. La nature de ce contrat impose cette coopération puisque la franchise, qui est la transmission d'un savoir-faire, oblige le franchiseur à prendre toutes dispositions afin d'assurer le succès du franchisé et donc la rentabilité du contrat. Le franchisé doit, en contrepartie, informer le franchiseur des résultats de son activité. La jurisprudence établit ce devoir de coopération aussi bien dans le cadre de la phase précontractuelle qu'au cours de la période d'application du contrat[611].

Ce devoir de coopération est une obligation essentielle au terme d'une jurisprudence constante de la Chambre commerciale de la Cour de cassation. Un arrêt rendu par la Cour de cassation le 15 mars 2017 illustre la position adoptée par la Cour de cassation en ce domaine. Il s'agissait, en l'espèce, d'un franchiseur de boulangeries-pâtisseries, qui avait conclu en juin 2004 un protocole d'accord, dont l'objet était de consentir l'exclusivité d'ouvertures de franchises de la marque dans trois départements du sud de la

---

608 CA Paris, 17 septembre 1993, *La vie judiciaire*, §-12 décembre 1993, n°11118, p.9 ; CA Paris, 18 juin 1984, *RTDC*, 1986, p.100, n°2, obs., J. Mestre ; CA Paris 26 juin 1985, *RTDC*, 1985, p.100, n°2, obs. J. Mestre.

609 J. Mestre, *op. cit.*, p.102, « La leçon de ces arrêts est double : d'une part, il est question d'aide, de collaboration, de dialogue, d'autre part, cette attitude de coopération est attendue tant du professionnel que du profane (…) Bref, les ferments de l'évolution sont ainsi réunis, et l'espoir peut être raisonnablement entretenu : au souci contemporain d'équilibre contractuel, justifiant une intervention unilatérale de rééquilibrage au profit de la partie considérée comme en situation d'infériorité, pourrait bien, demain, se substituer un esprit de collaboration, plus riche parce que naturellement bilatéral ».

610 Suzanne Lequette, *Le contrat-coopération. Contribution à la théorie générale du contrat*, thèse, *Economica*, 2012, n°133 et s.

611 Com., 4 octobre 2011, pourvoi n°*10-20.956* ; Com., 12 juin 2012, pourvoi n°*11-19.047*.

France assorti d'un engagement de développement de dix-huit points de vente en cinq ans. Après avoir ouvert cinq premiers points de vente, le franchisé fut confronté à d'importantes difficultés financières. Le franchiseur a alors résilié le protocole d'accord à l'issue d'une exécution du contrat de deux ans. Le franchiseur sollicitait l'indemnisation du préjudice subi en raison du défaut d'exécution du plan de développement. A titre reconventionnel, le franchisé réclamait des dommages et intérêts au titre d'une résiliation abusive du protocole d'accord[612].

Débouté de ses demandes, le franchiseur formait un pourvoi à l'encontre de l'arrêt de la Cour d'appel de Paris. La Chambre commerciale confirmait l'arrêt qui lui avait été déféré et jugeait que la résiliation du protocole d'accord était fautive. La Cour faisait alors observer que « *le plan de développement convenu ne pouvait être réalisé qu'avec la collaboration étroite et loyale des parties et l'ouverture de nouveaux magasins sous franchise restait nécessairement associée à la réussite des exploitations, la société Holder, franchiseur, ayant le pouvoir de vérifier les conditions d'implantation à cette fin et de refuser un projet, s'il ne répondait pas à cet objectif, la cour d'appel, sans obliger la société Holder à renégocier le protocole, a pu retenir que la loyauté imposait de négocier, si le protocole d'accord s'avérait difficilement réalisable, et de proposer des conditions acceptables* »[613].

La Cour de cassation constate ici que le franchiseur n'avait pas accompli son devoir de coopération au regard même des clauses du contrat qui prévoyaient que le franchiseur avait le pouvoir de vérifier les conditions d'implantation des points de vente et de refuser la mise en œuvre d'un projet si ce dernier ne répondait pas à cet objectif. Il s'agissait d'une obligation essentielle du contrat.

Or, le droit français avait depuis très longtemps consacré la notion « d'obligation essentielle »[614]. Pothier fut l'un des premiers à définir le sens et la portée de cette notion. Ce dernier précisait à leur sujet dans son *Traité des obligations* que « *Les choses qui sont de l'essence du contrat, sont celles sans lesquelles ce contrat ne peut subsister. Faute de l'une de ces choses, ou il n'y a point du tout de contrat, ou c'est une autre espèce de contrat* »[615].

---

612 Com., 15 mars 2017, pourvoi n°*15-16.406 F-D.*

613 Com., 15 mars 2017, préc.

614 Civ. 1ère, 11 octobre 1966, *Bull. civ.* 1966, I, n°466, p.353 ; Com., 17 janvier 1984, *Bull. civ.* 1984, IV, n°20, p.17; Civ. 1ère, 18 janvier 1984, *JCP*, 1985, II, 20372.

615 R.-J. Pothier, *Traité des obligations in Œuvres de Pothier, annotées et mises en corrélation avec le Code civil et la législation actuelle* par M. Bugnet, Tome II, Paris, 1848, Première partie, Chapitre Premier, Section I, § III. *Des trois choses qu'on doit distinguer dans chaque contrat*, 6., p.6.

L'obligation essentielle est donc une obligation qui est inhérente à l'essence même du contrat et qui définit la nature même de l'acte.

L'article 1170, issu de la rédaction de l'ordonnance du 10 février 2016, sanctionne à ce titre l'atteinte à la substance de l'obligation essentielle du débiteur. L'article 1170 du Code civil est emblématique d'une évolution fondamentale du droit français. Il est, en effet, à la fois le fruit d'une jurisprudence, mais il dépasse celle-ci en raison de l'éclairage rétrospectif que livre la lecture des arrêts de la Cour de cassation sur sa portée et par voie de conséquence, sur celle de l'article 1170 lui-même. L'article 1170 du Code civil dispose que « *Toute clause qui prive de sa substance l'obligation essentielle du débiteur est réputée non écrite* »[616].

La « *substance* » et « *l'obligation essentielle* » sont deux notions qui ont été utilisées corrélativement par la Cour de cassation dans sa jurisprudence *Chronopost*[617]. Il a été donné du premier arrêt *Chronopost* rendu en 1996 et de ceux qui l'ont suivi, jusqu'aux décisions *Faurecia,* une interprétation qui masque le sens profond de l'évolution que devait alors connaître le droit des contrats et qui a présidé aux destinées de l'article 1170 du Code civil.

Le premier arrêt, qui inaugura la jurisprudence *Chronopost,* a été prononcé le 22 octobre 1996. Dans cette affaire, une société, Banchereau, avait envoyé à la Société française de messagerie internationale (SFMI) deux plis, contenant des offres, qui devaient être présentés dans le cadre d'une adjudication. Afin de s'assurer de leur bonne destination, l'entreprise Banchereau avait remis ces enveloppes à cette société d'expédition expresse pour leur livraison dans les vingt-quatre heures. Cependant, contrairement à son engagement, la SFMI ne remit les plis qu'après la date limite de dépôt des offres. La société Banchereau engagea dès lors une action à l'encontre de la SFMI aux droits de laquelle vint la société Chronopost. La société Banchereau sollicitait la réparation du préjudice qu'elle avait subi au titre d'une perte de chance de voir son offre retenue par adjudication. La société Chronopost opposait, à la demande de la société Banchereau, une clause de ses conditions générales, limitative de sa responsabilité, qui fixait un plafond d'indemnisation équivalent au montant du prix du transport, soit une somme de 122 francs[618].

La Cour d'appel de Rennes jugea que la responsabilité contractuelle de Chronopost ne pouvait être mise en cause, qu'en cas de faute lourde et considérait que celle-ci n'était pas constituée en l'espèce. Dès lors, pour les

---

616 Code civil, *op. cit.*, article 1170.
617 Com. 22 octobre 1996, *Bull. civ.* 1996, IV, n°261, p.223.
618 Com. 22 octobre 1996, préc.

juges du fond, il incombait seulement à Chronopost de verser l'indemnité de 122 francs prévue au contrat. Saisie, la Cour de cassation cassa et annula l'arrêt qui lui était déféré sur le fondement de l'ancien article 1131 du Code civil[619] La Chambre commerciale précisait que la clause limitative de responsabilité devait être réputée non écrite, car elle était en contradiction avec « *la portée de l'engagement pris* » de livrer les plis dans un délai déterminé[620].

La Cour jugeait, en effet, que la société Chronopost avait contracté l'obligation d'une livraison présentant des garanties de célérité et de fiabilité. Selon la conception *stricto sensu* de la cause objective, l'obligation du transport des enveloppes par Chronopost était la contrepartie du paiement du prix du transport par la société Banchereau. La Cour de cassation ne pouvait donc faire obstacle à la clause limitative de responsabilité sur ce fondement. Le visa de l'article 1131 du Code civil ouvrait, en conséquence, pour nombre de commentateurs, la question d'une subjectivisation de la cause par la Cour de cassation[621].

En effet, selon l'analyse de la doctrine, la Cour avait constaté les limites des conditions d'application de la cause objective et se serait dès lors, reportée sur la cause finale en tenant compte de l'objectif recherché par les cocontractants, c'est-à-dire la conclusion d'un contrat de transport rapide pour que les plis soient remis dans le délai de vingt-quatre heures[622]. De cette manière, la clause limitative de responsabilité avait été écartée parce qu'elle était contraire au but poursuivi par les parties.

Comme nous le verrons, nous ne partageons pas cette analyse de l'arrêt Chronopost de 1996. Nous considérons que la cause objective, entendue *lato sensu,* explique la solution donnée par la Cour de cassation et nous serons amenés à le préciser plus loin lorsque nous invoquerons le cadre juridique précis dans lequel s'inscrit cette décision.

La discussion sur le fondement de la solution de l'arrêt rendu par la Cour de cassation le 22 octobre 1996 n'est pas la seule interrogation posée par cette décision. En effet, une seconde question, suscitée par cet arrêt, tenait à la nature de la sanction retenue par la haute juridiction qui a réputé

---

619 Code civil des Français, *op. cit.*, article 1131 « L'obligation sans cause, ou sur une fausse cause, ou sur une cause illicite, ne peut avoir aucun effet ».

620 Com. 22 octobre 1996, préc.

621 Christian Larroumet, *Obligation essentielle et clause limitative de responsabilité*, *D*, 1997, chron., p. 145 et s. ; Jean-Pascal Chazal, *Théorie de la cause et justice contractuelle, A propos de l'arrêt Chronopost*, *JCP*, 1998, I, 152 ; Philippe Delebecque, *Que reste-t-il du principe de validité des clauses de responsabilité ?*, *D. affaires* 1997, chron. p. 235 et s. ; Jean-Marie Guegen, *Le renouveau de la cause en tant qu'instrument de justice contratctuelle*, *D*, 1999, chron., p.352 et s.

622 C. Larroumet, *De la cause de l'obligation à l'intérêt au contrat*, *D* 2008, 2441.

non écrite la clause limitative de responsabilité. En l'absence de cause, même sous la forme d'une subjectivisation, sa sanction aurait dû se traduire par la nullité de l'acte. Dès lors, comment expliquer la solution arrêtée par la Cour de cassation ? La réponse à cette question résidait dans les stipulations mêmes du contrat.

En effet, la première difficulté à laquelle était confrontée la Chambre commerciale concernait la modalité d'intégration de la clause dans le contrat puisque cette dernière avait été stipulée dans les conditions générales du transporteur. La clause limitative de responsabilité avait donc été imposée à la société Banchereau qui n'avait disposé d'aucun moyen pour la discuter. La seconde difficulté résidait dans la nature de l'obligation à laquelle portait atteinte la clause litigieuse non négociée. En effet, cette stipulation contredisait l'obligation essentielle du contrat, c'est-à-dire l'obligation de célérité et de fiabilité dans le transport des plis.

Dès lors, il existait une clause qui présentait pour la Cour le caractère d'une clause abusive. La nouvelle difficulté pour la Chambre commerciale était donc de trouver une sanction équivalente à celle qui existait, dans le droit de la consommation et qui consistait à écarter la stipulation, tout en maintenant la validité du contrat. La Chambre commerciale choisissait cette option bien que l'acte fût conclu par deux professionnels.

Cependant, loin de répondre aux interrogations suscitées par cette décision, un second arrêt Chronopost devait poser de nouvelles questions sur le sens et la portée de cette jurisprudence. En effet, la Cour de cassation fut conduite à se prononcer une seconde fois lorsqu'elle fut saisie d'un nouveau pourvoi formé par la société Chronopost contre l'arrêt de la Cour d'appel de renvoi. Dans le second de ses moyens, la société Chronopost faisait grief à la décision de la Cour d'appel de Rouen d'avoir déclaré inapplicable le contrat type messagerie au motif que l'acte souscrit avec la société Banchereau comportait une obligation particulière de garantie et de fiabilité qui rendait inapplicable les dispositions du droit commun du transport, en l'occurrence le décret du 4 mai 1988[623].

La Cour d'appel de Rouen avait jugé, en effet, que la société Chronopost était tenue d'une véritable obligation de résultat qui engageait la responsabilité contractuelle du transporteur et avait condamné le transporteur à régler à la société Banchereau une somme de 307 250 francs à titre de dommages et intérêts pour le retard dans la livraison des plis[624]. La question

---

[623] Décret du 4 mai 1998, portant approbation du contrat type pour le transport public terrestre de marchandises articles 1er et article annexe 15 pris en application de Loi n°82-1153 du 30 décembre 1982 d'orientation des transports intérieurs, paragraphe II, article 8.
[624] C.A. Caen, 5 janvier 1999, *R.G.* n. *96/3691*.

que devait résoudre la Cour de cassation était de déterminer si le décret du 4 mai 1988 était appelé à s'appliquer ou si au contraire, le régime de la responsabilité contractuelle de droit commun devait commander la solution[625].

Si le décret s'appliquait, le montant de l'indemnisation correspondrait exactement à la somme de 122 francs prévue par le contrat de transport. A l'inverse, la responsabilité contractuelle sanctionnerait le retard dans la remise des plis pour un montant correspondant à la perte de chance de n'avoir pu participer à l'adjudication. La Chambre commerciale jugea que la clause limitative de responsabilité, figurant dans le contrat de transport, était réputée non écrite[626] et entraînait en conséquence l'application du plafond légal d'indemnisation que seule une faute lourde du transporteur pouvait écarter. Comme nous l'indiquerons plus loin cette solution nous apparaît éminemment critiquable, car, la Cour de cassation ne tire pas ici les conséquences de la prémisse posée par sa décision du 22 octobre 1996.

La Cour de cassation eut l'occasion de le démontrer dans le cadre de deux nouvelles affaires qui mettaient également en cause la société Chronopost. En l'espèce, ce fut à la Chambre mixte qu'il revint de se prononcer. Dans le premier cas, il s'agissait d'une entreprise qui avait confié à Chronopost le vendredi 22 mai 1999 un pli comportant sa candidature à un appel d'offres organisé par la ville de Calais qui s'achevait le lundi 25 mai 1999 à 17 h. 30. Chronopost ne fera parvenir l'enveloppe que le lendemain soit le 26 mai 1999. Dans un arrêt du 24 mai 2002, la Cour d'appel de Paris fit droit à la demande de l'expéditeur en écartant la clause limitative de responsabilité et en condamnant Chronopost à régler une somme de 100 000 francs à titre de dommages et intérêts au motif que le retard dans l'acheminement du pli caractérisait « *une négligence d'une extrême gravité, constitutive d'une faute lourde et dénotant l'inaptitude du transporteur, maître de son action, à l'accomplissement de la mission contractuelle qu'il avait acceptée* »[627].

La Chambre mixte cassa et annula l'arrêt. Elle jugeait que si la faute lourde interdisait la limitation de l'indemnisation prévue par les stipulations du contrat de transport, les conditions de celles-ci n'étaient pas réunies en l'espèce et qu'elles ne sauraient « *résulter du seul fait pour le transporteur de ne pouvoir fournir d'éclaircissements sur la cause du retard* »[628].

---

625 Com., 9 juillet 2002, *Bull. civ.* 2002, IV, n°121, p.129.

626 Ici, la Cour d'appel de Rouen avait repris la motivation du premier arrêt *Chronopost* du 22 octobre 1996.

627 Ch. mixt., 22 avril 2005, pourvoi n°*02-18.326*, *Bull. civ. ch. mixt.*, n°3, p.9.

628 Ch. mixt., arrêt précité.

Dans la seconde affaire, la Cour d'appel de Versailles avait débouté une cliente de la société Chronopost qui lui avait confié un pli contenant un dossier de candidature pour sa participation à un concours d'architectes organisé par la ville de Vendôme ; la remise devait être effectuée avant le 4 janvier 1999, mais l'enveloppe n'a atteint son destinataire que le lendemain. La Chambre mixte rejetait le pourvoi sur le fondement des articles 1131, 1134, 1147, 1315 du Code civil et du décret du 4 mai 1988 au motif que « *la clause limitant la responsabilité de la société Chronopost en cas de retard qui contredisait la portée de l'engagement pris étant réputée non écrite, les dispositions précitées étaient applicables à la cause, et constaté que la société Dubosc ne prouvait aucun fait précis permettant de caractériser une faute lourde imputable à la société Chronopost, une telle faute ne pouvant résulter du seul retard de livraison* »[629].

Pour la Cour de cassation, le seul manquement à l'obligation essentielle du contrat ne caractérisait pas une faute lourde, qui ne pourrait exister que dans l'hypothèse où le comportement du transporteur se trouverait être équivalent à un dol et lorsque l'inaptitude du transporteur dans l'accomplissement de sa mission contractuelle viendrait à être constatée. Faute de l'une ou de l'autre de ces éventualités, la clause limitative de responsabilité ne pourrait être écartée.

Or, l'exigence d'une faute lourde est une limitation des plus restrictives et constitue un retour de la Cour de cassation sur sa propre jurisprudence. En effet, antérieurement, la haute juridiction française s'appuyait directement sur l'obligation essentielle sans recourir à la notion de faute lourde. Ainsi, dans un arrêt rendu le 23 février 1994, la Première chambre civile avait jugé que l'exploitant d'un parc de stationnement souterrain avait manqué à son obligation essentielle de mettre à la disposition de l'utilisateur la jouissance paisible d'un espace de stationnement alors qu'une inondation avait causé des dommages au véhicule à la suite d'une négligence de l'exploitant. L'obligation essentielle, qui était, en l'occurrence, une obligation de résultat, déterminait le contenu du contrat de bail. Elle imposait, en conséquence, à l'exploitant une obligation de jouissance paisible vis-à-vis de son client[630].

L'obligation essentielle était dissociée de la faute lourde. Or, en exigeant la démonstration d'une faute lourde, la Cour de cassation finissait par évincer la réparation du préjudice réellement subi résultant de l'inexécution de l'obligation essentielle. C'était là, un des aspects critiquables, et non des moindres, dans la position qu'avait adopté la Cour de cassation et qui limitait ainsi la portée de son arrêt initial du 22 octobre 1996.

---

[629] Ch. mixt., 22 avril 2005, pourvoi n°*03-14.112*, *Bull. civ. ch. mixt.*, n°4, p.10.
[630] Civ. 1ère, 23 février 1994, *Bull. civ.* 1994, I, n°76, p.59.

A la suite des arrêts rendus par la Chambre mixte, il ne semblait pas que d'autres rebondissements pussent survenir. Les décisions, qui suivaient, reprenaient les solutions retenues. Il en fut ainsi avec un arrêt de la Chambre commerciale du 30 mai 2006 à l'occasion d'un litige qui opposait la société JMB International à Chronopost au sujet de deux montres de prix que lui avait confiées cette société pour leur envoi à Hong Kong et qui furent perdues au cours du transport.

La Cour d'appel de Paris avait débouté la société JMB International de sa demande d'indemnisation au motif que cette dernière « *avait nécessairement admis, en déclarant accepter les conditions générales de la société Chronopost, le principe et les modalités d'une indemnité limitée en cas de perte du colis transporté* »[631].

Contre toute attente, la Chambre commerciale censura l'arrêt déféré et faisait grief aux juges du fond d'avoir rendu leur décision « *sans rechercher si la clause limitative d'indemnisation dont se prévalait la société Chronopost, qui n'était pas prévue par un contrat-type établi par décret, ne devrait pas être réputée non écrite par l'effet d'un manquement du transporteur à une obligation essentielle du contrat* »[632].

La haute juridiction sanctionnait la Cour d'appel parce que cette dernière s'était refusée à apprécier la validité de la clause limitative de responsabilité en ne vérifiant pas si cette stipulation portait atteinte à l'obligation essentielle du contrat. Cet arrêt s'inscrivait dans le droit fil de la décision rendue le 22 octobre 1996 et semblait avoir renoué avec le principe de la sanction qui devait résulter d'un manquement à une obligation essentielle consistant à réputer non écrite la clause qui contredisait son principe.

Cependant, la Chambre commerciale devait reprendre la solution arrêtée par la Chambre mixte dans ses arrêts du 22 avril 2005 comme le démontre sa décision du 13 juin 2006. Une nouvelle fois, il s'agissait de l'envoi d'un pli confié à la société Chronopost qui contenait une soumission au titre d'un marché de matériel de rafraîchissement et qui comportait la mention sur l'enveloppe « *livraison impérative avant midi* », mais qui ne fut pas livrée dans le délai requis[633].

La Cour d'appel de Paris avait déclaré inapplicable la clause limitative de responsabilité et condamné la société Chronopost à régler à sa

---

631 Com., 30 mai 2006, *Bull. civ.* 2006, IV, n°132, p.134.

632 Com., 30 mai 2006, préc.

633 Com. 13 juin 2006, *Bull. civ.*, 2006, IV, n°143, p.152

cliente une somme de 6 000 Euros à titre de dommages et intérêts, car « *la société Chronopost, spécialiste du transport rapide garantissant la fiabilité et la célérité de son service, s'était obligée de manière impérative à faire parvenir le pli litigieux le vendredi midi à Champagnole, localité située à 25 kilomètres du lieu de son expédition, où il avait été déposé la veille avant 18 heures, qu'elle n'avait aucune difficulté à effectuer ce transport limité à une très courte distance et que, au regard de ces circonstances, sa carence révèle une négligence d'une extrême gravité confinant au dol et dénotant l'inaptitude du transporteur, maître de son action, à l'accomplissement de la mission qu'il avait acceptée* »[634].

Malgré ces éléments, la Chambre commerciale constatait que le manquement, dont il s'agissait ici, consistait simplement pour Chronopost à ne pas avoir exécuté son obligation essentielle sans que puisse être caractérisé, par ailleurs, un comportement grave du transporteur et que la faute lourde devait être écartée[635].

Alors que tout laissait à penser que la jurisprudence de la Cour de cassation était fermement fixée, le premier arrêt de l'affaire *Faurecia* mettait en cause la solution des dernières décisions *Chronopos*t. Les faits qui avaient conduit à ce contrepied manifeste concernaient un litige qui opposait la société Faurecia à son cocontractant, l'entreprise Oracle. Faurecia avait souhaité installer sur plusieurs de ses sites en 1997 un logiciel intégré pour assurer sa gestion de production et sa gestion commerciale. Ce logiciel devait être fourni par la société Oracle et dans l'attente de cette livraison une solution provisoire avait été mise en place.

Cependant, l'installation réalisée par la société Oracle fonctionnait difficilement. De plus, le nouveau logiciel ne sera jamais livré. La société Faurecia a donc cessé de régler les redevances qu'elle versait à la société Oracle et aux droits de laquelle vint la société Franfinance. La société Franfinance opposa à la demande d'indemnisation de Faurecia la clause limitative de responsabilité du contrat. Saisie du litige, la Cour d'appel de Versailles jugea, conformément à la jurisprudence de la Cour de cassation qui prévalait alors, que l'indemnisation devait être limitée au montant fixé par la clause limitative de responsabilité et que cette clause ne pouvait pas être écartée dès lors que la société Faurecia n'établissait pas une faute lourde de la société Oracle[636].

Contre toute attente, la Cour de cassation cassa et annula l'arrêt de la Cour d'appel de Versailles. Cette décision était en totale contradiction avec

---

[634] Com. 13 juin 2006, préc.

[635] Com. 13 juin 2006, préc.

[636] Com. 13 février 2007, *Bull. civ.* 2007, IV, n°43.

la jurisprudence *Chronopost* dans sa dernière mouture. Selon la motivation retenue par la Chambre commerciale, la clause devait être réputée non écrite parce qu'elle concernait l'inexécution de l'obligation essentielle. Dans ces conditions, le fait pour une clause limitative de responsabilité de viser l'inexécution de l'obligation essentielle, qui caractérise la faute lourde, suffisait à ce qu'elle soit réputée non écrite[637].

La contradiction de cette décision avec le dernier état de la jurisprudence *Chronopost* était manifeste. Pour Denis Mazeaud, l'arrêt *Faurecia* condamnait à l'avenir toute possibilité de recourir aux clauses limitatives de responsabilité qui avaient l'utilité de définir le régime de responsabilité du débiteur en cas de manquement à son obligation essentielle[638].

La Cour d'appel de Paris, qui fut appelée à statuer sur renvoi, ne suivit pas l'arrêt de la Chambre commerciale et reprit la solution adoptée par la Cour d'appel de Versailles. Saisie à nouveau de l'affaire, la Cour de cassation mit fin à cette situation en rejetant le pourvoi de la société Faurecia et précisa, à cette occasion, la portée de sa jurisprudence.

La Cour de cassation rappelait que « *seule est réputée non écrite la clause limitative de réparation qui contredit la portée de l'obligation essentielle souscrite par le débiteur ; que l'arrêt relève que si la société Oracle a manqué à une obligation essentielle du contrat, le montant de l'indemnisation négocié aux termes d'une clause stipulant que les prix convenus reflètent la répartition du risque et la limitation de responsabilité qui en résultait, n'était pas dérisoire, que la société Oracle a consenti un taux de remise de 49% ...* »[639].

La Cour de cassation apportait un éclairage tout particulier sur sa position dans les conclusions de ses considérants lorsqu'elle ajoutait « *que la cour d'appel en a déduit que la clause limitative de réparation ne vidait pas de toute substance l'obligation de la société Oracle et a ainsi légalement justifié sa décision* »[640].

Dans ce litige, les sociétés Oracle et Faurecia avaient librement négocié la clause limitative de responsabilité. Or, il résultait de cette stipulation, comme l'avait rappelé la Cour d'appel de Paris, que la stipulation souscrite n'avait pas pour effet de décharger la société Oracle du manquement à l'obligation essentielle qui lui incombait et de vider de sa substance cette obligation. En effet, la clause fixait un plafond

---

637 Com., 13 février 2007, préc.

638 D. Mazeaud, *Clauses limitatives de réparation : les quatre saisons*, *D* 2008, 1776.

639 Com., 29 juin 2010, *Bull. civ.* 2010, IV, n°115.

640 Com., 29 juin 2010, préc.

d'indemnisation qui n'était pas dérisoire, puisqu'il était égal au montant du prix payé par le client au titre du contrat de licence.

Ainsi, au terme de l'accord conclu entre les parties, les prix convenus reflétaient la répartition du risque. La limitation de la responsabilité, qui en résultait, correspondait à un partage véritable de celui-ci. Dès lors, la clause limitative de réparation ne privait pas la société Faurecia de toute contrepartie et n'avait pas pour effet de vider de toute substance l'obligation essentielle qui incombait à la société Oracle[641].

Mais, c'est bien plus le principe de cette jurisprudence que ses effets qui entraînait une vive réaction de la doctrine. Nombre d'auteurs avaient considéré, en effet et cela, dès le premier arrêt *Chronopost,* que cette décision portait atteinte à la liberté contractuelle[642]. En effet, ils contestaient la validité du raisonnement tenu par la haute juridiction qui permettait d'écarter une clause limitative de responsabilité voulue par les parties[643]. Pour ces derniers, il était difficile de justifier qu'une volonté tacite, révélée par l'analyse de l'obligation essentielle, puisse être préférée à une stipulation contractuelle qui était, en outre, claire et précise. Il s'agissait là d'une violation de la loi des parties qui caractériserait, selon Alain Sériaux, une dérive inquiétante vers « *une police judiciaire des contrats* »[644].

Il n'en est rien. Une clause limitative de responsabilité ou toute autre stipulation, qui aurait pour objet ou pour effet d'exclure toute sanction réelle en cas d'inexécution d'une obligation essentielle, conduirait inéluctablement à nier l'existence même de cette obligation. Elle dénaturerait le sens et la portée de la prestation caractéristique du contrat, puisqu'une telle clause serait, dès lors, en contradiction avec l'économie générale voulue par les parties. Permettre la prédominance de la stipulation limitative ou exclusive sur l'obligation essentielle, qui participe de l'essence même du contrat, reviendrait ni plus ni moins à une requalification de l'acte.[645].

---

[641] Com., 29 juin 2010, préc.

[642] Com., 22 octobre 1996, obs. Muriel Fabre-Magnan, *JCP,* 1997, I, 4002, n°1, p.89 « l'annulation de la clause limitative de responsabilité n'a pas tant pour objectif de priver d'effet une clause particulière que de redonner tout son contenu à une obligation que les parties avaient entendu exclure » ; note A. Sériaux *D* 1997, p.122 et s. ; C. Larroumet, note précitée, *D* 1997, *Chron.* p. 145.

[643] Dimitri Houtcieff, *Le principe de cohérence en matière contractuelle*, t. I, Thèse, PUAM, 2001, n°440, p.374, pour qui il est « difficile d'expliquer la survie de l'obligation par la volonté qui prétend l'exclure ».

[644] A. Sériaux, note précitée., p.123, « le juge ne peut que se borner, ce qui n'est déjà pas si mal, à exploiter au mieux ce que les cocontractants paraissent à ses yeux avoir voulu, ni moins, mais aussi ni plus. Outrepasser ce rôle, c'est entrer dans la sphère d'une police judiciaire des contrats contraire à toute la tradition juridique française ».

[645] Patrice Jourdain et Geneviève Viney, *Traité de droit civil. Les conditions de la responsabilité*, LGDJ 2013, Paris, quatrième éd., n°489, p.516.

Loin de contredire la liberté contractuelle formelle, la liberté contractuelle matérielle renforce celle-ci. En effet, une clause, qui porterait atteinte à l'obligation essentielle, soumettrait celle-ci à une condition purement potestative. Prendre un engagement et le nier reviendrait à mettre en cause, en effet, le principe fondamental *pacta sunt servanda.* Dès lors, l'obligation essentielle constitue une limite interne au sein même du contrat pour interdire à la liberté contractuelle formelle de contredire la liberté contractuelle matérielle qui a conduit les parties à contracter[646]. En réputant non écrite la clause potestative, l'article 1170 du Code civil, qui est l'héritier de cette jurisprudence, a justement pour finalité de permettre de sauvegarder le contrat.

Nous avons vu qu'il était également fait grief à la jurisprudence *Chronopost* de consacrer, dans le même temps, une subjectivisation de la cause dans le sens même que lui avait donné Henri Capitant. Ce dernier avait rappelé la distinction fondamentale entre la cause objective et le motif lorsqu'il précisait que le motif est « *la raison contingente, subjective et par là même variable avec chaque individu qui détermine une personne à conclure un contrat* »[647].

Ainsi, si l'on s'en tient à cette analyse, la Cour de cassation aurait jugé que la cause objective était absente des contrats qui lui avaient été soumis bien que ces derniers ne fussent pas dénués de contrepartie. Toujours, selon cette analyse, la Chambre commerciale aurait considéré que les motifs personnels des cocontractants n'avaient pas été intégrés à l'acte souscrit et n'avaient pu être satisfaits. C'est la raison pour laquelle la Cour de cassation aurait conclu, selon Christian Larroumet, à l'absence de contrepartie réelle et fondé la solution de son arrêt sur une conception subjective de la cause[648].

Cependant, la subjectivisation de la cause, qui est mise en exergue ici, ne correspond pas au sens véritable de la jurisprudence *Chronopost* et de l'arrêt *Faurecia* en 2010. Loin d'une subjectivisation de la cause, la Cour de cassation a, tout au contraire, appliqué le principe même de la cause objective en lui conférant sa portée réelle.

---

[646] Suzanne Carval, *Clause limitative de responsabilité et manquement à l'obligation essentielle*, *RDC*, 2007, 1144.

[647] H. Capitant, *op. cit.*, n°4.

[648] C. Larroumet, *De la cause de l'obligation à l'intérêt au contrat*, article préc., 2441, « On en revient ainsi aux controverses récentes sur la cause de l'obligation à laquelle, avec les arrêts *Chronopost* et *Club Video*, on entend intégrer les motifs qui correspondent à la cause du contrat ».

Selon, la définition traditionnelle donnée par Domat, « *la cause des obligations d'une partie réside lorsque le contrat est synallagmatique dans l'obligation de l'autre* »[649]. Henri Capitant avait précisé à ce titre que « *dans un contrat synallagmatique, la cause qui détermine chaque partie à s'obliger est la volonté d'obtenir l'exécution de la prestation qui lui est promise en retour* »[650]. Avec cette acception, la cause présente un caractère identique pour tout contrat afférent à sa catégorie de rattachement. Ainsi pour les contrats de vente, la cause de l'obligation du vendeur est l'obligation de l'acheteur de payer le prix et la cause de l'obligation de l'acheteur réside dans le transfert de la propriété du bien par le vendeur. Dans ces conditions, la cause objective se distingue des motifs. La cause de l'obligation est conçue comme « *la causa proxima, le but immédiat et essentiel que le contractant vise, par opposition aux raisons plus lointaines (causa remotae)* »[651].

Mais, cette définition ne tient pas compte de l'hypothèse d'une incorporation des motifs dans la contrepartie due par le stipulant. L'objectivité de la cause se distingue des motifs tant que les motifs n'ont pas été insérés dans le champ contractuel. La notion de cause objective n'exclut donc en aucune façon cette conception. C'est exactement le raisonnement qu'a tenu la Cour de cassation dans ses arrêts *Chronopost* et *Faurecia*. Pour la haute juridiction, le contrôle de l'existence de la cause objective tendait non pas à établir la présence d'une contrepartie formelle, définie en fonction de la catégorie de rattachement à laquelle appartenait le contrat concerné, mais à reconnaître la présence d'une contrepartie effective attendue au regard même du contenu du contrat.

Dans ces conditions, il ne s'agissait pas pour la Cour de cassation de dépasser ce qui avait été intégré au contrat dans la perspective d'une subjectivisation de la cause. Les parties avaient elles-mêmes incorporé au contrat l'intérêt qu'elles attendaient retirer de l'acte et qui faisait partie du contenu objectif de leur accord. La Cour de cassation ne s'est donc pas immiscée dans le contrat afin d'imposer l'utilité poursuivie par la conclusion de l'acte, mais a jugé que devait être prise en considération la contrepartie attendue par les contractants qui avait été intégrée dans le champ du contrat.

Loin d'être en rupture avec la notion de cause, cette conception en est à la fois le prolongement, mais également son adaptation aux exigences

---

[649] Jean Domat, *Les loix civiles dans leur ordre naturel*, seconde éd., Tome I, Pierre Auboüin, Paris, 1697, partie I, Livre I, titre I section I, § IV et V ; Alex Weill, François Terré, *Droit civil Les obligations*, Précis Dalloz, Paris, 1986, n°255, qui donne une définition au mot près similaire à celle que donnait Domat « *contrats qui font naître des obligations réciproques, la cause de l'obligation de chacune des parties réside dans l'obligation de l'autre* ».

[650] Henri Capitant, *De la cause de l'obligation*, Thèse, Dalloz, Paris, 1923, n°14.

[651] A. Weill, F.Terré, *op. cit.*, n°259.

de la vie juridique du XXIe siècle ce qui explique sa transcription dans l'article 1170 du Code civil.

Section III Une cause objective élargie : la matérialisation de la contrepartie attendue dans l'économie du contrat

Certes, avec la réforme de 2016, la cause ne figure plus au nombre des conditions de validité du contrat. Cependant, malgré la suppression de la référence à cette notion dans les textes mêmes du Code civil, les rôles joués par la cause, antérieurement à l'ordonnance, subsistent et la cause objective comme la cause subjective restent les instruments d'appréciation du contenu licite et certain du contrat[652].

Or, l'ordonnance du 10 février 2016 met en exergue le concept de contrepartie. L'article 1107 du Code civil se réfère formellement à celle-ci dans sa définition du contrat à titre onéreux[653]. L'article 1169 conditionne lui-même la validité du contrat à l'existence d'une contrepartie et le passage suivant « *la contrepartie convenue au profit de celui qui s'engage* » évoque la cause de l'obligation[654]. La nécessité d'une contrepartie, dans le cadre d'un contrat à titre onéreux, ne s'entend donc pas seulement comme une justification minimale de l'engagement qui serait identique pour les contrats de même nature. La cause objective se définit aussi comme la faculté qui est donnée aux parties d'incorporer à leur accord l'utilité attendue du contrat. Dans une telle hypothèse, celle-ci fait partie intégrante du contenu objectif de l'acte et constitue la contrepartie de l'obligation essentielle.

De plus, la contrepartie, visée par les articles 1107 et 1169 du Code civil, est le fruit de la jurisprudence de la Cour de cassation. Une nouvelle fois, l'ordonnance de 2016 consacre les solutions arrêtées par la haute juridiction française. A ce titre, une contrepartie illusoire a été sanctionnée par un arrêt de la Première chambre civile quelques mois avant le prononcé du premier arrêt *Chronopost.* Au terme de cette décision, la Cour de cassation avait constaté que l'utilité intégrée au contrat ne pouvait être

---

652 O. Deshayes, T. Genicon, Y.-M. Laithier, *La Cause a-t-elle réellement disparu du Droit français des Contrats ?*, *ERCL*, 2017, pp.418-430 ; Guillaume Wicker, *La suppression de la cause et les solutions alternatives*, in *La réforme du droit français des obligations, 5ème Journées franco-allemandes*, *SLC*, 2015, p.107 et s.

653 Code civil, *op. cit.*, article 1107 « Le contrat est à titre onéreux lorsque chacune des parties reçoit de l'autre un avantage en contrepartie de celui qu'elle procure. Il est à titre gratuit lorsque l'une des parties procure à l'autre un avantage sans attendre ni recevoir de contrepartie ».

654 Code civil, article 1169 « Un contrat à titre onéreux est nul lorsque, au moment de sa formation, la contrepartie convenue au profit de celui qui s'engage est illusoire ou dérisoire ».

satisfaite en dépit de l'existence d'une justification minimale de l'engagement.

L'arrêt *Point Club Vidéo* est à l'origine, en effet, d'un débat important sur le fondement de la solution mise en œuvre par la Cour de cassation. Les faits étaient les suivants. Un couple d'exploitants avait conclu avec la société DPM, fournisseur de cassettes vidéos, un contrat pour la création d'un commerce de « point club vidéo » et de location de cassettes. Cependant, très rapidement, l'activité se révélait être déficitaire en raison de l'implantation du commerce dans une agglomération comportant un petit nombre d'habitants qui ne permettait pas la poursuite de l'exploitation.

Les époux engagèrent une action en nullité du contrat. La Cour d'appel de Grenoble fit droit à la demande d'annulation du contrat. Les juges avaient retenu que la cause déterminante de l'engagement de ces derniers était la diffusion certaine des cassettes auprès de leur clientèle et que cette exploitation était vouée à l'échec dans une agglomération de 1314 habitants.

La Première Chambre civile de la Cour de cassation, saisie du pourvoi formé par la société DPM, rejeta celui-ci. Dans le cadre de son recours, la société DPM avait dénoncé la confusion commise par les juges du fond entre la cause de l'obligation et la cause du contrat dans les termes suivants « *alors que d'une part, dans un contrat synallagmatique la cause de l'obligation d'une partie réside dans l'obligation de l'autre partie, et qu'en l'espèce la cause de l'engagement des époux X... était la mise à leur disposition des cassettes vidéo, et d'autre part, les motifs déterminants ne peuvent constituer la cause du contrat que dans le cas non relevé par la cour d'appel où ces motifs sont entrés dans le champ contractuel* »[655].

La réponse de la Cour de cassation aux moyens développés par la société DPM à l'appui de son pourvoi, ouvre une large réflexion sur le sens et la portée de l'arrêt prononcé. En effet, la haute juridiction précise « *qu'ayant relevé que, s'agissant de la location de cassettes vidéo pour l'exploitation d'un commerce, l'exécution du contrat selon l'économie voulue par les parties était impossible, la cour d'appel en a exactement déduit que le contrat était dépourvu de cause, dès lors qu'était ainsi constaté le défaut de toute contrepartie réelle à l'obligation de payer le prix de location des cassettes, souscrites par M. et Mme Y... dans le cadre de la convention de création d'un "point club vidéo"* »[656].

La Cour de cassation conclut ici à l'absence de cause bien qu'il existât en l'espèce une contrepartie si l'on s'en tient à la conception

---

[655] Civ. 1ère, 3 juillet 1996, *Bull. civ.* 1996, I, n°286, p.200.
[656] Civ. 1ère, 3 juillet 1996, préc.

classique de la cause objective. En effet, L'obligation des preneurs de payer le prix pour la location des cassettes vidéo avait une contrepartie constituée par la mise à disposition de ces mêmes cassettes.

De plus, la Première Chambre civile mettait en relation la cause avec les perspectives d'exécution du contrat et le faisait à travers une qualification précise « *l'économie voulue par les parties* ». Selon Christian Larroumet, la Cour de cassation s'était fondée sur une conception subjective de la cause afin de pallier la notion par trop restrictive de la cause objective[657]. En effet, la conception classique de la cause objective ne permettait pas de prendre en considération l'impossibilité de réaliser le but concret poursuivi par le contrat. Aussi, Philippe Reigné rejoignait l'analyse de Christian Larroumet pour constater que l'arrêt *Point club vidéo* avait consacré une conception subjective de la cause ayant pour effet d'abolir la distinction entre cause objective et cause subjective[658].

Cette interprétation appelle trois observations préalables. En premier lieu, les juridictions ne se réfèrent à la cause subjective que dans le cas précis d'un contrôle de licéité afin de scruter les motivations de chacun des cocontractants. En second lieu, la cause subjective ne fonde pas son appréciation sur l'existence de motifs communs ou connus de l'autre partie ; ainsi un contrat peut être annulé pour cause illicite ou immorale alors même que le cocontractant n'a eu aucune connaissance du caractère illicite ou immoral du motif qui a déterminé son partenaire à la conclusion du contrat[659]. En troisième lieu, le contrat n'a pas été annulé par la Cour de cassation en raison de l'impossibilité de réaliser les motifs inhérents à l'une des parties, donc pour des raisons extérieures au champ contractuel.

L'arrêt *Point Club Vidéo* marque, en réalité, une évolution. L'évolution de la théorie classique de la cause objective vers une notion plus étendue induite par la consécration de la notion « d'économie du contrat ». Nul contrôle de la licéité du contrat ici, mais une appréciation de l'existence même de la cause en tant que condition de formation du contrat. La Cour de cassation infléchit l'objectivité du contrôle de l'existence de la cause par le biais de l'économie voulue par les parties. La cause objective ne tient plus à la seule existence d'une contrepartie formelle toujours identique en fonction du type de contrat concerné, mais à l'intégration dans le champ contractuel d'une contrepartie réelle, qui a déterminé la réalisation effective de l'opération économique attendue des parties ; celle-ci est incorporée au contenu même de l'acte.

---

657 *Supra* p.224.

658 Philippe Reignié, *La notion de cause efficiente en droit privé français*, thèse, 1993, LGDJ 1998, n°233 à n°250.

659 Civ. 1ère, 7 octobre 1998, *Bull. civ.* 1998, I, n°285, p.198.

En effet, l'arrêt *Point club vidéo* ne va pas au-delà de ce qui a été intégré dans le contrat et il n'est, dès lors, aucunement question de prendre en considération la cause subjective. C'est l'utilité attendue du contrat, nous entendons le terme « utilité » dans son sens le plus concret, c'est-à-dire l'intérêt poursuivi par les parties sous la qualification de « *contrepartie réelle* » qui doit être prise en considération pour définir la cause objective *lato sensu* au regard de la contrepartie minimale et formelle de la cause objective classique. Le produit de la location des cassettes vidéo, au titre des engagements réciproques souscrits, était seul à même d'assurer le règlement du prix et constituait la contrepartie de leur mise à disposition. Le commerce de location de cassettes vidéo n'était pas viable dès l'origine et la réalisation de l'opération économique prévue par les parties était compromise.

Eugène Houssard fait une interprétation, en ce qui le concerne, fondée essentiellement sur la notion « *d'économie du contrat* », lorsqu'il écrit que « *La cause objective peut donc exister non pas dans une obligation ou une prestation particulière, mais dans la globalité de l'opération que permet de réaliser le contrat. Cette approche globale de la cause objective s'oppose à l'approche classique, selon laquelle chaque obligation prise isolément doit avoir sa cause propre. L'économie du contrat apparaît donc ici comme l'outil de l'appréciation d'une opération contractuelle dans son ensemble, au-delà de ses éléments particuliers, ce qui correspond assez bien au sens qu'évoque le terme d'"économie"* »[660].

Pour cet auteur, « *La réalisation du but contractuel ne s'intègre donc à l'économie du contrat que si le contrat en lui-même ne peut pas fonctionner de la manière voulue par les parties, sans que ce but ne soit atteint. Même alors, ce n'est pas en tant que but contractuel que l'évènement considéré est pris en compte, mais en raison du seul fait que l'impossibilité de sa réalisation entraîne ipso facto l'impossibilité d'exécution selon l'économie du contrat. Les deux notions sont donc bien logiquement distinctes, même si leurs contenus respectifs peuvent se recouper. Le mobile déterminant peut donc être entré dans le champ contractuel sans faire nécessairement partie de l'économie du contrat* »[661].

Eugène Houssard omet dans son raisonnement que ce n'est pas l'économie du contrat qui détermine le but du contrat, mais bien les parties elles-mêmes, qui en intégrant la contrepartie attendue dans le champ contractuel, ont déterminé l'obligation essentielle et par voie de conséquence l'utilité de l'opération économique. Il est plus que discutable de considérer que le déterminé en l'occurrence, l'économie du contrat, puisse être le déterminant, c'est-à-dire, « *l'économie voulue par les parties* ».

---

660 Eugène Houssard, *L'économie du contrat*, in *Revue juridique de l'Ouest*, 2002-1, p.14.
661 E. Houssard, *op. cit.*, p.50.

Eugène Houssard le reconnaît lui-même lorsqu'il tempère son argumentation dans une note, en précisant que « *Il faut admettre que la distinction des cas où la réalisation du but contractuel est essentielle à l'économie du contrat, de ceux où elle ne l'est pas, risque d'être en pratique délicate* »[662]. Or, dans l'arrêt *Point club vidéo*, c'est l'impossibilité de réaliser l'utilité concrète de la mise à disposition des cassettes par la société DMP, qui est constitutive de « *l'économie voulue par les parties* » et a conduit la Cour de cassation à devoir constater l'absence de contrepartie réelle.

Pour démontrer la primauté du rôle de l'économie du contrat sur la cause, Eugène Houssard transporte également son analyse sur la jurisprudence *CMV financement*. Dans trois arrêts du 15 février 2000[663], du 14 mars 2000[664] et du 3 mai 2000[665], la Chambre commerciale de la Cour de cassation faisait prévaloir l'indivisibilité des contrats sur une clause expresse et non ambiguë qui stipulait leur divisibilité ; l'économie du contrat constituant le fondement de la solution arrêtée par la Cour de cassation, selon Eugène Houssard.

La décision du 15 février 2000 concernait un pharmacien, qui s'était engagé envers une société de publicité, Design création marketing (DCM), pour une durée de quatre ans, à diffuser dans son officine des publicités vidéo graphiques à partir d'un matériel fourni par la société DCM et financé en crédit-bail par la société CMV pour une période qui était également de quatre ans. En sa qualité de locataire, le preneur acquittait les loyers du crédit-bail auprès de la société CMV grâce aux redevances reçues de la société de publicité. Cependant, cette dernière ayant cessé ses versements, le pharmacien mit fin à son tour au règlement des loyers pour la location d'un matériel devenu inutilisable. Le crédit-bailleur, CMV, assigna le preneur en paiement des loyers restant dus[666].

Débouté de ses demandes, CMV forma un pourvoi au terme duquel elle faisait grief aux juges du fond d'avoir écarté la clause stipulée au contrat qui précisait que le locataire était « *tenu de régler les loyers jusqu'au terme de la convention, même au cas où le contrat d'exploitation conclu par ailleurs avec la société de publicité ne serait pas exécuté ou sera résilié ou annulé* »[667]. La Cour d'appel avait constaté, en effet que l'objet de cette

---

[662] E. Houssard, *op. cit*, p.50, note 118.
[663] Com., 15 février 2000, *Bull. civ*. 2000, IV, n°29, p.23.
[664] Com., 14 mars 2000, pourvoi n°*97-11.144*.
[665] Com., 3 mai 2000, pourvoi n°*98-18.782*.
[666] Com., 15 février 2000, préc.
[667] Com., 15 février 2000, préc.

stipulation était de faire échapper l'acte souscrit aux conséquences de l'interdépendance des contrats.

La Chambre commerciale rejetait le pourvoi en précisant « *que la seule cause du contrat de crédit-bail était constituée par le contrat de prestations d'images, ce dont il déduit que les deux contrats étaient interdépendants* »[668]. L'interdépendance résulte de la cause elle-même. L'atteinte à l'économie du contrat, qui est invoquée plus loin dans les considérants de la Cour de cassation, est la conséquence de l'absence de contrepartie réelle. Ce défaut de la contrepartie réelle mettait en évidence la contradiction de la clause de divisibilité avec l'économie générale du contrat « *et par suite, que l'exploitation devenant impossible du fait de la défaillance de la société de publicité, la résiliation du contrat de crédit-bail devait être prononcée ; qu'ainsi, et dès lors que le texte de la clause invoquée était en contradiction avec l'économie générale du contrat* »[669].

En effet, la cause de l'obligation objective, dans le cadre du crédit-bail, ne reposait pas sur la seule fourniture de la vidéo, mais sur l'usage spécifique du matériel pour la diffusion des publicités qui donnait lieu au paiement de redevances, elles-mêmes destinées au financement des loyers acquittés auprès de CMV. Elle définissait ainsi la contrepartie attendue et par voie de conséquence, l'interdépendance des contrats. La clause de divisibilité du contrat stipulée dans l'acte de crédit-bail compromettait la contrepartie attendue par le preneur. La solution de cet arrêt rejoignait la position arrêtée par l'arrêt *Chronopost* de 1996. Il s'agissait d'écarter une clause, qui, par son effet, conduisait à priver l'obligation essentielle de sa substance.

La différence avec la jurisprudence *Chronopost* de 1996 tenait à la nature de la clause de divisibilité qui avait été insérée dans le contrat. Il s'agissait, en l'espèce, d'une clause qui relevait des conditions particulières à la différence de la stipulation dans l'affaire *Chronopost* qui figurait dans les conditions générales. Une fois encore, les critiques, formulées à l'encontre des arrêts *Chronopost*, étaient également soulevées par la doctrine à l'égard de la solution arrêtée par la Chambre commerciale dans son arrêt du 15 février 2000. Alexis Constantin jugeait qu'il était inexplicable qu'« *une clause de divisibilité résultant d'un accord exprès de volontés, tombe devant une simple indivisibilité conventionnelle tacite découverte par le juge à l'issue de la sa recherche (...) de la volonté des parties !* »[670].

---

668 Com. ,15 février 2000, préc.
669 Com., 15 février 2000, préc.
670 Com., 15 février 2000, *JCP*, 2000, I, 272, note Alexis Constantin, p.2070.

Cependant, comme nous l'avons fait observer, la clause stipulée dans les conditions particulières avait été écartée en raison de son incohérence avec la contrepartie réelle attendue par les pharmaciens et qui était intégrée dans le champ contractuel. Cette clause caractérisait un déséquilibre entre les parties. La situation respective des cocontractants démontrait que l'un d'entre eux, en l'occurrence le pharmacien, avait été conduit à devoir accepter les conditions contractuelles de son partenaire. CMV financement. Or, CMV ne pouvait imposer à son cocontractant une stipulation dont le seul effet était de priver ce dernier de la contrepartie attendue.

Geneviève Helleringer avait rappelé l'importance d'une analyse globale des clauses du contrat pour comprendre la portée d'une stipulation qui s'avérerait contraire à l'existence même de la contrepartie attendue par l'un des cocontractants. Elle faisait observer à cet effet que « *les clauses de prestations contribuent à définir, y compris dans l'hypothèse d'une défaillance, les engagements des parties. Elles fixent la substance de ceux-ci par couches successives, les précisant toujours plus finement. Cette définition par additions et soustractions fait naître le danger que les engagements de l'une ou de l'autre partie soient finalement vidés de leur chair* »[671].

C'est précisément le danger que la Chambre commerciale avait conjuré dans son arrêt du 15 février 2000. C'est aussi la raison pour laquelle l'article 1170 du Code civil, qui est l'héritier direct de cette jurisprudence, concerne à la fois les conditions particulières et les conditions générales. Il s'agit d'écarter une clause, dont l'objet est de porter atteinte à l'économie du contrat, c'est-à-dire qui est destinée à rompre l'équilibre entre les engagements réciproques des parties par le biais d'une stipulation imposée par l'un des cocontractants dans les conditions particulières du crédit-bail et qui aura pour effet de priver le preneur de la contrepartie attendue.

Nous constatons qu'Eugène Houssard ne conteste pas, pour l'arrêt du 15 février 2000, le rôle prépondérant de la cause qui détermine la notion « d'économie du contrat ». Il en va cependant différemment, pour ce dernier, lorsqu'il invoque la décision du 3 mai 2000[672]. Les faits étaient similaires à ceux de l'arrêt du 15 février 2000. Il s'agissait de contrats relatifs à la location d'un matériel pour la diffusion de vidéos graphiques dans une officine de pharmacie avec pour intervenant la société DCM tandis qu'une nouvelle fois, CMV assurait son financement en qualité de crédit-bailleur.

---

671 Geneviève Helleringer, *Les clauses du contrat, Essai de typologie*, Thèse, t. 536, LGDJ, Paris, 2012, n°286.
672 Com., 3 mai 2000, préc.

Il existait cependant une différence, dans le déroulement des faits, qui tenait à l'interruption du contrat. En effet, la société DCM céda, au cours de l'exécution de la convention, ses actifs à un tiers, la société Pharmimage. Invité à conclure un nouveau contrat avec cette dernière, le pharmacien ne donna pas suite à cette proposition et les émissions de publicité furent interrompues. Le preneur, ne percevant plus les redevances publicitaires qui servaient à acquitter les loyers auprès de CMV, cessa à son tour de payer le coût de la location du matériel[673].

CMV fut déboutée de sa demande en paiement des loyers par la Cour d'appel de Paris. La société CMV contestait l'arrêt « ... *qui pour caractériser une indivisibilité entre le contrat de location et le contrat d'adhésion au réseau télématique, considère néanmoins que le système télématique ne pouvait avoir de réelle utilité qu'autant que la diffusion des messages publicitaires était assurée par la société DCM ; alors enfin, que l'autonomie de la volonté permet aux parties de répartir comme elles l'entendent la charge des risques, notamment en matière commerciale* »[674].

Une nouvelle fois, la société CMV se référait à la clause de divisibilité stipulée dans les conditions particulières du contrat. La Chambre commerciale de la Cour de cassation rejeta le pourvoi formé par CMV au motif « *que la durée des deux contrats était identique, que les conditions de rémunération de l'adhérent étaient en concordance avec le montant des redevances dues à la société CMV, et que la mise en place du système télématique, ne pouvait avoir de réelle utilité qu'autant que la diffusion des messages publicitaires était assurée par la société conceptrice, nommément visée dans le contrat conclu avec la société CMV, ce dont il déduit que les deux contrats étaient interdépendants et que la résiliation du contrat d'adhésion par la société DCM entraînait celle du contrat de crédit-bail ; qu'ainsi, et dès lors que le texte de la clause invoquée par la société CMV dans ses écritures d'appel était en contradiction avec l'économie générale du contrat, telle que résultant de la commune intention des parties, la cour d'appel qui a légalement justifié sa décision a pu statuer comme elle l'a fait* »[675].

Pour Eugène Houssard, l'arrêt du 3 mai 2000 consacre le rejet de la cause en tant que fondement de l'indivisibilité des contrats. Il écrit, en effet, qu'« *Il faut d'ailleurs noter que si cette interdépendance est fondée dans l'arrêt du 15 février sur la notion de cause ("l'arrêt retient ... que la seule cause du contrat de crédit-bail était constituée par le contrat de prestation d'image, ce dont il déduit que les deux contrats étaient interdépendants"), ce*

---

673 Com., 3 mai 2000, préc.

674 Com., 3 mai 2000, préc.

675 Com., 3 mai 2000, préc.

n'est pas le cas dans celui du 3 mai, où la Cour de cassation approuve la Cour d'appel de Paris de l'avoir déduite de la concordance des conditions des deux contrats et du fait que « "la mise en place du système télématique ne pouvait avoir de réelle utilité qu'autant que la diffusion des messages publicitaires était assurée par la société conceptrice". Cette terminologie flottante, dépendant, semble-t-il, du fondement initialement choisi par les juges du fond, jette un doute sur l'opinion selon laquelle c'est la notion de cause qui fonde l'interdépendance des contrats d'un même groupe en cas d'annulation, de résolution ou de résiliation de l'un d'entre eux ».[676]

Puis, Eugène Houssard ajoutait que « *Quant à la clause qui écartait expressément l'indivisibilité, les Cours d'appel ont pu l'écarter parce que "le texte de la clause invoquée était en contradiction avec l'économie générale du contrat", "telle que résultant de la commune intention des parties", précise l'arrêt du 3 mai* »[677].

Nous constatons cependant que l'équivalence des conditions des contrats n'est pas l'argument majeur de l'arrêt du 3 mai 2000 et qu'à ce titre, Eugène Houssard met lui-même en exergue la partie de l'arrêt qui se réfère à l'utilité réelle du matériel, c'est-à-dire à l'utilisation spécifique de ce dernier, « *la mise en place du système télématique ne pouvait avoir de réelle utilité qu'autant que la diffusion des messages publicitaires était assurée par la société conceptrice* ». Nous revenons avec l'arrêt du 3 mai 2000 à la même argumentation que celle qui avait prévalu dans la décision du 15 février 2000.

La Chambre commerciale insiste sur le fait que la cause du contrat de crédit-bail ne consiste pas, en la seule mise à disposition du matériel, mais dans l'utilisation spécifique de ce dernier. Cette utilisation spécifique qui s'inscrivait dans le contrat de diffusion des messages publicitaires était en raison, du paiement de la redevance à laquelle elle donnait lieu pour le règlement de la location, la contrepartie attendue du crédit-bail. A nouveau, la clause de divisibilité mettait en cause cette contrepartie et se trouvait en conséquence, en contradiction avec « *l'économie générale du contrat* ».

Mais, c'est une autre décision, en l'occurrence l'arrêt du 14 mars 2000, qui est, pour Eugène Houssard, l'illustration même que « *l'économie du contrat sert non seulement à écarter la clause, mais encore à démontrer l'indivisibilité, sans référence aucune à la notion de cause* »[678]. Il s'agissait, en l'espèce, d'un contrat au terme duquel une pharmacienne avait accepté, en contrepartie d'un pourcentage sur les recettes publicitaires, que la société, DCM diffuse des images de promotion dans son officine à partir d'un

---

676 E. Houssard, *op. cit.*, p.28.
677 E. Houssard, *op. cit.*, pp.28, 29.
678 E. Houssard, *op. cit.*, p.29.

matériel vidéo graphique dont elle louait le support à la société CMV. A la suite de l'interruption de la diffusion des images par la société DCM et du règlement du pourcentage sur les recettes, la locataire cessa de payer ses loyers[679].

Une clause de divisibilité était stipulée au titre des conditions particulières qui imposait au preneur de poursuivre le règlement des loyers nonobstant l'inexécution ou l'annulation du contrat d'exploitation. La Cour d'appel de Paris faisait droit à la demande de paiement des loyers présentée par la société CMV. Cependant, la Chambre commerciale recevait le pourvoi formé par la requérante et cassait l'arrêt de la Cour d'appel en retenant que « *les matériels donnés en location par la société CMV étant expressément destinés à être exploités par la société DCM, l'économie de la convention s'opposait à ce qu'une stipulation puisse y faire échec* »[680]. Eugène Houssard qualifiait cet arrêt de « *plus spectaculaire* »[681] au regard même des décisions du 15 février et du 3 mai 2000.

Cependant, si la Cour de cassation ne se réfère pas formellement à la cause dans sa motivation, la notion d'utilité n'en ressort pas moins de l'explication donnée par la Chambre commerciale pour constater l'indivisibilité des contrats et écarter la clause qui y faisait obstacle. En effet, l'arrêt, dans l'extrait même cité par Eugène Houssard, précise que les matériels télématiques, faisant l'objet de la location, étaient destinés à être exploités par la société DCM et qu'en l'absence de cette utilisation, l'usage spécifique de ce matériel qui donnait lieu au paiement d'un pourcentage sur les recettes publicitaires et qui assurait, également, le versement des loyers, était la contrepartie négociée et une nouvelle fois compromise par la clause de divisibilité. C'est à ce titre que la Cour de cassation invoquait « *l'économie de la convention* », qui constituait le cadre délimité par les contractants auquel s'opposait la clause de divisibilité.

Cette jurisprudence s'était déjà imposée en ce sens, bien antérieurement aux arrêts précités, comme le rappelle lui-même Eugène Houssard. Ce dernier précise, en effet, que « *certains contrats sont complexes, et il peut être difficile d'isoler une contrepartie qui serait la cause objective de l'obligation considérée. "Dans certains cas, la recherche de l'existence d'une contrepartie réelle exige un examen attentif de l'économie des conventions"*[682]*. L'exemple en est fourni par un arrêt de la 3e Chambre civile du 3 mars 1993*[683] *: la Cour a rejeté le pourvoi contre un*

---

679 Com., 14 mars 2000, préc.
680 Com., 14 mars 2000, préc.
681 E. Houssard, *op. cit.*, p.29.
682 E. Houssard, *op. cit.*, p.14, note 23 citation de J. Gesthin, *La formation du contrat,* LGDJ, 3e éd. 1993, p.851.
683 E. Houssard, *ibid.*, cite en note 24 l'arrêt Civ. 3e, 3 mars 1993, *Bull.civ.* 1993 III, n°28

arrêt qui avait déclaré que la vente d'un terrain pour le prix de un Franc n'était pas nulle pour défaut de prix sérieux, car cette vente était indissociable de la cession d'une entreprise, "dans le cadre de l'économie générale du contrat, la vente du terrain était causée et avait une contrepartie réelle" »[684]. La cause objective, *lato sensu*, fondée sur l'économie du contrat voulue par les parties, explique les solutions adoptées par la Cour de cassation.

L'article 1170 du Code civil est le fruit de cette jurisprudence controversée au plan doctrinal, qui elle-même, n'était pas exempte, il faut le reconnaître, de contradictions dans l'appréciation de la portée des obligations essentielles. Il n'en reste pas moins que la ligne directrice, qui relie les jurisprudences *Chronopost, Faurecia, Point club vidéo* et *CMV*, se dessine à partir de la notion de « contrepartie attendue », c'est-à-dire d'une qualification, qui est utilisée pour la définition de la cause objective, mais qui dépasse celle-ci dans la mesure où les contrats concernés par ces différents arrêts présentaient déjà une contrepartie au sens classique de la cause objective qui ne coïncidait pas avec la contrepartie attendue visée par les décisions précitées[685].

Cette conception élargie de la cause objective est en relation directe avec « *l'économie générale du contrat* » qui désigne ici l'ensemble des obligations constitutives de l'acte. Ce déplacement de la cause objective classique, entendue *stricto sensu*, vers une conception objective *lato sensu*, est une nouvelle manifestation de la matérialisation du droit contractuel en faveur d'un rapport d'équivalence effectif entre les prestations et la contrepartie attendue.

684 E. Houssard, *ibid.*

685 Les contrats interdépendants, font l'objet, depuis l'ordonnance du 10 février 2016, d'un nouvel article 1186 qui dispose en son alinéa 2 que « Lorsque l'exécution de plusieurs contrats est nécessaire à la réalisation d'une même opération et que l'un d'eux disparaît, sont caducs les contrats dont l'exécution est rendue impossible par cette disparition et ceux pour lesquels l'exécution du contrat disparu était une condition déterminante du consentement d'une partie. La caducité n'intervient toutefois que si le contractant contre lequel elle est invoquée connaissait l'existence de l'opération d'ensemble lorsqu'il a donné son consentement ». Les rédacteurs de l'ordonnance consacrent à la fois les conceptions objective et subjective qui sous-tendent la représentation élargie de la cause objective.

Section IV : La force obligatoire du contrôle de cohérence : une application controversée de l'article 1170

Cependant, la position de la haute juridiction française ne s'est pas révélée plus claire dans son application de l'article 1170 du Code civil, tout particulièrement en matière de clauses limitatives de responsabilité comme le démontrent deux arrêts rendus respectivement le 15 janvier 2020 et le 7 juillet 2021.

La première de ces affaires mettait aux prises la société Espace Volcan à la société Orange avec laquelle Espace Volcan avait conclu un contrat intitulé « *Orange Open Pro partagé* » dont l'objet était de regrouper des prestations de téléphonie fixe, mobile et internet en un seul abonnement et qui avait donné lieu, à des dysfonctionnements caractérisés par des prélèvements bancaires sans facture, des problèmes d'accès à internet pendant une période totale de huit mois et des difficultés d'utilisation d'un numéro de téléphone portable. La société Espace Volcan avait assigné Orange en paiement de dommages et intérêts pour un montant de 40 000 Euros au titre de son préjudice commercial et de 15 000 Euros pour l'atteinte faite à son image[686].

La société Orange opposait à sa cliente une clause des conditions générales d'abonnement qui stipulait à l'article 10.2.4 une limitation de responsabilité dans l'hypothèse d'une faute imputable à cette société. En effet, la réparation du préjudice subi par son cocontractant ne s'appliquait qu'aux seuls dommages directs, personnels et certains à l'exclusion expresse de l'indemnisation des préjudices indirects et immatériels, tels que les préjudices commerciaux, les pertes d'exploitation et de chiffres d'affaires, les pertes de données.

La clause précisait également que dans l'hypothèse où la société Orange serait conduite à verser des dommages et intérêts leur montant serait strictement limité à 20% des sommes encaissées par la société Orange au cours des douze derniers mois et que dans le cas où aucune somme n'aurait été encaissée, le montant serait limité à 7 500 Euros T.T.C. par client[687].

Devant la Cour d'appel de Riom, la société Espace Volcan arguait que cette clause privait de sa substance l'obligation essentielle du débiteur dès lors que cette stipulation avait pour effet de ne pas même couvrir les

[686] Com., 15 janvier 2020, pourvoi n° *18-22.734*.
[687] Com., 15 janvier 2020, préc.

sommes versées en contrepartie d'un service qui n'avait pas été pas rendu et de vider de tout contenu l'obligation de la société Orange consistant à fournir des services de téléphonie fixes et mobiles ainsi que de connexion à internet.

La Cour d'appel de Riom débouta la société Espace Volcan de sa demande au motif que la clause limitative de responsabilité était opposable à la société Espace Volcan dans la mesure où cette stipulation ne remettait pas en cause l'exécution de l'obligation essentielle du contrat, mais limitait seulement le préjudice pouvant être indemnisé ; les chefs de préjudice retenus par Espace Volcan se heurtaient à la clause qui qualifiait « *d'indirects* » les préjudices immatériels[688].

La société Espace Volcan forma un pourvoi en cassation en invoquant le bénéfice de l'article 1170 du Code civil dans sa rédaction issue de l'ordonnance du 10 février 2016. La Chambre commerciale rejetait le pourvoi en reprenant la motivation des juges du fond. La Cour de cassation déclarait « *que la clause limitative de responsabilité, qui définissait seulement la nature et le montant des préjudices pouvant être indemnisés, ne remettait pas en cause l'exécution de l'obligation essentielle de la société Orange en la vidant de son contenu, ce dont elle a déduit que le seul préjudice susceptible d'être réparé, indemnisé à concurrence de 3 000 Euros par le premier juge, étant immatériel, se heurtait à la clause litigieuse* »[689].

Cette décision nous apparaît des plus critiquables. En effet, l'obligation essentielle tenait ici à la fourniture de prestations de service de facturation, d'accès à internet et de téléphonie mobile. Orange avait manqué à cette obligation au cours d'une période donnée du contrat. La limitation conventionnelle du préjudice réparable relève d'une pratique bien établie et il n'existe pas de dispositions législatives spécifiques qui régissent de telles clauses. Ces stipulations se caractérisent par une qualification préalable de dommages directs et matériels rangés dans la catégorie des « *préjudices indirects ou immatériels* » afin d'exclure ces derniers de toute indemnisation. Il en va notamment ainsi pour les pertes d'exploitation, de profit, de chance.

Ces clauses se réfèrent implicitement aux dispositions de l'article 1231-4 du Code civil (ancien article 1151 du Code civil) qui prescrit que seul le dommage direct est réparable ; le préjudice indirect restant à la charge du créancier. Dans ces conditions, les opérateurs ne se font pas faute d'insérer cette qualification dans les conditions générales de leurs contrats à l'égard de chefs de préjudice qu'une juridiction qualifierait ordinairement de dommages matériels et directs.

---

688 Com., 15 janvier 2020, préc.

689 Com., 15 janvier 2020, préc.

Cependant, ces clauses, qui ne font l'objet d'aucune discussion dans leur principe, comme le montre l'arrêt et qui se présentent sous la forme de stipulations limitatives de responsabilité, sont, en réalité, purement et simplement des clauses élusives de responsabilité. C'est précisément parce que les opérateurs de téléphonie et d'internet savent que les manquements dans l'exécution de leurs prestations causeront à l'égard de leurs clients professionnels des pertes de chiffres d'affaires, d'exploitation ou de données qu'ils insèrent dans leurs conditions générales une clause de réparation présentée comme limitative, mais qui est, en réalité, élusive de responsabilité. Il suffit, en conséquence, pour ces derniers de modifier la qualification juridique des préjudices, dans leurs conditions générales, pour donner à des dommages directs la dénomination de « préjudices indirects ».

Dans ce contexte, la Cour de cassation semble rendre un arrêt conforme à la jurisprudence *Chronopost*. En effet, la clause stipulée au contrat dans les conditions générales ne privait pas la société Espace Volcan d'une indemnisation du préjudice subi. Cette dernière permettait une demande d'indemnisation au titre de l'absence d'accès à internet et à l'usage de la téléphonie mobile telle qu'elle était fixée au contrat. Pour la Chambre commerciale, la clause ne portait pas atteinte à l'obligation essentielle, en l'occurrence la fourniture de prestations d'accès à internet et à la téléphonie mobile dès lors qu'une indemnité au titre de l'interruption de ces services était prévue par cette même stipulation.

Cependant, la clause contrevient, en l'espèce, à la portée de l'obligation essentielle. Certes, la limitation de responsabilité ne vide pas l'engagement de sa substance dans la mesure où en cas d'interruption des services, Orange est tenue de rembourser au client le dommage matériel et direct subi dans le cadre d'un montant d'indemnisation plafonnée. Cependant, ce qui est exclu ici, c'est la répartition normale des risques qu'entraîne toute interruption d'accès à internet pendant des mois. Dès lors, si la clause prive de sa substance la contrepartie, il ne s'agit pas tant de la contrepartie minimale convenue, mais de la contrepartie minimale normalement attendue par le client, victime d'une interruption totale et pendant plusieurs mois d'une prestation nécessaire à la vie de son entreprise.

Or, la fourniture d'accès à internet est une obligation de résultat[690]. En effet, la société Espace Volcan a subi une interruption totale de la prestation pendant une période donnée. Il s'agit d'un manquement à l'article D98-4 du Code des postes et télécommunications électroniques qui dispose

690 CA Versailles, 4 février 2004, *R.G.* n°*03/07368*, « Qu'en sa qualité de prestataire des services Orange est tenu à une obligation de résultat envers l'abonné ; Qu'elle est présumée responsable de tout dysfonctionnement sauf à elle à rapporter la preuve d'une cause étrangère ».

que « *L'opérateur doit prendre les dispositions nécessaires pour assurer de manière permanente et continue l'exploitation du réseau et des services de communications électroniques et pour qu'il soit remédié aux effets de la défaillance du système dégradant la qualité du service pour l'ensemble ou une partie des clients, dans les délais les plus brefs. Il prend toutes les mesures de nature à garantir un accès ininterrompu aux services d'urgence. L'opérateur met en œuvre les protections et redondances nécessaires pour garantir une qualité et une disponibilité de services satisfaisantes* »[691].

Il appartenait à l'opérateur de mettre en œuvre « *les protections et redondances nécessaires pour garantir une qualité et une disponibilité de services satisfaisantes* » comme l'exige l'article D98-4. Il s'agissait, en conséquence, d'un retard caractérisé de l'opérateur pour pallier l'absence d'accès à internet. De plus, les dysfonctionnements du réseau ou ses défaillances ne peuvent constituer un cas de force majeure permettant aux opérateurs de s'exonérer de leur responsabilité[692].

Dans ces conditions, la clause limitative de responsabilité figurant dans les conditions générales portait atteinte à la portée même de l'obligation essentielle puisqu'elle avait pour effet de la neutraliser alors qu'il s'agissait d'une obligation de résultat consistant à maintenir des services permanents et de qualité. L'arrêt du 15 janvier 2020 est donc en totale contradiction avec le principe du premier arrêt *Chronopost.*

Cette stipulation insérée dans les conditions générales du contrat d'adhésion a été imposée par Orange à la société Espace Volcan. En effet, il n'existe pas de négociation entre un opérateur de l'envergure d'Orange et Espace Volcan, qui est, certes, une société importante, mais qui n'a pas la dimension de son cocontractant. Il en va également dans le cadre d'une relation d'affaires continue. La société Espace Volcan n'avait eu d'autres choix que d'accepter les conditions générales d'abonnement de l'opérateur, ce qui témoignait d'un véritable déséquilibre entre les positions contractuelles respectives des parties.

Cependant, la liberté contractuelle formelle d'un opérateur, en situation d'imposer une qualification des chefs de préjudice non conforme à la réalité juridique, mais reçue par la pratique et avalisée par la jurisprudence, lui permet d'exclure sa responsabilité en stipulant une clause restreinte d'indemnisation qui prive l'obligation essentielle de sa substance. En ce sens, l'arrêt du 15 janvier 2020 s'écartait du principe défini par la Cour de cassation dans sa décision *Chronopost* du 22 octobre 1996.

---

691 Code des postes et des télécommunications électroniques, *Les éditions des Journaux Officiels*, t. 20015, 2006, Livre II, Titre Ier, Chapitre II, Section 1, article D98-4.

692 CA Versailles, 4 février 2004, préc.

Cet arrêt emporte des conséquences particulièrement graves, à l'ère du tout numérique, pour des professionnels, qui en tant que clients des opérateurs, dépendent de plus en plus étroitement pour la vie de leur commerce d'un fonctionnement continu des services de télécommunication.

Les opérateurs ne sont donc aucunement incités à améliorer la qualité et le niveau de leur prestation, dès lors que leur faute lourde n'est elle-même pas sanctionnée. A la différence de l'arrêt *Chronopost* de 1996 qui prévoyait le remboursement du prix acquitté par l'expéditeur en cas de manquement à son obligation essentielle, le préjudice matériel, quand il serait reconnu, se trouverait limité ici à un remboursement de 20% pour des sommes exposées au titre de la période concernée. Une double peine pour les clients des opérateurs qui se voient opposer ce type de clause, non seulement parce qu'ils sont privés de l'indemnisation de leurs préjudices réels et directs, mais également parce qu'ils ne peuvent réclamer le remboursement de toutes les sommes qu'ils ont dû acquitter au titre d'une prestation qui n'a pas été réalisée.

Ainsi, la Chambre commerciale apparaissait avoir voulu réduire la portée de la jurisprudence *Chronopost* en matière de clause limitative de responsabilité. C'est tout du moins la position qui fut adoptée par cette dernière dans un arrêt rendu le 7 juillet 2021. Le litige concernait une société, Avenir Telecom, qui avait souscrit avec l'entreprise Delta Security Solutions un contrat « multi-services » d'installation et de maintenance d'un système de télésurveillance et d'alarme. Un vol avait été perpétré en 2010 dans les locaux de la société Avenir Telecom sans que cette alarme ne se déclenchât. Les sociétés MMA IARD assurances qui avaient indemnisé leur cliente, la société Avenir Telecom, se trouvèrent subrogées dans les droits de cette dernière et entreprirent contre Delta Security une action pour obtenir le remboursement des sommes qu'elles avaient dû exposer[693].

Delta Security leur opposa l'article 5.6 de ses conditions générales qui stipulait que « *les obligations du prestataire sont exclusivement limitées aux prestations énumérées dans le présent contrat. Sa responsabilité ne saurait être engagée pour des dommages résultant du fonctionnement de l'installation ou de son non-fonctionnement pour quelque cause que ce soit en l'absence d'une faute dûment prouvée par le client dans l'exécution des prestations prévues dans le présent contrat* »[694].

Les assurances MMA faisaient grief à l'arrêt de la Cour d'appel de Paris[695], qui les avait déboutées de leurs demandes, d'avoir subordonné

---

693 Com., 7 juillet 2021, pourvois n°*19-22.807* et n°*19-22.956*.
694 Com., 7 juillet 2021, préc.
695 CA Paris, Pôle 2 Chambre 2, 27 juin 2019, *R.G.* n°*18/07576*.

l'application de l'article L.442-1 du Code de commerce à la preuve préalable d'une tentative de négociation de la clause litigieuse. En effet, les sociétés MMA précisaient que Delta Security avait soumis son partenaire commercial à des obligations créant un déséquilibre significatif en sa faveur. Les assurances ajoutaient que les clauses figurant dans des conditions générales préimprimées n'étaient jamais négociées, même pour un professionnel de la logistique et du stockage, comme l'était la société Avenir Telecom. De plus, les requérantes contestaient devoir rapporter la preuve d'un rapport de force entre les parties pour retenir le déséquilibre significatif entre les parties. La Chambre commerciale rejetait cette première partie des moyens du pourvoi et confirmait l'arrêt de la Cour d'appel de Paris en reprenant l'argumentation des juges du fond[696].

Dans la seconde partie de leurs moyens, les sociétés MMA soutenaient « *que l'obligation du prestataire ayant installé un système d'alarme et de télésurveillance est une obligation de résultat en ce qui concerne son bon fonctionnement, dont il ne peut s'exonérer que par la preuve d'une cause étrangère ; que la clause qui exonère le prestataire de son obligation d'installer un système efficace en soumettant sa responsabilité à la preuve d'une faute contredit la portée de son engagement et doit être réputée non écrite ; qu'en décidant du contraire, la cour d'appel a violé l'article 1131 du code civil, dans sa rédaction applicable en l'espèce* »[697].

Les sociétés MMA se référaient ici à la jurisprudence même de la Cour de cassation qui avait jugé jusqu'alors et invariablement « *que l'installateur d'un système d'alarme est tenu d'une obligation de résultat pour ce qui concerne le fonctionnement de cette alarme* »[698]. Dès lors, la clause stipulée au contrat était destinée par son libellé à porter atteinte à l'obligation essentielle en transformant une obligation de résultat en simple obligation de moyens tout en introduisant dans le contrat la preuve de l'existence d'une faute en tant que condition de la responsabilité du stipulant à la charge du client.

Mais une fois encore, la Chambre commerciale, sous le couvert d'une qualification conventionnelle contraire à la nature de l'obligation, rejetait les moyens développés par les sociétés MMA « *En l'état de l'article 5.6 du contrat, qui stipule que la responsabilité de la société Delta ne peut être engagée pour des dommages résultant du fonctionnement de l'installation ou de son non-fonctionnement, pour quelque cause que ce soit, en l'absence d'une faute dûment prouvée de sa part dans l'exécution de ses*

---

696 Com., 7 juillet 2021, préc.

697 Com., 7 juillet 2021, préc.

698 Civ. 1ère, 20 octobre 1998, pourvoi n°*96-15.646*, *RCA* 1998, n°389 ; Civ. 2e, 24 mai 2012, pourvoi n°*10-27.972* ; Civ. 1ère, 6 juillet 2016, pourvoi n°*15-21767*.

prestations, l'arrêt retient que cette clause ne fait que poser une condition à l'indemnisation pouvant être mise à sa charge, en l'occurrence la preuve de l'existence d'une faute … »[699].

Une telle argumentation est une nouvelle fois des plus critiquables. En effet, l'obligation essentielle de l'installateur, qui est de mettre en place un système d'alarme en état de fonctionnement, est une obligation de résultat. Si le résultat promis n'est pas réalisé, le débiteur est présumé avoir commis une faute et par conséquent, la clause limitative de responsabilité, qui stipule la preuve de l'existence d'un manquement en cas de dysfonctionnement, devrait être réputée non écrite. La Chambre commerciale fait cependant une interprétation contraire et en contradiction avec la nature même de l'obligation de résultat. L'obligation essentielle était en conséquence vidée de sa substance.

Puis, la Chambre commerciale ajoutait que la clause n'avait, dans ces conditions, que « *pour seule conséquence de faire porter la charge de l'aléa d'un dysfonctionnement inexpliqué à l'utilisateur, faisant ainsi ressortir que l'obligation souscrite par la société Delta sur le bon fonctionnement de l'installation de télésurveillance était de moyen et non de résultat. Après avoir ensuite énoncé qu'aucune faute, au surplus lourde, ne peut résulter du seul manquement à une telle obligation contractuelle, fût-elle essentielle, la cour d'appel a pu retenir qu'aucune faute n'avait été relevée à l'encontre de la société Delta, l'expert émettant des hypothèses, notamment l'intervention d'un préposé, sans pouvoir les confirmer, la question des tests de contrôle de l'installation n'étant pas même évoquée au cours de l'expertise et dénuée d'effet en l'espèce, au vu du bon fonctionnement de l'alarme* »[700].

Il a fallu, bien des contorsions juridiques à la Chambre commerciale, pour parvenir à la conclusion que la clause n'avait pas privé la société créancière de l'obligation de toute contrepartie alors que cette stipulation avait bien eu pour effet de neutraliser le caractère contraignant de l'obligation en dispensant le débiteur de l'exécuter, privant celle-ci de sa substance. Il suffisait donc d'avaliser la transformation d'une obligation de résultat en obligation de moyens et de faire supporter au client la charge de l'aléa d'un dysfonctionnement. D'une clause limitative de responsabilité, on passait ainsi à une clause purement élusive.

Dès lors, il est pour le moins plaisant de voir la Chambre commerciale conclure à une véritable répartition des risques en l'espèce, « *L'arrêt retient encore que la clause litigieuse n'a pas pour effet de*

---

[699] Com., 7 juillet 2021, préc.
[700] Com., 7 juillet 2021, préc.

décharger par avance la société Delta de sa responsabilité en cas de manquement à une obligation essentielle lui incombant et qu'en répartissant expressément le risque et la limitation de responsabilité qui en résulte, elle ne prive pas la société Avenir Telecom de toute contrepartie. Il en déduit exactement que cette stipulation n'a pas pour effet de vider de toute substance l'obligation essentielle de bon fonctionnement de l'installation et que sa contrariété avec la portée de l'engagement de la société Delta n'est pas établie »[701].

Cependant, si la Cour de cassation se livre à une interprétation en demi-teinte, qui, tout en se tenant à une application purement formelle de sa jurisprudence *Chronopost*, après l'entrée en vigueur de l'ordonnance du 10 février 2016, s'éloigne en réalité de son principe, il en va différemment des juridictions du fond qui, confrontées à la crise de la covid-19, ont été conduites à mettre en œuvre l'article 1170 du Code civil dans toute son étendue.

Nous nous référons ici à l'arrêt rendu par la Cour d'appel d'Aix-en-Provence le 25 février 2021 qui a eu un large retentissement en raison des répercussions de la solution retenue par cette juridiction. Ce litige opposait la S.A.S. LE PJ, qui exerçait une activité de restauration et avait souscrit à ce titre un contrat d'assurance multirisque professionnelle auprès d'Axa France comportant une clause de garantie dans les conditions particulières sous l'intitulé « *Perte d'exploitation suite à fermeture administrative* » qui prévoyait que « *La garantie est étendue aux pertes d'exploitation consécutives à la fermeture provisoire totale ou partielle de l'établissement assuré, lorsque les deux conditions suivantes sont réunies : 1. La décision de fermeture a été prise par une autorité administrative compétente, et extérieure à vous-même. 2. La décision de fermeture est la conséquence d'une maladie contagieuse, d'un meurtre, d'un suicide, d'une épidémie ou d'une intoxication* »[702].

Le 14 mars 2020, le ministère des Solidarités et de la Santé prenait un arrêté, qui édictait qu'à compter du 15 mars 2020, les restaurants et débits de boisson n'étaient plus habilités à recevoir du public[703]. Cette interdiction a été prolongée jusqu'au 2 juin 2020 par un décret du 14 avril 2020[704]. La société LE PJ a procédé à une déclaration de sinistre auprès de la société Axa France IARD le 23 avril 2020. La société Axa a immédiatement opposé

[701] Com., 7 juillet 2021, préc.

[702] CA Aix-en-Provence, Chambre 1-4, 25 février 2021, *R.G. 20/10357*.

[703] Arrêté du 14 mars 2020 portant diverses mesures relatives à la lutte contre la propagation du virus covid-19, *JORF*. n°0064 du 15 mars 2020, article 1 I.

[704] Décret n°2020-423 du 14 avril 2020 complétant le décret n°2020-293 du 23 mars 2020 prescrivant les mesures générales nécessaires pour faire face à l'épidémie de covid-19 dans le cadre de l'état d'urgence sanitaire, *JORF*. n°0091 du 14 avril 2020.

un refus de garantie en se référant à la clause d'exclusion des conditions particulières du contrat[705].

La clause d'exclusion dont se prévalait la société Axa était formulée sous le libellé suivant « *Sont exclues. Les pertes d'exploitation, lorsque, à la date de la décision de fermeture, au moins un autre établissement, quelles que soient sa nature et son activité, fait l'objet, sur le même territoire départemental que celui de l'établissement assuré, d'une mesure de fermeture administrative, pour une cause identique* »[706].

Sur le fondement de l'article 1170 du Code civil, la Cour d'Aix-en-Provence a précisé que la clause de garantie stipulée au contrat était l'obligation essentielle de l'assureur qui consistait à indemniser son assuré des pertes d'exploitation subies à la suite de la fermeture administrative en raison d'une épidémie. Puis, la Cour procédait à une comparaison entre la clause de garantie et l'exclusion stipulée au même contrat. La Cour d'appel écartait alors cette stipulation comme réputée non écrite en précisant que « *l'application pure et simple de cette clause d'exclusion aboutirait donc à ne pas garantir l'assuré des pertes d'exploitation subies en raison de la fermeture administrative de son restaurant pour épidémie de coronavirus, et donc, à priver de sa substance l'obligation essentielle de garantie* »[707].

Il s'agit d'une application de la jurisprudence *Chronopost* dans toute la rigueur des principes définis par la Chambre commerciale en 1996. En liaison avec cette argumentation, la Cour d'appel donnait à sa décision une portée qui dépassait le litige qui lui était soumis pour sanctionner les stipulations équivoques qui figuraient trop souvent dans les contrats d'assurance.

En effet, la Cour d'appel constatait l'imprécision de la clause d'exclusion alors « *qu'aucune distinction n'est opérée quant à la population visée, aucune définition des termes maladie contagieuse et épidémie ne figure au contrat. L'obligation essentielle de l'assureur est donc celle d'indemniser son assuré des pertes d'exploitation subies suite à fermeture administrative en raison d'une épidémie* »[708]. La juridiction aixoise faisait ainsi une lecture de l'article 1170 du Code civil, en liaison avec l'article L.113-1 du Code des assurances. Or, le principe de l'article L.113-1 est précisément d'écarter une clause qui doit faire l'objet d'une interprétation, car celle-ci n'est pas formelle et limitée et donc interdit toute connaissance par l'assuré de l'étendue exacte de la garantie[709]. La société Axa était

[705] CA Aix-en-Provence, 25 février 2021 préc.
[706] CA Aix-en-Provence, 25 février 2021 préc.
[707] CA Aix-en-Provence, 25 février 2021 préc.
[708] CA Aix-en-Provence, 25 février 2021 préc.
[709] CA Aix-en-Provence, 25 février 2021 préc.

logiquement condamnée à régler les indemnités dues pour chacune des périodes concernées conformément à la contrepartie attendue par la société LE PJ.

Cette interprétation fut partagée par la majorité des juridictions du fond[710]. D'autres tribunaux se prononçaient en sens contraire dans le même type d'affaires[711]. Cependant, les juridictions, qui rejoignaient la solution consacrée par Cour d'appel d'Aix-en-Provence, conduisirent la société Axa à revoir sa position. En effet, l'heureux effet de cette jurisprudence fut de conduire la compagnie d'assurance à transiger avec 80% de ses clients qui exploitaient un fonds de commerce de restauration[712]. L'application de l'article 1170 du Code civil avait mis en exergue le déséquilibre, qui pouvait résulter d'une clause contraire à la substance même de l'obligation, lorsque son libellé mettait en cause un volume important de contrats et menaçait la survie d'un pan entier du secteur de la restauration. A n'en pas douter, le nombre des assurés concernés et leurs contestations de la clause litigieuse ont joué un rôle non négligeable dans la décision d'Axa. Il n'en reste pas moins que le changement de position de cette société fut également la conséquence de jugements et d'arrêts, qui, en se fondant sur l'article 1170 du Code civil, prirent la décision de faire prévaloir une liberté matérielle sur une liberté contractuelle purement formelle.

Ainsi, avec l'article 1170 du Code civil, le droit français dispose d'une règle équivalente aux prescriptions du paragraphe 307 du BGB lorsque celui-ci précise au sujet d'une clause qui porte atteinte à l'obligation essentielle que « *… il y a lieu d'admettre un désavantage inapproprié (...) lorsqu'elle restreint les droits et obligations essentiels découlant de la nature du contrat, de telle sorte que la réalisation du but contractuel est menacée* ».

Nul doute que l'application de l'article 1170 du Code civil suscitera à l'avenir de nouvelles critiques sous le prétexte que cette disposition accorderait un pouvoir exorbitant aux juges dans leur contrôle de l'équilibre

---

[710] Trib. com. de Marseille, 23 juillet 2020 *R.G. 2020R00131* ; Trib. com. Paris, 17 septembre 2020, premier jugement *R.G. 2020/022823*, second jugement *R.G. 2020/0022825*, troisième jugement *R.G. 2020/022816,* quatrième jugement *R.G. 2020/022819*, cinquième jugement *R.G. 2020/022826* ; Trib. com. Paris, 3 décembre 2020, *R.G. 2020/038068* ; Trib. com. Lille, 11 février 2021, premier jugement *R.G. 2020/022185*, second jugement *R.G. 2020/022186*, troisième jugement *R.G. 2020/022187* ; Trib. com. Evry, 17 février 2021, premier jugement *R.G. n°2020/F00613*, second jugement *R.G. n°2020/F00611*, troisième jugement *R.G. 2020/F00613*, quatrième jugement *R.G. 2020/F0061*6, cinquième jugement *R.G. 2020/F00612*, sixième jugement *R.G. 2020/F00614*.

[711] Trib. com. Toulouse, 18 août 2020, *R.G. 2020/J00294* ; Trib. com. Bourg-en-Bresse, 24 août 2020, *R.G. 2020/003659* ; Trib. com. Lyon, 4 novembre 2020, *R.G. 2020/J00525* ; Trib. com. Angers, 2 juin 2021, *R.G. 2020/009000.*

[712] Figaro Newsletter du 18 novembre 2021.

du contrat. Les tenants d'une liberté contractuelle formelle dénonceront une atteinte intolérable à son principe et jugeront l'article 1170 bien pire que l'article 1171 du Code civil au motif que celui-là n'impose pas le constat d'un déséquilibre significatif tandis que celui-ci l'exige pour justifier l'intervention du juge.

Pourtant, le contrôle de l'existence et du contenu des obligations essentielles n'est en rien contraire à la liberté contractuelle formelle, il la renforce. Face à des relations de plus en plus disproportionnées entre d'une part, des stipulants, qui ont tout le loisir d'aménager les clauses de leurs contrats et en particulier, les stipulations limitatives de responsabilité et d'autre part, des adhérents qui n'ont d'autre choix que d'accepter en bloc les conditions générales de ces actes, il est nécessaire que l'obligation essentielle puisse être préservée. A défaut, le contrat sera le lieu du déséquilibre et de l'asymétrie des pouvoirs entre les parties.

Section V La fonction normative du déséquilibre significatif de l'article 1171

Aussi, la liberté matérielle ne contredit pas la loi du contrat, mais s'efforce, en réalité, de lui restituer sa force obligatoire. La transparence, l'équilibre des droits et des obligations entre les parties favorisent la confiance, l'intangibilité des échanges. L'Allemagne, première puissance économique de l'Union européenne, troisième exportateur mondial, a consacré le matérialisme juridique pour adapter un droit hérité des conceptions du XIXe siècle aux exigences juridiques, sociales et économiques du XXIe siècle. Les rédacteurs de l'ordonnance du 10 février 2016 l'ont compris et ont adopté, comme l'avait fait le législateur allemand, une disposition spécifique pour lutter contre les clauses abusives des conditions générales du contrat à travers l'article 1171 du Code civil.

L'article 1171 du Code civil, qui prescrivait dans sa version antérieure à 2018, que « *Dans un contrat d'adhésion, toute clause qui crée un déséquilibre significatif entre les droits et obligations des parties au contrat est réputée non écrite. L'appréciation du déséquilibre significatif ne porte ni sur l'objet principal du contrat ni sur l'adéquation du prix à la prestation* » est venu parachever, en tant que disposition de droit commun, les règles existantes afférentes aux contrats spéciaux des droits de la consommation et du commerce.

A ce titre, le libellé de l'article 1171 s'inspire fortement du texte de l'article L.212-1 alinéa 1er du Code de la consommation[713]. Son objet est identique, lutter contre les clauses abusives. Mais, si cette disposition constitue l'une des principales innovations de la réforme du droit des contrats, dans le cadre de la sous-section 3 du Code civil consacrée au contenu du contrat, ses effets n'en restent pas moins limités.

En effet, l'ordonnance du 10 février 2016 a fortement circonscrit les conditions d'application de l'article 1171. Cette disposition ne peut concerner que les clauses abusives des contrats d'adhésion.

Les pouvoirs du juge ne pourront s'étendre aux autres types de contrats. Il est vrai que les conditions générales des contrats d'adhésion constituent le terreau le plus favorable à l'éclosion des clauses abusives. De plus, l'appréciation du déséquilibre significatif, qui permet de déterminer le caractère abusif de la clause, ne peut concerner l'objet principal du contrat ou la conformité du prix à la prestation. Enfin, les déséquilibres de faible importance sont exclus du champ d'application de l'article 1171 du Code civil qui se voit cantonner aux seuls déséquilibres significatifs.

Afin de réduire un peu plus le domaine d'intervention du juge sur le fondement de l'article 1171 du Code civil, la loi de ratification du 20 avril 2018 entrée en vigueur le 1er octobre de la même année, est venue préciser que la clause concernée ne pouvait être qu'une stipulation « *non négociable, déterminée à l'avance par l'une des parties* »[714]. Cette indication permettait d'écarter la question que pouvait poser initialement le texte sur la notion de « condition générale ». Avant la modification de 2018, la difficulté était, en effet, de déterminer si les conditions générales correspondaient à des stipulations non négociables ou s'il s'agissait au contraire de clauses qui pouvaient faire l'objet d'une négociation.

Retenir la seconde hypothèse aurait conduit à donner à la notion de contrat d'adhésion une extension considérable. En effet, les clauses qui étaient négociables, mais qui n'auraient fait l'objet d'aucune discussion par l'adhérent, n'en seraient pas moins devenues des conditions générales.

---

713 Code de la consommation, article L.212-1 « Dans les contrats conclus entre professionnels et consommateurs, sont abusives les clauses qui ont pour objet ou pour effet de créer, au détriment du consommateur un déséquilibre significatif entre les droits et obligations des parties au contrat ».

714 Dans sa version postérieure au 1er octobre 2018 telle qu'elle est issue de la loi n°2018-287 du 20 avril 2018, *JORF* n°0093 du 21 avril 2018, article 7, le libellé de l'article 1171 du Code civil est désormais le suivant « Dans un contrat d'adhésion, toute clause non négociable, déterminée à l'avance par l'une des parties, qui crée un déséquilibre significatif entre les droits et obligations des parties au contrat est réputée non écrite ».

Il faut reconnaître qu'il aurait été difficile d'admettre qu'une partie puisse se plaindre d'un déséquilibre significatif alors qu'elle n'a pas voulu négocier une clause qui était cependant ouverte à la discussion. C'est pourquoi le législateur a intégré à la notion de contrat d'adhésion, dans le corps même de l'article 1171 du Code civil, la condition d'une clause non négociable.

Une seconde question avait été également posée à l'égard du domaine d'application précis de l'article 1171 du Code civil. En effet, les articles L.212-1 et L.442-1 du Code de commerce, qui visent le déséquilibre significatif, pour le premier, dans le cadre des relations entre professionnels et consommateurs ou non-professionnels et pour le second, dans les rapports contractuels entre commerçants[715] se trouvaient-ils intégrés au champ d'application de l'article 1171 du Code civil dans la mesure où ce texte ne délimite pas la catégorie des personnes concernées par ses prescriptions ?

L'article 1171 s'adresse, en effet, de manière générale aux « *parties* ». Dès lors, pouvait-il englober les textes spécifiques des droits de la consommation et du commerce ? Cette hypothèse fut très vite résolue dans la mesure où le principe « *specialia generalibus derogant* », qui est rappelé à l'article 1105 du Code civil[716], s'oppose à une telle interprétation. Le droit spécial, en l'occurrence les articles L.212-1 et L.442-1 I, déroge aux dispositions de l'article 1171 et régit les litiges qui s'y rattachent.

Dès lors, quel pourrait être l'intérêt de l'article 1171 du Code civil ? Cette règle, nous l'avons dit, vient parachever le dispositif du droit français en matière de clauses abusives dans le cadre des conditions générales des contrats d'adhésion. Partant, le droit français rejoint le droit allemand. En effet, le paragraphe 307 du BGB concerne tous les contrats comportant des conditions générales, quelle que puisse être la qualité des cocontractants du stipulant, qu'il s'agisse de consommateurs ou de commerçants. Depuis, la loi de modernisation du droit des obligations, les principaux textes de protection des consommateurs ont été insérés dans le BGB et il en fut de même pour les dispositions qui concernaient les conditions générales des contrats passés entre professionnels. Aussi, le paragraphe 307 du BGB exerce en matière de conditions générales d'affaires la même fonction que l'article L212-1 du

---

[715] Code de commerce, Dalloz, 2021, article L.442-1, I, « Engage la responsabilité de son auteur et l'oblige à réparer le préjudice causé le fait, dans le cadre de la négociation commerciale, de la conclusion ou de l'exécution d'un contrat, par toute personne exerçant des activités de production, de distribution ou de services : (…) 2°) De soumettre ou de tenter de soumettre l'autre partie à des obligations créant un déséquilibre significatif dans les droits et obligations des parties ».

[716] Code civil, *op. cit.*, article 1105 « Les contrats, qu'ils aient ou non une dénomination propre, sont soumis à des règles générales, qui sont l'objet du présent sous-titre. Les règles particulières à certains contrats sont établies dans les dispositions propres à chacun d'eux. Les règles générales s'appliquent sous réserve de ces règles particulières ».

Code de la consommation, l'article L442-1 I du Code de commerce et l'article 1171 du Code civil réunis.

Les deux législations présentent l'une et l'autre, sous les formes qui leur sont propres, un dispositif complet en matière de clauses abusives des conditions générales. En conséquence, l'article 1171 du Code civil est appelé à jouer un rôle précis pour les conventions qui ne relèvent ni du droit de la consommation ni du droit commercial et elles sont nombreuses. Il faut songer à tous les contrats entre particuliers de plus en plus favorisés par le développement du commerce électronique[717]. Mais, cette catégorie n'est pas la seule concernée comme le montre la jurisprudence de la Cour de cassation qui est venue préciser le champ d'application de l'article 1171 du Code civil dans un arrêt du 26 janvier 2022.

Les faits soumis à la Chambre commerciale concernaient une société Green Day, exerçant une activité de restauration et de sandwicherie, qui avait conclu pour les besoins de son exploitation commerciale un contrat de location financière avec la société Locam portant sur du matériel fourni par une entreprise moyennant le règlement de soixante loyers de 170 Euros hors taxes par mois. La société Green Day laissa plusieurs échéances en souffrance malgré une mise en demeure de règlement. La société Locam assignait alors Green Day pour résilier le contrat sur le fondement de la clause résolutoire stipulée à l'article 12 des conditions générales et sollicitait le paiement des échéances restant dues. En réplique, Green Day fit valoir que la clause résolutoire était constitutive d'un déséquilibre significatif et invoquait l'article 1171 du Code civil pour déclarer la clause de l'article 12 non écrite. La Cour d'appel de Lyon fit droit à la demande du preneur et déclara non écrite la stipulation controversée tout en précisant que le contrat de location devrait se poursuivre jusqu'à son terme[718].

Dans son pourvoi, la société Locam soutenait « *que si dans un contrat d'adhésion, toute clause qui créée un déséquilibre significatif entre les droits et obligations des parties est réputée non écrite, cette disposition générale, introduite dans le droit commun par l'ordonnance n°2016-131 du 10 février 2016, ne peut trouver à s'appliquer que dans les matières où la prohibition des clauses génératrices d'un tel déséquilibre n'est pas déjà assurée et régie par des textes spéciaux ; qu'elle est donc inapplicable, en l'état des dispositions de l'article L.442-1, I, 2° du code de commerce, aux contrats conclus entre commerçants ; qu'en la jugeant néanmoins applicable au contrat de location financière conclu entre les sociétés commerciales*

[717] La location d'appartements entre particuliers sur la plateforme Airnb relève de l'article 1171 du Code civil. Ces contrats comportent souvent la faculté pour le propriétaire de modifier la période de location à tout moment sans l'accord de son cocontractant et sans avoir à lui verser une indemnité à ce titre.
[718] Com., 26 janvier 2022, pourvoi n°*20-16.782*.

Locam et Green Day, la cour d'appel a violé l'article 1171 du code civil »[719].

La Chambre commerciale rejetait ce moyen sur le fondement de l'article 1171 du Code civil en rappelant qu'« *Il ressort des travaux parlementaires de la loi du 20 avril 2018 ratifiant ladite ordonnance, que l'intention du législateur était que l'article 1171 du code civil, qui régit le droit commun des contrats, sanctionne les clauses abusives dans les contrats ne relevant pas des dispositions spéciales des articles L.442-6 du code de commerce*[720] *et L.212-1 du code de la consommation. L'article 1171 du code civil, interprété à la lumière de ces travaux, s'applique donc aux contrats, même conclus entre producteurs, commerçants, industriels ou personnes immatriculées au répertoire des métiers, lorsqu'ils ne relèvent pas de l'article L.442-6, I, 2° du code du commerce, dans sa rédaction antérieure à celle issue de l'ordonnance du 24 avril 2019, applicable en la cause, tels que les contrats de location financière conclus par les établissements de crédit et sociétés de financement, lesquels, pour leurs opérations de banque et leurs opérations connexes définies à l'article L.311-2 du code monétaire au financier, ne sont pas soumis aux textes du code de commerce relatifs aux pratiques restrictives de concurrence (Com. 15 janv. 2020, n°18-10.512)* »[721].

En application du principe « *specialia generalibus derogant* », la Cour de cassation jugeait que l'article 1171 du Code civil, disposition de droit commun, était appelé à sanctionner les clauses abusives pour les actes qui ne relevaient pas formellement des dispositions spécifiques de l'ancien article L.442-6 du Code de commerce (aujourd'hui article L.442-1, I, 2°).

En conséquence, la qualité de commerçant des parties à l'acte n'excluait pas, par principe, la soumission du contrat qu'elles avaient conclu aux dispositions de l'article 1171 du Code civil, dès lors que le contrat souscrit ne relevait pas des prescriptions du Code de commerce. En l'espèce, les contrats relatifs aux locations financières, conclus entre établissements de crédit et sociétés de financement, échappaient aux dispositions du code de commerce pour toutes leurs opérations bancaires.

En effet, celles-ci étaient régies par les dispositions du code monétaire et financier[722]. Il s'agissait là d'une jurisprudence constante[723].

---

719 Com., 26 janvier 2022, préc.

720 L'article L.442-6 du Code du commerce dans sa rédaction antérieurement à l'ordonnance du 24 avril 2019 qui lui substituera l'article L.442-1, I, 2°.

721 Com., 26 janvier 2022, préc.

722 Com., 15 janvier 2020, pourvoi n°*18-10-512*, « Ayant constaté que l'article L.511-4 du code monétaire et financier prévoit seulement que les articles L.420-1 à L.420-4 du code de commerce sur les pratiques anticoncurrentielles s'appliquent aux établissements de crédit et

Seul, le droit des pratiques anticoncurrentielles, des ententes et des abus de domination se trouvait soumis à l'ancien article L.442-6 du Code de commerce (aujourd'hui article L.442-1, I, 2°).

Il existe ainsi plusieurs décisions qui permettent d'exclure, d'ores et déjà, certaines relations contractuelles du droit commercial et qui relèvent, en conséquence, du droit commun de l'article 1171 du Code civil. Tel est le cas d'un contrat de bail commercial lorsqu'il ne s'agit pas d'une activité de production, de distribution ou de services[724]. Il en va de même pour les relations juridiques entre une société coopérative de commerçants détaillants et ses adhérents[725]. Cela a également été jugé pour toutes les clauses relatives au retrait d'un membre de groupement d'intérêt économique figurant dans le contrat constitutif ou dans une stipulation du règlement intérieur du groupement.[726]

Le domaine d'application de l'article 1171 du Code civil, pour résiduel qu'il puisse être, n'est pas négligeable et vient efficacement combler les lacunes du système juridique français à l'égard des actes qui n'entraient pas dans le cadre des articles L.212-1 du Code de la consommation et L.442-1, I, 2° du Code de commerce. Ces contrats sont désormais susceptibles de sanction dès lors qu'ils font apparaître un déséquilibre significatif résultant de leurs conditions générales.

L'apport de l'arrêt du 26 janvier 2022 ne s'arrête cependant pas là. En effet, cette décision donne deux précisions majeures tant sur l'appréciation du déséquilibre significatif que sur la sanction de ce déséquilibre. La Chambre commerciale a été conduite à faire une appréciation méthodique du déséquilibre significatif. A cette occasion, la Cour de cassation adopte une démarche similaire à celle qu'elle avait déployée dans le cadre de l'article L.442-6, I, 2°. La haute juridiction française avait déjà jugé que l'absence de réciprocité dans les conditions de mise en œuvre d'une clause pouvait constituer un déséquilibre significatif[727].

---

aux sociétés de financement pour leurs opérations de banque et leurs opérations connexes définies à l'article L.311-2 du même code, la cour d'appel en a justement déduit que, pour ces opérations, le législateur n'a pas étendu aux établissements de crédit et sociétés de financement l'application des textes relatifs aux pratiques restrictives de concurrence, de sorte que les activités exercées par la société Locam dans le cadre des opérations de location financière litigieuses ne relèvent pas du code de commerce, mais des dispositions spécifiques du code monétaire et financier ».

723 CA Paris, 27 septembre 2017, *R.G.* n°*16/00671*, *RJDA* 4/18 n°363.

724 Civ. 3e, 15 février 2018, pourvoi n°*17-11.329 FS-PB*, *RJDA* 5/18 n°463.

725 Com., 18 octobre 2017, pourvoi n°*16-18.864 F-PB*, *RJDA* 1/18 n°73.

726 Com., 11 mai 2017, pourvoi n°*14-29.717 FS-PBIR*, *RJDA* 7/17 n°505.

727 Com., 3 mars 2015, pourvoi n°*13-27.525 FS-PB*, *Bull. civ.* 2015, IV, n°42, pour un défaut de réciprocité et de contrepartie d'une clause relative au système de pénalité en cas de non-respect par les fournisseurs de la société d'Eurauchan d'un taux de service minimum de 98,

Dans le cadre du litige, qui donna lieu à l'arrêt du 26 janvier 2022, la Cour d'appel de Lyon avait constaté une absence de réciprocité entre les parties dans la faculté de résiliation du contrat, puisque celle-ci était exclusivement réservée à la société Locam en cas de défaut de paiement des loyers. L'évaluation que devait mettre en œuvre la Chambre commerciale était identique à la démarche ordinairement suivie en cas de suspicion d'un défaut de réciprocité. Le déséquilibre significatif se déduisait de contrats qui conféraient au stipulant des prérogatives unilatérales sans contrepartie pour le cocontractant[728].

En l'occurrence, la Chambre commerciale rejeta le raisonnement suivi pas la Cour d'appel de Lyon. En effet, la Chambre commerciale se référait à « *l'objet même et à la nature des obligations dont sont respectivement tenues les parties* » pour constater que les conditions d'un déséquilibre significatif au titre d'un défaut de réciprocité n'étaient pas réunies. La Cour de cassation jugeait, en effet, qu'« *en matière de location financière, et eu égard au caractère purement financier de son intervention, le loueur exécute instantanément l'intégralité des obligations mises à sa charge, en réglant immédiatement au fournisseur le prix des biens commandés par le locataire et en les mettant à la disposition de ce dernier, si bien que seul le locataire reste ensuite tenu, jusqu'au terme du contrat, d'obligations susceptibles d'être sanctionnées par une clause résolutoire ; qu'en prétendant néanmoins, s'agissant de la clause résolutoire de plein droit pour défaut de paiement des loyers inscrite à l'article 12.a des conditions générales du contrat de location financière, déduire un déséquilibre significatif de son seul défaut de réciprocité, la cour d'appel a violé l'article 1171 du code civil* »[729] .

Pour la Cour de cassation, la nature des obligations contractuelles ne permettait pas d'établir une réciprocité au niveau de la faculté de résiliation entre les parties. La Chambre commerciale constatait également que le déséquilibre significatif n'existait pas au niveau de l'objet de l'acte. En effet, seul le preneur était tenu d'accomplir ses prestations et cela jusqu'au terme du contrat. La société Locam avait entièrement exécuté ses obligations après avoir réglé au fournisseur le prix des biens commandés par le locataire et les avoir mis à la disposition de ce dernier. Dans ces conditions, en cas d'inexécution de ses obligations par le locataire, le loueur devait avoir à sa disposition, un moyen pour sanctionner les manquements du preneur. Il ne pouvait le trouver que dans la clause résolutoire stipulée au contrat.

5% qui présentait un caractère automatique, cause d'une disproportion entre le manquement et la sanction.

[728] Com., 26 janvier 2022, préc.

[729] Com., 26 janvier 2022, préc.

Dès lors, la décision de la Cour d'appel de Lyon s'exposait à la censure pour ne pas avoir tenu compte de cette spécificité dans les prestations respectives des parties. La démarche suivie par la Cour de cassation démontrait que dans son interprétation du déséquilibre significatif, elle empruntait la même méthode que celle adoptée pour l'application de l'article L.442-6, I, 2° du Code de commerce. Cette dernière mettait en œuvre une approche globale du contrat. Le caractère déséquilibré d'une clause s'appréciait de manière concrète au niveau du contrat tout entier et du contexte dans lequel l'acte avait été conclu[730].

Outre, l'absence de réciprocité, le déséquilibre significatif pouvait résulter d'une disproportion entre les obligations des parties. Ainsi, la Chambre commerciale avait jugé dans un arrêt du 27 mai 2015 qu'une clause systématiquement stipulée dans les conditions générales de centrales d'achat ou de distributeurs au détriment de leurs fournisseurs respectifs pouvait être à l'origine d'un déséquilibre significatif. Il s'agissait, en l'espèce d'une stipulation d'un contrat-cadre annuel, rédigée à partir de l'offre du distributeur et qui précisait que le fournisseur acceptait non seulement les termes des conditions d'achat du distributeur, mais que les clauses contenues dans ce document pouvaient se substituer aux conditions générales de vente de ce même distributeur lorsque les conditions d'achat et les conditions générales présentaient une contradiction[731].

La jurisprudence de la Chambre commerciale et en particulier son arrêt du 26 janvier 2022 démontre que la haute juridiction française se livre, dans de telles conditions, à une appréciation du déséquilibre significatif en tenant compte de l'ensemble des clauses du contrat, c'est-à-dire de l'économie même de l'acte. En effet, une clause peut apparaître en elle-même ne produire aucun déséquilibre particulier. Cependant, le rapprochement de la clause litigieuse avec les autres stipulations du contrat permet de mettre en évidence une contradiction avec l'économie de l'acte lorsqu'elle conduit à priver l'un des cocontractants de toute contrepartie réelle.

---

730 Com., 3 mars 2015, pourvoi n°*13-27.525*, préc. ; voir également Com., 3 mars 2015, pourvoi n°*14-10.907*, « Mais attendu, en premier lieu, qu'ayant relevé l'existence d'un déséquilibre significatif dans les droits et obligations des parties, résultant de deux clauses litigieuses, qu'aucune autre stipulation ne permettait de corriger, et constaté qu'aucune suite n'était donnée aux réserves ou avenants proposés par les fournisseurs pour les modifier, la cour d'appel, qui a procédé à une analyse globale et concrète du contrat et apprécié le contexte dans lequel il était conclu ou proposé à la négociation, et qui n'était pas tenue de rechercher les effets précis du déséquilibre significatif auquel la société Provera avait soumis ou tenté de soumettre ses partenaires, a satisfait aux exigences de l'article L.442-6, I, 2° du code de commerce.

731 Com., 27 mai 2015, *Bull. civ.* 2015, n°5, IV, n°87.

En revanche, la Cour de cassation entreprend une démarche toute différente lorsqu'il s'agit de sanctionner la clause à l'origine du déséquilibre significatif. La Chambre commerciale analyse cette fois dans leur détail les différents termes d'une clause afin de déterminer si la stipulation doit être réputée non écrite dans son intégralité ou pour une partie de son libellé. L'arrêt du 26 janvier 2022 le rappelle dans sa réponse au moyen soulevé par la société Locam.

En effet, la société Locam avait présenté une argumentation relative au contenu de la clause résolutoire elle-même. Celle-ci était constituée de deux stipulations distinctes. En premier lieu, la clause dans son article 12 a) donnait à Locam la faculté de se prévaloir d'une résiliation de plein droit en cas d'inexécution par la société locataire de ses obligations et en second lieu, la même clause au titre de l'article 12 b) précisait que Locam bénéficiait du pouvoir de résilier également le contrat pour d'autres motifs qui ne tenaient pas à un manquement contractuel de Green Day.

Or, la Cour d'appel de Lyon avait déclaré que la clause était non écrite dans son intégralité pour défaut de réciprocité des facultés de résiliation puisque la société locataire se voyait privée de ce droit réservé à la seule société Locam. La Cour de cassation censurait l'arrêt de la Cour d'appel, car, seul, l'article 12 b) était à l'origine d'un déséquilibre significatif à l'exclusion de l'article 12 a) qui correspondait au régime de droit commun des clauses résolutoires de plein droit. Pour la Chambre commerciale, la sanction consistant à réputer une clause non écrite devait être limitée à la stipulation qui comportait un tel déséquilibre. Il s'agissait là d'une approche qui se fondait, une nouvelle fois, sur une jurisprudence constante de la Cour de cassation[732].

En sus de ces deux aspects du déséquilibre significatif qui ont fait l'objet de l'arrêt de la Cour de cassation du 26 janvier 2022, l'article 1171 du Code civil sera appelé à sanctionner une autre forme de disproportion résultant des clauses ambiguës contenues dans les conditions générales. La méthode qui pourrait être suivie par la Cour de cassation a déjà été appliquée dans le cadre de litiges relatifs au droit de la consommation. La démarche suivie permet à la haute juridiction sur le fondement de critères objectifs de déterminer le sens véritable de stipulations, qui, en apparence, ne présentent aucun caractère abusif, mais se trouvent être à l'origine d'un véritable déséquilibre significatif entre les parties par leur ambiguïté.

---

[732] Soc., 20 février 2013, pourvoi n°*11-17.941*, *RTDC* 2013, p.836, note Bertrand Fages et Hugo Barbier pour une clause de non-concurrence ; Civ. 3e, 6 février 2020, n°*18-24.599 FS-PBI*, *BRDA* 5/20 inf. 15, à l'égard d'une clause d'échelle mobile dans le cadre d'un bail commercial.

Nous avons une illustration de cette méthode pour des conditions générales de vente d'une grande marque automobile. L'union fédérale des consommateurs de l'Isère « Que choisir » avait assigné l'entreprise Toyota aux fins de voir supprimer plusieurs clauses de ses conditions générales jugées abusives. La Cour d'appel de Grenoble avait déclaré non abusive la première clause des conditions générales de vente et de garantie qui lui avait été déférée et qui était insérée sous l'intitulé « *Garantie contractuelle* » avec le libellé suivant : « *Interventions non couvertes par la garantie : les interventions exécutées par des réparateurs qui ne sont pas des concessionnaires ou agents Toyota* ».

La Cour d'appel avait considéré que cette clause ne pouvait être qualifiée d'abusive dans la mesure où celle-ci imposait pour obtenir la garantie relative à certains travaux et non à toutes les interventions, qu'ils soient effectués par un concessionnaire ou un agent de la marque et qu'elle ne faisait pas obligation au consommateur de faire réaliser pendant la période de garantie tous les entretiens et contrôles chez un concessionnaire ou agent de la marque, dès lors que ces interventions ne faisaient pas partie des travaux visés par la clause[733].

La Première Chambre civile censure l'arrêt de la Cour d'appel de Grenoble dans une motivation qui met en exergue la méthode suivie pour interpréter la clause et lui permettre de constater son caractère ambigu et donc abusif : « *Qu'en statuant ainsi, alors que le caractère ambigu de la clause né du rapprochement de l'intitulé de la rubrique sous laquelle elle figure et de sa propre teneur, a pour effet de laisser croire au consommateur qu'il est tenu, pour bénéficier de la garantie conventionnelle, de faire effectuer par un concessionnaire ou agent Toyota toutes les interventions exécutées sur son véhicule, quand bien même la garantie sollicitée serait sans lien avec ces travaux, créant ainsi à son détriment un déséquilibre significatif entre les droits et obligations des parties ...* »[734].

La Cour de cassation se fondait ici exclusivement sur la structure du contrat et le contenu de la clause pour déterminer son ambiguïté à l'égard d'un adhérent moyen. L'intitulé sous lequel figurait la clause, la teneur de son libellé et le rapprochement du titre et du contenu permettaient de constater que ceux-ci avaient pour effet de laisser croire à l'adhérent, qu'il était tenu, pour bénéficier de la garantie conventionnelle, de faire effectuer par un concessionnaire ou un agent de la marque toutes les interventions exécutées sur son véhicule, quand bien même la garantie sollicitée serait sans lien avec ces travaux.

---

733 Civ. 1ère, 20 mars 2013, pourvoi n°*12-14.432*, *Bull. civ.* 2013, I, n°53.

734 Civ. 1ère, 20 mars 2013, préc.

Or, cette méthode est similaire à celle mise en œuvre par le *Bundesgerichtshof* sur le fondement du paragraphe 157 du BGB dans l'interprétation des clauses des conditions générales d'affaires. Les critères en droit allemand sont strictement objectifs et se fondent, comme en droit français, sur le libellé même des clauses, leur emplacement dans le contrat et leur but économique. Avec cette méthode d'interprétation, la structure du contrat devient l'instrument de mesure du déséquilibre significatif.

Dans le même arrêt, la Cour de cassation avait appliqué cette méthode d'analyse pour censurer à nouveau l'arrêt de la Cour d'appel de Grenoble. Les juges du fond avaient déclaré non abusive une autre clause des conditions générales de vente et de garantie toujours sous l'intitulé « *Garantie contractuelle* » dont la teneur était la suivante : « *Incidents consécutifs à un abus d'utilisation, à la négligence, à la modification des caractéristiques de la voiture, résultant de l'utilisation du véhicule en compétition, course ou rallye, ou de leurs essais, accidents, utilisation de pièces non d'origine (les pièces détachées et accessoires complémentaires sont qualifiées de pièces non d'origine dès lors que les spécifications techniques et leurs qualités ne sont pas identiques à celles des pièces que le constructeur utilise pour la fabrication des véhicules neufs ou qu'il fournit pour la maintenance des véhicules en circulation), ainsi que le non-respect des entretiens réguliers conformément aux spécifications et instructions du constructeur définies dans le manuel du propriétaire* »[735].

La Cour d'appel de Grenoble avait justifié qu'une telle clause ne pouvait être considérée comme abusive dès lors que cette stipulation n'était pas générale ; celle-ci ne visait pas les défaillances du véhicule qui n'étaient pas en lien avec les pièces non d'origine. Une nouvelle fois, la Cour de cassation censurait l'arrêt de la Cour d'appel sur le fondement des critères objectifs de l'emplacement et du contenu de la clause. La Première Chambre civile précise, en effet, « *Qu'en statuant ainsi, alors que le caractère ambigu de la clause, né du rapprochement de l'intitulé de la rubrique sous laquelle elle figure et de sa propre teneur, a pour effet de laisser croire au consommateur que l'utilisation de pièces non d'origine emporte en toute hypothèse exclusion de la garantie conventionnelle* »[736].

La méthode d'interprétation suivie par la Cour de cassation, dans le domaine des clauses ambiguës à l'origine d'un déséquilibre significatif, relevant du droit de consommation, pourra être étendue à l'application de l'article 1171 pour les contrats de droit commun. En effet, l'article 1171 du Code civil implique la mise en œuvre d'une interprétation similaire à celle

---

[735] Civ. 1ère, 20 mars 2013, préc.
[736] Civ. 1ère, 20 mars 2013, préc.

qui est pratiquée en Allemagne pour les conditions générales et qui est qualifiée de normative.

Afin de déterminer l'existence d'un déséquilibre significatif, en présence de clauses obscures ou ambiguës, les juges devront s'attacher à ce qu'a pu et dû comprendre un adhérent moyen au regard de la structure même du contrat. Cette interprétation est donc strictement objective et uniforme. Elle s'appuie sur des critères abstraits : la lettre même de la clause litigieuse et son emplacement dans le contrat. La Cour de cassation sera donc conduite à exercer un contrôle de l'interprétation des conditions générales par les juridictions du fond en s'appuyant sur la structure et le contenu du contrat qui sont les critères mêmes que le juge allemand emploie dans la lutte contre les déséquilibres contractuels. Avec l'article 1171 du Code civil, la France s'est dotée, en matière de contrat de droit commun, d'une disposition équivalente aux règles édictées par les paragraphes 307 et 157 du BGB.

L'article 1171 du Code civil ferme ainsi la marche des dispositions, issues de l'ordonnance du 10 février 2016, qui enserrent les clauses du contrat dans un réseau complexe de droits et d'obligations de telle sorte que, comme le rappelait Karl Larenz « *une clause n'est pas obligatoire si, en considération de l'ensemble des conditions du contrat, elle apparaît injuste et comme ne pouvant être équitablement imposée* »[737].

Or, les articles 1170 et 1171, qui sanctionnent respectivement l'atteinte à la substance de l'obligation essentielle et le déséquilibre significatif entre les droits et obligations des parties, tendent à faire du contrat, un peu plus encore, un réseau normatif de droits et d'obligations équilibré. Ces deux dispositions consacrent une matérialisation de la liberté contractuelle, sous le prisme de l'équilibre des obligations, indépendamment de toute appréciation d'un abus de domination ou d'une dépendance et abstraction faite, de la qualité des parties. Leurs prescriptions prennent la forme d'un diptyque, qui, pour le premier, s'adresse à tous les contrats et pour le second, aux seules conditions générales des contrats d'adhésion, avec la finalité partagée de garantir, par le contenu même de l'acte, une justice contractuelle effective.

---

[737] *Supra* p.186.

Conclusion

La justice contractuelle, qui constitue la finalité des réformes de 2001 et de 2016, est le fruit d'un constat et d'une évolution. Le constat, tout d'abord, que le contrat est devenu le cadre d'une relation de dépendance et d'inégalité entre cocontractants, que la liberté contractuelle d'une partie en situation d'infériorité n'est qu'un mythe et que le déficit de cette liberté nécessite l'assistance et l'aide de la loi et du juge pour rétablir l'équilibre rompu. Une évolution ensuite, qui a conduit le juge, puis le législateur, à l'abandon des postulats d'une approche exclusivement volontariste du contrat afin de soumettre le contenu de l'acte à un contrôle accru sous le prisme de la bonne foi. Une évolution qui éclaire rétrospectivement le sens d'une jurisprudence séculaire qui s'est détachée progressivement en Allemagne et en France d'une conception désincarnée de la liberté contractuelle.

Au rebours de la liberté formelle, la liberté contractuelle matérielle, issue de cette jurisprudence, a permis de renouer avec la finalité réelle du droit des contrats, la justice, en rappelant que la liberté n'est que le moyen essentiel de sa réalisation. Si elle commande le respect des obligations consenties, elle justifie également le rétablissement judiciaire du juste contractuel lorsque la liberté contractuelle formelle s'est révélée déficiente.

Qu'il s'agisse de combattre, comme c'est le cas en Allemagne, l'inégalité structurelle des parties, par le biais d'une conception objective des bonnes mœurs ou comme en France, la violence sur le fondement d'une appréciation économique et morale conjuguée de l'état de dépendance, qu'il s'agisse de maintenir le contrat dans une plus juste répartition des risques en cas d'imprévision ou encore d'ériger la bonne foi au rang d'un principe directeur impératif dans le BGB et d'ordre public en France, voire de combattre les déséquilibres significatifs, issus de clauses abusives des conditions générales et les atteintes à la substance de l'obligation essentielle du contrat, toutes ces dispositions ont un seul but, réédifier le contrat sur une liberté contractuelle réelle, c'est-à-dire matérielle.

Les contrats d'adhésion étaient et sont, encore aujourd'hui, l'une des manifestations les plus évidentes que la justice commutative ne pouvait plus être garantie par le jeu des libertés individuelles, qu'il était nécessaire de privilégier le principe de cohérence du contrat et partant, de prendre en considération la proportionnalité des échanges au sein de l'acte[738].

---

[738] Georges Marty et Philippe Raynaud, *Droit civil, Les obligations*, t.I, *Les sources*, *S*, 2e éd., Paris, 1988, n°36.

La proportionnalité, dont il s'agit ici, n'est pas un principe dépourvu de précision laissé à la libre appréciation du magistrat chargé de contrôler le contenu du contrat[739]. La règle de proportionnalité, au fondement du matérialisme juridique, a pour objet de déplacer la frontière de la liberté contractuelle en faisant passer celle-ci d'une liberté purement abstraite et formelle vers une liberté matérielle fondée sur l'économie du contrat. Une économie du contrat qui permet d'envisager le rapport de proportion dans le libellé de chaque clause prise individuellement, mais aussi en tant qu'élément d'un ensemble formant la substance du contrat. Dans cette mesure, il ne saurait être question de rétablir une stricte égalité entre les parties, mais bien de corriger les disproportions qui sont inconciliables avec le contenu de l'acte parce qu'elles sont excessives.

Le « matérialisme juridique » est donc non seulement l'exigence d'une prise en compte réelle de la commutativité au sein du contrat, mais elle est également une incorporation de cette exigence dans le contrat même. Il ne s'agit plus d'un principe extérieur à l'acte, mais bien d'une règle normative inhérente au contrat. Un contrat qui ne respecterait pas cette commutativité ne serait pas un contrat.

Aussi, la matière du contrat, qui a intégré les notions « d'équilibre structurel », « d'avantage manifestement excessif », « de répartition des risques », « d'imprévision », de « bonne foi », « de cause objective étendue », de « substance de l'obligation essentielle », « d'économie du contrat », de « déséquilibre significatif », constitue le tissu d'une trame qui s'identifie à la justice contractuelle et donc à la liberté contractuelle matérielle qui en est la manifestation.

Partant, il est permis de s'interroger. Le contrat à l'aune du « matérialisme juridique » n'a-t-il pas changé de nature ? Dans la mesure où, les principes que nous venons d'énumérer définissent, encadrent et évaluent la proportionnalité au sein du contrat, la force obligatoire de l'acte ne dépend plus seulement des normes objectives qui lui sont extérieures, mais bien de ces principes qui sont intégrés à son contenu. Ceux-ci exercent une fonction corrective immanente qui interdit aux cocontractants de se départir de leurs exigences.

---

739 Nicolas Molfessis, *Le principe de proportionnalité et l'exécution du contrat*, in *Existe-t-il un principe de proportionnalité en droit privé ?*, Colloque du 20 mars 1998 organisé par le Centre de droit des affaires et de gestion de la Faculté de droit de Paris V, *LPA*, 1998, n°117, p.21, « Si l'on s'en tient à cette intuition vague selon laquelle le principe de proportion désigne "une règle générale d'équilibre", une exigence d'adéquation entre deux termes qu'il reste à identifier, on sera porté à le voir à l'œuvre dans maintes solutions ».

Dans ces conditions, le contrat est devenu le centre de règles prétoriennes aujourd'hui codifiées dans le BGB et dans le Code civil avec lesquelles il s'identifie désormais. Partant, les règles intégrées dans le contrat sont le véritable fondement de la force obligatoire de l'acte et justifient que la liberté contractuelle ne puisse se définir autrement que sous la forme d'une liberté matérielle. Le principe de proportionnalité, qui découle du contrat, constitue un instrument de mesure permettant à la fois d'évaluer le contenu de l'acte et la conduite des parties.

C'est en parfait accord avec la nouvelle philosophie du contrat, qui émerge des réformes allemande et française de 2001 et de 2016, que le principe de justice contractuelle est appelé désormais à se développer. Dès que la décision de contracter est prise, l'acte développe ses effets conformément aux principes de la justice commutative. Le contrat fait, dès lors, figure d'un acte-condition qui déclenche l'application d'un régime entièrement soumis aux impératifs de la justice contractuelle.

Dans ces conditions, pourrait-on considérer que la réforme de 2016 serait la manifestation du solidarisme contractuel ? Cette question, si l'on veut bien accepter ce postulat et sous la réserve que celui-ci est bien conforme au contenu de la réforme, devrait-il nous conduire, pour autant, à considérer que le « matérialisme juridique » traduirait les principes du solidarisme contractuel ? Il est vrai que nous avons ouvert le présent ouvrage par une citation de Saleilles, qui, sans être solidariste, n'en fut pas moins influencé par cette pensée[740]. La citation du fondateur de *L'école de la libre recherche scientifique* ne signifie pas cependant que les principes et la philosophie même du « matérialisme juridique » coïncident avec les idées solidaristes.

Christophe Jamin, auquel nous nous sommes parfois référés et qui est l'un des éminents représentants du solidarisme contractuel en France, écrivait que « *le projet du solidarisme contractuel serait donc politique depuis ses origines. Il consisterait toujours à injecter de la justice distributive en droit des contrats, afin de préserver la cohésion sociale dans un système libéral* »[741]. C'est ici une première différence avec le « matérialisme juridique » et qui est de taille, puisqu'elle concerne la

[740] *Supra* p.15, ce passage de la *Déclaration de volonté* est topique de la pensée de l'auteur et montre que si Saleilles n'était pas à proprement parler un solidariste, il était proche des principes développés par cette doctrine lorsqu'il place l'idée de solidarité au centre du contrat, R. Saleilles, *op. cit.*, p.229, « Le contrat n'est pas l'acte de maîtrise d'une volonté créatrice de droit ; mais le procédé d'adaptation des volontés privées à l'utilisation des efforts communs pour la satisfaction des intérêts individuels réciproques. Aussi est-ce d'après le but social de ce procédé de solidarité juridique, et non d'après la fantaisie individuelle de chacun de ceux qui y prennent part, que le contrat doit être interprété et appliqué ».

[741] C. Jamin, *Le solidarisme contractuel : regard franco-québécois, in 9e conférence Albert Mayrand*, Montréal, éd. Themis, 2005, p.25.

conception même de la justice contractuelle. Le « matérialisme juridique » ne fonde pas sa conception de la justice contractuelle sur le concept de justice distributive et ne développe aucun projet politique.

Le « matérialisme juridique » a principalement pour objet d'assurer le respect de la justice commutative dans l'espace du contrat et dans les limites de la définition que nous avons donnée à cette notion[742], c'est-à-dire une justice corrective destinée à rééquilibrer le contrat en prenant pour mesure la proportion du déséquilibre subi[743].

La justice distributive relève d'une égalité géométrique qui se caractérise par une répartition des droits et des obligations en fonction du mérite de chacun. Il s'agit d'une intervention qui se situe hors du contrat, ou tout du moins, qui ne s'intéresse au contrat dans son volet social qu'indirectement. *Mutatis mutandis* nous serions tentés de parler d'une approche « macrojuridique »[744] du solidarisme dans la mesure où cette doctrine envisage la justice du point de vue du système juridique lui-même et pense le marché[745] et le contrat[746] en termes d'efficacité sociale[747].

Certes, il existe avec le solidarisme un dénominateur commun qui se fonde sur la morale dans le contrat. Comme nous l'avons indiqué, le « matérialisme juridique » opère un déplacement de la frontière entre la liberté formelle et la liberté contractuelle matérielle, dont l'une des conséquences est d'intégrer au sein du contrat des normes qui relevaient de la morale en leur octroyant la fonction de principes directeurs comme c'est aujourd'hui le cas pour la bonne foi après les réformes allemande et

---

742 *Supra* p.20.

743 G. Smorto, *op. cit.*, pp.588-589, « La fonction de ce type d'intervention est de rétablir, suite à un changement de circonstances, la rationalité interne *initiale* du contrat ».

744 Laurent Convert, *L'impératif et le supplétif dans le droit des sociétés – Etude de droit comparé : Angleterre, Espagne, France* coll. Bibliothèque de droit privé, LGDJ, Paris, 2003, qui développe une analyse de la qualification « macrojuridique » que nous reprenons ici et que ce dernier présente comme une approche de l'environnement culturel au sens politique, social, économique, philosophique encadrant le droit. Il oppose ainsi le « macrojuridique » au « microjuridique » qui concerne les normes positives concrètement appliquées. En ce sens, le « matérialisme juridique » se rapprocherait de cette seconde acception.

745 G. Smorto, *op. cit.*, p.590, « III. La justice contractuelle en tant que justice distributive » qui précise « … la notion de justice contractuelle considérée comme la répartition par le biais du contrat des ressources au sein du marché … »

746 G. Smorto, *ibid.*, p.588, « Ces formes de réactions de l'ordre juridique semblent en effet tendre soit à la protection de la volonté des contractants, soit à la préservation des conditions sociales et économiques permettant des choix libres et éclairés (ce qui correspond à des considérations de justice distributive) ».

747 G. Smorto, *op. cit.*, p.586, « … la justice distributive. Nous incluons les critères d'efficacité dans cette dernière catégorie. Cette incorporation peut sembler étrange du point de vue du lexique de la doctrine civiliste actuelle, opposant justice et efficacité. En réalité, les notions de justice distributive et d'efficacité se situent à des niveaux identique ».

française de 2001 et de 2016. Il est vrai également que la notion d « Etat social » ou bien le concept « d'équité objective » conférant à la bonne foi le rôle d'un principe de nature sociale et le paragraphe 241 du BGB qui commande à chaque partie au contrat de prendre en considération les intérêts de son partenaire, pourraient laisser à penser que nous nous trouvons avec ces différentes notions sur un versant du droit qui conduit directement au « solidarisme contractuel ».

Cependant, il ne s'agit ici que d'une conséquence et non d'une démarche de principe. Le matérialisme juridique n'est que le produit d'une évolution. Il n'est pas, à la différence du solidarisme, le fruit d'une pensée, d'une philosophie. Pour le « matérialisme juridique », l'égalité structurelle entre les parties n'est qu'un moyen d'application de règles qui peuvent, certes, revêtir un caractère moral, mais qui sont accessoires par rapport à l'évaluation objective du déséquilibre qu'il s'agit de corriger. Le « matérialisme juridique » se fonde exclusivement sur le contenu du contrat pour réaliser le rééquilibrage de l'acte et le fait, de manière pragmatique, à mesure que les difficultés se posent au fil d'un droit, qui fut, à l'origine, purement prétorien. « L'État social », la bonne foi sous le couvert d'une équité objective et les exigences du paragraphe 241, malgré les similitudes que présentent leurs prescriptions avec les principes du « solidarisme contractuel » ont toujours reçu une application strictement circonscrite à la correction de l'équilibre objectif du contrat.

A l'inverse, pour le solidarisme contractuel, la règle morale occupe la place principale et commande une moralisation des comportements dans le contrat à l'aune de principes préétablis qui rendent compte d'une véritable doctrine philosophique et politique. Denis Mazeaud n'a-t-il pas donné lui-même à l'un de ses articles, certes, sous la forme d'une question, un titre pour le moins significatif de la pensée solidariste, « *Loyauté, solidarité, fraternité : la nouvelle devise contractuelle ?* »[748].

Il n'est pas du propos du « matérialisme juridique » de voir dans la bonne foi, comme le fait le solidarisme contractuel, la manifestation d'un élan de chaque cocontractant envers l'autre, consistant à l'« *aimer comme un frère* »[749]. La bonne foi pour le « matérialisme juridique » est un devoir positif de loyauté, qui est principalement destiné à prévenir dans le meilleur

---

[748] D. Mazeaud, *Loyauté, solidarité, fraternité : la nouvelle devise contractuelle ?, in L'avenir du droit, Mélanges en hommage à François Terré, Dalloz-PUF-éd. Juris-Classeur*, 1999, p.603 ; cf. également, Catherine Thibierge Guelfucci, *Libres propos sur la transformation du droit des contrats, RTDC*, Paris, 1997, p.376, qui fait également référence à une « exigence de solidarité, voire de fraternité ».

[749] A. Sériaux, *Droit des obligations*, 2e éd., *PUF*, Paris, 1998, p.229, « La bonne foi (...) c'est, répétons-le, la bonne volonté, la loyauté, le souci de dépenser au profit de son cocontractant de collaborer avec lui, de lui faciliter la tâche en un mot de l'aimer comme un frère ».

des cas ou à corriger, le plus souvent, le déséquilibre contractuel quand il est avéré. Lorsque le « matérialisme juridique » fait le constat d'un devoir de coopération entre les parties, il se fonde sur la nature du contrat et l'économie de l'acte, non sur un rapport de fraternité entre cocontractants.

Le « matérialisme juridique » n'est, tout au plus, qu'une consécration pragmatique par la jurisprudence et par la loi d'un principe de rééquilibrage proportionnel des engagements réciproques fondé sur la matière même du contrat. C'est, en effet, le déséquilibre révélé par le contenu du contrat qui a conduit le juge, puis le législateur, à déplacer les limites de la liberté contractuelle formelle vers une liberté matérielle afin de pallier les déficiences de la procédure volontariste de formation de l'acte. C'est ici la véritable différence avec le solidarisme qui se fonde sur une vision qui ne relève pas de la justice commutative, mais d'une représentation de la justice distributive dans sa nature sociale[750].

En fait, les droits allemand et français ont consacré, dans les réformes de 2001 et de 2016, l'état d'une jurisprudence qui a conduit à une véritable refondation du contrat par la diversification des moyens de protection de son contenu, c'est-à-dire de son économie. Les codifications de 2001 et de 2016 ont érigé ces mécanismes juridiques au rang de principes directeurs des relations contractuelles. C'est pourquoi le « matérialisme juridique », qui est la résultante de cette évolution, envisage à la fois le rapport de proportion de certaines clauses spécifiques de l'acte et la teneur de l'ensemble des stipulations formant le contrat. Il rappelle que le contenu de l'acte ne peut pas être le lieu de disproportions injustifiables parce qu'excessives.

Dans ces conditions, le « matérialisme juridique » se fonde sur un principe de proportionnalité qui implique une identification du contrat à la justice commutative, entendue, non pas comme la recherche d'une stricte égalité entre parties, mais bien comme une fonction corrective inhérente au contenu de l'acte lui-même. Si le « matérialisme juridique » s'intègre dans les frontières du volontarisme, il a pour effet d'élargir celles-ci à la matière du contrat afin d'éradiquer les excès manifestes qui résultent d'une conception trop formelle de la liberté contractuelle. L'Allemagne et la

---

[750] Marc Mignot, *De la solidarité en général, et du solidarisme contractuel en particulier ou Le solidarisme contractuel a-t-il un rapport avec la solidarité ?*, *RRJ – Droit prospectif*, PUAM, 2004, p.2190, « La réglementation sociale du contrat, visant à établir ou à rétablir en son sein la justice commutative, par-delà l'inégalité économique des contractants, est une manifestation de solidarité sociale, en ce qu'elle vise à rendre aux plus faibles ce qui leur revient. Mais pour autant, cette intervention sociale ne fait pas rentrer la solidarité dans le contrat. Il faut bien distinguer l'intervention sociale qui porte sur le contrat et qui peut être fondée sur la justice distributive et la solidarité, du contenu du contrat qui n'est pas fondé sur la solidarité, mais sur la justice commutative. En d'autres termes, il faut séparer l'effet vertical de la réglementation, de la dimension horizontale du contrat ».

France ont consacré, dans leurs réformes respectives du droit des obligations, une nouvelle ligne de démarcation, qui, sans nier la liberté formelle, la complète d'une liberté matérielle garante de l'équilibre du contrat.

Certes, compte tenu de l'expérience inégale entre l'Allemagne et la France, en raison d'une apparition du « matérialisme juridique », dès le premier tiers du XXe siècle en Allemagne et beaucoup plus tardive en France, il existe un décalage entre les deux systèmes juridiques dans leur réception des règles qui en sont issues. Nous dirions que si le matérialisme juridique est un empire constitué sur le droit des contrats en Allemagne, il est encore en voie de constitution en France. Il n'en reste pas moins que, de part et d'autre du Rhin, les systèmes juridiques partagent désormais un dénominateur commun qui fait à la fois reposer le contrat sur la justice et la justice sur le contrat.

BIBLIOGRAPHIE

I - SOURCES :

A . SOURCES ANCIENNES :

Cicéron, *De officiis*, Livres II et III, traduction Maurice Testard, Les Belles Lettres, Paris, 2010.

Décrétale du pape Alexandre III, X, 3, 17, 3.

B. SOURCES IMPRIMEES :

§1- Sources imprimées françaises

Code civil des français, Edition originale et seule officielle, De l'imprimerie de la République, Paris, An XII. 1804.

Domat J., *Les lois civiles dans leur ordre naturel*, seconde édition, Tome I, Pierre Auboüin, Paris, 1697.

Fenet P. A., *Recueil complet des travaux préparatoires du Code civil*, Paris, 1827, Tome IV.

Fenet P.A., *Recueil complet des travaux préparatoires du Code civil*, J.-M.-E. Portalis, Exposé des motifs de Portalis, Paris, 1827.

Fenet P.A., *Recueil complet des travaux préparatoires du Code civil*, vol. 1, 1836.

Jouanneau L.C. et Solon, *Discussions du Code Napoléon dans le Conseil d'Etat, précédés des articles correspondants du texte et du projet sur le plan donné par S. Ex. M. Regnaud de Saint-Jean d'Angely*, Seconde édition, Tome II, Demonville, Paris, 1808.

Laboulaye (de) E. L., *Essai sur la vie et les doctrines de Frédéric-Charles de Savigny*, A. Durand et Joubert, Paris, 1842.

Pothier R.-J., *Œuvres de Pothier contenant Les traités du droit français*, nouvelle édition mise en meilleur ordre et publié par les soins de M. Dupin, t. IV, Béchet Aîné, Paris, 1824, *Traité du prêt à usage et du précaire*.

Pothier R.-J., *Traité des obligations,* t.I, Chez Debure l'aîné, Paris, Chez Rouzeau-Montaut, Orléans, 1761.

Pothier R.-J., *Traité des obligations in Œuvres de Pothier, annotées et mises en corrélation avec le Code civil et la législation actuelle* par M. Bugnet, Tome II, Paris, 1848.

Séance du Conseil d'Etat du 23 nivôse an XI, *Législation civile, commerciale et criminelle de la France*, Locré, t.V, Bruxelles Paris, 1836.

§2- Sources imprimées allemandes

Johann Heinrich Eberhard, *Drei Abhandlungen zur Erläuterung der deutschen Rechte*, I. *Abhandlung von der clausula rebus sic stantibus*, Frankfurt/Leipzig 1775.

II. - OUVRAGES GENERAUX :

A - REFERENCES FRANCAISES

Arminjon P., Nolde B., Wolff M., *Traité de droit comparé*, LGDJ, t. II, 1950.

Cabrillac R., *Les Codifications*, PUF, Paris, 2002.

Convert L., *L'impératif et le supplétif dans le droit des sociétés – Etude de droit comparé : Angleterre, Espagne, France* coll. Bibliothèque de droit privé, LGDJ, Paris, 2003.

Deshayes O., Genicon T., Laithier Y.-M ., *Réforme du droit des contrats, du régime général et de la preuve des obligations, Commentaire article par article*, 2e éd., LexisNexis, 2018.

Demogue R., *Traité des obligations en général : source des obligations*, t.I, Arthur Rousseau, Paris, 1925.

Dissaux N. et Jamin C., *Réforme du droit des contrats, du régime général et de la preuve des obligations : ordonnance n°2016-131 du 10 février 2016 : commentaire des articles 1100 à 1386 du code civil*, Dalloz, Paris, 2016.

Ewald F., *L'Etat providence*, Grasset, Paris, 1986.

Fabre-Magnan M., *De l'obligation d'information dans les contrats, essai d'une théorie*, LGDJ 1992.

Fauvarque-Cosson B. et Mazeaud D., *Terminologie contractuelle commune*, SLC, coll. Droit privé comparé et européen, t.6, 2008.

Ghestin J., *Traité de droit civil, Les obligations, Le contrat : formation*, LGDJ, 3e éd., 1993.

Ghestin J. et Fontaine M., *La protection de la partie faible dans les rapports contractuels, Comparaison Franco-Belge*, LGDJ, Paris, 1996.

Gilardeau E., *Cicéron, père de la codification du droit civil,* coll. Logiques juridiques, L'Harmattan, Paris, 2017.

Gounot E., *Le principe de l'autonomie de la volonté en droit privé. Contribution à l'étude critique de l'individualisme juridique*, Rousseau, Paris, 1912.

Hauriou M., *Principes de droit public*, 2e éd., Larose et Tenin, Paris, 1911.

Jourdain P. et Viney G., *Traité de droit civil. Les conditions de la responsabilité*, quatrième éd., LGDJ, Paris, 2013.

Litty O., *Inégalité des parties et durée du contrat : étude de quatre contrats d'adhésion usuels*, LGDJ, Paris, 1999.

Malaurie Ph., Aynès L., Stoffel-Munck Ph., *Droit des obligations*, LGDJ, Lextenso, Paris, 2016.

Malaurie Ph. et Morvan P., *Introduction au droit*, quatrième éd., Defrénois, 2012.

Marty G. et Raynaud Ph., *Droit civil, Les obligations*, t.I, *Les sources*, Sirey, 2e éd., Paris, 1988.

Mazeaud H., L. et J., Tome II, Volume I, *Obligations, Théorie générale,* par François Chabas, Montchrestien, 1998.

Mekki M., *Les principes généraux du droit des contrats au sein du projet d'ordonnance portant sur la réforme du droit des obligations*, Dalloz, 2015.

Neumayer K-H., *Les contrats d'adhésion dans les pays industrialisés*, Librairie Droz, Genève, 1999.

Saleilles R., *De la déclaration de volonté. Contribution à l'étude de l'acte juridique dans le Code civil allemand (Art. 116 à 144)*, F. Pichon, Paris, 1901.

Savigny (von) F. C., *De la vocation de notre temps pour la législation et la science du droit*, traduction, introduction et notes par Alfred Dufour, coll. Léviathan, PUF, 2006.

Sériaux A., *Droit des obligations*, 2e éd., PUF, Paris, 1998.

Tallon D., *La codification dans le système de common law*, Droits, 1998.

Truchy H. et Murat A., *Précis d'économie politique,* Nouvelles Editions Latines, Paris, 1951.

Terré F., *Pour une réforme du droit des contrats*, Dalloz 2008.

Terré F., *Pour une réforme du régime général des obligations*, Dalloz 2013.

Viney G., *Traité de droit civil. Introduction à la responsabilité de droit civil*, LGDJ, 2e éd., 1995.

Weill A., Terré F., *Droit civil Les obligations*, Précis Dalloz, Paris, 1986.

B – REFERENCES ALLEMANDES

Endemann F., *Über die civilrechtliche Wirkung der Verbotsgesetze nach gemeinem Rechte*, Fues's Verlag, 1887.

Heimann H., *Der Kampf um die Aufwertung, von Helfferich bis Hindenburg. Wie ihn die Deutschnationalen und wie ihn die Sozialdemokraten führten*, Berlin, 1925.

Hölder E., *Kommentar zum Allgemeinen Teil des Bürgerlichen Gesetzbuches*, C.H. Becksche Verlagsbuchhandlung, München, 1900.

Jhering (von) Rudolf, *Culpa in contrahendo oder Schadensersatz bei nichtigen oder nicht zur Perfection gelangten Verträgen*, *Jahrbücher für die Dogmatik des heutigen römischen und deutschen Privatrechts*, IV, Jena, 1861.

Klocke D. M., *Erklärungsbewusstein und Rechtsbindungswille – Willenserklärung und Rechtsgeschäft*, Universitätsverlag Halle-Wittenberg, Halle an der Saale 2014.

Krohn, C.-D. *Stabilisierung und ökonomische Interessen. Die Finanzpolitik des Deutschen Reiches 1923-1927*, Bertelsmann Universitätsverlag, Düsseldorf, 1974.

Larenz K., *Lehrbuch des Schuldrechts*, Band I : *Allgemeiner Teil*, Beck, 1987.

Leonhard R., *Der Allgemeine Theil des Bürgerlichen Gesetzbuchs in seinem Einflusse auf die Fortentwicklung der Rechtswissenschaft*, Guttentag, Berlin, 1900.

Luther H., *Politiker ohne Partei. Errinerungen*. Stuttgart, 1960.

Musielak H.-J., *Grundkurs BGB*, 9. Auflage C. H. Beck, 2003.

Oertmann P., *Die Geschäftsgrundlage. Ein neuer Rechtsbegriff*, A. Deichert, Leipzig, 1921.

Olzen D., Loosschelders D., Schiemann G. *in Julius von Staudinger Kommentar zum Bürgerlichen Gesetzbuch mit Einführungsgesetz und Nebengesetzen*, Buch 2, Sellier – de Gruyter, Berlin 2015.

Pfeiderer O., *Die Reichsbank in der Zeit der grossen Inflation, die Stabilisierung der Mark und die Aufwertung von Kapitalforderungen, Währung und Wirtschaft in Deutschland 1876-1975*, Deutsche Bundesbank, Frakfurt-am-Mein, 1976.

Pohlkamp M., *Die Entstehung des modernen Wucherrechts und die Wucherrechtsprechung des Reichsgerichts zwischen 1880 und 1933*, Lang, Frankfurt am Main, 2009.

Raiser L., *Das Recht der Allgemeinen Geschäftsbedingungen*, Hanseatische Verlags-Anstalt, Hamburg, 1935.

Sahner A., *Materialisierung der Rechtswahl im Internationalen Familienrecht*, 2019, Mohr Siebeck, Tübingen.

Schmoeckel M., Rückert J., Zimmermann R., *Historisch-kritischer Kommentar zum BGB*, Mohr Siebeck, Tübingen, 2003.

Stammler R., *Das Recht der Schuldverhältnisse in seinem allgemeinen Lehren : Studien zum Bürgerlichen Gesetzbuche für das Deutsche Reich*, Guttentag, Berlin, 1897.

Schwab D., Löhning M., *Einführung in das Zivilrecht : mit BGB-Allgmeiner Teil, Schuldrecht Allgmeiner Teil, Kauf und Delitksrecht*, 19. Auflage, C.F. Müller, 2012.

Wagemann G., *Aufwertung und Geldentwertungsausgleich nach der dritten Steuernotverordnung vom 14. Februar 1924*, Berlin, 1924.

Wiegand W., *Von der Obligation zum Schuldverhältnis Zur Entwicklung des schweizerischen Schuldrechts*, Stämpfli Verlag, Bern 1997.

<u>III</u> - <u>THESES :</u>

A – REFERENCES FRANCAISES

Capitant H., *De la cause de l'obligation*, Thèse, Dalloz, Paris, 1923.

Cermolacce A., *Cause et exécution du contrat*, Thèse, PUAM, 2001.

Houtcieff D., *Le principe de cohérence en matière contractuelle*, Thèse, PUAM, 2001.

Lardeux G., *Les clauses standardisées en droit français et en droit allemand*, Thèse, *Presses Universitaires du Septentrion*, 2001.

Lequette S., *Le contrat-coopération. Contribution à la théorie générale du contrat*, Thèse, *Economica*, 2012.

Marignol L., *La prévisibilité en droit des contrats*, Thèse Université de Toulouse 1 Capitole.

Mesmay H. (de), *La nature juridique de la lésion en droit civil français*, Thèse, 1980.

Reignié Ph., *La notion de cause efficiente en droit privé français*, Thèse, LGDJ 1998.

Rieg A., *Le rôle de la volonté dans l'acte juridique*, Thèse LGDJ., coll. Bibliothèque de droit privé, 1961.

Rochfeld J., *Cause et type de contrat*, LGDJ, Thèse, Bibliothèque de droit privé, t.311, Paris.

Tisseyre S., *Le rôle de la bonne foi en droit des contrats, essai d'analyse à la lumière du droit anglais et du droit européen,* Thèse, PUAM, 2012.

Virassamy G., *Les contrats de dépendance : essai sur les activités professionnelles exercées dans une dépendance économique*, Thèse, LGDJ, Paris, 1986.

Voirin P-J., *De l'imprévision dans les rapports de droit privé*, Thèse, Nancy, 1922.

B – REFERENCES ALLEMANDES

Buff F., *Vertragliche Anpassungsklauseln im schweizerischen Recht*, Dissertation, Zürich, Basel, Genf, 2016.

Pirlet O., *Der politische Kampf um die Aufwertungsgesetzgebung nach dem Ersten Weltkrieg, Dissertation*, Fotodruck Kl. Jansem, Köln, 1959.

Tschersich H., *Das Sparsystem für den KdF-Wagen und der Volkswagensparerprozess*, Universität Hamburg, 1987.

IV – ARTICLES, CONTRIBUTIONS, COMPTES-RENDUS ET NOTES :

A – REFERENCES FRANCAISES

Ancel P., « *Imprévision* », *Rép. droit civ.*, Dalloz, mai 2017.

Bar (von) Christian, *le groupe d'études sur un Code civil européen, RIDC*, 2001.

Bar (von) Christian, *Des principes à la codification : perspectives d'avenir pour le droit privé européen*, Annonces de la Seine du 3 juin 2002.
Barbier H., *La violence par abus de dépendance*, *JCP G*, 11 avril 2016.

Behar-Touchais M., *Contrats et obligations – L'impact d'une crise sanitaire sur les contrats en droit commercial – A l'occasion de la pandémie de Covid-19*, *JCP E*, 2020.

Bernardeau L., *La directive communautaire 97/7 en matière de contrats à distance*, *Cah. dr. Europ.*, 2000.

Borysewicz E., *Renégociation des contrats en cours : la révolution annoncée*, *Les Echos*, 16-17 avril 2004.

Brochier M., *Les nouveaux rôles du juge dans l'inexécution du contrat*, *Droit et patrimoine*, n°259, juin 2016.

Brun Ph., *Des vicissitudes de la transposition (réalisée ou à venir) de certaines directives communautaires et de leur impact sur le droit de la vente*, *Revue de Droit Comparé*, 2003.

Buciuman A., *L'engagement unilatéral*, *Law Review*, vol. 1, Issue 1, January-June 2016.

Carbonnier J., *Le Code civil*, *in* Pierre Nora, *Les lieux de mémoire*, Paris, Gallimard, coll. Quatro, 1997.

Carval S., *Clause limitative de responsabilité et manquement à l'obligation essentielle*, *R.D.C.*, 2007.

Catta E., *Les techniques de codification : de la cire au silicium*, *AJDA*, 1997.

Charbit N., *L'esperanto du droit ? La rencontre du droit communautaire et du droit des contrats*, *JCP*, *G*, 2002.

Cordeiro M., *La bonne foi à la fin du vingtième siècle*, *Revue de droit de l'Université de Sherbrooke*, 26, 1996.

Cornu G., *Un code civil n'est pas un instrument communautaire*, *D.*, 2002.

Delebecque Ph., *Que reste-t-il du principe de validité des clauses de responsabilité ?*, *D. affaires* 1997.

Delebecque Ph. et Mazeaud D., *Les clauses de responsabilité : clauses de non-responsabilité, clauses limitatives de réparation, clauses pénales*, in Geneviève Viney et Marcel Fontaine, *La sanction de l'inexécution des obligations contractuelles*, Paris, LGDJ, 2001.

Deshayes O., *La formation des contrats*, *RDC*, 2016/Hors série, LGDJ, Paris, avril 2016.

Fauvarque-Cosson B., *Faut-il un Code civil européen ?*, *RTDC*, 2002.

Génicon T., *Théorie de l'imprévision ou de l'imprévoyance ?*, *D*, 2010.

Ghestin J., *Observation préliminaire*, in *Observations sur le projet de réforme du droit des contrats*, *LPA* 12 février 2009.

Ghestin J., obs. sous Com. 29 juin 2010 *JCP* G 2011, n°3, p.126.

Guegen J.-M., *Le renouveau de la cause en tant qu'instrument de justice contractuelle*, *D*, 1999.

Grimaldi C., *La distinction entre l'acte et le fait juridique*, *RDA*, 2013.

Grimaldi C., *Quelle jurisprudence demain pour l'épidémie de covid-19 en droit des contrats ?*, *D* 2020.

Heinich J., *L'incidence de l'épidémie de coronavirus sur les contrats d'affaires : de la force majeure à l'imprévision*, *D*, 2020.

Hillard P., *L'Europe régionalise la France*, in *Libres*, *Revue de la pensée française*, Edition l'Age d'Homme, p.68, Lausanne, 2003.

Houssard E., *L'économie du contrat*, in *Revue juridique de l'Ouest*, 2002.

Huet J., *Nous faut-il un « euro » droit civil ?*, *D.*, 2002.

Jamin C., *Révision et intangibilité du contrat, ou la double philosophie de l'article 1134 du Code civil*, *Droit et Patrimoine*, mars 1998.

Jestaz Ph., *Une révolution inaperçue. A propos de l'acte juridique*, *RTDC*, 2014.

Lacroix G., *L'adaptation du contrat aux changements de circonstances*, *Droit*, 2015.

Larroumet C., *Obligation essentielle et clause limitative de responsabilité*, *D*, 1997.

Legrand G., *La leçon d'Apollinaire*, in P. Legrand, Fragments on Law as Culture, Deventer, W.E.J. Tjeenk Willink, 1999.

Legrand P., *Sens et non-sens d'un Code civil européen*, *RIDC*, 1996.

Lequette Y., *Quelques remarques à propos du projet de code civil européen de M. von Bar*, chronique, *D*, n°28, 2002.

Lequette Y., *Vers un code civil européen ?*, in *Pouvoirs*, 2003/4.

Loiseau G., *Observations sur le projet de réforme du droit des contrats et des obligations*, *LPA*, 3 et 4 septembre 2015.

Malaurie Ph., *Le Code civil européen des obligations et des contrats, Une question toujours ouverte*, *JCP*, 2002.

Mazeaud D., *La genèse des contrats, un régime de liberté surveillée*, *Droit et patrimoine*, juillet 1996.

Mazeaud D., *Loyauté, solidarité, fraternité : la nouvelle devise contractuelle ?*, in *L'avenir du droit, Mélanges en hommage à François Terré, Dalloz-PUF-éd. Juris-Classeur*, 1999.

Mazeaud D., *Saga Chronopost : les maîtres du temps perdent une manche*, *D*, 2006.

Mazeaud, D., *Les conventions portant sur la réparation*, *RDC*, 2007.

Mazeaud D., *Clauses limitatives de réparation : les quatre saisons*, *D*, 2008.

Meilhac-Redon G. et Marmoz F., note sous Com., 15 février 2000, *Cause et économie du contrat, un tandem au service de l'interdépendance des contrats*, *P.A.*, 29, 12, 2000.

Mestre J., *D'une exigence de bonne foi à un esprit de collaboration*, *RTDC*, 1986.

Meynial Ed., *La déclaration de volonté*, *RTDC*, 1902, p.550.

Mignot M., *De la solidarité en général, et du solidarisme contractuel en particulier ou Le solidarisme contractuel a-t-il un rapport avec la solidarité ?*, *RRJ – Droit prospectif*, PUAM, 2004.

Pellet S. *L'abus de dépendance est une violence*, *LEDC*, mars 2016.

Philippe D., *La bonne foi dans la formation du contrat en droit belge*, in *La bonne foi, travaux de l'Association Henri Capitant, Journées Louisianaises*, t. XLIII, 1992, Paris, Litec, 1994.

Pradal Ph., *Le restatement : les Etats-Unis entre tradition civiliste et tradition de common law*, in *Les Cah. Just.*, 2010/3.

Puig P., *La phase précontractuelle*, *Droit et Patrimoine*, mai 2016.

Regener M., *Les techniques de prise en compte des motifs dans le contrat, RDC*, 2013.

Renard-Payen O., note sous Civ ; 1ère, 16 mars 2004 *JCP E*, 2004.

Revet T., *La violence économique dans la jurisprudence*, in Y. Picod et D. Mazeaud, *La violence économique dans la jurisprudence. A l'aune du nouveau droit des contrats et du droit économique*, Dalloz, Paris, 2017.

Schmid C.U., *Le projet d'un code civil européen et la Constitution européenne*, *Cah. de D*,. vol. 46, n°1-2, mars-juin 2005.

Stoffel-Munck Ph., *L'imprévision et la réforme des effets du contrat*, *RDC*, numéro Hors-série du 1er avril 2016.

Thibierge Guelfucci C., *Libres propos sur la transformation du droit des contrats*, *RTDC*, Paris, 1997.

Weil K. G. et Puis F., *Le droit allemand des conditions générales d'affaires revu et corrigé par la directive communautaire relative aux clauses abusives*, *RIDC*, 1994.

Witz C., *La longue gestation d'un code européen des contrats – Rappel de quelques initiatives oubliées*, *RTDC* 2003.

Witz C., *Plaidoyer pour un code européen des obligations*, *D*, 2000.

Witz C., *Pourquoi la réforme et pourquoi s'y intéresser en France ? RIDC*, 2002.

B – REFERENCES ALLEMANDES

Bangemann M., *Privatrechtsangleichung in der europäischen Union*, Zeitschrift für Europaïsches Privatrecht, 1994.

Canaris C.W., *Wandlungen des Schuldvertragsrechts – Tendenzen zu seiner Materialisierung*, *AcP*, Band. 200, Mohr-Siebeck, 2000, Tübingen.

Kötz H., *Gemeineuropäisches Zivilrecht*, in : Herbert Bernstein/Ulrich Drobnig/Hein Kötz (Hrsg.), Festschrift für Konrad Zweigert, Tübingen, 1981.

Lenel, O. *Die Lehre der Voraussetzung (im Hinblick auf den Entwurf eines bürgerlichen Geseztbuches)*, *AcP*, Band 74, 1888.

Locher E., *Geschäftsgrundlage und Geschäftszweck*, *AcP*, 1923.

Maurer A., *Die Inhaltskontrolle transnationale 1903 in Rechts : Zur Inhaltskontrolle Allgemeiner Geschäftsbedingungen im grenzürberschreitenden (See)handel und deren Folgen*, *TranStatte Working Papers,* Nummer 122, Universität Bremen, Collaborative Center 597, Bremen, 2010.

Olzen D., Looschelders D. in *J. von Staudinger Kommentar zum BGB*, 2015.

Raiser L., *Vertragsfreiheit heute*, *JZ*, 1958.

Soecknick M., *Die Entwicklung der Reallöhne in der Nachkriegszeit : dargestellt an typischen Thüringer Industrien,* in Abhandlungen des Wirtschaftswissenschaftlichen Seminars der Universität Jena, Fischer, Jena 1927.

Staub H., *Die positiven Vertragsverletzungen und ihre Rechtsfolgen*, Festschrift für den 26. Deutschen Juristentag, Berlin 1902.

Schwarz I., *Perspektiven der Angleichung des Privatrechts in der Europäischen Gemeinschaft*, *ZeuP*, 1994.

Windscheid B., *Die Lehre des römischen Rechts von der Voraussetzung*, Düsseldorf, 1850, *A.c.P.*, 1892.

V –ACTES DE CONFERENCE, RAPPORTS :

A – REFERENCES FRANCAISES

Avant-projet de réforme du droit des obligations et de la prescription, dit « Projet Catala », *La Documentation française*, septembre 2005.

Catala P., *L'avant-projet de réforme des obligations et le droit des affaires*, Conférence Association droit et commerce tribunal de Commerce de Paris – 19 mars 2007, *RJ com.*, Mai/Juin 2007.

Grimaldi M. conférence lors du colloque du bicentenaire (grand Amphithéâtre de la Sorbonne, les 11 et 12 mars 2004), *Gaz. Pal.*, 28-30 mars 2004.

Jamin C., *Le solidarisme contractuel : regard franco-québécois, in 9è conférence Albert Mayrand*, Montréal, éd. Themis, 2005.

Molfessis N., *Le principe de proportionnalité et l'exécution du contrat*, in *Existe-t-il un principe de proportionnalité en droit privé ?*, Colloque du 20 mars 1998 organisé par le Centre de droit des affaires et de gestion de la Faculté de droit de Paris V, *LPA*, 1998.

B – REFERENCES EUROPENNES

Actes de la conférence de Scheveningen du 28 février 1997, sous la direction du ministère de la justice néerlandais, *in Revue Européenne de Droit Privé.*

Towards a European Civil Code, sous la direction de Arthur Severijn Hartkamp et *alii*, Martinus Nijhoff Publishers, Dordrecht, 2e éd., 1998.

New Perspectives on European Private Law, sous la direction de Franz Werro, éditions universitaires Fribourg-Suisse, 1998.

VI– LEGISLATION :

A – REFERENCES FRANCAISES

Arrêté du 14 mars 2020 portant diverses mesures relatives à la lutte contre la propagation du virus covid-19, *JORF* n°0064 du 15 mars 2020.

Code civil, Dalloz, 2021.

Code de commerce, Dalloz, 2021.

Code de la consommation, Dalloz, 2021.

Code des postes et des télécommunications électroniques Les éditions des Journaux Officiels, t. 20015, 2006.

Décret du 4 mai 1998, portant approbation du contrat type pour le transport public terrestre de marchandises articles 1er et article annexe 15 pris en application de Loi n°82-1153 du 30 décembre 1982 d'orientation des transports intérieurs.

Décret n°2020-423 du 14 avril 2020 complétant le décret n°2020-293 du 23 mars 2020 prescrivant les mesures générales nécessaires pour faire face à l'épidémie de covid-19 dans le cadre de l'état d'urgence sanitaire, *JORF* n°0091 du 14 avril 2020.

Loi du 14 fructidor an III, *Bulletin des Lois*, fol. 175, n°1061, 31 août 1795.

Loi du 19 floréal an V, *AN*, C 409, fol. 68, n°460, Conseil des Cinq-Cents, 18-19 floréal an V.

Loi du 8 juillet 1907, *DP,* 1907.

Loi n°57-298 du 11 mars 1957 sur la propriété littéraire et artistique, *JORF* du 14 mars 1957, rectificatif *JORF* du 19 avril 1957.

Loi n°66-1010 du 28 décembre 1966 relative à l'usure, aux prêts d'argent et à certaines opérations de démarchage et de publicité, *JORF* du 29 décembre 1966.

Loi n°68-5 du 3 janvier 1968 portant réforme du droit des incapables majeurs, *JORF* du 4 janvier 1968, article 491-2 du Code civil.

Loi n°71-579 du 16 juillet 1971 relative à diverses opérations de construction, *JORF* du 17 juillet 1971.

Loi n°2014-873 du 4 août 2014 pour l'égalité réelle entre les femmes et les hommes, *JORF* n°0179 du 5 août 2014.

Loi n°2015-177 du 16 février 2015 relative à la modernisation et à la simplification du droit et des procédures dans les domaines de la justice et des affaires intérieures, texte n°1, *JORF* du 17 février 2015.

Loi n°2018-287 du 20 avril 2018, *JORF* n°0093 du 21 avril 2018.

Ordonnance n°2016-131 du 10 février 2016 portant réforme du droit des contrats, du régime général et de la preuve des obligations, *JORF* n°0035 du 11 février 2016, Texte n°25.

Rapport au Président de la République relatif à l'ordonnance n°2016-131 du 10 février 2016 portant réforme du droit des contrats, du régime général et de la preuve des obligations, texte n°25, *JORF* du 11 février 2016.

Recueil des Actes administratifs de la Préfecture du Bas-Rhin du 15 mai 2013.

B – REFERENCES ALLEMANDES

Abschlussbericht der Kommission zur Überarbeitung des Schuldrechts, Bundesministerium der Justiz, Köln, Bundsanzeiger-Verlag, 1992.

BGB, *Bürgerliches Gesetzbuch,* Aktuelle Gesetze, 2021.

Bundesminister der Justiz, Gutachten und Vorschläge zur Überarbeitung des Schuldrechts, drei Bände, Köln, Bundsanzeiger-Verlag, 1981 bis 1983.

Code civil allemand promulgué le 18 août 1896, entré en vigueur le 1er janvier 1900, traduit et annoté par C. Bufnoir, J. Challamel, J. Drioux, F. Gény, P. Hamel, H. Lévy-Ullmann, R. Saleilles, imprimé par ordre du gouvernement à l'imprimerie nationale, Paris, 1904.
Entwurf eines Gesetzes zur Modernisierung des Schuldrechts, Deutscher Budenstag -14. Wahlperiode, Drucksache 14/6040.

Gesetz zur Regelung des Rechts der Allgemeinen Geschäftsbedingungen (AGB-Gesetz) Vom 9. Dezember 1976, *Bundesgesetzblatt*, Teil I, Z 1997 A, Nummer 142, 1976, Ausgegeben zu Bonn am 15. Dezember 1976.

Gesetz zur weiteren Verkürzung des Rechtschuldbefreiungsverfahrens und zur Anpassung pandemiebedingter Vorschriften im Gesellschafts-, Genossenschafts-, Vereins- und Stiftungsrecht sowie im Miet- und Pachtrecht, Bundesgesetzblatt Jahrgang 2020 Teil I Nr. 67, ausgegeben zu Bonn am 3. Dezember 2020

Grundgesetz, BGBI, III, 1949.

Gesetz vom 26. März 1952, *Bundesgesetzblatt*, 1952.

Gesetz zur Modernisierung des Schuldrechts, Bundesgesetzblatt, 2001, Teil I, Nr 61, ausgegeben am 29.11.2001.

Palandt, *Bürgerliches Gesetzbuch* bearbeitet von Bassenge, Brudermüller, Diedrichsen, Edenhofer, Heinrichs, Heldrich, Putzo, Sprau, Thomas, Weidenkaff, 62. Auflage, Verlag C.H. Beck, München, 2003.

VII – JURISPRUDENCE :

A : JURISPRUDENCE FRANCAISE

§ 1 Cour de cassation

Civ., 9 janvier 1856, trois arrêts, *DP*, 1856.

Civ., 11 mars 1856, *DP*, 1856.

Req., 12 janvier 1863, *DP*, 1863.

Civ., 6 mars 1876, *DP*, 1876.

Req., 27 avril 1887, *S*, 1887.

Civ., 14 novembre 1916, *DP*, 1921.

Req., 28 décembre 1932, *DP*, 1932.

Civ. 21 avril 1950, *S*, 1950.

Civ. 1ère, 20 novembre 1963, *Bull. civ.* I, 1963.

Civ. 1ère, 11 octobre 1966, *Bull. civ.* I, 1966.

Civ. 1ère, 14 mai 1969, *Bull. civ.* I, 1969.

Civ. 1ère, 12 octobre 1977, *Bull. civ.* I, 1977.

Com., 14 novembre 1977, *Bull. civ.* IV, 1977.

Com., 11 janvier 1984, *Bull. civ.* IV, 1984.

Civ. 3e, 17 janvier 1984, *Bull. civ.* III, 1984.

Com., 17 janvier 1984, *Bull. civ.* IV, 1984.

Civ. 1ère, 18 janvier 1984, *JCP*, 1985.

Civ.1ère, 14 mai 1991, *D*, 1991.

Civ. 1ère, 19 juin 1990, *Bull. civ.* I, 1990.

Soc., 25 février 1992, *Bull. civ.,* V, 1992.

Com., 3 novembre 1992, *Bull. civ.* IV, 1992.

Civ. 3e, 21 juillet 1993, *Bull.civ.* III, 1993.

Com. 12 octobre 1993, pourvoi n°*91-19.456.*

Civ. 1ère, 23 février 1994, *Bull. civ.* I, 1994.

Civ. 1ère, 3 juillet 1996, *Bull. civ.* I, 1996.

Com. 22 octobre 1996, *Bull. civ.* IV, 1996.

Com., 22 octobre 1996, *JCP,* 1997.

Civ. 1ère, 7 octobre 1998, *Bull. civ.* I, 1998.

Civ. 1ère, 20 octobre 1998, pourvoi n°*96-15.646*, *RCA* 1998, n°389.

Com., 24 novembre 1998, *Bull. civ.* IV, 1998.

Com., 15 février 2000, *Bull. civ.* IV, 2000.

Com., 15 février 2000, *JCP*, 2000, I, 272, note Alexis Constantin.

Com., 14 mars 2000, pourvoi n°*97-11.144.*

Com., 3 mai 2000, pourvoi n°*98-18.782.*

Civ. 1ère, 30 mai 2000, *Bull. civ.* I, 2000.

Civ. 1ère, 3 avril 2002, *Bull. civ.* I, 2002.

Com., 9 juillet 2002, *Bull. civ.* IV, 2002.

Civ. 1ère, 16 mars 2004, Bull. civ. I, 2004.

Civ. 1ère, 7 décembre 2004, pourvoi n°*01-10-271.*

Com. 14 décembre 2004, pourvoi n.*02-10-157.*

Chambre mixte, 22 avril 2005, pourvoi n°*02-18.326*, *Bull. Mixt.*, 2005.

Chambre mixte, 22 avril 2005, pourvoi n°*03-14.112*, *Bull. Mixt.*, 2005.

Com. 13 juin 2006, *Bull. civ.*, IV, 2006.

Civ. 2e, 5 octobre 2006, *D*, 2007.

Com. 13 février 2007, *Bull. civ.* IV, 2007.

Com., 29 juin 2010, pourvoi n°*09-67.369*.

Com., 29 juin 2010, *Bull. civ.* IV, 2010.

Com., 4 octobre 2011, pourvoi n°*10-20.956*.

Civ. 2e, 24 mai 2012, pourvoi n°*10-27.972*.

Com., 12 juin 2012, pourvoi n°*11-19.047*.

Soc., 20 février 2013, pourvoi n°*11-17.941*, *RTDC*, 2013.

Civ. 1ère, 20 mars 2013, *Bull. civ.* I, 2013.

Com., 3 mars 2015, pourvoi n°*13-27.525 FS-PB*, *Bull. civ.* IV, 2015.

Com., 27 mai 2015, *Bull. civ.* 2015, n°5, IV, n°87.

Civ. 1ère, 6 juillet 2016, pourvoi n°*15-21767*.

Com., 15 mars 2017, pourvoi n°*15-16.406 F-D*.

Com., 11 mai 2017, pourvoi n°*14-29.717 FS-PBIR*, *RJDA* 7/17 n°505.

Com., 18 octobre 2017, pourvoi n°*16-18.864 F-PB*, *RJDA*.

Civ. 1ère, 27 juin 2018, *Bull. civ.* I, 2018.

Civ. 3e, 15 février 2018, pourvoi n°*17-11.329 FS-PB*, *RJDA* 5/18 n°463.

Civ. 3e, 6 décembre 2018, pourvoi nos *17-23.321, 17-21.170* et *17-21.171*.

Civ. 1ère, 13 mars 2019, n°*17-23.619*, *RLDA*, 2019.

Com., 9 juillet 2019, pourvoi n°*18-12.680*.

Com., 15 janvier 2020, n°*18-10.512*, *JCP G*, 2020, n°306, obs. F. Buy.

Com., 15 janvier 2020, pourvoi n°*18-22.734*.

Civ. 1ère, 25 novembre 2020, FS-P+B+I, pourvoi n°*19-21.060*.

Com., 7 juillet 2021, pourvois n°*19-22.807* et n°*19-22.956*.

Com., 26 janvier 2022, pourvoi n°*20-16.782*.

<u>§ 2</u> : <u>Cours d'appel</u>

CA Paris, 26 mai 1854, trois arrêts, *DP*, 1854.

CA Rouen, 3 juin 1854, *DP*, 1854.

CA Paris, 18 juin 1984, *RTDC*, 1986.

CA Paris, 26 juin 1985, *RTDC*, 1985.

CA Paris, 2 décembre 1985, *RTDC,* 1986.

CA Rouen, 15 septembre 1992, *JCP*, 1993.

CA Paris, 17 septembre 1993, La vie judiciaire, §-12 décembre 1993.

CA Caen, 5 janvier 1999, *R.G.* n. *96/3691.*

CA Paris, 24 octobre 2000, *RJDA*, 2001.

CA Versailles, 4 février 2004, *R.G.* n°*03/07368.*

CA Nancy, 22 novembre 2010, *R.G.* n°*09/00003*.

CA Besançon, 8 janvier 2014, *R.G.* n°*12/02291.*

CA Paris, 29 mars 2016, *R.G.* n°*15/05607.*

CA Aix-en-Provence, 21 juin 2016 *R.G.* n°*15/10056*, *BRDA*, 2016.

CA Paris, 27 septembre 2017, *R.G.* n°*16/00671*, *RJDA*.

CA Paris, 9 mai 2019, *R.G.* n°*17/04789*, *Gaz. Pal.* 17 septembre 2019, 21, obs. Houtcieff.

CA Paris, Pôle 2 Chambre 2, 27 juin 2019, *R.G.* n°*18/07576.*

CA Versailles, Douzième Chambre, 12 décembre 2019, *R.G.* n°*18/07183*, *Gaz. Pal.*, 2020, n°14, p.36, obs. D. Houtcieff.

CA Douai, Première Chambre, Deuxième Section, 23 janvier 2020, *R.G.* n°*19/0718*, *Gaz. Pal.*, 2020, n°14, p.36, obs. D. Houtcieff.

CA Lyon, Première Chambre civile B, 10 novembre 2020, n° *R.G.* : *19/03862*.

CA Paris, 9 décembre 2020, *R.G.* n°*20/05041*.

CA Aix-en-Provence, Chambre 1-4, 25 février 2021, *R.G. 20/10357*.

CA Riom, Première chambre civile, 2 mars 2021, *R.G. n°20/01418*.

CA Paris, 26 mars 2021, *R.G.* n°*20/13493*.

§ 3 : Juridictions de première instance

Trib. com. Marseille, 23 juillet 2020 *R.G. 2020R00131*.

Trib. com. Paris, 17 septembre 2020, premier jugement *R.G. 2020/022823*, second jugement *R.G. 2020/0022825*, troisième jugement *R.G. 2020/022816*, quatrième jugement *R.G. 2020/022819*, cinquième jugement *R.G. 2020/022826*.

Trib. com. Paris, 3 décembre 2020, *R.G. 2020/038068*.

Trib. com. Lille, 11 février 2021, premier jugement *R.G. 2020/022185*, second jugement *R.G. 2020/022186*, troisième jugement *R.G. 2020/022187*.

Trib. com. Evry, 17 février 2021, premier jugement *R.G. n°2020/F00613*, second jugement *R.G. n°2020/F00611*, troisième jugement *R.G. 2020/F00613*, quatrième jugement *R.G. 2020/F00616*, cinquième jugement *R.G. 2020/F00612*, sixième jugement *R.G. 2020/F00614*.

Trib. com. Toulouse, 18 août 2020, *R.G. 2020/J00294*.

Trib. com. Bourg-en-Bresse, 24 août 2020, *R.G. 2020/003659*.

Trib. com. Lyon, 4 novembre 2020, *R.G. 2020/J00525*.

Trib. com. Angers, 2 juin 2021, *R.G. :2020/009000*.

§ 4: **Conseil d'Etat**

CE, 30 mars 1916, Compagnie générale d'éclairage de Bordeaux, *Lebon*, *D*,1916.

§ 5 : **Conseil Constitutionnel**

CC, 12 février 2015, n°2015-71 DC.

CC, 13 janvier 2011, n°2010-85, QPC, Etablissements Darty et Filo, *JORF* n°0011 du 14 janvier 2011.

VIII – JURISPRUDENCE ALLEMAGNE :

§ 1 : Reichsgericht

Entscheidungen des Reichsgerichts herausgeben von den Mitglierdern des Gerichtshofes und der Reichsanwaltschaft, Entscheidungen in Zivilsachen. Neue Folge Dreizehnter Band., Leipzig, Verlag von Beit und Comp., 1906.

RG, 16.6.1883, *RGZ*.

RG, 11.2.1888, *RGZ*.

RG, 13.5. 1889, *RGZ*.

RG, 31.1. 1891, *RGZ*.

RG, 11.4.1901, *RGZ*.

RG, 15.12.1903, *RGZ*.

RG, 9.7.1907, *RGZ*.

RG, 7.12.1911, *RGZ*.

RG, 26.5.1914, *RGZ*.

RG, 15.5.1920, *RGZ*.

RG, 7.6.1921, *RGZ*.

RG, 3.2.1922, *RGZ*.

RG, 28.11.1923, *RGZ*.

RG, 8.11.1926, *RGZ*.

RG, 10.1.1928, *RGZ*.

RG, 30.1.1928, *RGZ*.

RG, 12.5.1928, *RGZ*.

RG, 5.12.1928, *RGZ*.

RG, 13.6.1929, *RGZ*.

RG, 5.5.1930, *RGZ*.

RG, 23.10.1930, *RGZ*.

RG, 16.11.1931, *RGZ*.

RG, 28.5.1932, *RGZ*.

RG, 6.12.1933, *RGZ*.

RG, 14.8.1941, *RGZ*.

§ 2 : Bundesgerichtshof

BGH, 23.10.1951, *ZR*.

BHG, 9.10.1956, *BGZ*.

BGH, 29.10.1956, *BGHZ*.

BGH, 30.3.1959, *BGHZ*.

BGH, 9.6.1959, *NJW*.

BGH, 13.10.1959, *NJW*.

BGH, 12.4.1960, *LM*.

BAG, 10.4.1962, *NJW*.

BGH, 29.10.1962, *ZR*.

BGH, 17.2.1964, *ZR*.

BGH, 4.11.1964, *NJW*.

BGH, 20.12.1965, *NJW*.

BGH, 18.9.1967, *BGHZ*.

BGH, 14.2.1968, *NJW*.

BGH, 23.2.1968, *MDR*.

BGH, 16.12.1968, *WM*.

BGH, 31.1.1969, *DB*.

BGH, 26.3.1969, *BGHZ*.

BGH, 22.10.1969, *NJW*.

BGH, 1.6.1971, *ZR*.

BGH, 14.6.1972, *NJW*.

BGH, 18.3.1974, *NJW*.

BGH, 16.5.1974, *NJW*.

BGH, 24.6.1974, *NJW*.

BGH, 20.12. 1974, *WPM*.

BGH, 13.11.1975, *NJW*.

BGH, 15.10.1976, *JZ*.

BGH, 4.3.1977, *MDR*.

BGH, 11.10.1977, *NJW*.

BGH, 8.2. 1978, *JZ*.

BGH, 9.11. 1978, *BGHZ*.

BGH, 15.12.1978, *BGHZ*.

BGH, 13.3.1979, *KZR*.

BGH, 9.7.1980, *NJW*.

BGH, 31.3.1982, *BGHZ*.

BGH, 19.1.1984, *ZR*.

BGH, 4.10.1984, *BGHZ*.

BGH, 20.12.1984, *ZIP*.

BGH, 3.5.1985, *NJW*.

BGH, 31.5.1989, *ZR*.

BGH, 27.1.1988, *NJW*.

BGH, 4.10.1990, *ZR*.

BGH, 8.5.1992 V *ZR* 95/91, *NJW*.

BGH, 14.10.1992, Az. : VIII *ZR*.

BGH, 11.1.1995, VIII *ZR*.

BGH, 12.3.1998, *NJW*.

BGH, 19.1.2001 – V *ZR* 437/99, *NJW*.

BGH, 4.4.2001, *Az.* : VIII *ZR*.

BGH, 8.6.2011, VIII *ZR*.

BGH, 5.10.2001 – V *ZR* 237/00, *NJW*.

BGH, 18.12.2002 – VIII *ZR* 123/02, *NJW-RR*.

BGH, 19.2.2003 – XII *ZR* 142/00, *NJW*.

BGH, 27.5. 2003, *WM*.

BGH, 3.10.2003, *Az*. VIII *ZR*.

BGH, 4.11.2004, *Az*. VII ZR.

BGH, 19.1. 2005, XII *ZR*.

BGH, 4.9.2005, Az. VII ZR.

BGH, 26.10.2005, *ZR*.

BGH, 4.2.2007, Az. VII *ZR*.

BGH, 4.4.2010, *Az*. VII *ZR*.

BGH, 4.5.2010, *Az*. 1 *ZR*.

BGH, 21.7.2010, XII *ZR*.

BGH, 2.2.2011, *ZR*.

BGH, 9.6.2011, III *ZR*.

BGH, 4.7.2013, Az. VII *ZR*.

BGH, 24.1.2014 – V *ZR* 249/12, *NJW*.

BGH, 4.4.2014, *Az*. I *ZR*.

BGH, 6.2.2016, Az. XI *ZR*.

BGH, 14.3.2017, XI *ZR*.

§ 3 : Oberlandsgerichte

OLG, Celle, 17.3.1978, *NJW*.

OLG, Dresden, 24.2.2021 – 5 U 1782/20, openJur 2021.

OLG, Karlsruhe, 24.2.2021 – 7 U 109/20, *BB-Online*, BBL2021.

§ 4 : **Bundesverfassungsgericht**

BVerfG**,** 12.11.1958, *BVerfGE*.

BVerfG**,** 30.1.1973, *NJW*.

BVerfG, 7.2.1990 – 1 *BvR*.

BVerfG, 19.10.1993, *Az* 1 BvR 567, 89, *WM*.

IX– PRINCIPES, COMMUNICATION, LEGISLATION EUROPEENNE :

Avant-projet, (Université de Pavie, 2001) "Groupe de Pavie", 2001.

Communication de la Commission au Conseil et au Parlement européen concernant le droit européen des contrats, 11 juillet 2001, 2001/0398.

Directive n°85/374/CEE du Conseil du 25 juillet 1985 relative au rapprochement des dispositions législatives, réglementaires et administratives des Etats membres en matière de responsabilité du fait des produits défectueux, *JOCE* L210 du 7 août 1985.

Directive 87/102/CEE du Conseil du 22 décembre 1986 relative au rapprochement des dispositions législatives, réglementaires et administratives des Etats membres en matière de crédit à la consommation modifiée par la directive 90/88/CEE du Conseil du 22 février 1990.

Directive n°1999/44/CE du Parlement européen et du Conseil du 25 mai 1999 sur certains aspects de la vente et des garanties des biens de consommation, *JOUE* L171 du 7 juillet 1999.

Directive n°99/93/CE du Parlement européen et du Conseil de 13 décembre 1999, sur un cadre communautaire pour les signatures électroniques, *JOUE* L13 du 19 janvier 2000.

Directive n°2000/31/CE du Parlement européen et du Conseil du 8 juin 2000 relative à certains aspects juridiques des services de la société de l'information, et notamment du commerce électronique, dans le marché intérieur (« directive sur le commerce électronique »), *JOUE* L178 du 17 juillet 2000.

Directive N°2000/35/CE du Parlement européen et du Conseil concernant la lutte contre le retard de paiement dans les transactions commerciales, *JOUE* n°2000 du 8 août 2000.

Les principes du droit européen des contrats Parties I et II, (Kluwer Law International, 2000) ; Académie des privatistes européens, Code européen des contrats.

Ole Lando; Hugh Beale, *The principles of European contract law*, Dordrecht, Boston : M. Nijhoff, 1995.

Commission pour le droit européen du contrat, *Les principes du droit européen du contrat. L'exécution, l'inexécution et ses suites. Version française par Isabelle de Lamberterie, Georges Rouhette, Denis Tallon*, La Documentation française, Paris, 1997.

Principes Unidroit, Principes relatifs aux contrats du commerce international Institut international pour l'unification du droit privé, Rome, 1994.

Règlement UE 2022/879 du Conseil du 3 juin 2022 (Russie) et du Règlement UE 2022/877 du Conseil du 3 juin 2022 (Biélorussie) au titre des mesures à l'exportation.

Traité sur l'Union européenne, *JOUE*, 26 octobre 2012.

X - DICTIONNAIRES :

Cornu G., *Vocabulaire juridique*, Association Henri Capitant, 8e édition, *PUF*, 2000.

Guinchard S., Debard T., *Lexique des termes juridiques*, Dalloz, 2013.

Köbler G., *Rechtsfranzösisch, Deutsch-französiches und französisch-deutches, Rechtwörterbuch für jederman*, Verlag Franz Vahlen, München, 1998.

Rey A., *Dictionnaire historique de la langue française*, Le Robert, Tome I, Paris, 2000.

TABLE DES MATIERES

INTRODUCTION..15

Première partie : Une profonde novation du rapport d'obligation : la codification des fonctions correctives du matérialisme juridique..........35

Chap. I : Deux codifications apparentées du matérialisme juridique..39

Sect. 1 : La genèse d'une codification nationale du matérialisme juridique : la querelle franco-allemande autour d'un Code européen des contrats.......................43

Sect. 2 : Deux codifications nationales des règles prétoriennes du matérialisme juridique.................53

Sect. 3 : Un maillage étroit des clauses du contrat : la *Rechtsverhältnis* et l'acte juridique conventionnel..........63

Chap. II : Deux grilles d'évaluation matérielles du déséquilibre structurel : le § 138 du BGB et l'article 1143 du Code civil 75

Section 1 : Un mètre étalon du déséquilibre contractuel : les bonnes mœurs................................78

Section 2 : Une grille de lecture constitutionnelle du déséquilibre structurel : « l'État social »...................85

Section 3 : Une extension prétorienne de la lésion : la violence économique..94

Section 4 : Une réception par prétérition de la lésion qualifiée : la violence de l'article 1143 du Code civil..106

Deuxième partie : Une variation : le seuil matériel de refondation de la force obligatoire du contrat en cas d'imprévision..........115

Chap. I : Un critère matériel de l'imprévision : la disparition du fondement contractuel..........119

Section 1 : Une refondation du contrat par une interprétation complétive de son fondement..........121

Section 2 : Une adaptation du contrat à l'aune d'une répartition équilibrée des risques..........135

Section 3 : Une réception légale de la fonction régulatrice de l'imprévision contractuelle..........141

Chap. II : Une matérialisation proportionnée de l'imprévision : une perturbation excessive du rapport d'obligation..........145

Sect. 1 : Une conception formelle du principe *pacta sunt servanda* : le rejet de l'imprévision..........147

Sect. 2 : Une règle supplétive au périmètre réduit à la part excessive du déséquilibre contractuel..........157

Sect. 3 : L'*ultima ratio* de la justice contractuelle face aux déséquilibres conjoncturels..........162

Troisième partie : Une mutation du rôle essentiel de la liberté contractuelle : d'une liberté formelle à une liberté matérielle..........171

Chap. I : Une objectivation de la liberté contractuelle matérielle sous le prisme de la bonne foi..........175

Sect. 1 : La bonne foi, creuset et ciment de l'économie du contrat..........178

Sect. 2 : Un contrôle holiste du contenu des conditions générales d'affaires..........184

Sect. 3 : Le décloisonnement de la liberté contractuelle matérielle par une interprétation normative du contrat..........191

Chap. II : Une matérialisation de la bonne foi et de la cause dans l'économie du contrat..........................207

Sect. 1 : La bonne foi, un principe transversal d'ordre public intégré au contrat..212

Sect. 2 : Une matérialisation de la liberté contractuelle : la portée de l'obligation essentielle...............................218

Sect. 3 : Une cause objective élargie : la matérialisation de la contrepartie attendue dans l'économie du contrat..........234

Sect. 4 : La force obligatoire du contrôle de cohérence : une application controversée de l'article 1170.......................245

Sect. 5 : La fonction normative du déséquilibre significatif de l'article 1171..255

CONCLUSION...267

BIBLIOGRAPHIE 275

TABLE DES MATIERES 303

Structures éditoriales du groupe L'Harmattan

L'Harmattan Italie
Via degli Artisti, 15
10124 Torino
harmattan.italia@gmail.com

L'Harmattan Hongrie
Kossuth l. u. 14-16.
1053 Budapest
harmattan@harmattan.hu

L'Harmattan Sénégal
10 VDN en face Mermoz
BP 45034 Dakar-Fann
senharmattan@gmail.com

L'Harmattan Cameroun
TSINGA/FECAFOOT
BP 11486 Yaoundé
inkoukam@gmail.com

L'Harmattan Burkina Faso
Achille Somé – tengnule@hotmail.fr

L'Harmattan Guinée
Almamya, rue KA 028 OKB Agency
BP 3470 Conakry
harmattanguinee@yahoo.fr

L'Harmattan RDC
185, avenue Nyangwe
Commune de Lingwala – Kinshasa
matangilamusadila@yahoo.fr

L'Harmattan Congo
219, avenue Nelson Mandela
BP 2874 Brazzaville
harmattan.congo@yahoo.fr

L'Harmattan Mali
ACI 2000 - Immeuble Mgr Jean Marie Cisse
Bureau 10
BP 145 Bamako-Mali
mali@harmattan.fr

L'Harmattan Togo
Djidjole – Lomé
Maison Amela
face EPP BATOME
ddamela@aol.com

L'Harmattan Côte d'Ivoire
Résidence Karl – Cité des Arts
Abidjan-Cocody
03 BP 1588 Abidjan
espace_harmattan.ci@hotmail.fr

Nos librairies en France

Librairie internationale
16, rue des Écoles
75005 Paris
librairie.internationale@harmattan.fr
01 40 46 79 11
www.librairieharmattan.com

Librairie des savoirs
21, rue des Écoles
75005 Paris
librairie.sh@harmattan.fr
01 46 34 13 71
www.librairieharmattansh.com

Librairie Le Lucernaire
53, rue Notre-Dame-des-Champs
75006 Paris
librairie@lucernaire.fr
01 42 22 67 13

www.ingramcontent.com/pod-product-compliance
Lightning Source LLC
LaVergne TN
LVHW011455061026
849535LV00004BA/1096